〈수정증보판〉

글로벌매너

강 우 진 · 추 선 애

탑북스

개정판 머리말

비즈니스 매너에 대해 강의를 하면서 교재의 개발에 관한 필요성을 느끼게 되었고 미비하나마 그 간의 강의 자료를 바탕으로 교재를 발간하였다. 강의해 오던 중 최근 관련 법규의 개정, 연습문제의 오류 정정과 더불어 새로운 다양한 문제의 추가 등이 요구되었다. 또한, 여러 국가의 상황별 매너를 조금 더 친숙하고 쉽게 접근할 수 있게 하려고 한국관광공사 등의 자료를 바탕으로 그림 등을 삽입하고 항공사의 수화물 취급에 따른 변경 내용 등 교재의 개정작업을 하게 되었다.

주요 개정 내용으로는 첫째, 제4장 출입국 매너에서는 비자와 관련하여 무비자입국이 가능한 국가의 수에 변동이 생겨 이를 수정하였고, 무비자 입국이 가능한 국가 수가 늘어남에 따라 우리나라의 입지가 굳건해 짐에 따라 우리나라의 여권이 2017년 세계에서 영향력 있는 여권 TOP 5를 기록함으로 이를 소개하고, 항공사의 기내 수화물 취급의 변경에 따라 그림과 함께 이를 정리하였다. 둘째, 제8장 서양식 테이블 매너에서 식전 기본 매너의 내용을 간결하게 정리정돈 하였으며, 셋째, 제11장 공공장소에서의 생활 매너와 통신 매너의 차례 내용을 새로이 하였으며 특히, 「도로교통법」의 개정에 따른 2017년 12월 18일 시행 「도로교통법 시행규칙」도 개정되어 이에 따른 고속도로 차종별 주행차로에 대한 내용을 최신 법률 내용으로 변경하였다. 글로벌 비즈니스에 있어서 외국뿐만 아니라 자국 내의 법률에 따른 규제사항을 이해함으로써 다른 국가의 법률과 규제에 대한 이해도를 높일 수 있다고 보고 관련 법규의 변경내용들을 최신의 자료로 삽입하였다. 넷째, 서로 다른 국가별 매너에 대한 이해를 돕기 위하여 한국관광공사 등의 자료를 바탕으로 그림을 조금 더 다양하게 추가하였다. 다섯째, 전체적으로 문맥상의 오류나 오·탈자, 중복 내용 등을 정리하고 연습문제의 내용을 추가하여 완성도를 높이기 위하여 노력하였다.

그럼에도 불구하고 여러 가지로 미비한 사항들이 발견되리라고 보인다. 이는 앞으로 계속된 수정·보완해 나갈 것이다.

하나가 된 지구촌에서 서로 다른 문화에 대하여 이해하고 다름을 인식하여 성공적인 비즈니스를 하는데 미력하나마 도움이 되기를 기대해 본다.

본 개정판의 출간을 독려하여 주신 탑북스 김광식 사장님, 편집에 여러모로 수고해 주신 이신정 주간님과 관계자에게 감사의 말씀을 드린다.

2018년 3월

공동저자 일동

머리말

세계화로 인하여 국가들 간의 교류가 활발해지고 있다. 자국의 개인 간, 기업 간 뿐만 아니라 국가 간의 교류가 활발해지면서 지켜야 할 예의범절의 중요성 또한 점차 높아지고 있다. 더불어 살아가는 우리들에게는 이러한 예절을 지킴으로써 조금 더 편안하면서도 질서정연한 공동체를 유지해 나갈 수 있다.

사회생활을 하면서 알게 모르게 우리들은 많은 문제점들에 봉착하곤 한다. 이들 문제점 중에서 중요하다고 여겨지는 것이 사람과 사람 사이에서 다름을 인정하고 서로가 원활하게 소통하면서 교류하는 것이다.

사람과 사람이 교류하는 데는 인류의 오랜 역사에서 형성되어진 일정한 에티켓과 매너가 있다. 인간관계에서 필수적인 요소가 되는 상대방과의 관계에서 특별한 매너가 존재한다는 것이다. 즉 사람과 사람이 소통하는 데는 매너가 기본적으로 필요하게 된다. 온라인뿐만 아니라 오프라인상에서 발생하는 비즈니스에는 반드시 알고 지켜야 할 매너가 있다. 특히 국제 비즈니스에서는 더욱 그렇다.

좋은 매너는 상대방에게 좋은 인상을 남기게 되고, 좋은 인상은 성공적인 비즈니스로 귀착되어지는 디딤돌이 된다.

국제적인 교류가 일상화된 현실에서 무역·관광·비즈니스 등으로 여러 나라들을 자연스럽게 오가게 된다. 이럴 경우 지켜야 할 매너를 공부하는 것은 대단히 중요한 일이라 생각되어진다. 이러한 점을 염두에 두고 책을 출간하게 되었다.

본 교재의 구성내용은 첫째는 국제 비즈니스 매너의 이해를 돕기 위하여 매너와 에티켓의 개념과 예절과의 관계 및 동서양문화의 차이와 동양 4개국을 대상으로 동양의 비즈니스 문화를 살펴본다. 둘째는 다른 나라로의 교류를 위한 첫 출발인 출입국 매너, 호텔 매너와 비즈니스 미팅 시의 복장 매너와 인사 및 소개 매너의 매너를 살펴보도록 하였다. 셋째는 동서양의 테이블 매너인 식사와 음주 매너에 대한 내용이다. 넷째는 비즈니스 또는 일상생활 속에서의 방문 및 초대 매너 및 공공장소에서의 매너에 대한 내용을 다루었다. 다섯 번째는 면접을 위한 면접 매너와 최근 면접의 한 유형으로 자리 잡은 프레젠테이션 매너, 무언의 몸짓 언어인 보디랭귀지로 구성하였으며, 마지막으로 국제 비즈니스에 있어서 영문서식의 작성에 따른 작성법과 매너에 대한 내용을 다루었다. 또한 각 장의 마지막에는 연습문제를 수록하여 우리가 알면서 또는 알지 못해서 실행하지 못했던 국제 비즈니스 매너와 에티켓에 대한 지식을 한 번 더 확인하도록 하였다.

지구가 하나의 지구촌으로 변한 세상이다. 나라마다 다른 역사 · 문화 · 언어 · 기후 · 제도 등 이러한 모든 점을 고려하여 우리와 많은 거래관계를 갖는 국가들에서 지켜야 할 매너와 에티켓을 정리하여 보았다. 성공적인 비즈니스를 할 수 있는데 조금이나마 도움이 되기를 기대해 본다.

본서의 출간을 독려하여 주신 탑북스 김광식 사장님과 편집에 수고하여 주신 이신정 주간님과 관계자에게 감사의 말씀을 드린다.

2016년 8월

저자 일동

차 례

제1장 동서양문화의 이해

1. 동양과 서양 ········ 16
   1) 동양과 서양의 사전적 의미 ········ 16
   2) 유럽인들이 가지는 동양과 서양의 구분 ········ 18
   3) 동양문화의 특징 ········ 20
   4) 서양문화의 특징 ········ 21
2. 문화(Culture) ········ 23
   1) 문화의 정의 ········ 23
   2) 문화의 특징 ········ 24
3. 동양권 문화의 특성과 에티켓 ········ 25
   1) 한국 ········ 25
   2) 중국 ········ 28
   3) 일본 ········ 33
   4) 인도 ········ 37
   5) 동양권문화와의 비즈니스 시 주의해야 할 에티켓 ········ 40

제2장 에티켓과 매너의 의미

1. 매너의 어원 ········ 52
   1) 매너의 의의 ········ 53
   2) 매너의 생활화 ········ 54

2. 에티켓(Etiquette)의 어원 ······ 55
1) 티켓(Ticket), 명찰, 꼬리표 ······ 56
2) 푯말 ······ 57
3) 에티켓의 기본요소와 사상 ······ 58
4) 매너와 에티켓이 비즈니스에서 필요한 이유 ······ 60
3. 예절 그리고 매너와 에티켓 ······ 61
1) 예절 ······ 62
2) 예절의 기능 ······ 62
3) 서양의 매너, 에티켓과 동양의 예절과의 관계 ······ 62

제3장 출입국 매너

1. 여행 시 준비해야 할 일 ······ 72
1) 여행일정 작성 시 유의사항 ······ 73
2) 해외여행의 3대 필수요건 ······ 74
2. 출입국 절차와 매너 ······ 84
1) 출국절차 ······ 85
2) 입국절차 ······ 92
3. 환승(Transit) 및 중간 기착승 ······ 97
1) 환승(Transit) ······ 97
2) 중간기착 ······ 98
4. 기내 매너 ······ 98
1) 상황별 여러 가지 기내 매너 ······ 98
2) 기내 서비스 ······ 104

제4장 호텔 매너

1. 호텔의 기원 ········· 112
2. 호텔 선정 및 예약 ········· 113
1) 호텔 선정 ········· 113
2) 호텔 예약 ········· 114
3. 체크인과 체크아웃 ········· 115
1) 체크인(Check-In) ········· 115
2) 체크아웃(Check-Out) ········· 115
4. 호텔용어 ········· 117
5. 호텔시설 이용 매너 ········· 124
1) 객실 ········· 124
2) 욕실 ········· 127
3) 벨 서비스 ········· 128
4) 룸 서비스 ········· 128
5) 세탁 서비스 ········· 129
6) 인포메이션 서비스 ········· 129
7) 모닝 콜 서비스 ········· 129
8) 세이프티 박스 서비스 ········· 130
9) 휘트니스 센터 ········· 130
10) 컨시어지(Concierge) ········· 130
11) 기타 서비스 ········· 131
6. 봉사료 ········· 131
1) Tip(봉사료)의 이원 ········· 132
2) 봉사료 지불 매너 ········· 132
3) 상황별 봉사료(팁: Tip) ········· 133
4) 국가별 팁 매너 ········· 135

제5장 복장 매너

1. 복장문화 142
   1) 복장 일반 143
2. 한국 · 일본 · 중국의 고유의상 144
   1) 한국의 한복 144
   2) 일본의 기모노 150
   3) 중국의 치파오 154
3. 정장 매너 156
   1) 남성 정장 매너 157
   2) 여성 정장 매너 169

제6장 인사 매너와 소개 매너

1. 인사 매너 180
   1) 인사의 중요성 180
   2) 인사의 유래 181
   3) 인사의 시기와 바른 자세 182
   4) 인사의 종류와 방법 183
   5) 각 나라별 인사방법 186
2. 소개 매너 195
   1) 소개 방법 195
3. 명함 매너 197
   1) 명함의 유래 및 역사 198
   2) 명함의 구별 199
   3) 명함을 주고받는 요령 200
   4) 명함의 관리 방법 201
   5) 명함의 용도 202
   6) 각 국가별 명함 매너 203

4. 악수 매너 ………… 205
1) 악수의 3단계 ………… 205
2) 악수의 시기 ………… 205
3) 악수 순서 ………… 205
4) 악수할 때 유의사항 ………… 206
5) 나라별 악수 법 ………… 207

제7장 한식 · 일식 · 중식 매너

1. 식사 매너 ………… 214
1) 한식 ………… 215
2) 일식 ………… 219
3) 중식 ………… 225

제8장 서양식 테이블 매너

1. 테이블 매너 일반 ………… 238
1) 자리에 앉을 때 ………… 240
2) 식사자리에서의 대화 및 태도 ………… 240
2. 식전 기본 매너 ………… 241
1) 사전예약과 복장 ………… 241
2) 좌석 배치 ………… 241
3) 음식주문 ………… 242
4) 냅킨 및 테이블 세팅 기물의 사용 ………… 243
5) 식사매너 ………… 246
6) 식사속도 및 대화 ………… 249
3. 식사 후 매너 ………… 250
4. 각 코스별 매너 ………… 250

1) 식전주(Aperitif: 에프리티프) ··· 251
2) 전채요리(Appetizer, hors-d' œuvres) ··· 251
3) 수프(Soup, consommé: 콩소메) ··· 252
4) 빵(bread) ··· 252
5) 샐러드(salad) ··· 252
6) 셔벗(Sherbet) ··· 253
7) 주 요리(main dish) ··· 253
8) 와인(wine) ··· 254
9) 후식(dessert) ··· 255
5. 국가별 테이블 매너 ··· 256
1) 영국 ··· 256
2) 프랑스 ··· 256
3) 독일 ··· 257
4) 미국 ··· 257
5) 이슬람 ··· 258
6) 핀란드 ··· 258

제9장 음주 매너

1. 술에 대한 이해 ··· 266
1) 술의 기원 ··· 267
2) 세계의 대표적인 술 ··· 268
2. 우리나라의 음주 매너 ··· 275
1) 향음주례 ··· 275
3. 음주문화 ··· 281
1) 수작문화(酬酌文化) ··· 281
2) 자작문화(自酌文化) ··· 282
3) 대작문화(對酌文化) ··· 282
4. 각 나라의 음주 매너 ··· 283

1) 미국 ········ 283
2) 프랑스 ········ 284
3) 독일 ········ 285
4) 중국 ········ 285
5) 일본 ········ 286
6) 러시아 ········ 287
7) 인도 ········ 287
8) 이슬람 ········ 288

제10장 방문 · 초대 매너

1. 방문 매너 ········ 294
1) 방문시간 ········ 294
2) 방문 시 에티켓 ········ 297
3) 비즈니스 상의 방문 ········ 297
2. 경조사 ········ 298
1) 신생아 탄생 ········ 299
2) 결혼식 ········ 299
3) 생일(돌, 회갑, 진갑, 고희 등) ········ 300
4) 병문안 ········ 302
5) 조문 ········ 303
3. 초대 매너 ········ 308
1) 선물 매너 ········ 308
2) 비즈니스상의 선물 매너 ········ 310
4. 파티 매너 ········ 314
1) 파티의 기원 ········ 314
2) 우리나라와 서양의 파티 문화 ········ 315
3) 파티 종류별 매너 ········ 316
4) 파티용 복장 매너 ········ 322

제11장 공공장소에서의 생활 매너와 통신 매너

1. 대중교통수단 이용 매너 ········· 334
    1) 지하철, 버스 등 대중교통 매너 ········· 334
2. 공공장소에서의 생활 매너 ········· 340
    1) 건물 출입 매너 ········· 340
    2) 공공장소에서의 생활 매너 ········· 343
    3) 관람 매너 ········· 348
    4) 흡연 매너 ········· 352
3. 통신 매너 ········· 355
    1) 전화통화 ········· 356
    2) 공공장소에서의 휴대전화 이용 매너 ········· 358
    3) 네티켓 ········· 360

제12장 면접 매너와 프레젠테이션

1. 면접 매너 ········· 370
    1) 면접의 종류 및 면접방법 ········· 371
    2) 효과적인 면접의 유형 ········· 375
    3) 면접 시의 표정 및 복장관리 ········· 377
    4) 자기소개서 작성하기 ········· 381
    5) 면접 시 주의사항 ········· 381
2. 프레젠테이션 ········· 383
    1) 프레젠테이션의 개념 ········· 383
    2) 프레젠테이션의 종류 ········· 386
    3) 프레젠티이션의 준비 ········· 388
    4) 시간 맞추기 ········· 391
    5) 프레젠테이션 시의 복장 ········· 392
    6) 질의응답 ········· 392

제13장 보디랭귀지

1. 메러비안의 법칙 ······ 398
2. 보디랭귀지(Body Language)의 어원 ······ 400
3. 국가별 보디랭귀지 ······ 401
1) 아시아 ······ 402
2) 아메리카 ······ 405
3) 유럽 ······ 406

제14장 비즈니스 영문서식 규칙과 매너

1. 비즈니스 메일의 구성 및 작성방법 ······ 416
1) 무역서신의 구성요소 ······ 416
2) 구성요소별 작성방법 ······ 419
2. 무역서신의 스타일 ······ 429
1) 무역서신의 배열방식과 구두점 ······ 429
2) 무역서신의 스타일 ······ 430
3) 무역서신의 배열 ······ 433
3. 국제우편 봉투 ······ 434
1) 겉봉투의 내용 ······ 434
2) 서신 용지의 접는 법 ······ 435

찾아보기 ······ 437

Chapter 1
동서양문화의 이해

문화는 진화하는 인류에 의하여 세대를 넘어 특정한 집단과 구별 짓는 학습에 따라 후천적으로 습득된 습관의 총체라고 한다. 조직 인류학자인 홉스테드(Geert Hofstede)는 문화를 "한 집단 혹은 한 부류의 구성원을 다른 집단의 구성원과 구별시키는 집합적 심리체계"라고 정의하였다. 문화는 유전이 아닌 학습된 행위로써 그들이 속한 집단으로부터 체득하고 이전되는 것이다. 비즈니스 매너와 에티켓을 이해하기 위해서는 나라별 문화에 대한 이해가 먼저 되어야 한다. 문화를 구성하는 요소가 지리적이며 환경적인 요소와 더불어 그들이 속해 있는 집단에서의 언어, 종교, 교육수준, 가치관 등에 따라 다르게 나타나기 때문이다.

문화의 차이(다름)를 이해하기 위하여 국제비즈니스 매너에 들어가기에 앞서 동서양문화의 이해를 돕기 위하여 동양과 서양의 개념을 파악하고 동양으로 대변되는 한국, 중국, 일본, 인도의 사례를 통하여 동질적이면서도 이질적인 문화에 대하여 살펴보고 문화의 차이를 이해하고자 한다.

1. 동양과 서양

1) 동양과 서양의 사전적 의미

서로 다른 문화의 차이를 이해하기 위해서 우리는 먼저 동양과 서양의 개념부터 파악해 볼 필요가 있다. '동양과 서양'을 우리는 어떻게 분류하며 또한 우리에게 어떠한 의미로 다가올까?

'노스코트 파킨슨'[1]은 "서양은 그리스 문명과 로마 문명에 기반으로 한 문명

1) 20세기를 대표하는 영국의 해양사학자이며 경제학자. '파킨슨의 법칙'을 발표하여 경제학자로서도 큰 명성을 얻었다. '동양과 서양'은 독창적인 역사관이 집약된 것으로 5000년 인류의 문명사를 읽는 새로운 패러다임을 제시했다는 평가를 받고 있다. 파킨슨이 상정한 동양은 오늘날 우리가 인정하는 동양에 북아프리카를 더 추가한 것이다.

단위이고, 동양은 유럽을 제외한 아프리카, 아라비아 반도, 서남아시아, 중앙아시아, 동남아시아, 동아시아 모두를 포괄하는 문명단위이다."라고 했으며, 유럽과 아시아를 분리하는 경계선으로 우랄 산맥, 우랄 강, 카스피 해, 카프카스, 흑해 그리고 다르다넬스 해협 등을 상정하였다.

인디아대륙과 극동으로 정의된 동양은 대략적으로 동아시아, 동남아시아, 남아시아라는 세 문화권으로 나눌 수 있다. 중국, 한국, 일본 등 한사 문화권에서는 동양을 말 그대로 중국의 동쪽 바다(東洋)를 뜻했다.

(1) 동양(東洋)

'동양'의 사전적 의미는 아시아의 중국과 인도 및 이들 근방의 수많은 나라들을 포함하며, 넓은 의미로는 중동 지역까지도 포함하는 개념으로 설명하고 있다. 약간씩 의미 및 어감의 차이는 있으나, 비슷한 뜻으로 동방세계(東方世界, 줄여서 동방) 및 오리엔트(the Orient)라는 표현도 사용된다.[2)]

아시아에 있어서 동양과 서양의 구별은 중국의 송(宋)나라 말에서 원(元)나라 초(13세기)에 생겨난 것으로, 당시 중국의 선박이 항상 왕래하고 있었던 대략 북위 16°이남의 남(南)인도 연안지방에 있는 몇 개의 소국(小國)을 가리켜 말한 것에서 비롯한다. 즉, 송나라(960~1279) 때 광저우(廣州)와 수마트라 동부를 연결하는 선(線)의 동쪽 바다를 동남해라 했고, 원나라(1271~1368) 때 이르러 처음으로 동양이라고 불렀다. 명나라(1368~1688)에 이르러서는 광둥(廣東)과 보르네오를 연결하는 동경 113°선의 동쪽 바다를 뜻했다. 명나라 때 중국에 건너온 유럽 선교사가 세계지도에 한자(漢字)로 설명을 하고, 북부 태평양의 서반(西半)을 대동양(大東洋), 그 동반을 소동양이라고 했다. 이에 반하여, 인도양 서부를 소서양이라 했고, 유럽의 서쪽을 대서양이라고 했다. 동양제국으로서는 루손・몰루카・보르네오 등이고 서양제국은 안남・자바・수마트라・말래카 등을 들었으며, 타이완・류큐세도・일본 등은 소동양, 남인도는 소서양, 유럽은 대서양이라고 불렀다. 그 후 중국인의 지리적 지식의

2) 두산백과사전, 동양

확대와 서양인의 아시아 진출에 따라서, 동양의 개념은 역사적으로 변화했다고 할 수 있다. 현재는 서양(유럽)에 대응되는 말로서 사용되며, 대체로 터키 동쪽의 아시아 전 지역의 총칭으로 사용된다.

(2) 서양(西洋)

서양은 대체로 유럽과 북아메리카 등의 영미 문화권을 가리키는 말이라고 명시되어 있다. 이 구분은 앞서 살펴본 중국의 송나라 때(宋代)부터 등장, 원나라(元代)에서는 공통되는 '남'자를 생략하고 해(海)를 양(洋)으로 바꾸어 동남해를 동양, 서남해를 서양이라고 부르게 되었다. 이 시기는 자바가 동양에 포함되었는데, 명대(明代)에 이르러서는 서양에 포함되었다. 이는 방위의 관념이 명확해졌기 때문이며, 유럽 지리학의 영향을 받아 광동(廣東)의 정남(正南) 쪽이 보르네오섬 북해안의 문래국(文萊國)에 해당한다는 것이 알려지고, 광동에서 문래를 잇는 선으로 동서양을 구별하게 된 결과였다고 할 수 있다.

한편, 그 무렵에 중국에 건너간 기독교 선교사들은 세계지도를 한자로 설명하여 서부 인도양을 소서양(小西洋)이라 하고, 유럽 서쪽의 바다를 대서양(大西洋)이라 불렀으며, 자신들을 대서양 제국(諸國)의 사람들, 곧 대서양인이라 자칭하였다. 이때부터 서양은 유럽을 가리키는 명칭이 되었으며 서양을 태서(泰西)라고 한 것은 극서(極西)를 뜻한다. 그 후 서양은 더 줄여져서 양(洋)이 되었으며, 양품(洋品)은 서양상품, 양행(洋行)은 이를 취급하는 상점을 뜻하였다.[3)]

2) 유럽인들이 가지는 동양과 서양의 구분

유럽인들이 가지는 '동양'과 '서양'의 구분은 기독교 세계와 여기에 속하지 않는 이교도들의 세계를 구분하여 인식하는 과정에서 생겨났다. 유럽인

3) 위키백과사전, 서양

들이 아메리카 대륙을 발견하고 사하라 이남의 아프리카를 탐험하기 전까지 그들에게 어느 정도 알려진 외부 세계는 북아프리카와 동쪽의 이슬람 국가들뿐이었다. 십자군 원정을 통해 '우리'와 '그들'을 나누는 경계가 생겨났고, 나중의 탐험시대에 동방세계가 유럽인들의 세계와 종교적·문화적·인종적으로 얼마나 다른지를 알게 되면서 '동양'의 개념이 보다 명확히 확립된 것이다. 이로 인해 동방을 신기하고 이상한 것들로 가득한 세계로 인식하는 오리엔탈리즘이 출현하게 되었다.

오리엔트란 오늘날의 중동지방을 말하는 것으로 그것은 메소포타미아의 티그리스·유프라테스 강 유역과 이집트의 나일 강 유역을 가리킨다. 오리엔트 문명이 싹튼 것은 기원전 3000년경으로, 이것은 최초의 서양문명인 그리스의 고전문화보다 약 2천년 이상 앞선 것으로, 서양문명은 이 오리엔트 문명에서 많은 것을 이어 받아 그들의 문명을 발전시켰다.

서양문화 또는 서양문명의 경우, 보통은 고대 이집트 문명과 메소포타미아 문명, 그리스 로마 시대의 지중해 문명, 근세 이후의 서유럽 문명과 근대 이후의 앵글로아메리카 문명을 말한다.

고대의 4대 문명은 메소포타미아 문명(티그리스강-유프라테스강), 인더스 문명(인더스강), 황하 문명(황하강), 이집트 문명(나일강)을 말한다.

세계 문명의 4대 발상지는 모두 큰 강을 끼고 북반구에 있었으며, 대부분 지역이 기후가 온화하고 기름진 토지를 지닌 지역들이다. 이들 4대 문명 지역은 강을 끼고 있어서 기후, 교통, 토지 등이 고대농업의 발달에 유리하다는 점 때문에 문명 발생의 근거가 되고 있다.

이들 4대 문명 발상지의 특징은 대략 다음과 같다.

(가) 메소포타미아 문명

수메르인이 지구라트(거대 신전), 태음력, 60진법, 쐐기문자 등 국가기반을 마련하였다.

(나) 인더스 문명

청동기, 그림문자 사용 및 농경과 목축을 하면서 바닷길로 메소포타미아와 무역하였다.

(다) 황하 문명

조와 수수를 재배하였고, 가축을 길렀으며, 토기를 사용하였다.

(라) 이집트 문명

정치와 종교를 결합한 신권 정치를 하였고, 사후세계(미라, 사자의 서)에 관심이 있었다. 파피루스 기록이 있다.

그림 1-1 세계 4대 문명의 발상지

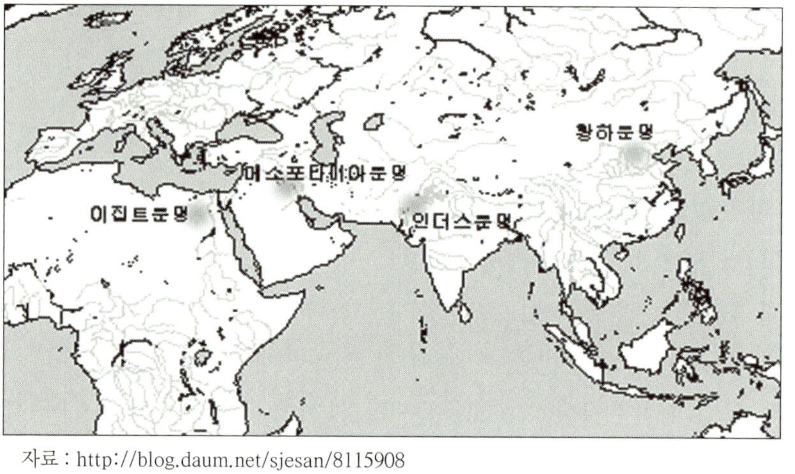

자료 : http://blog.daum.net/sjesan/8115908

3) 동양문화의 특징

문화라는 것을 한 마디로 정의할 수 없는 것과 같이 동양문화의 특징 또한 한마디로 정의할 수 없으나 일반적으로 문화의 구성요소 중 특히 그 나라의 주요한 종교나 사상에 의해 영향을 많이 받는다. 이러한 동양의 주요한 종교에는 유교 및 불교, 이슬람교, 힌두교 등으로 크게 나눌 수 있다. 각 국의 종교문화는 시대별로 그 특징을 달리하고 있으며 또한 우리나라와 같이 종교가 국교로 정해지지 않은 경우에는 왕조의 흥망성쇠에 따라 그 종교도

달리하고 있음을 알 수 있다. 일반적으로 우리나라의 종교를 논할 때 유교, 불교, 기독교 등으로 나누어 얘기할 수 있다.

문화의 구성요소 중 각 종교를 기준으로 동양문화의 특징을 간략히 살펴보면 다음과 같다.

우리나라와 중국 등과 같은 유교적 국가는 예를 중시하여 윤리도덕을 중요시했고 개인보다 집단을 중시함으로써 체면이나 인습을 중요시 하는 경향이 있다.

불교 신봉국가의 특징은 문화관습이 상당히 보수적이고 관습적인 수직적 사회로 예절과 매너가 매우 중시된다.

이슬람 문화는 종교적 믿음과 일상생활의 규범을 일치시킬 정도로 종교가 중요하여 무신론자는 인간으로서 최소한의 자격을 갖추지 못한 것으로 여긴다. 또한 한 사람의 사회적 지위는 쟁취하는 것이 아니라 세습된다고 여기며 지도자는 부하직원을 책임지고, 종교적으로도 신실하고 성실해야 한다고 믿고 있다.

인도의 80% 이상이 믿는 힌두교는 종교생활과 사회생활은 밀접한 관계를 가지고 있기때문에 인도인은 힌두교로 태어난다고 하며 또한 카스트 제도에 대해서 엄격하므로 카스트 제도에 대한 거론을 삼가야 한다. 사생활 관념이 희박하여 개인 생활 이야기, 외국인이 인도의 역사와 전통에 대해 이야기 하는 것을 선호한다. 신앙에는 상당히 관용적이어서 비즈니스 문화에도 많은 영향을 미치고 있다.

4) 서양문화의 특징

최초의 서양문화는 그리스에서 일어났다. 에게(Agean)문명의 뒤를 이은 그리스 문화는 오리엔트 문명의 영향 아래 개화했으나 오리엔트의 전체국가와는 다른 폴리스(polis)를 터전으로 성장하였다.

그리스도교(헤브라이즘)은 그리스 정신(광의의 헬레니즘)과 더불어 서양문화의 밑바닥을 흐르는 2대 조류로서 이후 유럽 역사를 관통하게 되었다.

동양의 문화가 종교나 사상에 의해 영향을 받았다고 설명한 것과 같이 서양문화를 설명할 때 또한 종교를 빼 놓을 수 없다. 서양을 대표하는 종교로는 기독교문화를 들 수 있다.

동서양간의 문화의 차이를 살펴보면 동양은 사고방식과 생활방식이 수직적이다. 사고방식에는 공자의 유교사상의 영향으로 어른 공경과 자신을 낮추고 상대를 높이는 것을 중시한다. 기업에서는 사장의 의견을 우선시하는 '상명하복'의 의사결정 방식이 활용된다. 생활방식에는 기본적으로 농사를 지으며 정착생활, 위계질서 중시의 상하관계가 발달되었다.

이와는 달리 서양은 사고방식과 생활방식이 수평적이다.

사고방식에는 자유로운 의사전달과 민주적인 의사결정 방식이 보편화 되었다. 그로 인해 평등과 창의력이 발달되었다. 생활방식에는 수렵과 유목생활로 인해 새로운 장소와 사람을 만날 때 마다 불안, 불신을 하게 되었고 신체적 접촉으로 적이 아님을 확인하였고 결속의 의미가 되었다.

그림 1-2 서양문화의 발전과정 추가

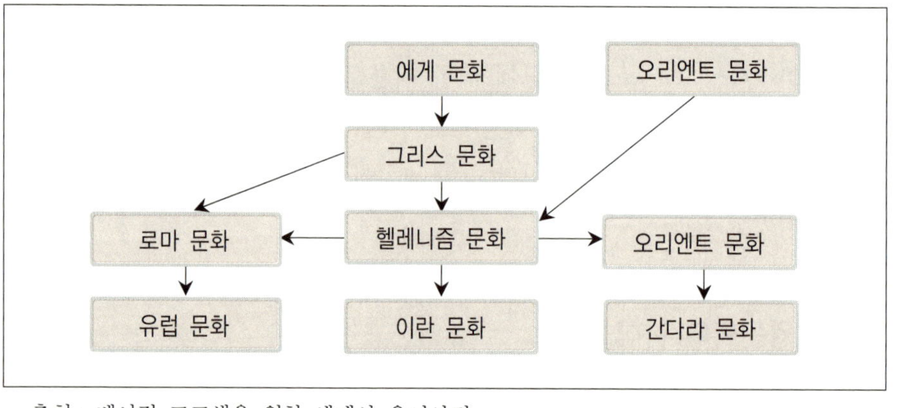

출처 : 베이직 고교생을 위한 세계사 용어사전

2. 문화(Culture)

1) 문화의 정의

앞서 동서양 문화의 차이를 종교적 특징을 중심으로 간단히 살펴보았다. 문화에 대한 정의는 다른 어떤 학문의 정의보다도 많다. 문화는 '세대를 넘어 특정사회의 구성원으로서 공통적 특징을 갖게 하는 종합적인 학습체계'[4] 라고 정의하고 있다. 이러한 문화를 구성하는 요소에는 그 지역의 종교, 언어, 인종, 신념, 가치관, 관습 등이 있다.

문화의 사전적 의미를 살펴보면 영어로 'culture'라고 하는데, 이것의 어원인 동사 'cultivate'는 '개간하다'의 뜻으로, 자연 상태 그대로가 아니라 인간의 어떤 노력이 가해져서 인위적으로 만들어진 모든 것이 바로 '문화'라고 할 수 있다. 문화란 인류의 지식, 신념, 행위의 총체로 라틴어의 'cultura'에서 파생한 culture를 번역한 말로 본래의 뜻은 경작(耕作)이나 재배(栽培)였는데, 나중에 교양·예술 등의 뜻을 가지게 되었다.

일반적으로 문화는 아래와 같이 구별되고 있다.

첫째, 문화는 구미풍(歐美風)의 요소나 현대적 편리성(문화생활, 문화주택 등)을 의미한다. 즉 서양으로 대변되는 유럽과 미국의 높은 교양과 깊은 지식, 세련된 생활, 우아함, 예술풍의 요소(문화인, 문화재, 문화국가 등)로서 살아가는데 있어서 느끼는 물질적인 것을 의미하는 것으로 동양에 대비한 선진문화를 지칭하는 의미로 사용되어져 왔다. 둘째, 문화는 인류의 가치적 소산으로서의 철학, 종교, 예술, 과학 등을 가리킨다. 이 경우는 독일이 철학이나 사회학이 전통적인 것이며, 인류의 물질적인 소산을 문명이라 부르고 문화와 문명을 구별하고 있다. 이러한 구별은 문화가 없는 인류가 과거에 존재하였고, 현재도 존재하고 있다는 것이다. 그러나 현재의 사회과학, 특히 문화인

---

4) 임성훈, 표준 국제마케이닝1.0, 학현사, 2014, p.80.

류학에서는 미개(未開)와 문명(文明: 高文化)을 가리지 않고, 모든 인류가 문화를 소유하며 인류만이 문화를 가진다고 생각한다.

여기에서 문화란 "인류에서만 볼 수 있는 사유(思惟), 행동의 양식(생활방식) 중에서 유전에 의하는 것이 아니라 학습에 의해서 소속하는 사회(협동을 학습한 사람들의 집단)로부터 습득하고 전달받은 것을 전체로 하여 포괄하는 총칭"이다. 또한 영국의 인류학자, E.B 타일러는 문화의 정의를 "지식 · 신앙 · 예술 · 도덕 · 법률 · 관습 등 인간이 사회의 구성원으로서 획득한 능력 또는 습관의 총채"라고 했다. 이렇듯 '문화'는 그 어느 사회에나 존재하며 그 나름의 가치를 지니므로 서로의 문화의 차이를 이해하고 존중해야 한다. 즉 나와 다르다고 해서 이것이 잘못되고 틀린 것이 아닌 다름을 인정해야 하는 것이다.

2) 문화의 특징

문화는 가장 많은 연구자들이 연구한 분야로서 문화에 대한 정의는 연구자들의 수만큼이나 다양하게 정의되고 있다. 이기호 · 이경미는 문화의 특징을 다음과 같이 9가지로 정의하였다.

① 문화는 인류의 진화과정에서 파생되거나 창조된 것이다.
② 문화는 인간이 후천적으로 습득한 것이다.
③ 문화는 복잡하고 다양한 요소들의 관계로 이루어진 하나의 독립적 체계이다.
④ 문화는 한 집단 내에서 공생하는 성질이 있다.
⑤ 문화는 매우 다양하고 상대성을 지닌다.
⑥ 문화는 변화하고 발전한다.
⑦ 문화는 민족성과 특정한 계급성을 갖고 있다.
⑧ 문화는 언제나 특정 민족에게 우월감을 갖도록 하는 경향이 있다.
⑨ 문화는 상징적 부호를 통해 세대 간에 계승된다.

3. 동양권 문화의 특성과 에티켓

동양권 문화라고 하면 우리는 우선 동북아시아의 3국인 한국, 중국, 일본을 떠올리게 된다. 이에 우리는 동양권으로 대표되는 한국, 중국, 일본과 더불어 다종교, 다인종, 다언어의 특성을 가진 인도에 대한 문화적 특성과 에티켓을 살펴보고자 한다.

이들 국가를 한 마디의 단어로 표현한다면 한국은 '정'이 많은 민족으로 대표되고, 중국 사람들은 무엇보다도 '관시(관계)'를 중시하고, 일본 사람하면 곧 '친절'을 떠올리게 되고, 인도 사람들은 수천 년간 이어온 '카스트제도'의 독특한 신분제도에 따른 '관습의 중시'일 것이다. 이는 "한국 사람들은 오랜 기간이 지나야 대하기가 쉽고, 중국 사람들은 신의를 보이면 대하기 쉬우며, 일본 사람들은 일단 대하기 편하고, 인도 사람들은 그늘의 관습과 선동을 존중하면 대하기 쉽다."라는 의미로 이해할 수 있다.

이렇듯 서로 가까운 아시아권 국가의 동양권 문화에도 다양성이 존재함을 알 수 있다. 이러한 다양성을 이해하고 그들의 에티켓을 익히고 습득함으로 인해 개인적이거나 비즈니스상의 만남에서 보다 더 순조롭게 원하는 성과를 이룰 수 있다.

1) 한국

(1) 한국 문화의 특성

한국하면 '5천년 역사의 단일의 백의민족'이 먼저 떠오른다. 주민은 한국인이고 인종적으로는 몽골계에 속하며, 고조선시대 이래로 단일민족으로서 존속하여 왔다. 이렇듯 한국문화의 특성을 말할 때는 5천년을 이어온 '백의(白衣)'의 '단일민족(單一民族)'을 들 수 있다. 또한 한국의 전통적인 종교는 샤머니즘·불교·유교이며, 특히 유교와 농공사회는 한국인의 가치관과 행동양식에 적지 않은 영향을 주었는데, 민족 간의 화합, 효(孝)와 예(禮)를 중요시하는 민족으로 그 특성을 정리해 보면 다음과 같다.

(가) 백의민족

예로부터 한국을 대표하는 색깔은 서민의 색상으로 백성들이 즐겨 입는 흰색이다. 순수한 흰색을 좋아하기 때문에 다른 민족을 침략하거나 한 적이 없이 침략을 당하고도 민초들을 중심으로 독자적인 중앙집권 정부를 운영하여 5천년이 넘는 역사를 가지고 있다.

(나) 단일민족

고조선 이래로 단일민족에 대한 오랜 혈통 및 언어로부터 비롯되는 동질성은 동일 조상의식이나 풍속 면에서 개성이 점차 나타났다. 특히 종교적으로는 불교, 유교, 도교 등과 더불어 토속신앙인 샤머니즘, 놀이문화로 그네, 씨름, 농악과 복식에 있어서 한복 및 김치 등 발효식품의 고유한 음식 등의 풍속은 한국만의 독특한 문화라 할 수 있다. 예로부터 가까운 중국의 영향을 많이 받아 복제 및 종교와 문화 등이 아직까지 여러 방면에 남아있으나 한국만의 문화로 계승발전시켜 오고 있다.

(다) 불교와 유교사상

종교에 있어 삼국시대의 불교, 조선시대의 유교 등 한국은 예로부터 불교와 유교사상이 문화의 근간이었다. 따라서 가족 간이나 사회생활에서 '장유유서'의 정신이 자리 잡고 있으며, '충효'를 바탕으로 국가에 충성하고 부모에 효도하며 예의범절을 중요시하는 정신이 바탕에 깔려 있다. 이러한 전통은 현대사회에서도 위계질서와 가족질서를 강조하고 있다.

(라) 정 문화

한국관광공사에서 한국을 대표하는 아이콘을 '정(情)'으로 한 적이 있다. '정 문화'는 짧은 시간이 형성되는 것이 아닌 오랜 시간 생활하면서 부딪히면서 느끼는 것이다. 한국문화를 대표하는 '정 문화'의 가장 큰 특징은 같은 집단에 소속되면 '우리'라는 독특한 감정적 공유의식을 갖게 된다는 점이다. 즉 '우리'라는 범주 내에 들어오면 감정적 공유체계를 갖게 되고 서로를 보호하는 행동이 나타나게 된다. 평상시에는 개인적으로 행동하나 국가의 큰 일이나 위기 앞에서는 대동단결하여 어려움을 극복하는 것도 이러한 '정 문화'로부터 비롯된 것이라 할 수 있다.

(마) 인터넷 강국

한국은 다른 어떤 선진국가보다 인터넷에 있어서는 세계 최강국이다. 급속한 인터넷 및 인터넷 모바일의 확산 보급으로 가정, 사무실 및 길거리에서 인터넷을 할 뿐만 아니라 사물끼리 인터넷으로 연결돼 정보를 주고받는 사물인터넷 시대가 열리고 있다.

(2) 한국 문화의 에티켓

문화라는 것이 시대의 변화에 따라 변모를 거듭하고 있지만 기본적으로 한국인들은 유교의 영향에 의한 연장자에 대한 예의를 중요시 하는 '장유유서'에 따라 아랫사람이나 직급이 낮은 사람이 윗사람 또는 직급이 높은 사람에게 예의를 갖추는 것을 아직까지도 엄격히 한다.

한국에서 생활하는 외국인들이 가장 어렵게 생각하는 대표적인 문화가 바로 이 '장유유서'일 것이다. 자기보다 나이 많은 어른이나 직장상사, 선배 등에게는 존댓말을 사용해야 한다. 또한 버스나 지하철과 같은 공공의 승용수단에 있어서는 어른 공경과 약자를 보호하는 노약자석과 임산부석이 지정되어 있어 내국인을 비롯한 외국인들은 비어있는 이들 좌석은 가능한 비워두도록 해야 한다.

(가) 인사

아랫사람은 윗사람을 보면 먼저 고개를 숙여서 인사를 해야 한다. 악수는 윗사람이 아랫사람에게 먼저 청하는 것으로 아랫사람이 먼저 손을 내밀지 않도록 해야 한다.

(나) 호칭

자기보다 나이가 많거나 직급이 높은 사람의 이름은 함부로 부르지 않는다. 만일 상대방의 이름을 모를 경우 '선생님' 또는 '어르신'이라고 불러서 예의를 갖추어야 한다.

(다) 음주

한국의 음주예절은 일본과는 달리 헌화의 예절, 즉 아랫사람이 윗사람에게 먼저 술을 따르도록 되어 있다. 아랫사람이 윗사람에게 술을 따를 때는 반드시 두 손으로 공손히 따라야 하며, 나이 및 직급에 관계없이 받을 때도 마찬가지로 윗사람은 한 손을 가슴에 두거나 예를 다하고 아랫사람은 두 손으로 받아야 한다. 술을 잘 못한다고 해도 예의상 첫 잔은 받는 것이 좋으며, 윗사람이 마시기 전에 마시지 않도록 한다. 윗사람을 마주보며 술을 마시는 것은 큰 실례이므로 상체 또는 고개를 돌리고 술잔을 손으로 가리고 마셔야 한다.

(라) 지하철 및 공공장소

노약자나 임산부에게는 자리를 양보하고 이들 자리가 비어있는 경우에도 앉지 않는 것이 보기 좋다. 그리고 큰 소리로 음악을 듣거나 통화를 하거나 또는 다른 빈 좌석까지 차지하는 행동을 해서는 안 된다.

2) 중국

(1) 중국 문화의 특성

중국의 정식명칭은 '중화인민공화국(People's Republic of China : PRC)'이다. '중국' 또는 '중화'라는 국명은 3000년 전 서주에서부터 사용되어 온 것으로 가장 오래된 기록으로는 맹자와 삼국지의 촉지(蜀志) 가운데 '제갈량전'에 나온다.

'중(中)'은 중앙·중심이라는 뜻이며 '화(華)'는 문화라는 뜻으로 세계의 중심 또는 문화의 중심이라는 뜻이다. 중국이라는 국호의 '가운데 중(中)'자는 원래 과녁의 가운데에 화살이 꽂혀 있는 모습을 그린 것으로 '중심' 혹은 '맞추다'의 의미이며, '나라 국(國)'자는 영토(囗) + 무력 창(戈) + 사람(口)이 조합되어 만들어진 것이다. 즉 중(中)이란 세상의 중심이라는 의미이고 국(國)은 일정규모의 영토에 사람들이 살면서 자신을 지켜낼 수 있는 무력이 갖추어진 단위를 말한다.

중국의 민족구성은 한족을 포함하여 약 56개의 소수민족[5]으로 구성되어 있다. 이 중 전 인구의 92%가 한족(漢族)으로 독자적 문화를 창조하며 한족 외의 민족을 동화시켜 왔으나 소수민족은 지금까지도 민족 고유의 전통을 고수해 오고 있다.

중국인들의 숫자 관념은 한국의 숫자 관념에 비해 보다 직설적이고 단도직입적이며, 특히 숫자에 고도의 상징성을 부여한다. 일반적으로 중국인들은

〈표 1-1〉 중국인의 숫자 관념

숫자	관 념
일(一)	예로부터 숭상해 온 숫자로서 모든 수의 시작이며 만족의 시조이고 만사의 근원이라고 여김
이(二)	짝수의 시작 중국의 원시종교와 도교에서는 짝수를 숭배, 짝수가 길한 숫자라고 믿음
삼(三)	1과 2가 합쳐서 만들어진 숫자 신비한 색채를 가진 숫자, 길상을 표시하는 숫자
사(四)	죽을 사자로 매우 기피
오(五)	남성(3)과 여성(2)가 결합한 것으로 결혼을 의미하였음 가장 신비로운 숫자로 여김
육(六)	길상을 상징
칠(七)	신비하고 성스러운 숫자로 다수를 표시
팔(八)	길상을 상징, 발음이 '빠(ba)'로 '돈을 벌다'는 '파차이(발재; 發財)'의 '파(발(發); fa)'와 발음이 비슷해서 선호
구(九)	하늘을 상징하는 숫자, 완벽성을 상징
십(十)	완전한 아름다움, 십전십미(十全十美)의 의미로 중국인들이 선물을 할 때 10단위로 하는 습관이 있음

자료 : 서갑성 외 2, 중국비즈니스 문화론, 대진, 2008, pp.40-42.

5) 대표적인 소수민족으로서는 장족, 만족, 회족, 묘족, 위구르족, 이족, 토가족, 몽고족 등이 있으며 조선족은 소수민족 가운데 13번째로 많다. 서갑성·이성민·김종득 공저, 중국비즈니스문화론, 대진, 2008, p.12.

홀수를 하늘이나 양성의 사물인 남자, 해, 낮 등을 상징하는 것으로 보고 짝수를 땅이나 음성, 즉 여자, 달, 밤 등으로 간주하고 있다.

중국 문화의 특성은 크게 자국에 대한 자부심이 강하고, 사회주의체제에서 벗어난 지 오래되지 않은 여파로 자본에 대한 집착이 강하며 서로 간의 관계를 중시한다.

그림 1-3 중국의 숫자 손가락 표시방법

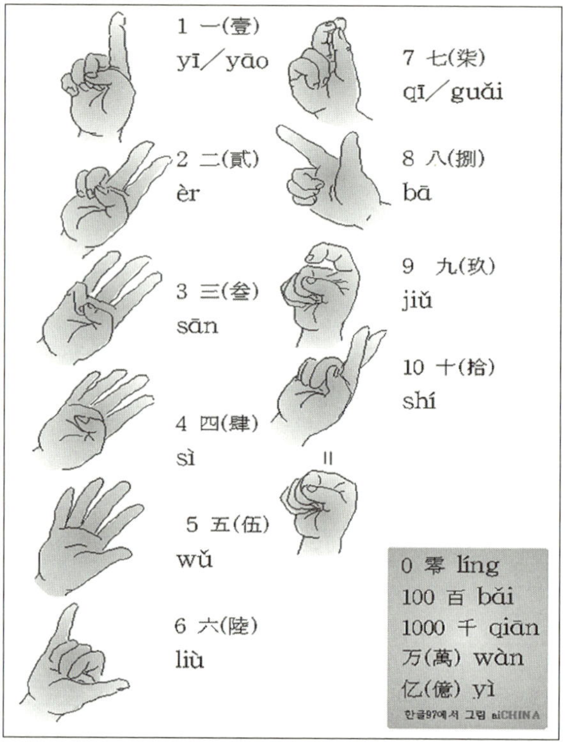

자료 : http://blog.daum.net/magicman2/13346429

중국 문화의 특성은 아래와 같이 정의할 수 있다.

(가) 중화사상

중국을 오랜 세월 하나로 통합하고 수많은 이민족을 중국문화에 동화시킨 힘은 바로 그들의 '중화의식'이다. '중화의식'을 한 마디로 이야기한다면 세계에서 중국이 최고이고, 중국 문화가 가장 훌륭하다는 것이다. 달리 표현하면 일종의 중국 제국주의이며, 자기 것에 대한 자부심과 긍지, 자존심이 매우 강한 의식이라고 할 수 있다.

'중화의식'을 가지게 된 배경은 외부와 차단된 그들의 자연환경이나 스스로 자급자족 할 수 있는 풍부한 자원, 그리고 기원전에 이미 거대한 제국을 건립하고 찬란한 문명을 이룩한 사실 등과 매우 밀접한 관계가 있다.

(나) 관계(꽌시)문화

중국에서 '관시(關係)'는 대인 관계를 일컫는 말로 중국의 비즈니스를 이해하기 위해서는 가장 중요한 것이다.

'관시'란 관계(關係)의 중국어 발음으로, 영어로도 발음 그대로 'guanxi'로 쓰일 정도로 세계적인 고유 명사이다. 관시는 17세기 이전 불안한 국가로부터 중국인들은 본인의 생명과 재산을 지키기 위해 백성들은 끼리끼리 뭉치게 되었고, 가족뿐만 아니라 소규모 혹은 대규모 관계를 형성하며 삶을 모색하게 되는 관계 문화가 토대가 되면서 같은 관계 안에서 비롯되었다.

사회가 어렵고 혼란스러울수록 관시의 영향력은 훨씬 더 크게 작용을 하여 오늘날 부정적인 의미로도 사용되고 있다. 이러한 민족성은 개혁·개방으로 많이 희석되고 다양해졌지만 여전히 오늘날의 중국인을 이해하는 중요한 지표가 된다.

(다) 다양한 인종

오늘날 중국은 인구의 92%를 차지하는 한족을 중심으로 56개 민족이 공존하고 있다. 부분적으로 분열과 대립은 있지만 중국은 확고한 통일국가를 유지하고 있다. 중국을 오랜 세월 하나로 통합하고 수많은 이민족을 중국 문화에 동화시킨 힘은 바로 그들의 '중화의식'이다.

(라) 다양한 종교

법적으로는 종교활동이 허용되지 않는다. 그러나 중국은 종교의 종류가 많고 국민의 신앙이 다양하여 현재 불교, 도교, 이슬람교, 리미교, 천주교와 기독교를 비롯한 종교가 공존하며 각 종교의 신도가 총 1억 명을 넘는다. 워낙 땅이 넓고 민족구성이 복잡하다 보니 중국의 종교가 민족 및 지역에 나뉘어져 집중되었으며 동일한 종교 내에서도 교파가 많다.

(마) 상인 기질

전 세계경제의 큰 손에는 항상 중국인과 유대인이 있다. 중국인은 설 명절에 '꽁시파차이(돈 많이 버십시오)'라는 인사말을 나누며, 대화 시에도 '콰치엔(돈을 번다)'이라는 말을 자연스럽게 사용한다.

(바) 차 문화

중국은 세계에서 처음으로 찻잎을 생산하기 시작했다고 전해진다. 그 후 한국, 일본, 동남아 및 세계의 여러 지역으로 찻잎을 전파시키면서 찻잎의 고향이 되었다고 한다.

차는 원래 약초로 사용되었다. 따라서 '차(茶)'라고 부르지 않고 '고채(苦菜)'[6]라고 불렸다. 장기간 약초로 사용되면서 중국차가 병을 고칠 수 있고, 갈증의 해소 및 음료수로도 쓰일 수 있음을 점차 인식하게 되었다. 그리하여 사람들은 대량으로 차를 재배하기 시작하여 차를 마시는 습관을 가지게 되었다. 차는 일상생활뿐만 아니라 결혼식에서도 매우 중요한 역할을 하고 있다.[7]

차 문화가 이렇게 발달된 데에는 수질상태가 좋지 못한 중국의 특징상 차에는 살균과 해독의 작용이 있어 식생활에 상당히 중요한 위치를 차지하기 때문이다.

이렇듯 중국문화의 특색은 오랜 세월을 겪은 자국문화의 자긍심과 긍지라고 할 수 있다.

---

6) 쓴 씀바귀라는 의미이다.

7) 중국의 옛 속담에 "아녀자는 두 집의 차를 마시지 않는다."라는 말이 있을 정도로 차가 결혼에서 차지하는 중요성은 크다. 즉 여자는 일생동안 한 남자한테만 시집간다는 뜻으로 예로부터 결혼할 때에 차를 필히 갖추어야 할 예물로 인식되었고 이는 신랑신부가 인생을 함께 할 것을 기원하는 의미이다.

(2) 중국 문화의 에티켓

(가) 인사

첫 인사 때 가벼운 목례나 허리를 약간 굽힌다. 악수도 많이 사용되기는 하나 중국인이 하는 방법을 관찰하고 이에 준하여 하는 것이 좋다. 학교, 극장, 공공장소를 방문 시 환영의 표시로 박수를 친다면 답례로 같이 박수를 친다.

(나) 신체적 접촉

특히 나이가 많거나 고위직에 있는 사람들은 낯선 사람과의 신체적 접촉을 꺼리므로 항상 그룹 중에서 가장 연장자를 먼저 고려하여 행동하는 것이 좋다.

(다) 공공의 장소

동성끼리 손은 잡고 있거나 하는 남녀 간의 애정표현은 좋은 일이 아니다.
손을 입안에 넣거나, 손톱을 씹거나 치아 사이의 이물질을 제거하는 것은 결례이다.

(라) 거리에서의 여러 행동

줄을 서지 않고 밀치는 것을 흔히 볼 수 있는 일이며, 거리에 침을 뱉어도 문제가 되지 않는다. 손수건으로 코를 푸는 것도 허용된다.

3) 일 본

대한민국과는 오랜 역사 속에서 지리적으로 인접하여 고대로부터 현재에 이르기까지 외교, 경제, 문화의 교류가 이어지고 있다. 36년간의 일제강점기 역사는 오늘에도 한일 양국에 큰 영향을 미치고 있다. 일본의 이미지를 나타내는 대표적인 것으로는 섬나라의 특성 상 육지로의 확장의 꿈으로 전쟁을 일으킨 '전범국으로서의 이미지', 경제를 위해서라면 무엇이든지 할 수 있는 '경제적 동물이라는 이미지', 그러나 절대로 남에게 피해를 주지 않고자 하는 '친절한 일본인 이미지' 등이다. 이들을 토대로 일본 문화의 특성을 살펴본다.

(1) 일본 문화의 특성

최근 해외의 여행객들에게 세계에서 “또 가고 싶은 나라가 어딘가?”라는 설문의 다시 가고 싶은 국가 1위는 단연 일본이었다. 그들이 일본을 선택한 이유는 ‘친절과 안전’이었다고 한다. 이럴 듯 ‘일본=친절’을 떠올릴 만큼 어려서부터 이러한 교육을 철저히 받아서 항상 ‘미안합니다’와 ‘감사합니다’의 생활화로 예절과 매너가 철저하게 중시된다. 일본 사람들은 다른 사람에게 폐를 끼치는 것을 싫어한다.

일본인이 중시하는 예절은 겸손, 자제, 인내, 관용 등으로 존경하는 대표적인 인격은 ‘냉정성’을 갖춘 사람이라고 한다. 일본사회에서는 본심을 드러내지 않고 숨길 수 있는 능력을 훌륭한 인격 중의 하나로 보며, 감정의 직접적인 표현, 특히 얼굴로 표현하는 것을 천박한 것으로 생각한다. 이렇듯 직설적이기보다는 우회적인 표현을 많이 쓰며, 개인주의적인 성향이 짙어 남에게 피해를 주지 않는 것을 중요시한다.

일본을 대표하는 문화적 특성을 정리해 보면 다음과 같다.

(가) 자기의 생각을 잘 나타내지 않는다.

앞서 살펴본 바와 같이 타인에 대하여 비판하거나 거절할 때는 직접적이고 명확한 말은 피하고, 간접적이고 우회적으로 말한다. 문장을 끝맺지 않고, 상대방이 결말을 짓도록 남겨두거나 상대방의 동의를 구하는 표현이 많다. (ですか。どうぞ。ですよね。; 그렇습니까? 괜찮아요. 그렇군요)

(나) 상대방에게 폐를 끼치지 않는 것을 중요한 행동규범으로 삼으며, '고맙습니다.' '미안합니다.' 등의 인사말이 생활화되어 있다.

어릴 때부터 부모로부터 남에게 피해를 주지 말라는 교육을 받으며 성장한다. 심지어 지하철에서 일본인의 발을 밟아도 밟힌 일본인이 ‘스미마셍’이라고 한다. 일본에서의 ‘스미마셍’은 ‘미안합니다’의 의미 외에도 공공기관, 은행 등에서 관계자를 부를 때, 또 ‘고맙습니다’라는 의미로도 사용되는 등 가장 흔히 사용된다.

(다) 「국화와 칼」, 「本音와 建前」

일본의 국민성 또는 일본을 대표하는 것으로 「국화와 칼」 그리고 「本音와 建前」를 들 수 있다.

「국화와 칼」은 미국은 문화인류학자인 루스 베네딕트가 미국 국무부의 의뢰를 받은 문화연구서이다. 책의 제목에서 알 수 있듯이 국화는 평화를 상징하고, 칼은 전쟁을 뜻하는 것으로, 손에는 향기롭고 아름다운 국화를 들고 있지만 허리에는 상대를 베기 위한 차가운 칼을 찬 사람을 의미한다. 평화를 이야기하면서도 전쟁을 숭상하는 이중성을 가진 민족으로 일본인을 분석하고 있다.

本音과 建前의 '本音(혼네)'는 숨겨진 본인의 속마음을, '建前(다테마에)'는 이야기 할 때 서로 간의 체면을 지키기 위해 상대방에게 듣기 좋은 말로 말하는 표현, 즉 겉치레를 말한다. 우리는 흔히 이런 혼네와 다테마에로 인하여 속마음과 겉으로 하는 말이 다른 일본인의 이중성을 논하기도 하지만 또 다른 일면으로는 직설적으로 거절이나 상처의 말을 하여 상처를 주지 않으려고 하는 상대방에 대한 예의이며 배려의 표현이기도 하다.

(2) 일본 문화의 에티켓[8)]

일본인들은 개인주의적 성향이 강하기 때문에 남에게 피해를 주지 않는 것을 중요시 여기며 남이 나에게 관심 갖는 것에 대하여 피로를 느낀다. 특히 외국인들의 경우 지하철에서 시끄럽게 해서 다른 일본인들에게 피해를 주는 일이 없도록 주의해야 한다.

대한무역협회의 세계문화기행 자료들을 통한 일본문화의 에티켓은 다음과 같다.

(가) 호칭

초면부터 이름을 부르는 것은 실례로 친해지기 전까지는 보통 성 뒤에

8) 한국무역협회 편저, 세계 비즈니스 문화기행, 무님, 2002, pp.84~85.

'~상(군)'을 붙이면 된다. 보통 이름은 4자로 된 이름이 많은데 앞의 두 자가 성이며 뒤의 두자가 이름이다.

(나) 명함

일본에서 명함을 받았을 때는 바로 지갑에 넣지 않는다. 대화가 끝날 때까지 테이블 위에 놓고 상대방의 이름을 기억할 때까지 테이블 위에 놓아두는 것이 좋다.

(다) 흡연

일본에서는 남・여 및 나이에 관계없이 흡연은 자유롭다. 어른 앞에서 말도 없이 담배를 피운다고 해서 예의에 어긋나지는 않는다. 하지만 담배가 없다고 해서 친하지도 않는데 담배를 달라고 하는 것은 안 된다. 일본인들은 재떨이가 없는 곳에서의 흡연의 경우를 대비해 휴대용 재떨이를 소지하고 다니기도 한다.

(라) 지하철

휴대전화는 진동으로 하고, 큰소리로 이야기 하지 않는다. 실수로 상대방 발을 밟은 경우에는 반드시 '스미마셍'이라고 한다. 지하철 등 공공시설에서 양보는 미덕이 아니며, 지하철이나 버스에서 앉아 있는 사람이 앞에 무거운 짐을 들고 서 있어도 그 짐을 받아주는 일은 거의 없다. 이는 자기의 소지품에 남의 손이 닿는 것을 싫어하는 일본인의 습성에서 기인한다.

(마) 운전

일본은 영국의 영향을 받아 운전석이 오른편에 있다. 정지선을 반드시 지키고 아무리 앞 차가 가지 않는다고 해서 경적을 울리지 않는다. 꼬리 물기는 하지 않고 바쁘더라도 노란 신호에서는 멈춰 서는 것이 좋다.

(바) 종교

일본의 종교는 신도(49%), 불교(45%), 그리스도교 순이다. 종교에 있어서 일본인은 "태어나면서 신사(神社)에 가서 복을 기원하고 결혼식은 교회에서

하고 죽으면 화장되어 불교식으로 끝난다"는 말처럼 특정 종교만을 믿는 경우가 드물다.

4) 인도

(1) 인도 문화의 특성

인도 문화의 특성은 수년간 인도생활을 규율해 온 카스트제도와 같은 계급문화가 아직까지 존재하며 빈부의 격차가 크다는 것을 들 수 있다. 또한 다인종과 다언어, 다종교를 가지고 있지만 하나의 인도 문화권을 형성하고 광대한 국가로 통일된 것은 인도 민중의 대다수가 믿는 힌두교에 기인한다고 할 수 있다. 이러한 인도문화의 특성은 아래와 같이 정의할 수 있다.

(가) 복합사회

인도는 풍토조건이 판이하고 광대한 지역, 지방에 따라 다양한 인종과 복잡한 언어, 힌두교 및 이슬람교 등 이질적인 종교, 심한 빈부의 격차와 높은 문맹율, 종교적 · 사회적 신분제도 등 이질성과 다양성을 가지고 있는 복합사회이며 가족중심의 비즈니스 사회이다.

(나) 카스트제도

카스트제도는 수 천년간 인도인의 생활을 규율해온 것으로 1974년 법적으로 폐지되었다. 하지만 아직도 많은 인도인의 생활주변에 깔려있는 독특한 계급제도이다. 최초에는 엄격하지 않았으나 역사의 흐름과 함께 다른 카스트와의 결혼불허 등 많은 금기를 가진 사회규범으로 굳어져 인도인의 생활은 자기가 속한 카스트에 의해 규율되었다. 이러한 계급문화는 인도사회를 안정시키고 결속시키는데 도움이 되었으나 한편으로는 사회를 정체시키고 활력을 잃게 하기도 했다.

〈표 1-2〉 카스트계급

종류	계급	신 분
브라만	승려계급	신을 가장 가까이 모시는 자
크라샤트리아	무사계급	정부공무원, 학교선생님, 과학자 등
바이샤	상업계급	상업에 종사
샤드라	하인계급	문지기, 청소부

(다) 다양한 인종과 언어

인도의 인종은 크게 아리안족(72%), Dravida족(25%), Mongoloid, Alpine(중앙아시아인), Negrito, Proto-Australoid 등으로 6대 인종으로 분류된다.

다양한 인종과 더불어 180여 종이 넘는 언어가 사용되고 있으며 헌법으로 인정한 지역별 공용어는 힌디어 등 18개이다. 힌디어와 영어가 기본적인 공용어이며 나머지는 각 주별로 공용어가 지정된다.

(라) 종교

인도는 힌두교(81%), 이슬람교(13%), 씨크교, 기독교, 불교 및 자이나교로 구성되어 있다. 이 중 힌두교는 인도 민중의 대다수가 믿는 종교로서 힌두교 문화가 주요 문화이다.

(마) 빈부의 격차

소수 지배계층은 매우 높은 수준의 생활을 향유하고 있는 반면 대부분의 사람들은 최저수준 이하의 생활을 하고 있는 등 빈부의 격차가 매우 크다. 인도 도시계획위원회에 따르면 "2013년 25.7%의 도외지 거주자와 13.7%의 도시 거주자가 빈곤층이며, 2005년 빈곤율이 37%에서 2011년 12월 22%로 감소하였다"고 한다.[9]

9) http://blog.naver.com/health7805/220722063593

(2) 인도 문화의 에티켓

인도인들은 앞서 살펴본 바와 같이 전통과 관습을 존중한다. 인도인의 전통의상을 함부로 입어본다든지, 신발이 상대방의 몸에 닿는 일은 피하도록 해야 한다. 인도인들은 공동체의식이 특히, 자기 집안에 관한 의식이 굉장히 강한 사람들이어서 상대방의 가족 사항에도 관심을 표하는 것이 필요하다.

(가) 인사

인사는 만날 때와 헤어질 때 모두 두 손을 모으면서 '나마스테(Nnmaste) 또는 나마스까르(Namaskar)'라고 말하면서 고개를 약간 숙인다. 남성 간에는 악수를 나누며 여성과는 악수 대신 약간 목례를 한다. '나마스테'는 인사이기도 하지만 존경의 표시이기도 하고 산스크리트어로 '당신 앞에 절합니다'라는 뜻이 있다.

천천히 머리를 한번 흔드는 것은 'Yes'를 의미하고 바르게 옆으로 흔드는 것은 'No'를 뜻한다. 예의상 상대방의 의사에 반하는 표현을 하지 않기 때문에 직접적으로 'No'라는 말을 듣기는 그리 흔하지 않다.

(나) 음주

대부분의 힌두교도인 및 이슬람교도인들은 술을 마시지 않는다. 마신다 하더라도 포도주 혹은 맥주보다는 위스키나 진과 같은 독한 술을 즐기며 일반적으로 건배는 하지 않는다.

(다) 호칭

인도인들에게 호칭은 매우 가치 있는 것으로 간주된다. 교수(Professor)나 박사(Doctor)와 같이 직함을 항상 사용한다. 우대받지 못하는 직업에 종사하는 사람은 필히 이름만 불러야 하고 존칭어를 사용하면 같은 부류의 사람으로 오해받을 수 있다.

(라) 음식

식사는 오른손으로 하고 왼손으로 음식을 집어먹지 않는 것이 바람직하다. 오른손이 음식으로 뒤덮여 있을 때에는 왼손으로 음식을 전달하거나 수저를 쓰는 것은 괜찮다. 또한 힌두교인들은 채식주의자들이며 육식을 하는 사람들도 종교적 영향으로 인하여 쇠고기는 먹지 않는다. 이슬람교도인들도 그들의 엄격한 금식규칙에 따라 돼지고기 및 갑각류, 비늘없는 생선을 먹지 않는다.

(마) 발

사람의 발은 몸 전체에서 가장 더러운 부분으로 인식되고 있으므로 발을 식탁이나 의자 위에 올려놓지 않도록 한다. 이것은 매우 불손한 행동으로 간주된다. 만약 발을 밟게 되면 즉시 사과한다.

5) 동양권 문화와의 비즈니스 시 주의해야 할 에티켓

동양권 문화의 동북아시아로 대표되는 한국, 중국, 일본의 3개국은 이질적인 면도 있지만 지리적으로 가까우며 종교와 문화 등에서 유사한 점도 많이 있어 서로 상호 밀접한 관계를 맺고 있다.

앞서 살펴본 바와 같이 4개국의 다양한 특성과 에티켓에 따라 비즈니스 시 주의해야 할 사항들을 살펴봄으로써 성공적인 비즈니스 결과를 획득할 수 있을 것이다.

(1) 한국과의 비즈니스 시 에티켓

(가) 장유유서

인사는 아랫사람이 윗사람에게 먼저 하며, 나이가 많은 사람이 실내로 들어올 때는 아랫사람은 반드시 일어나야 한다.

(나) 인사

한국 여성을 만날 때는 여성이 먼저 악수를 청해야 할 수 있다. 만일 외국 여성이 한국에 오면 외국 여성이 먼저 남녀 구별 없이 악수를 청할 수 있다. 최근에는 문화가 바뀌어 가고 있으나 껴안는 것이 흔한 풍습이 아니므로 조심해야 한다. 특히 남성이 여성에 대하여는 더욱 조심하여야 할 것이다.

(다) 접대 및 선물

손님을 접대할 때는 집이 아닌 호텔이나 식당으로 초청하여 대접한다. 만일 집으로 초대받았다면 꽃이나 성의를 표할 수 있는 작은 선물을 준비한다. 선물을 받을 때는 두 손으로 공손히 받고 상대방이 선물을 풀어보라고 하기 전에는 풀어 보지 않도록 한다.

(라) 식당

한국의 테이블 문화에서 음식은 한꺼번에 다 식탁에 차려진다.

(마) 방문

사람을 만나거나 방문할 때 옷을 잘 차려 입으면 상대방을 존중해 주는 것으로 생각한다.

(2) 중국과의 비즈니스 시 에티켓

중국과의 비즈니스에서 '체면유지'는 여러 상황을 이해하는데 매우 중요한 개념이라고 한다. 비록 의도적이진 않지만 상대방을 당황하게 하거나 체면을 구기게 하는 행동은 비즈니스 협상에 치명타를 입힐 수도 있다고 한다.

중국인들은 술을 마실 때 술잔을 수시로 첨잔하는 것을 예의로 생각하며, 보행 중 흡연이 금지되기 때문에 외국인들의 경우 함부로 길에서 담배를 피거나 꽁초를 버리는 행위를 주의해야 한다. 또 '해음현상'[10]에서 비롯되는

10) 같거나 유사한 발음으로 인해 다른 이미지를 연상하는 것, 두 단어의 음이 같이 생기는 문화현상을 해음현상이라고 한다.

선물이나 금기시하는 색깔에 대해 주의해야 한다.

한국무역협회의 중국 비즈니스 문화에 의한 에티켓을 정리하면 다음과 같다.

(가) 음주

일반적으로 중국인들은 모든 비즈니스를 위한 식사에서 독한 술 마시기를 피하는 파트너는 신뢰하지 않는 경향이 있으며, 술을 마시면서 협상을 타결되는 경우가 허다하다. 맥주를 마실 때 외치는 '건배' 또한 중국인과의 비즈니스 예절에서 중요한 부분이다. 일반적으로 연회 주최자가 건배를 시작한다. 우리와는 다른 주의해야 할 점으로는 강제로 권하거나 술잔을 돌리지 말아야 하며, 상대방의 술잔이 항상 가득 차도록 수시로 첨잔한다.

(나) 흡연

흡연자들에게 담배를 권하는 것도 예의이다. 그러나 금연구역이 많이 지정되어 있기 때문에 먼저 확인이 필요하다.

일반적으로 여성에게는 권하지 않으며 보행 중 흡연을 삼간다.

(다) 선물

선물을 주는 것은 뇌물로 간주된다. 중국의 공식 정책에서 명시되어 있듯이 비즈니스 문화에서는 선물을 금한다. 하지만 곳곳에서 이러한 규제가 완화되고 있다. 만약 선물을 꼭 주고 싶다면 반드시 사적인 자리에서 비즈니스가 아닌 순전히 우정의 표현으로 주어야 한다. 선물을 받을 때는 최소한 세 번은 거절하므로 계속해서 권해야 하며, 상대가 선물을 받으면 이에 대한 감사를 표하고 중국인으로부터 선물을 받을 경우에도 감사를 표하도록 한다.

피해야 할 선물로는 단절을 의미하는 가위, 칼 등의 기타 절단 도구들과 죽음을 상징하는 짚신, 괘종시계, 손수건, 4를 상징하는 것, 흰색, 검정색, 푸른색의 포장지 등은 피하는 것이 좋다.

중국과의 비즈니스 시 선물증정에 관한 몇 가지 원칙

- 모든 비즈니스 협상은 선물 증정 전에 이루어져야 한다.
- 주어지는 선물은 자신이 소속한 회사가 하는 것으로 명시해야 한다.
- 중국 측 협상 팀의 대표자에게 선물을 증정한다.
- 자신 소속회사에서 같은 가격의 선물을 준비해야 할지도 모르는 고가의 선물은 피하라.
- 고가의 선물은 사적인 자리에서 순전한 우정의 표시로 주어져야 한다.
- 세관검사 시 포장을 뜯어야 할지도 모르므로 선물은 중국 입국 후에 포장한다.
- 가능하다면 행운의 색깔인 빨간색으로 선물을 포장하는 것이 좋다.
- 분홍색과 노랑색도 선물포장으로 많이 활용되고 있다.
- 선물포장가게나 호텔에서 포장하는 것이 좋다.

-한국무역협회, 세계 비즈니스 문화기행-

(라) 식당

일반적으로 식사시간은 2시간 정도 소요되며, 음식은 차례대로 나오니 독촉하지 말아야 한다. 팁을 주는 것은 중국에서는 결례이므로 일반적으로 팁을 주지 않는다.

(마) 거리

담배꽁초를 버리거나 침을 뱉는 행위가 금지되며 길을 묻거나 부딪쳤을 때 고맙다거나 미안하다는 의사표시를 꼭 해야 한다.

(바) 인사 및 호칭

중국인들은 고개를 숙여서 인사한다. 악수가 일반적이지만 중국인이 먼저 손을 내밀 때까지 기다려야 한다. 소개를 할 때는 예의를 갖추어서 공손하게 하다. 중국인들은 지위와 직함에 매우 민감하므로 공식적인 직함을 사용한다. 성에 직책을 붙이는 것이 보편적이며 특별한 직함이 없는 경우는 간단히 Mr, Mrs, Miss를 이름에 붙이거나 성에 선생을 붙인다.

(사) 약속

중국에서는 비즈니스 미팅뿐만 아니라 사교모임에서도 시간엄수가 매우 중요하다. 늦는다거나 약속을 취소하는 것은 매우 모욕적인 일이다.
정오에서 2시 사이는 모든 사람들이 휴식을 취한다.

(아) 중국인의 터부

① 등을 두드리거나 포옹 등의 신체 접촉을 삼간다.
② 대만에 대한 화제를 싫어하므로 이를 유의한다.
③ 문화혁명, 섹스, 부, 정치 등은 싫어하는 화제이므로 이를 알고 대화 시 이야기를 꺼내지 않는다.

(3) 일본과의 비즈니스 시 에티켓

(가) 대화법

① 속마음과 겉마음이 다른 그들의 의식구조는 언어생활에서도 그대로 드러나기 때문에, 상대방의 기분을 가급적 상하지 않게 하려는 그들의 관습 때문에 'No'라는 직설적인 표현은 쓰지 않는다.
② 일본인과의 대화시에는 1인칭 중심의 우리식 화법을 교정해야 한다. '끝마치겠습니다'가 아니고, '끝마치도록 해 주십시요'가 일본식 화법이다. 상대자 중심의 대화법을 사용하도록 노력해야 한다. 이같은 화법은 상점이나 음식점에서도 흔히 볼 수 있다. 한 예로 우리나라에서는 식당에서 영업시간이 끝나면 '영업 끝'이라고 팻말을 걸어놓지만 일본에서는 '준비 중'이라는 팻말을 걸어둔다.
③ 일본에서는 겸양어가 많이 사용되고 있으므로 상대방의 직위나 연령에 따라 존칭어를 사용해야 한다.

(나) 비즈니스

① 일본 바이어들은 거래를 시작하기 전에 수출업체의 공장을 직접 확인하는 경우가 많다. 과장되게 자기 회사의 능력을 말하는 것은 절대 삼가야 한다.
② 그들은 담당자가 긍정적으로 생각하더라도 부장, 이사, 상사 등 관계자

들의 동의절차를 밟아야 하기 때문에 시간이 오래 걸린다. 의사결정이 불투명하고 지연된다고 해서 초조하게 생각해서는 안 된다. 끈기를 가지고 끝까지 포기하지 않아야 거래가 시작될 수 있다.

(다) 일본인의 터부

① 이름은 잘 사용하지 않는다.
② 오래 쳐다보거나 자주 쳐다보는 것은 결례이다.
③ 2차 대전 논의나 난처하게 하는 일을 싫어하므로 이에 유의한다.

(4) 인도와의 비즈니스 시 에티켓

(가) 약속

각종 비즈니스가 거의 정부 통제 하에 움직여지고 있어 자의 반 타의 반으로 약속이 제대로 지켜지지 않는 일이 많으며 반면에 그로 인해 상대방이 약속을 어기거나 하면 자기들의 권리를 주장하고 나선다.

(나) 비즈니스

① 인도상인은 유명하다고 할 만큼 상술에 뛰어나며 심하게 말하면 교활하다고 할 정도로 비즈니스를 하고 있다. 그러나 진실한 친구로 사귀면 오래도록 관계를 유지하는 다른 면도 있다.

② 대부분의 인도 바이어의 경우, 장기적 거래를 통한 거래의 안정성 및 상호 신뢰성 측면보다는 단기적 이익 확대를 추구하는 경향이 강하다. 따라서 오래 된 거래처보다 일시 양호한 거래조건을 제시하는 신규 공급선이 있을 때는 손쉽게 바꾸는 경향이 매우 강하다. 이점 때문에 인도에 신출한 종합상사나 여타 서구의 기업들이 인도 내 사업이 다른 나라들 보다 어렵다고 하는 주요인의 하나로 지적되고 있다.

③ 신흥시장으로 주목의 대상이 되고 있다. 종교가 경제활동에 미치는 영향이 대단히 크므로 종교예식에 관한 부정적인 언급을 피한다. 사적인 질문

은 친한 친구가 아니면 자제한다.

(다) 언어

① 인도인은 말이 많을 뿐 아니라 말의 속도가 매우 빠르므로 인도식 영어 발음이나 익숙하지 못한 현지어를 이해하기 위해서는 집중해서 들어야 한다.

② 인도인은 언어구사에 탁월한 재능이 있으므로 합리적인 설명, 문서화된 자료 등을 제시하여 설득하는 것이 효과적이다.

(라) 계약

① 계약은 문서화하여 서명을 받아 놓는 것이 좋다. 구두약속은 지켜지지 않는 경우가 꽤 있는데 인도에서는 문서화되지 않은 것은 힘이 없는 것으로 간주한다.

(마) 인도의 터부

① 카스트제도 거론 삼가

② 인도-파키스탄 관계가 좋지 않으므로 관련 주제 삼가

③ 왼손 사용 지양

④ 악수가 일반적 인사이나 여성의 경우 합장

⑤ 개인적인 사항들, 인도의 빈곤 등과 같은 인도에 대해 부정적인 주제는 삼가도록 한다.

연습문제

1. 동양과 서양에 대하여 잘못 설명하고 있는 것은?
   ① 동양은 넓은 의미로는 중동지역까지도 포함하는 개념으로 아시아의 중국과 인도 및 근방의 수많은 나라를 포함한다.
   ② 중국, 한국, 일본 등 한자문화권에서는 동양을 말 그대로 중국의 동쪽바다를 뜻한다.
   ③ 유럽인들이 가지는 동양과 서양의 구분은 기독교 세계와 여기에 속하지 않는 이교도들의 세계를 구분하여 인식하는 과정에서 생겨났다.
   ④ 동양은 서양에 대응되는 말로서 현재는 대체로 터키 북쪽의 전 지역으로 총칭된다.

2. 중국인들의 숫자에 대한 상징성을 잘못 나타낸 것은?
   ① 홀수 : 하늘　② 짝수 : 여사
   ③ 홀수 : 밤　④ 짝수 : 땅

3. 다음 중 한국 문화의 특성이 아닌 다른 하나는?
   ① 단일민족　② 국화와 칼
   ③ 정 문화　④ 불교와 유교사상

4. 다음 중 인도 문화의 특성이 다른 하나는?
   ① 복합사회　② 다양한 인종과 언어
   ③ 관시문화　④ 카스트제도

5. 다음 중 세계 문명의 4대 발상지가 아닌 곳은?
   ① 메소포타미아 문명　② 인디아 문명
   ③ 이집트 문명　④ 황하 문명

6. 다음 중 문화에 대한 특징이 잘못 설명된 것은?
   ① 문화는 인류의 진화과정에서 창조된 것이다.
   ② 문화는 학습에 의한 것이 아니다.
   ③ 문화는 변화하고 발전한다.
   ④ 문화는 한 집단 내에서 공생하는 성질이 있다.

7. 다음 중 일본의 에티켓에 대한 설명이 다른 하나는?
① 일본에서 초면부터 이름을 부르는 것은 실례이며, 친해지기 전까지는 보통 성 뒤에 '~상(군)'을 붙이면 된다.
② 일본에서 명함을 받았을 때는 바로 지갑에 넣지 않는다.
③ 일본에서는 남·여 및 나이에 관계없이 흡연은 자유롭다.
④ 지하철 등 공공시설에서 양보는 미덕이다.

8. 다음 중 중국의 문화에 대한 설명이 올바르지 않은 것은?
① '중화의식'을 한마디로 이야기한다면 세계에서 중국이 최고이고, 중국문화가 가장 훌륭하다는 것이다.
② '관시(關係)'는 대인 관계를 일컫는 말이다.
③ 오늘날 중국은 56개 민족이 공존하고 있으며, 인구의 92%를 차지하는 민족은 한족이다.
④ 중국은 세계에서 영국 다음으로 찻잎을 생산하기 시작했다고 전해진다.

9. 다음은 설명 중 인도에 대한 내용이 아닌 것으로만 묶인 것은?

ⓐ 카스트제도 거론 삼가
ⓑ 인도-파키스탄 관계가 좋지 않으므로 관련 주제 삼가
ⓒ 대만에 대한 화제를 싫어하므로 이를 유의한다.
ⓓ 왼손 사용 지양
ⓔ 2차 대전 논의를 싫어하고 난처하게 하는 일을 싫어하므로 이에 유의한다.
ⓕ 악수가 일반적 인사이나 여성의 경우 합장

① ⓐ, ⓑ ② ⓐ, ⓒ ③ ⓒ, ⓔ ④ ⓒ, ⓓ

참고문헌

강성원, 베이직 고교생을 위한 세계사 용어사전, 신원문화사, 2002.
금한나, 이미지와 국제매너, 한올출판사, 2011.
김미란 편저, 일본문화, 형설출판사, 2001.
김순전, 일본의 사회와 문화, 제이앤씨, 2007.
노스코트 파킨슨, 감성호 해제, 안정효 옮김, 동양과 서양, 김영사, 2011.
서갑성 · 이성민 · 김종득 공저, 중국비즈니스 문화론, 대진, 2008.
손일락 · 이채안 · 홍미선 공저, 국제매너의 이해, 한올출판사, 2010.
신혜경 · 조문희 · 윤병남 · 혼다 도모쿠니 · 최은희 · 김기서 · 오병우 · 다테 구미코 · 김상은 · 송현아 · 전창수 · 김상수, 일본학개론, 지식과 교양, 2011.
원융희, 국제비즈니스맨을 위한 에티켓, 비즈프라임, 2007.
윤승용, 중국역사와 문화 들여다보기, 한국외국어대학교출판부, 2012.
이기홍 · 이경미, 글로벌문화와 매너, 한올출판사, 2011.
임성훈, 표준 국제마케이팅, 학현사, 2014.
최인철 역, 리처드 니스벳(교수), 생각의 지도(동양과 서양, 세상을 바라보는 서로 다른 시선) 김영사.
한국무역협회 편저, 세계비즈니스 문화기행, 두남, 2002.
http://blog.daum.net/magicman2/13346429
http://blog.daum.net/sjesan/8115908 문명의 4대 발상지
http://ko.wikipedia.org/wiki/동양
http://ko.wikipedia.org/wiki/인도
글로벌에티켓 중국 http://blog.naver.com/sunmoonuniv/60108276934
인도의 경제, http://blog.naver.com/health7805/220722063593
중국에서의 비즈니스매너 http://blog.naver.com/huan2010/120030341070

Chapter 2
에티켓과 매너의 의미

사람이 평화롭게 공존하며 살아가는 데는 지켜야 할 약속이 있다.

우리는 이 약속을 규범 또는 예의범절이라고 한다. 우리나라는 예로부터 '동방예의지국', 즉 동쪽에 있는 예절과 의를 중시하는 민족이었다. 그러나 문화는 세대를 거쳐 학습에 의하여 조금씩 변모하게 마련이어서 시대와 환경에 따라 바뀌게 되어 있고 이러한 변화는 긍정적 또는 부정적 변화를 수반하게 된다.

지금과 같은 세계화 시대에는 자기 것만을 고수하는 '자기준거기준'에서 벗어나야 한다. 같은 민족, 같은 지역, 비슷한 지역에 있으면서도 같은 듯 다른 문화가 공존하고, 먼 곳의 다른 지역, 다른 언어를 가진 이들과도 유사한 문화가 존재한다. 이렇듯 서로 유사한 것도 있지만 서로 다른 문화의 사람들이 평화롭게 공존하기 위해서는 서로 간의 다름을 인정하고 상호 존중해 주어야 할 것이다.

이러한 다름의 인정과 상호존중에는 기본적으로 타인에 대한 배려가 뒷받침이 되어야 한다. 내가 조금 편하기보다는 전체가 평화로운 배려의 아이콘이 되어야 할 것이다.

매너는 '몸에 밴 고유한 습관이나 태도'를 뜻하는 것으로 하루 이틀 매너를 공부한다고 해서 잘 되는 것이 아니다. 그러므로 우리는 어릴 때부터 일상생활에서 매너를 교육함으로써 글로벌 사회의 교양인이 될 수 있도록 해야 한다.

이 장에서는 국제비즈니스 매너와 에티켓에 있어서 이들 용어의 의미와 어원을 살펴보고 동양의 예절과의 관계에 대해서 살펴보고자 한다.

1. 매너의 어원

매너란 상대방을 배려하는 마음을 행동으로 표현한 것이라고 할 수 있다.

매너의 어원을 살펴보면, '매너', 즉 영어의 'Manner(s)'라는 단어는 프랑스어의 'Maniere'에서 온 것이며, 이 프랑스어는 라틴어의 'Manuarius'에서 유래가 된 것이다. 라틴어의 Manuarius는 Manus(hand, 손)라는 단어와 arius(-er,

~과 관계하는 손)라는 단어의 합성어라고 한다. Manus는 '사람의 손'이라는 뜻 외에도 '사람의 행동 · 습관 등'의 뜻을 포함하고 있다. Arius는 영어로 'more at manuel, more by manuel'이라는 뜻으로 '방식 · 방법의 의미를 나타내고 있다. 그러므로 'Manuarius'의 원래의 뜻은 '손과 관계하는(pertaining to the hand)'이라는 뜻으로 manner는 사람들이 갖고 있는 독특한 습관, 행동양식, 몸가짐으로 해석될 수 있다. 여기에서 부터 '몸에 밴 행동양식이나 태도', 즉 '예절'의 의미로 전이되었다. 따라서 매너는 사람에 따라 다르게 표현되는 독특한 행동양식이라 할 수 있다.

1) 매너의 의의

매너의 사전적 의미를 보면 '행동하는 방식이나 자세', '일상생활에서 상대를 대하는 예의와 절차', 영영사전에는 'away of acting or behaving'라고 규정하고 있다.

매너는 상대에 대한 배려의 마음과 지켜야 할 에티켓을 상대에게 표현하고 행동으로 드러내는 것이다. 매너의 기본 목적은 상대방에게 호감을 주고 매력적으로 보이도록 하는 데 있다. 그러나 매너는 생각처럼 짧은 시간에 완성되는 것이 아니어서, 몸에 익히고 행하여 습관이 되어야 한다. 또한 매너는 그 사람의 생각을 상대에게 보여주는 것으로서 상대방을 평가할 때 중요한 잣대가 되기도 한다. 때문에 사회생활, 직장생활에서의 성공을 추구하는 사람이라면 좋은 매너는 반드시 갖추어야 할 필수요건 중의 하나라고 할 수 있다.

규범인 에티켓을 행동으로 나타내는 것이 매너로 에티켓이 형식이라면 매너는 방법이다. 예절의 기본인 인사를 예를 들어 이를 비교하여 보면 다 같이 인사를 하는데 한 사람은 공손하게 예의를 갖추어서 하고, 다른 한 사람은 경방스럽게 인사를 한다면 앞 사람은 에티켓에 부합하는 매너 있는 사람으로 인식이 될 것이고, 후자의 경우에는 인사를 하는 것은 에티켓은 있으나 방법이 경망스러움으로 인해서 매너가 좋지 않은 사람으로 인식될 것이다.

2) 매너의 생활화

매너는 우리가 살아가면서 일상생활 속에 누구나 할 수 있는 일이다. 그러나 머리로 가슴으로 알고는 있으나 실천에 옮기지 못한다면 좋은 매너를 가질 수가 없다. 그러므로 일상생활 속에서 몸에 익히게 습관화하는 것이 매우 중요하다. 매너를 습관화한다는 것은 지금의 사회를 조금 더 활기차게 아름다운 살기 좋은 곳으로 만드는 처방이다.

매너를 습관화하는 좋은 예는 가까운 일본에서도 찾을 볼 수 있다.

일본은 어려서부터 타인에게 불편함을 주는 행동은 하지 말라고 배우며 자란다고 한다. 밖에서 외출하고 돌아오거나 손님이 집을 방문하게 되면 일본의 아이들은 손님이 벗어 놓은 신발을 밖으로 향하게 가지런히 정리해 놓는다고 한다. 이는 나갈 때 바로 신고 갈 수 있도록 하기 위한 배려인데 이러한 습관을 가지는데 무려 6년이라는 긴 시간이 걸린다고 한다. 어릴 때 부터의 습관의 중요성을 설명하는 좋은 예이다. 또한 항상 '미안합니다(すみません; 스미마셍)'과 '고맙습니다(ありがとうございます; 아리가토 고자이마스)'를 생활화하고 있다. 대화법에 있어서도 직설적으로 그 자리에서 반대하거나 비판하지 않고 우회적인 표현을 통하여 상대방이 자신으로 하여 불편함을 겪거나 마음이 상하지 않도록 배려하고 있다.

또한 서양에서도 '미안합니다(Sorrry)', '감사합니다(Thank you)', '해주시겠습니까(Please)'를 반복적으로 배운다고 한다. 미국에서도 가정 내에서 아이의 예절 교육은 엄격하고, 아이·청년·어른과 확실하게 구별한 교육을 한다.

우리는 주위에서 이러한 일본인과 미국인들을 많이 만나보았다. 이러한 인사는 한 번 배웠다고 생활화되는 것은 아니다. 약간의 쑥스러움을 무릅쓰고 먼저 인사를 건네 보도록 하자. 비록 타인이 반응이 없더라도 실망하지 말자. 성경에도 "내가 이 집에 복을 빌어주는데 그 집에서 받아들이지 않으면 내게로 돌아온다고 하지 않는가!" 이렇듯 상대를 배려하는 매너는 곧 나를 위한 것이다.

좋은 매너를 갖기 위해서는 타인을 배려하는 마음가짐이 필요하다.

① 상대방에게 폐를 끼치지 않고 편안하게 해준다.
② 상대방을 인정하고 존중한다.
③ 나와의 다름, 즉 차이를 인정하는 일이다.
④ 더 적극적으로 상대방으로부터 호감을 사는 일이다.[1)]

이를 위해서는 타인과의 관계에서 항상 밝은 미소를 띠고 상대방과 시선을 마주치며, 가능하면 상대방의 이름을 기억하고 분위기에 집중하도록 한다. 그리고 상대방의 보디랭귀지를 잘 살펴보고 호응해주며, 적당한 언어를 구사하고, 상대방을 존경한다는 것을 보여주도록 한다.

2. 에티켓(Etiquette)의 어원

에티켓이란 우리 각자의 생활 속에서 다른 사람들과 평화롭게 공존하는 방법으로 복잡한 행동양식이 정해져 있고 그것을 그대로 따라야 하는 일종의 규범으로 행동기준이다. 17세기 유럽에서 외교의 중요성이 더해지면서 etiqutte는 '궁전예절'이라는 의미에서 타인과의 만남자리에서의 인사, 식사 등에서 지켜야 할 '예의범절', '남을 배려하는 태도', '매너'라는 뜻으로 발전했다.

프랑스에서는 19세기 말의 부르주아 사교계의 '관례(usage)' 및 '예의범절(civilité)'이 오늘날의 프랑스 에티켓의 기초가 되었고, 국제간의 외교의례를 프랑스어로 프로토콜(protocole)이라 한다. 현대에 와서는 에티켓의 의미가 변천되고 일반인에게도 그 적용이 보편화하였다.

영어 'Etiquette'는 프랑스어 'estiquier'(붙이다)에서 왔으며, 이는 중세 프랑스어 'estiquette'에서 왔다. 원래 프랑스 말로 '꼬리표' 또는 '티켓'을 뜻하는 말이다.

---

1) 박한표, 글로벌문화와 매너, 한올출판사, 2009, pp.13~15.

프랑스어에 기원을 둔 에티켓(etiquette)의 어원에 대해서는 두 가지 설이 있다. 하나는 옛날 프랑스 왕국에서 예식을 치를 때 궁전인이나 각국 대사의 주요 순위를 정해서 예식 절차를 정한 뒤 그 내용을 적은 작은 티켓(Ticket)을 나누어준 것에서 유래되었다고 한다. 또 다른 하나는 estiquier(붙이다)라는 동사에서 파생된 명사형으로 '입간판' 또는 '안내표지판'이란 의미를 지니는 푯말이라는 단어에서 나왔다는 견해이다.[2] 결국 에티켓은 '게시판' 혹은 설명서의 의미를 지닌 estiquier의 명사형 'ettiquette'에서 유래했다는 설명이다.

1) 티켓(Ticket), 명찰, 꼬리표

17세기 프랑스의 루이 14세가 상주하던 베르사이유 궁전에 귀족들이 출입할 수 있는 출입증과 관련이 있다는 설이 있다. 베르사이유 궁전을 방문하는 각국 대상의 주요 순위와 그에 수반하는 예식과 절차 등 궁전에서 지켜야 할 준수사항을 간략하게 적어 나누어주던 출입증이었던 티켓인 'Estiqueire (에티켓, 준수사항이 적힌 명찰, 꼬리표)'에서 유래되었다는 것이다. 이 에티켓은 그 당시의 '귀족신분'임을 나타내는 징표가 되었고 그 격식 또한 매우 엄격하였다. 루이 13세의 왕비이며, 루이 14세 초기 까지 섭정한 '안 도트리시'의 노력으로 이 궁전 에티켓이 발달하여, 루이 14세 때에는 완전히 정비되었다. 그것이 시초가 되어 사람들은 예의에 맞는 행동을 "에티켓대로 행동해"라고 말하게 되었다. 그러나 루이 16세 때 그 엄격성이 해이해지고 또한 혁명으로 인해 일단 쇠퇴했으나 나폴레옹이 다시 부활시켰다고 한다. 이러한 궁중예절은 영국 및 스페인 왕실 등 서구 사회로 파급되었으며, 결국 브르조아 사교계의 관례를 중시하기 위해 지급되었던 바른 행실을 적은 티켓

---

2) 전해지는 바에 따르면 루이 14세는 아름다운 베르사이유 궁전에 혐오스러운 화장실을 둘 수 없다 하여 따로 마련하지 않았다고 한다. 화장실이 없으니 화단은 늘 오물로 넘쳐나고 악취가 진동했다고 한다. 이를 보다 못한 정원사가 정원의 보호를 위해 화단에 들어가지 말라는 호소문을 붙여놓은 입간판을 세웠다고 한다.

이 오늘날 '옳다고 생각되는 행위'나 '바른 처신'이라는 의미로 변천되어 일반인에게까지 보급화된 것이다. 그 후 중세의 가톨릭 문화와 엄격한 왕조의 영향을 받아 궁중 예의로 받아 들여졌는데 르네상스 이후 인간적인 측면이 강조되면서 엄격한 형식을 탈피하게 되고 일반 대중들 사이에 필요한 생활 규범으로 파고들기 시작했다. 프랑스 혁명과 함께 귀족들은 몰락하고 새로운 부르주아지들이 중심세력이 되었으며, 이 시기에 베르사이유의 에티켓은 영국으로 전래되어 영국의 빅토리아 여왕 시대에 새로운 에티켓이 꽃을 피우게 된다. 오늘날 영국의 'Gentleman'이 탄생하게 되었다. 이렇듯 서양에서는 에티켓이 사람들 사이에 합리적인 행동기준을 가리키는 용어로써 시작되었고 현대에 와서는 모든 사람이 반드시 알아두고 지켜야 할 규범이며 상식으로 받아들여지게 되었다.

그림 2-1 베르사이유 궁전

2) 푯말

에티켓의 또 다른 유래는 프랑스의 정원사가 정원을 보호하기 위해 통로를 안내하는 '푯말'을 설치했는데 이 푯말을 '에티켓('Estiquier, 나무 말뚝에 붙인 출입금지란 표시)'이라고 불렀다는 데서 유래되었다고 한다. 출입금지는 단순히 정원을 출입하지 말라는 의미뿐만 아니라 다른 사람들의 정원을 해치지 않는다는 뜻으로 넓게 해석하여 '예의범절'이란 의미로 사용된 것이다.

그림 2-2 **프랑스의 왕비 안 도트리시와 영국의 빅토리아 여왕**

프랑스의 왕비 안 도트리시3)

영국의 빅토리아 여왕4)

3) 에티켓의 기본요소와 사상

(1) 에티켓의 개본요소

에티켓은 그 의의에서도 알 수 있듯이 누구나가 원한다고 곧 바로 습득할 수 있는 것은 아니다. 과거 궁중에서의 예절을 익히기 위하여 다른 사람의 행동을 주의 깊게 관찰하고, 주변의 모든 상황에 대해서 한 번 더 생각하는 습관과 언행일치의 노력, 평상시에 꾸준히 지식을 축적하고 지혜를 가꾸는 과정을 통해야만 비로소 몸에 저절로 배는 것이다. 자신의 세련된 몸가짐과

---

3) http://terms.naver.com/entry.nhn?docId=2190993&cid=51081&categoryId=51081

4) https://ko.wikipedia.org/wiki/%EB%B9%85%ED%86%A0%EB%A6%AC%EC%95%84_(%EC%98%81%EA%B5%AD)

고상함은 다른 사람으로부터 존경을 받기 위한 것이다. 즉 사회생활을 함에 있어 기본 질서를 준수하고 오래된 관행과 습관을 형식화하며 지킴으로써 교양 있는 사람으로 평가받게 하는 것이다. 이것은 하나의 사회적 불문율로써 행동기준이 된다. 큰돈을 들이지 않고도 상대방의 마음을 상하게 하지 않고 기쁘게 하고 남과 원만하게 지낼 수 있는 기술은 충분히 배울만한 가치가 있다.

에티켓의 구체적인 내용으로는 실외와 실내에서의 에티켓, 남녀 간의 예의, 복장 및 만남에서의 소개, 좌석배치(席次: 자리 순서), 결혼과 흉사(凶事), 편지 · 경례 · 경칭 · 식사예법 등 생활 전반의 분야에 이른다.

규범인 에티켓의 개념에는

첫째, 상대방에게 호감을 주어라.

둘째, 상대방을 배려하라. 즉, 폐를 끼치지 않는다.

셋째, 상대방을 존중하라. 즉 다른 사람들에게 언제나 매력적으로 보여 호감을 주고, 상대방을 배려하며 존중하는 것이야 말로 에티켓의 핵심이라고 볼 수 있다.

에티켓을 다른 각도에서 정의해 보면 다음과 같다.

① 에티켓은 친절 또는 따듯한 마음이다.

② 공명정대한 정신, 관대함, 자제심, 성실한 마음과 적당한 유머, 자존심을 나타낸다.

③ 에티켓은 상식을 따르는 일이다.

(2) 에티켓의 기본사상

에티켓은 매너와 같이 기본적으로 자기 자신보다는 타인을 배려하는 '타인존중 사상'으로부터 출발한다. 그 중에서도 특히 서양에서 남자보다 약한 여성을 보호하고 배려하는 마음을 강조하는 '여성존중 사상'이 남아있다.

행동함에 있어 남성과 여성이 함께 있을 때 남성이 여성을 보호하고 배려해야 할 부분을 강조하고 있다. 많은 활동 중에서 길거리를 걸을 때는 여성을 차도의 안쪽으로 걷게 하고, 승용차나 엘리베이터, 에스컬레이터와 같은 승용구를 타고 내릴 때, 식사할 때, 방 등을 출입할 때, 계단을 오르고 내릴 때, 악수 등 인사할 때와 같은 여러 가지 상황에서 여성을 먼저 생각하고 배려하는 'Lady First'를 강조하여 신사로서 숙녀에 대해 행해야 할 여러 가지 에티켓을 강조하고 있다.

최근에는 동양에서도 여성의 사회활동이 활발해 짐에 따라 이러한 여성존중의 문화가 개선되고 있으나 오랜 관습과 습관에 의하여 아직은 익숙하지 않고 노력해야 하는 부분이 많이 있는 것 또한 사실이다. 서양인들과의 만남에서는 특히 남녀 차이에 대한 동양의 예절과는 확연이 다른 부분이 있으므로 주의해서 행동해야 할 부분이다.

4) 매너와 에티켓이 비즈니스에서 필요한 이유

앞서 살펴본 바와 같이 매너는 타인을 위한 배려의 마음을 밖으로 나타내는 것이다.

규범과 질서를 지키는 행동이 나에게 조금은 불편할 수도 있으나 이러한 기본질서를 지킴으로서 모두가 함께 평화롭게 공존할 수 있음을 기억해야 한다. 도로에서의 교통질서를 예를 들어 보자. 교차로에서의 교통체증 현상을 우리는 종종 목격하기도 하고 이 때문에 짜증 섞인 하루를 시작하게 된다. 이 신호를 놓치면 지각을 할 수도 있기 때문에, 우선 급하니까 나는 된다는 생각들이 꼬리에 꼬리를 물면서 도로는 교통지옥이 되기 마련이다. 조금 늦겠지만 노란불일 때는 멈추어 서주는 이러한 약속을 나부터 지키게 된다면 차례대로 무사히 출근을 할 수 있게 되는 것이다. 이것이 우리가 에티켓이 필요한 이유이다. 또한 비즈니스에서 상대방의 예의없는 행동과 어처구니없는 실수에 의해서 다 성사된 계약이 물거품이 될 수도 있다. 예의바른 행동과 겸손한 행동은 매너의 힘이라고 할 수 있다. 인간관계에서 사소하게 지나쳐 가는 이러한 예절바른 행동들이 긍정적이고 희망적인 상황을 만들어 주고 성공하는 삶으로 인도해 줄 수 있다.

직장생활에서도 타인을 배려하지 않고 항상 자기 주장만을 펼친다거나 다른 이를 폄하하는 행동을 해서는 비즈니스에서 성공할 수 없을 것이다.

상대방을 대함에 있어서 형식이 아닌 진정성 있는 마음으로 존중하고 배려한다면 공존하는 사회가 될 것이다.

타인을 배려하고 규범을 준수하는 매너와 에티켓은 세계화 시대에 필수적인 항목이다.

3. 예절 그리고 매너와 에티켓

최근 글로벌화의 영향으로 국경없는 각국 간의 자유로운 교류의 시대에 살고 있다. 물적 재화뿐만 아니라 인적자원 또한 마음만 먹으면 어디든지 자유롭게 교류할 수 있는 시대에 살고 있는 것이다.

가정에서, 학교에서, 회사에서 그리고 국내·외의 여행길에서도 우리들은 외국인을 접할 기회가 그만큼 많아졌고 또한 우리도 외국의 어느 나라에서 그들에게 외국인의 모습으로 만나게 된다.

이러한 과정에서 우리는 상대방에 대한 배려가 부족한, 즉 '에티켓과 매너'가 없는 사람들을 만나게 되는 경우가 허다하게 되고 이로 인한 불편함을 감수해야 할 때가 많이 생기게 되며, 이를 감수할 수 없는 경우에는 성공적인 사회생활을 할 수 없게 된다.

그런데 우리는 이러한 매너와 에티켓에 대하여 이야기하면서도 종종 예절과 매너 내지 에티켓을 혼동하여 별개의 것으로 생각하고 있다.

올바른 인간관계를 형성하기 위한 필수요소인 예절·매너·에티켓은 지속적으로 계승발전되어야 할 정신이다.

곧 Manners = Etiquette = **예의범절이다.**

1) 예절

예절은 예의범절(禮儀凡節)의 준말로써 일상생활 속에서 지켜야 하는 모든 예의와 절차를 말한다.

'예'란 하나의 생활문화이다. 또한 수렵시대 이후 신분의 상하관계가 맺어지면서 사회적 질서를 유지하기 위한 요구로 생성되었다고 한다. 인간이 원시적인 생활형태를 벗어나면서 생긴 것이며, 동물에게는 없고 오직 인간에게만 있는 '문명화된 행동양식이다.'[5)]

예절이란 겸손한 마음가짐으로 정성스레 내면을 가다듬고 타인을 존중함과 동시에 마음으로부터 섬기며 사랑을 몸소 실천하는 것이다. 또한 품위있는 몸가짐과 바르고 고운 말씨 및 세련된 행동을 통해서 밖으로 드러나는 것이어야 한다. 즉 '예절'이란 더불어 잘 살아가기 위한 인간들의 굳은 약속이며, 그 토대가 되는 것은 '인간 존중'이라는 근본정신이다. 이것은 시기와 장소를 불문하고 앞으로도 영원히 변하지 않을 예절의 실천적 대원칙이다.

2) 예절의 기능

예절의 기능에는 자기를 다스리는 수기(修己)와 남과 더불어 지내는 대인관계를 의미하는 치인(治人)이 있다. 즉 예절이란 자기 스스로를 정직하고 정성스레 예절을 지키고 삼가며, 대인관계에서는 상대방이 편안하게 느끼도록 배려하는 것을 말한다.

3) 서양의 매너, 에티켓과 동양의 예절과의 관계

예절・매너・에티켓은 다른 표현으로 사용되고 있지만 그 전달하고자 하는 바는 상대방에 대한 배려와 인간존중이라는 의미에서는 같다고 할 수 있다.

---

5) 이정우 외, 개정판 글로벌 리더를 위한 국제매너와 생활문화, 양서원, 2008, p.12.

이는 매너 및 에티켓을 우리말로 '예절'로 해석하는 데서도 알 수 있다.

올바른 인간관계를 형성하기 위한 필수요소인 예절 · 매너 · 에티켓은 지속적으로 계승발전되어야 할 정신이다.

동양 및 우리나라의 전통예절은 유교의 인(仁), 의(義), 예(禮), 지(知), 신(信)을 그 바탕으로 한다. 서양의 예절이란 'etiquette, courtesy, good taste, with others'를 실천하는 것으로 보았다. 예절은 친절, 공손, 공명정대한 정신, 타인의 의견에 대한 관대함, 자제심, 성실한 마음과 적당한 유머, 자존심, 상식에 따르는 것을 의미한다.

예절이라는 말은 프랑스의 '에티켓(Etiquette)', 영어의 '매너(Manner)'인 것으로써 예절과 에티켓 내지 매너는 전혀 별개의 다른 섯이 아니나. 그런데도 우리들은 '예절'이라고 하면 고루하고 진부한 옛것이라고 생각하면서 '에티켓이나 매너'라고 하면 무언가 참신하고 세련된 것으로 생각한다.

예의 바르고 겸손한 도덕적 품격을 갖춘 예절인이 된다는 말은, 일상생활에서 필요한 에티켓이나 매너를 잘 지키는 사람이 된다는 말이다. 즉 예절이라는 것이 일정한 생활문화권에서 오랜 생활관습을 통해 하나의 공통된 생활방법으로 정립되어 관습적으로 행해지는 사회계약적인 생활규범인 이상, 예절은 에티켓 내지 매너와 결코 다른 것이 될 수 없는 것이다.

'매너'나 '에티켓'은 우리말로 공히 '예절'로 번역될 수 있으나 엄격히 구별한다면 매너는 '몸에 밴 습관이나 태도', 즉 일상생활 속의 관습이나 몸가짐 등 일반적인 예의를 뜻한다. 반면, 에티켓은 특정한 곳에서 개인생활이나 사회생활을 하는데 있어서 '반드시 지켜야 할 규범'으로서의 예절을 말한다.

매너의 기본 개념은 상대방을 존중해 주는데 있으며 이는 상대방에게 불편이나 폐를 끼치지 않고 편하게 해 주는 것을 뜻한다. 비즈니스상의 사교모임, 만찬, 리셉션 등에서의 예의뿐만 아니라 공중도덕도 매너의 범주에 포함된다. 앞서 살펴본 일본, 미국의 예와 같이 매너의 첫 걸음이라 할 수 있는 '미안해'하며 '감사할 줄 아는 표현'부터 자연스럽게 입버릇처럼 나오도록 익히는 것이 중요하다.

에티켓은 사람끼리의 동등한 처지의 횡적인 관계와 위계질서를 세우는 상하

구조의 종적인 관계의 양면성을 지닌 예의범절이라 할 수 있다. 중국의 공자는 "예의의 실천은 자기를 낮추는 것이다", "집안에 예절이 있으므로 어른과 아이의 분별이 있고, 규문(閨門)에 예가 있으므로 삼족(三族)이 화목하다. 조정에 예가 있으므로 삼족이 화목하다. 조정에 예가 있으므로 벼슬에 차례가 있고, 사냥에도 예가 있으므로 융사(戎士, 병사)가 숙련되고, 군대에 예가 있으므로 무공(武功)이 이루어진다."고 하였다.

에티켓은 동료끼리나 사람끼리의 동등한 인간관계를 형성해주며, 윗사람이나 선임자와의 관계에서는 존경과 신뢰도를 심어줄 뿐 아니라 상대방에게 지켜야 할 의무사항으로 질서있고 안정된 사회를 유지하는데 반드시 필요한 것이다.

올바른 매너와 에티켓은 일순간에 습관화되지 않으므로 자연스럽게 몸에 익히도록 평소에 꾸준한 노력을 하는 것이 더욱 중요하며 본능적 충동에 대한 제재와 상스러운 행동에 대한 자각이 필요하다.

앞서 살펴본 바와 같이 예절은 매너, 에티켓의 우리말 표현으로 '매너'는 우리가 상대방에게 바라는 '희망사항'이고 '에티켓'은 우리가 상대방에게 지켜야 할 '의무사항'이라고 말할 수 있다.

에티켓을 설명할 때에는 일반적으로 에티켓은 '있다', '없다'로 예의가 있고 없음을 말하게 된다. 반면, 매너는 '나쁜 매너', '좋은 매너'로 예의를 질적으로 평가하는 말로 쓰이고 있다. 즉 일반적으로 '에티켓은 형식'이라면, '매너는 그것을 실행하는 방법'이라고 할 수 있다.

❑ 예절에 관한 명언 및 속담(아시아 편) ❑	
공자	• 군자에게 용맹만 있고, 예가 없으면 세상을 어지럽게 한다. 소인에게 용맹만 있고, 예가 없으면 도둑이 된다. • 덕망이 높은 사람을 두려워하듯, 비천한 사람도 두려워하지 않으면 안 된다. 상대가 비천하다고 업신여기기가 쉬운데, 그 결과는 자신의 성품을 나쁘게 하는 것이 된다. • 무례한 사람의 행위는 내 행실을 바로 잡게 해주는 스승이다. • 예가 아니면 보지 말고, 예가 아니면 듣지 말고, 예가 아니면 행하지 말라. • 예의의 실천은 자기를 낮추는 것이다.

❏ 예절에 관한 명언 및 속담(아시아 편) ❏	
공자	• 용기는 있으나 예절이 없다면 결국 혼란이 온다. • 집안에 예절이 있으므로 어른과 아이의 분별이 있고, 규문(閨門)에 예가 있으므로 삼족(三族)이 화목하다. 조정에 예가 있으므로 벼슬에 차례가 있고, 사냥에도 예가 있으므로 융사(戎士, 병사)가 숙련되고, 군대에 예가 있으므로 무공(武功)이 이루어진다.
순자	• 음악은 지위나 신분을 떠나서 사람을 한마음으로 이끌게 하고, 예(禮)는 사람과 사람 사이의 차별을 확실하게 하는 것으로 질서를 이룰 수가 있다.
예기	• 앵무새가 아무리 말을 잘한다고 하더라도 새고, 원숭이가 아무리 흉내를 잘 낸다 하더라도 역시 짐승에 지나지 않는다. 사람도 아무리 훌륭한 말을 한다고 하더라도, 사람으로 갖추고 있어야 할 예를 갖추지 못한다면 앵무새나 원숭이와 다를 것이 무엇이 있겠는가? • 예는 스스로를 낮추어 남을 존경하는 것이다 • 예의의 시작은 자세를 바르게 하고, 얼굴빛을 반듯이 하며, 말을 삼가는데 있다.
논어	• 예의는 남과 화목함을 으뜸으로 삼는다.
강태공	• 부인의 예절은 말이 반드시 고와야 한다.
명심보감	• 문 밖에 나설 때는 큰 손님을 대하는 것처럼 하고 방안에 들어올 때에는 사람이 있는 것처럼 하라.
일본속담	• 친한 사이일수록 더욱 예의 바르게 한다.
채근담	• 덕망이 높은 사람을 두려워하듯, 비천한 사람도 두려워하지 않으면 안 된다. 상대가 비천하다고 업신여기기가 쉬운데, 그 결과는 자신의 성품을 나쁘게 하는 것이 된다. • 윗사람에게 예절을 지키기는 어렵지 않으나, 아랫사람에게 예절 있게 하기는 오히려 어렵다. 윗사람을 섬기듯 아랫사람에게 예절이 바르지 않으면 표리부동한 성품으로 떨어지기 쉽다.
한태완 목사	• 예절의 기본은 겸손과 공경과 사랑이다.
김집	• 예라는 것은 인간의 욕심을 억제하고 천리를 따르는 법칙이다.

❑ 예절에 관한 명언 및 속담 ❑	
B.그라시안	• 나쁜 매너는 이성도 정의도 깨뜨리고 만다. 그러나 세련된 매너는 싫은 것도 잘 보이게 한다. • 무례한 사람은 남의 비난을 살 뿐이다. • 바른 행동이라도 예의가 뒷받침을 해 주지 않으면 존경을 받을 수 없다. • 사랑의 비결은 예의바른 행동이다. • 예의바른 몸가짐은 그 하나 만으로도 사랑을 받는다. • 예절의 기술은 모든 사회적 관계를 향상시킨다. • 예절이 갖는 힘을 체득하라. 두 배의 가치가 돌아온다. 예절의 기술은 모든 인간관계를 향상시킨다. • 용기와 예절은 아무리 많이 사용해도 바닥이 나지 않는다.
J.W. 괴테	• 마음에는 예의란 것이 있다. 그것은 애정과 같은 것이어서 그같이 순수한 예의는 밖으로 흘러나와 외면의 행동으로 나타나는 것이다. • 예는 자기 자신을 비추는 거울이다.
O.매러리드	• 우선 겸손을 배우려 하지 않는 자는 아무것도 배우지 못한다.
메난드로스	• 서투른 의사소통은 훌륭한 예절을 망쳐버린다.
벤자민 프랭클린	• 모든 사람에게 예절바르고, 많은 사람에게 붙임성 있고, 몇 사람에게 친밀하고, 한 사람에게 벗이 되고, 누구에게나 적이 되지 말라. • 손윗사람에게 겸손하고, 동등한 사람에게는 예절 바르며, 아랫사람에게는 고결해야 한다. • 백권의 책에 쓰인 말보다 한가지 성실한 마음이 더 크게 사람을 움직인다.
성 암브로시우스	• 남에게 무례한 짓을 하지 말고, 남에게 무례한 짓을 당하지 말라.
스터필드	• 장점과 훌륭한 예의는 어디서나 번영할 것이다.
에머슨	• 겸손한 자만이 다스릴 것이요, 애써 일하는 자만이 가질 것이다.
에릭 호퍼	• 무례함이란 약한 인간이 강한 인간을 모방할 때 나타난다.
J. 벤부르	• 훌륭한 예절과 부드러운 언행이 많은 난제들을 해결해 주었다.
J.버넌	• 쓰러진 자 망할까 두렵지 않고, 낮춘 자 거만할까 두렵지 않다.
J.레이놀즈	• 큰 재주를 가졌다면 근면은 그 재주를 더 낫게 해줄 것이며, 보통의 능력밖에 없다면 근면은 부족함을 보충해 줄 것이다.
존 헌터	• 훌륭한 예절은 훌륭한 도덕의 한 부분이다. 이 둘을 행하는 것은 우리의 관심일 뿐만 아니라 우리의 의무이기도 하다.
채플린	• 우리 모두가 작은 예의범절에 조심한다면, 우리의 인생은 더 살기 좋아진다.

❏ 예절에 관한 명언 및 속담 ❏	
칼라일	• 예절은 법보다 강하다.
콜레트	• 우정의 메카니즘에 예의라는 격조 높은 기름을 칠하는 것은 매우 현명한다.
키케로	• 자기 자신의 예절과 성품은 자신에게 가장 잘 어울리는 것이다.
호프만스탈	• 사람들의 교제에서 예절을 깍듯이 지키는 사람은 이자로 살아갈 수 있으나, 그것을 무시하는 사람은 원금에 손을 대게 된다.
W. 윈터	• 예의 바른 행동은 고귀한 성품의 최종적인 완성의 꽃이다
영국여성회	• 좋은 예절은 덕을 얻는 작은 돈이다.
윌리엄 펄리	• 예절은 작은 도덕이다

연습문제

1. 다음 중 잘못 설명된 것은?
   ① 매너란 상대방을 배려하는 마음을 행동으로 표현하는 것이다.
   ② 매너는 사람에 따라 다르게 표현되는 독특한 행동양식이다.
   ③ 에티켓을 설명할 때는 일반적으로 '있다', '없다'로 예의가 있고 없음을 나타낸다.
   ④ 에티켓은 상대방에게 지켜야 할 의무사항은 아니다.

2. 다음 중 어원이 잘못 설명된 것은?
   ① 영어의 'manner(s)'라는 단어는 프랑스어의 'maniere'에서 온 것이다.
   ② 프랑스어인 'maniere'는 라틴어의 'manuarius'에서 온 것이다.
   ③ Estiquier는 영어 etiquette에서 유래되었다.
   ④ 영어 'etiquette'라는 단어는 프랑스어 'estiquier'(붙이다)에서 온 것이다.

3. 좋은 매너를 갖기 위해서 해야 하는 행동이 아닌 것은?
   ① 밝은 미소를 띠운다.
   ② 상대방과 시선을 마주치지 않는다.
   ③ 분위기에 집중한다.
   ④ 상대방을 존경한다는 것을 보여주도록 한다.

4. 에티켓의 기본 사상에 대한 설명이 다른 하나는?
   ① 에티켓은 기본적으로 타인을 배려하는 타인존중 사상으로부터 출발한다.
   ② 여성존중 사상이 담겨져 있다.
   ③ 남성과 여성이 함께 있을 때 여성이 남성에게 배려해야 할 부분을 강조하고 있다.
   ④ 'Lady First'를 강조하여 신사로서 숙녀에 대해 행해야 할 여러 가지 에티켓을 강조하고 있다.

참고문헌

금한나, 이미지와 국제매너, 한올출판사, 2011.

기호익, 황의철 공저, 디저틸시대의 직장생활과 예절, 대진, 2009.

김덕경 · 조인순 공저, 직장인의 예절, 형설출판사, 2007.

문승용, 중국 역사와 문화 들여다보기, 한국외국어 대학교 출판부, 2012.

박한표, 글로벌문화와 매너, 한올출판사, 2009.

배정훈 저, 뉴리더십에센스, 형설출판사, 2010.

손일락 · 이채안 · 홍미선 공저, 국제매너의 이해, 한올출판사, 2010.

신강현, 글로벌 매너 테크, 형설출판사, 2005.

신혜경 · 조문회 · 윤병남 · 혼다 도모쿠니 · 최은희 · 김기서 · 오병우 · 다테 구미코 · 김상은 · 송현아 · 전창수 · 김상수, 일본학개론, 지식과 교양, 2011.

오성환, 글로벌커리어 · 리더십 개발 가이드 직장예절, 형설출판사, 2008.

오흥철 · 함성필 · Dury Chung · 곽병휴 · 윤승자 · 유나연 · 박소영 공저, 제2판 글로벌 매너 완전정복, 학현사, 2010.

운융희, 국제비즈니스맨을 위한 에티켓, 비즈프라임, 2007.

이동희, 매너와 이미지 메이킹, 형설출판사, 2010.

이정우 외 공저, 개정판 글로벌리더를 위한 국제매너와 생활문화, 양서원, 2008.

장범성 · 고연걸 공저, 중국학 개론, 한림대학교출판부, 2000.

직업윤리와 예절교재편찬회, 직업윤리와 예절, 형설출판사, 2008.

중국학연구회, 중국이 보인다. 일빛, 1998.

한국무역협회 편저, 세계비즈니스 문화기행, 두남, 2002.

http://www.vecatour.com/info world/mytour/etiquette01.asp 한국의 정 문화.

Chapter 3
출입국 매너

WTO의 자유화에 따라 무역에 있어서 물품뿐만 아니라 인적자원, 자본의 이동도 자유로워졌다. 과거와는 달리 해외로의 여행이 쉽고 출국하는 횟수 또한 확대되고 있다. 해외로의 여행은 그 목적이 비즈니스, 여행, 학업과 관계없이 다른 나라로의 출발은 문화의 차이에 따른 여러 가지 긴장감과 설렘을 동반하게 된다. 공항은 출발부터 여러 가지 규제와 질서가 있게 되고 특히 외국에서의 공항은 세계의 여러 사람이 붐비는 곳으로 이곳에서의 잘못된 한 사람의 행동은 곧 그 나라 전체의 이미지에 영향을 줄 수 있다. 그러므로 출국과 관련하여 준비해야 할 제반 사항을 확인해보고 공항에서의 출입국 절차를 우리나라를 기준으로 관세법 등과 연계하여 보고자 한다. 더불어 쾌적한 여행을 위한 기내 매너를 사전에 연습하고 익혀서 준비된 국제인이 되고자 한다.

1. 여행 시 준비해야 할 일

여행을 떠난다는 것은 누구에게나 약간의 두려움과 설렘을 동반하게 되는데 특히 국제 여행의 경우는 그 크기가 남다르다 할 수 있다.

다른 국가로의 여행은 언어적인 문제, 사용하는 통화의 문제, 문화 간의 차이 등으로 인하여 국내 여행보다는 준비할 것이 더 많아지게 된다. 특히 비즈니스 여행인 경우에는 방문하는 회사에 대한 정보와 더불어 그 국가에 대한 사전 조사 등이 필수적으로 수반되어야 할 것이며 그 국가의 문화에 대한 충분한 이해로 이루고자 하는 바를 획득할 수 있는 준비가 필요하다.

우선 여행일자가 확정되면 항공편 및 숙박의 예약, 여행 일정 및 목표에 맞게 짐 꾸리기, 여행 일정에 따른 국가별 환전 및 여행자수표 준비, 세계 여러 나라 사람들과 함께하는 공항 및 기내 에티켓 등을 사전에 준비하고 익힌다면 국제 비즈니스 맨으로서 역량을 충분히 발휘할 수 있을 것이다.

1) 여행일정 작성 시 유의사항

해외여행은 기존 국제교통망을 본인의 여행목적에 맞도록 작성된 여행일정에 따라 최대로 활용해야 한다. 이를 위하여 항공편 사정에 따라 여행자의 출·입국 날짜와 시간이 결정되어야 하며 이 모든 것은 여행사나 항공사 데스크와 상의하여 구체적인 일정을 작성하도록 한다.

일정 작성 시 고려해야 할 사항은 대략적으로 다음과 같다.

① 비즈니스 상의 출장목적의 경우에는 상대방의 업무일정을 충분히 고려해야 한다.

② 방문하고자 하는 국가의 역사와 문화에 관한 정보를 사전에 입수하여 효과적인 비즈니스 상담을 할 수 있도록 해야 한다.

③ 일정을 계획함에 있어 목적지 국가의 공휴일·축제일 등으로 인하여 업무 일정에 차질이 없도록 해야 하며 또한 일정을 잘 조정하여 그 나라의 독특한 문화축제를 감상할 수 있는 '일석이조'의 효과를 살릴 수 있도록 하는 것이 중요하다.

④ 항공기의 탑승시간의 선택은 아침시간이나 저녁시간을 택하여 여행시간을 효율적으로 활용하는 것이 좋다. 가급적 일정에 지장을 받을 수 있는 낮 시간(12~오후 3시 사이)은 피하도록 한다.

⑤ 여러 지역을 다녀야 할 때에는 여정이 중복되지 않도록 하여 시간 및 경비를 낭비하는 일이 없도록 경로를 설정하여야 한다.

⑥ 환전을 함에 있어서는 방문하는 국가의 화폐로 미리 준비하도록 하며 미화10,000불 이상을 소지하고 외국으로 나갈시에는 반드시 세관에 사전에 신고하도록 한다. 또한 해외 여행시에는 팁을 지불하여야 할 경우가 발생하기 때문에 일정에 맞추어 사전에 미화1불짜리 지폐를 준비하도록 한다.

⑦ 해외에서 결재가 가능한 카드를 한 장 정도는 반드시 가져가는 것이 결제 시에 도움이 된다.

2) 해외여행의 3대 필수요건

(1) 여권(Passport)

여권은 대한민국 정부가 국민의 해외여행을 위하여 외교부에서 발급하는 소지자의 국적 등 신분을 증명하는 공문서의 일종으로서, 외국을 여행하려는 국민은 여권을 소지할 의무가 있다.[1] 우리 여권에는 성명, 생년월일, 여권번호, 성별, 소지인의 얼굴사진 등이 수록되며, 지문은 수록되지 않는다. 현재 발급되는 전자여권은 기존 여권과 마찬가지로 종이 재질의 책자 형태이며 앞표지에 국제민간항공기구(ICAO)의 표준을 준수하는 전자여권임을 나타내는 로고가 삽입되어 있고, 뒤표지에는 칩과 안테나가 내장되어 있다.

여권의 어원은 불어의 'passe(통과)'와 'porte(성문)', 즉 '통행증서' 정도의 의미이다.

여권의 종류로는 일반여권, 관용여권, 외교관여권이 있으며 이는 각각 1회에 한하여 외국여행을 할 수 있는 단수여권과 유효기간[2] 만료일까지 횟수에 제한 없이 외국여행을 할 수 있는 복수여권으로 구분할 수 있다.[3]

(가) 전자여권(ePassport, electronic passport)

'전자여권'이란 앞 표지에 국제민간항공기구(ICAO)의 표준을 준수하는 전자여권임을 나타내는 로고가 삽입되고 여권 내에 칩과 안테나를 추가하고 개인정보 및 바이오인식 정보를 칩에 저장한 기계판독식 여권을 말한다.

전자여권 도입의 기본 취지는 여권의 위·변조 및 여권 도용 방지를 통해 여권의 보안성을 극대화하여, 궁극적으로 해외를 여행하는 우리 국민들의 편의를 증진시키는 데 있다. 전자여권에는 표지 하단부에 전자여권 국제표준 로고가 인쇄되어 있다.

전자여권에 내장되는 칩에는 기존 여권에 수록된 정보가 한 번 더 수록되며,

---

1) 여권법 제2조

2) 단수여권의 유효기간은 1년에 1회에 한하며 복수여권의 유효기간은 5년에서 10년이다.

3) 여권법 제4조

각종 보안기술이 적용되어 신원정보면과 칩을 동시에 조작하는 것이 사실상 불가능해지며, 설사 조작한 경우라고 해도 출입국 과정에서 자동적으로 적발된다.

우리나라는 2008.3.31부터 관용 및 외교관 여권을, 2008.8.25부터 일반여권을 전자여권 형태로 발급하고 있다.

그림 3-1 passport

(나) 여권분실 시 대처 방법 및 주의 사항

① 여권을 분실한 경우, 즉시 국내 여권사무대행기관 또는 재외공관에 분실 신고를 한다. 분실 신고한 여권은 무효화되며, 다시 사용할 수 없다.

② 여권을 자주 분실하게 되면 유효기간이 제한될 수 있다.

③ 여권분실에 대비하여 해외여행 시 여권사본과 여권용 사진을 준비하면 신규 여권발급에 도움이 된다.

④ 여권의 유효기간이 남아 있더라도 통상적으로 유효기간이 6개월 미만인 경우에는 입국이 허용되지 않을 수 있으니 여권의 유효기간을 확인하도록 한다.

또한 여권서명란에 서명이 없는 경우 일부 국가에서는 유효한 여행서류로 인정하지 않으므로 서명을 하여야 한다.

(2) 사증(Visa)

사증(비자)은 방문하고자 하는 나라로부터 입국허가를 받는 공문서로 유효기간에 따라 복수와 단수로 나누어지며 우리나라와 비자면제협정이 체결된 국가로 여행할 때에는 비자 없이 입국할 수 있다.

어떤 나라에 입국하고자 하는 외국인은 사증(Visa)없이 입국할 수 있는 특별한 경우를 제외하고는 원칙적으로 사증을 발급받아 소지하여야 한다. 사증(Visa)은 대체로 외국인의 입국허가 신청에 대한 영사의 입국 추천 행위이므로, 사증을 갖고 입국하더라도 경우에 따라서는 입국 심사과정에서 입국이 거부될 수도 있다.

2016년 3월 현재 우리나라 국민들은 사증면제협정에 의거하여, 혹은 일방주의 및 상호주의에 의해 총 145개 국가 및 지역들에 사증 없이 입국할 수 있다. 우리나라와 양국 간 비자면제협정을 맺은 국가에 1회 입국시 체류할 수 있는 최장 기간만을 정해놓은 규정 체류기간은 일반적으로 90일, 60일, 또는 '180일 중 90일' 등 세 종류이다. 비자가 있더라도 여권의 유효기간이 출국일로부터 6개월 이상이 남아 있어야 한다.

(가) 사증면제제도

국가 간 이동을 위해서는 원칙적으로 사증(입국허가)이 필요하며, 사증을 받기 위해서는 상대국 대사관이나 영사관을 방문하여 방문국가가 요청하는 서류 및 사증 수수료를 지불해야 하며 경우에 따라서는 인터뷰도 거쳐야 한다. 사증면제제도란 이런 번거로움을 없애기 위해 국가 간 협정이나 일방 혹은 상호 조치에 의해 사증없이 상대국에 입국할 수 있는 제도를 말한다.

사증발급 신청 이전에 우리나라 국민에 대한 해당 국가 간의 사증면제 여부 및 해당 국가의 사증발급 절차 등에 관한 필요한 정보를 확인해보는 것이 좋다.[4)]

(나) 미국비자면제협정

2008년 12월 17일부터 한국은 '미국비자면제프로그램'에 가입하였고, 2009년 1월 12일부터 VWP(Visa Waiver Program)의 EAST(Electronic System

---

4) 바자면제협정 국가에 대한 자료를 확인하고자 하면 외교부의 홈페이지에서 할 수 있다.

for Travel Authorization, 미국 전자여행허가)를 통해 사전여행허가를 받아 미국입국이 가능하다. EAST의 유효기간은 승인 후 2년간 이다.

전자여권을 소지한 한국 국민은 인터넷 여행허가만으로 비자 없이 미국을 관광 또는 사업목적으로 90일 이내의 단기 방문을 할 수 있다.

- 신청 홈페이지 http://esta.cbp.dhs.gov/esta/
- 비자면제프로그램 안내 www.vwpkorea.go.kr

비자면제 프로그램을 이용해서 미국방문을 계획하는 여행자들은 아래 조건들을 보두 충족하여야 한다.

① 단기 출장 및 관광의 목적으로 방문

② 유효한 전자여권 소지

③ 등록된 항공 및 선박을 이용하고 왕복항공권 또는 미국 경유 시 최종 목적지 항공권 소지

④ 미국 입국일로부터 90일 이내에 출국

⑤ 전자여행허가(ESTA) 승인 등이다.

⑥ 신청 시 현재 미국 방문비자를 가지고 있지 않아야 한다.

⑦ 신청인이 비자면제 프로그램에 가입된 국가의 국민이어야 한다.

글로벌 금융자문사 아턴캐피털이 해마다 갱신하는 여권 지수(passport indcx)의 순위를 공개하고 있다. 이 순위는 해당 국가 여권 소지자가 무비자나 노착비자 등으로 갈 수 있는 나라가 몇 개국인지로 점수를 매겨 순위를 정한다.

패스포트 인덱스라고 불리는 국가별 여권순위를 살펴보면 2017년 한국은 무비자입국 가능한 국가가 159개국으로 스웨덴과 디불어 공동 3위를 기록하고 있다. 순위가 높을수록 비자 없이 갈 수 있는 나라가 많다는 의미이다.

〈표 3-1〉 무사증 가능 국가[5]

(2017. 9. 현재)

지역	국가	우리 국민 무사증 입국 가능 여부 및 기간			무사증 입국 근거 및 비교
		일반여권 소지자	관용여권 소지자	외교관여권 소지자	
아주지역(24개 국가 및 지역)	뉴질랜드	90일	90일	90일	협정
	대만				상호주의
	동티모르	X	무기한	무기한	일방적 면제
	라오스	15일	90일(협정)	90일(협정)	일방적 면제/협정
	마카오	90일	90일	90일	상호주의
	말레이시아				협정
	몰디브	30일	30일	30일	일방적 면제
	몽골	30일[6]	90일(협정)	90일(협정)	일방적 면제/협정
	미얀마	X	90일	90일	협정
	방글라데시				
	베트남	15일	90일(협정)	90일(협정)	일방적 면제/협정
	브루나이	30일	30일	30일	상호주의
	스리랑카	30	30	30	일방적 면제/추가 60일 기간 연장시 소명자료 필요
	싱가포르	90일	90일	90일	협정
	인도	X			
	인도네시아	30일	14일(상호주의)	14일(상호주의)	일방적 면제/상호주의
	일본	90일	90일(협정)	90일(협정)	상호주의/협정
	중국	X	30일	30일	협정
	캄보디아	X	60일	60일	협정
	태국	90일	90일	90일	협정
	파키스탄	X	3개월	3개월	협정
	필리핀	30일	무제한(협정)	무제한(협정)	일방적 면제/협정
	호주[7]	90일	X	X	상호주의
	홍콩	90일	90일	90일	

5) 출처: 외교부, https://www.0404.go.kr/consulate/visa.jsp

6) 최근 2년 이내 4회, 통산 10회 이상 입국자에 한함.

7) 전자여행허가(ETA) 사전 신청 필요

지역	국가	우리 국민 무사증 입국 가능 여부 및 기간 일반여권 소지자	관용여권 소지자	외교관여권 소지자	무사증 입국 근거 및 비교
미주지역(34개국)	가이아나	90일	90일	90일	상호주의
	과테말라, 그레나다, 니카라과, 도미니카(공), 도미니카(연), 멕시코	90일	90일	90일	협정
	미국[8)]	90일	X	X	상호주의/전자여행허가(ESTA) 사전신청필요
	바베이도스, 바하마	90일	90일	90일	협정
	베네수엘라	90일	30일	30일	
	벨리즈	90일	90일(협정)	90일(협정)	일방적 조치/협정
	볼리비아	X	90일(협정)	90일(협정)	협정
	브라질, 세인트 루시아, 세인트빈센트그레나딘 세인트키츠네비스, 수리남	90일	90일	90일	
	아르헨티나	90일	90일(협정)	90일(협정)	상호주의/협정
	아이티, 안티구아바부다		90일	90일	협정
	에콰도르		3개월(협정)	업무수행기간(협정)	상호주의/협정
	엘살바도르		90일	90일	협정
	온두라스		90일	90일	상호주의
	우루과이, 자메이카, 칠레		90일	90일	협정
	캐나다[9)]	6개월	6개월	6개월	상호주의/전자여행허가(ESTA) 사전신청필요 (2016.3.15.~)
	코스타리카, 콜롬비아 트리니다드토바고, 파나마	90일	90일	90일	협정
	파라과이	30일	90일(협정)	90일(협정)	상호주의/협정
	페루	90일	90일	90일	협정

8) 전자여행허가(ESTA) 사전 신청 필요

9) 전자여행허가(eTA) 사전 신청 필요(2016.3.15.~)

<table>
<tr><th rowspan="2">지역</th><th rowspan="2">국가</th><th colspan="3">우리 국민 무사증 입국 가능 여부 및 기간</th><th rowspan="2" colspan="2">무사증 입국 근거</th></tr>
<tr><th>일반여권
소지자</th><th>관용여권
소지자</th><th>외교관여권
소지자</th></tr>
<tr><td rowspan="24">유럽지역(쉥겐[10] 가입국 26개)</td><td>그리스, 네덜란드</td><td>90일</td><td>90일</td><td>90일</td><td>협정</td><td>쉥겐 우선</td></tr>
<tr><td>노르웨이, 덴마크</td><td>180일 중
90일</td><td>180일 중
90일</td><td>180일 중
90일</td><td>협정</td><td></td></tr>
<tr><td>독일</td><td>90일</td><td>90일</td><td>90일</td><td>협정</td><td></td></tr>
<tr><td>라트비아</td><td rowspan="2">90일</td><td rowspan="2">90일</td><td rowspan="2">90일</td><td rowspan="2">협정</td><td rowspan="2">쉥겐 우선</td></tr>
<tr><td>룩셈부르크</td></tr>
<tr><td>리투아니아</td><td>90일</td><td>90일</td><td>90일</td><td>협정</td><td></td></tr>
<tr><td>리히텐슈타인</td><td>90일</td><td>90일</td><td>90일</td><td>협정</td><td>쉥겐 우선</td></tr>
<tr><td>몰타, 벨기에</td><td>90일</td><td>90일</td><td>90일</td><td>협정</td><td></td></tr>
<tr><td>스웨덴</td><td>180일 중
90일</td><td>180일 중
90일</td><td>180일 중
90일</td><td>협정</td><td></td></tr>
<tr><td>스위스</td><td>90일</td><td>90일</td><td>90일</td><td>협정</td><td>쉥겐 우선</td></tr>
<tr><td>스페인</td><td>90일</td><td>90일</td><td>90일</td><td>협정</td><td></td></tr>
<tr><td>슬로바키아</td><td>90일</td><td>90일</td><td>90일</td><td>협정</td><td rowspan="2">쉥겐 우선</td></tr>
<tr><td>슬로베니아</td><td>90일</td><td>90일</td><td>90일</td><td>상호주의</td></tr>
<tr><td>아이슬란드</td><td>180일 중
90일</td><td>180일 중
90일</td><td>180일 중
90일</td><td>협정</td><td></td></tr>
<tr><td>에스토니아</td><td>180일 중
90일</td><td>180일 중
90일</td><td>180일 중
90일</td><td>협정</td><td>쉥겐 우선</td></tr>
<tr><td>오스트리아</td><td>90일</td><td>180일</td><td>180일</td><td>협정</td><td></td></tr>
<tr><td>이탈리아</td><td>90일</td><td>90일</td><td>90일</td><td>협정 및
상호주의</td><td>쉥겐 우선</td></tr>
<tr><td>체코</td><td>90일</td><td>90일</td><td>90일</td><td>협정</td><td></td></tr>
<tr><td>포르투갈</td><td>60일</td><td>60일</td><td>60일</td><td>협정</td><td>쉥겐 우선</td></tr>
<tr><td>폴란드</td><td>90일</td><td>90일</td><td>90일</td><td>협정</td><td></td></tr>
<tr><td>프랑스</td><td>90일</td><td>90일</td><td>90일</td><td>상호주의</td><td rowspan="2">쉥겐 우선</td></tr>
<tr><td>핀란드</td><td>180일 중
90일</td><td>180일 중
90일</td><td>180일 중
90일</td><td>협정</td></tr>
<tr><td>헝가리</td><td>90일</td><td>90일</td><td>90일</td><td>협정</td><td></td></tr>
</table>

10) 쉥겐협약(조약)이란 유럽 26개국(그리스, 네덜란드, 노르웨이, 덴마크, 독일, 라트비아, 룩셈부르크, 리투아니아, 리히텐슈타인, 몰타, 벨기에, 스위스, 스웨덴, 스페인, 슬로바키아, 슬로베니아, 아이슬란드, 에스토니아, 오스트리아, 이탈리아, 체코, 포르투갈, 폴란드, 프랑스, 핀란드, 헝가리)의 여행 통행과 편의를 위해서 체결한 협약으로 26개국 내에서는 국경검사 없이 자유로운 이동이 가능하게 한 조약이다.

지역	국가	우리 국민 무사증 입국 가능 여부 및 기간			무사증 입국 근거
		일반여권 소지자	관용여권 소지자	외교관여권 소지자	
유럽지역(비쉥겐국 및 지역 29개)	교황청	30일	30일	30일	일방적 면제
	러시아	1회 최대연속 체류60・180일 중 누적90일	90일	90일	협정
	루마니아	180일 중 90일	180일 중 90일	180일 중 90일	협정
	마케도니아	1년 중 90일	1년 중 90일	1년 중 90일	일방적 면제
	모나코, 몬테네그로	90일	90일	90일	상호주의
	몰도바	180일 중 90일	180일 중90일(협정)	180일 중 90일(협정)	일방적 면제/협정
	벨라루스	5일 (일방적 면제)	90일	90일	일방적 면제/협정
	보스니아, 헤르체고비나	90일	90일	90일	상호주의
	불가리아	90일	90일	90일	협정
	사이프러스	90일	90일(협정)	90일(협정)	상호주의/협정
	산마리노, 세르비아	90일	90일	90일	상호주의
	아르메니아	×			
	아일랜드	90일	90일	90일	협정
	아제르바이잔	×			
	안도라, 알바니아	90일	90일	90일	상호주의
	영국	6개월	6개월	6개월	협정 및 일방적 면제
	우즈베키스탄	×	×	60일	협정
	우크라이나	90일 (일방적 면제)	90일(협정)	90일(협정)	일방적 면제/협정
	조지아	360일	90일(협정)	90일(협정)	일방적 면제/협정
	카자흐스탄	30일(1회최대 연속체류30일, 180일중60일)	90일	90일	협정
	코소보	90일	90일	90일	일방적 면제
	크로아티아	90일	90일(협정)	90일(협정)	상호주의/협정
	키르기즈	60일	30일(협정)	30일(협정)	일방적 면제/협정
	타지키스탄	×	90일	90일	협정
	터키	180일 중90일	180일 중 90일	180일 중 90일	협정
	투르크메니스탄	×	×	30일	협정

※ 쉥겐 국가 중 그리스(쉥겐국으로 입국시 양자사증면제 협정 우선), 네덜란드, 라트비아, 룩셈부르크, 리히텐슈타인, 스위스, 슬로바키아, 슬로베니아, 에스토니아, 이탈리아, 포르투갈, 프랑스, 핀란드는 26개 쉥겐국 합산, 최종 출국일 기준 이전 180일 이내 90일 체류(쉥겐협약 우선 적용)

지역	국가	우리 국민 무사증 입국 가능 여부 및 기간			무사증 입국 근거
		일반여권 소지자	관용여권 소지자	외교관여권 소지자	
아프리카·중동지역(24개국)	가봉	X	90일	90일	협정
	남아프리카 공화국	30일	30일	30일	상호주의
	라이베리아	90일	90일	90일	협정
	레소토	60일	60일	60일	협정
	모로코	90일	90일	90일	협정
	모리셔스	16일	16일	16일	상호주의
	모잠비크, 베넹	X	90일	90일	협정
	보츠와나	90일	90일	90일	일방적 면제
	세네갈	90일	90일	90일	일방적 면제
	세이셸	30일	30일	30일	상호주의
	스와질란드	60일	60일	60일	상호주의
	아랍에미리트	90일	90일	90일	협정
	알제리	X	90일	90일	협정
	앙골라	X	30일	30일	협정
	오만	30일	90일(협정)	90일(협정)	일방적 면제/협정
	요르단	X	X	90	협정
	이란	X	3개월	3개월	협정
	이스라엘	90일	90일	90일	협정
	이집트	X	90일	90일	협정
	카보베르데	X	90일	90일	협정
	카타르	30일	30일	30일	상호주의
	쿠웨이트	X	90일	90일	협정
	튀니지	30일	30	30일	협정

지역	국가	우리 국민 무사증 입국 가능 여부 및 기간			무사증 입국 근거
		일반여권 소지자	관용여권 소지자	외교관여권 소지자	
대양주(12개국가 및 지역)	괌	45일/VWP90일	45일/VWP90일	45일/VWP90일	상호주의
	마샬군도, 마이크로네시아	30일	30일	30일	상호주의
	바누아투	1년 내 120일	1년 내 120일	1년 내 120일	일방적 면제
	북마리아나 연방	45일/VWP90일	45일/VWP90일	45일/VWP90일	상호주의
	사모아	60일	60일	60일	
	솔로몬군도	1년 내 90일	1년 내 90일	1년 내 90일	
	키리바시, 통가 투발루, 팔라우	30일	30일	30일	
	피지	4개월	4개월	4개월	

그림 3-2 2017년 세계에서 영향력 있는 여권 TOP5

(3) 항공권(Air Ticket)

항공권(선표)는 항공기(선박)에 탑승하기 위한 표로서 여권과 비자가 준비되더라도 항공권을 준비하지 못하면 해외여행을 떠날 수 없게 된다. 최근 성수기에는 항공권을 구하기가 어렵기 때문에 충분한 시간적 여유를 두고 항공권을 예매하여야 한다. 항공권 예약은 전화, 인터넷, 팩스로 여행사와 항공사의 데스크를 통하여 직접 할 수 있다.

항공요금체계는 성수기와 비수기 간에 차이가 있으며 개인과 단체요금 간에도 차이가 크게 나는 등 매우 복잡하므로 여행사와 일정을 상의할 때 유의하여 직항편인지, 중간 기착지가 있는지도 확인하여야 한다.

e-티켓의 경우 일부 국가에서는 입국시, 귀국편 혹은 제3국행 e-티켓을 확인하고 있으니 사전에 준비해 두어야 한다.

항공권의 구매 및 예약은 출발일 기준으로 352일 전부터 가능하므로 일정이 정해지면 사전에 미리 항공권을 확보해 두는 것도 좋은 방법이다. 구입한 항공권을 환불할 경우 항공권의 유효기간(통상 1년) 만료일부터 30일 이내에

환불신청을 한다. 우리나라의 경우 예약취소 여부와 관계없이 3만원의 환불 서비스 수수료를 부과한다.

그림 3-3 항공권

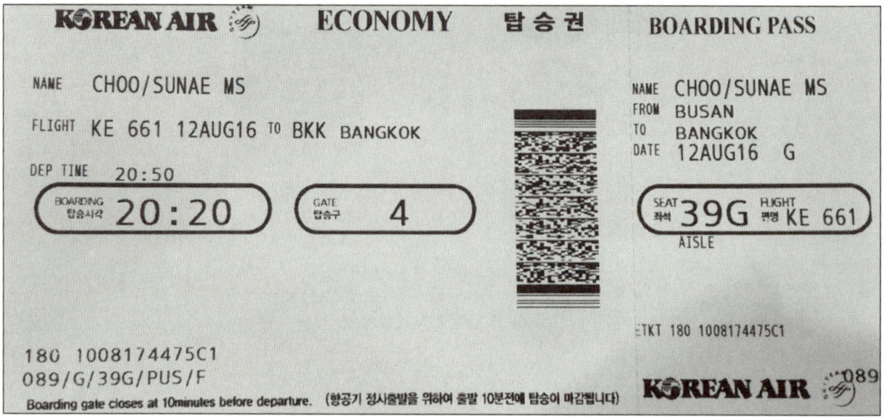

2. 출입국 절차와 매너

충분한 여행일정과 해외여행을 위한 여권, 비자, 항공권이 준비되었다면 출발일에 맞추어 공항으로 떠난다. 출발 전 항공권과 여권의 유효기간 및 서명을 다시 한 번 확인하고, 세관신고와 출국심사에 관한 정확한 정보를 홈페이지[11]에서 확인한 후 출발하는 것이 바람직하다.

항공기 탑승을 위해 충분한 시간을 갖고 공항에 도착하면 여유롭게 탑승 수속을 마치고 쇼핑도 즐길 수 있다.[12]

---

11) 외교부(www. mofa.go.kr, 여행・해외체류정보), 관세청 홈페이지(www.customg.go.kr, 반출입금지물품 및 신고물품), 김해국제공항(http://www.airport.co.kr/gimhae/main.do) 및 인천국제공항(http://www.airport.kr/pa/ko/d/index.jsp, 출입국정보 및 환승서비스, 운항정보등)

12) 인천국제공항의 경우 - 대한항공 : 오전 6시 10분, 아시아나 : 오전 6시 15분에 업무 개시, - 외국항공사 : 항공기 출발 2~3시간 전에 업무 개시

공항에 도착하면 국외선의 운항정보 안내 모니터에서 탑승할 항공사와 탑승수속 카운터(A~M)를 확인한 후 해당 탑승수속 카운터로 이동하여 탑승수속을 받도록 한다. 항공사별로 서비스 제공에 일부 차이가 있으므로 반드시 해당 항공사로 다시 한 번 문의를 하는 것이 만약에 일어날 수 있는 미연의 사태를 예방할 수 있다.

일반적으로 공항에서 출국을 위한 수속은 다음 [그림 3-4]와 같으며 본 교재에서는 우리나라를 기준으로 살펴보기로 한다.

그림 3-4 출국절차

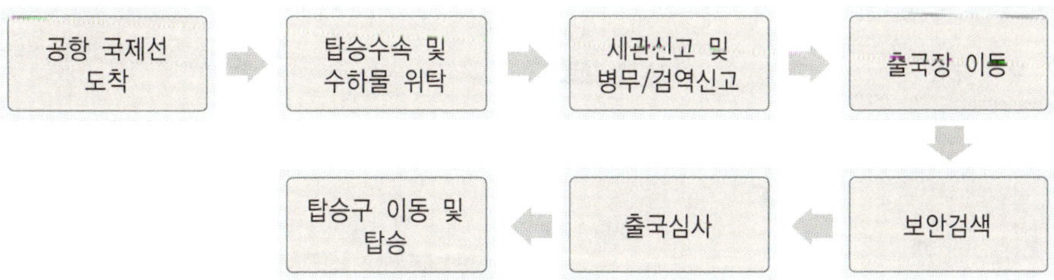

1) 출국절차

(1) 탑승수속(Check-In)

탑승수속(Check-In)은 출국을 위한 첫 번째 단계로 항공사 체크인 카운터에서 여권을 제시하여 비자를 확인한 후 좌석의 배정 및 탑승권을 발급받고, 수하물을 위탁한다. 보통 항공사들은 국제선은 2시간 전부터 Check-In을 시작하고 항공기 출발 40분 전 탑승수속이 마감되기 때문에 탑승시간 2시간에서 3시간 전에 공항에 도착해야 한다. 'ticketing'과 'check-in'은 엄연히 다르고 항공사는 'no show' 손님에 대비해 항상 'over booking'을 하기 때문에 이른 시간에 'check-in'이 필요하다.

(2) 수하물 위탁

체크인이 끝나면 출국을 하는데 가방, 여권과 항공기 탑승권을 준비하여 게이트를 통과한다. 여행에 가지고 가는 짐은 '휴대수하물'과 '탁송수하물'로 나뉜다. 기내 반입이 가능한 휴대수하물은 액체류 반입 제한이 있고 이동 시 불편하므로 일반적으로 위탁수하물로 대부분의 짐을 부치고, 개인 휴대물품이 든 손가방, 노트북가방을 휴대하여 항공기에 탑승하도록 한다. 또한 카메라, 귀금속류 등 고가의 물품과 도자기, 유리병 등 파손되기 쉬운 물품은 직접 휴대하도록 한다.

그림 3-5 휴대수하물 허용량

좌석 등급	개수	총 무게	휴대수하물규격	
일등석 프레스티지석	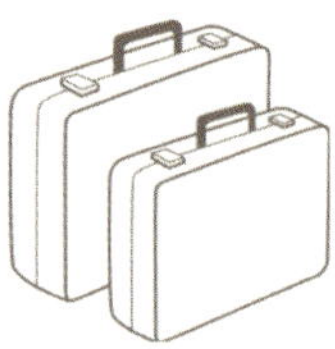	18kg/40lb		가방 하나의 규격은 세 변의 합이 115cm/45in 이내이어야 하며, 각 변은 각각 A 40cm, B 20cm, C 55cm를 초과해서는 안된다.
일반석	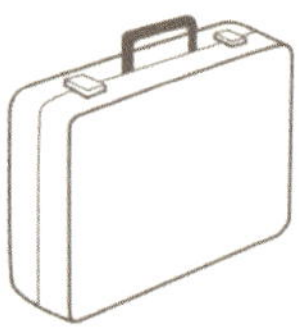	12kg/25lb		

출처 : 대한항공

탑승 시 승객 1인당 허용 가능한 수화물은 항공사 별, class 등급에 따라 차이가 있지만 아시아 내 국가 간의 무료허용량은 23kg 이하(미주 구간 2개), 1인당 1개까지 가능하며 프레스티지석의 경우 1인당 2개까지 가능하다. 일부 국가의 경우 수하물 1개의 무게가 32kg/70lb 이상, 사이즈가 158cm/62in 이상인 경우에는 초과 수하물 요금 지불과 관계없이 운송이 제한될 수 있으니 짐을 꾸릴 때 이 점도 유의해야 한다. 또한 폭발성 · 인화성 · 유독성

물질은 객실 및 위탁수하물로도 제한되니 반드시 사전에 확인하여 차질이 없도록 하여야 한다.

수하물표는 입국 시 수하물과 확인하는 국가도 있으며, 수하물을 못 찾을 경우 영수증으로 사용되기 때문에 꼭 소지하고 있어야 한다. 만일 수하물의 도착 지연, 파손 및 분실사고가 발생하였다면 수하물의 지연은 21일 이내, 수하물파손 및 내용물 분실의 경우에는 7일 이내에 해당 항공사에 신고를 해야 한다.

수하물탁송 제한 품목은 다음과 같다.

① 파손, 또는 손상되기 쉬운 물품
② 전자제품(노트북, 카메라, 핸드폰 등, 서류, 의약품)
③ 화폐, 보석, 주요한 견본 등 귀중품
④ 고가품(1인당 $2,500을 초과하는 물품)
⑤ 리듐 배터리

그림 3-6 수하물표

(3) 보안검색(Security check)

탑승수속 및 각종 신고완료 후 보안검색을 받아야 한다. 보안검색은 위험품 소지 여부를 검사하는 것으로 기내용 캐리어와 주머니의 소지품은 X-ray를 통과시켜 문제가 있는지 확인하고 여객은 금속 탐지기를 통과하여 소지품을 다시 확인한다.

다음의 물품은 기내 반입이나 위탁 수하물로 운송이 금지되어 있다.

- 페인트, 라이터용 연료와 같은 발화성/인화성 물질
- 산소 캔, 부탄가스 캔 등 고압가스 용기
- 총기, 폭죽 등 무기 및 폭발물류
- 리튬배터리 장착 전동 휠
- 기타 탑승객 및 항공기에 위험을 줄 가능성이 있는 품목

특히 '액체류'와 '젤류'를 신경써야 한다. 단 국제선 객실 반입 시 '액체류'와 '젤 류'는 용기당 100ml 이하(잔여량에 관계없이 용기사이즈를 기준으로 함)를 투명한 비닐 지퍼백(20cm ×20cm)에 넣은 상태로 1인당 지퍼백 1개만 기내 소지가 가능하며, 위탁수하물인 경우 개별용기 500ml 이하로 1인당 2Kg(2L)까지 반입이 가능하다.

그림 3-7 기내 반입 액체 류

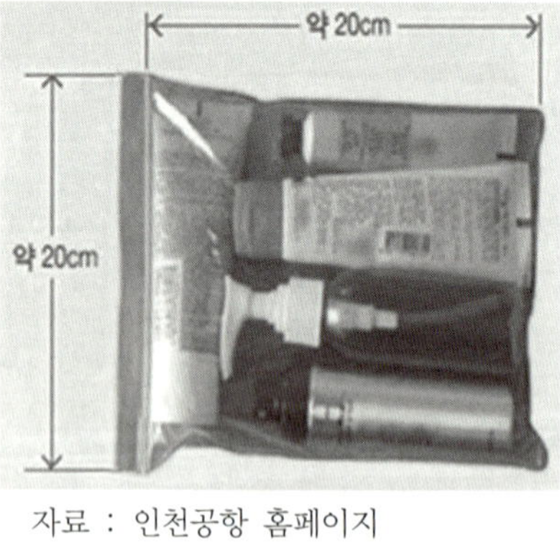

자료 : 인천공항 홈페이지

테러 위험의 수위가 높을 때에는 공항에서의 보안검사 강도가 높아진다. 신발을 벗거나, 허리띠를 풀어야 하는 절차를 수행하는데 여행객 본인들의 안전을 위한 것이기 때문에 적극적인 자세로 보안검사에 임하는 것이 바람직하다. 보안검사가 끝난 후 탑승권에 적혀 있는 게이트로 이동하여 비행기에 탑승한다. 국제선은 비행기 출발 30~40분 정도 먼저 게이트에 도착해 있어야 한다.

보안검색 절차는 다음과 같다.

① 여권과 탑승권을 출국장 입장시에 보안요원에게 보여준다.
② 보안검색을 받기 전에 신고대상 물품이 있으면 세관에 미리 신고한다.
③ 휴대품(가방, 핸드백, 코트 등)을 X-Ray 검색벨트 위에 올려놓는다.
④ 소지품(휴대품, 지갑, 벨트, 동전 등)을 바구니에 넣는다.
⑤ 원형탐지기를 통과하고 검색요원에게 검색을 받는다.

(4) CIQ[13)]

'CIQ'는 '세관심사', '출입국심사', '검역'의 약자로써 세관심사는 여행자의 물건을 확인하는 것이고 출입국심사는 여행자를 보는 것이며, 검역은 전염병에 대한 접종여부와 동・식물의 반출여부를 검사하는 것이다.

(가) 세관신고(Customs)

세관신고는 고가품 및 반출입 금지품목 등의 소지여부를 신고하는 것이다. 여행 중에 사용하고 다시 반입할 물품 중 고가의 물품은 출국 시 세관에 신고를 해야만 입국 시에 면세를 받을 수 있다. 해외여행 시에 사용하고 입국 시에 재 반입할 고가의 골프채(중고골프채는 신고생략), 귀금속, 보석류, 고급시계, 카메라(비디오카메라 포함), 모피의류, 전자제품 등은 최초 출국 시 '휴대물품 반출신고서'에 모델, 제소번호 등 상세한 규격을 기재하여 세관에 신고하여야만 입국 시 면세통관이 가능하며, 한 번 신고한 동일한 물품은 재출국 시 세관신고 절차가 생략된다. 또한 US$10,000을 초과하는 외화, 원화 등 지급수단은 세관 외화신고대에 신고를 하고 출국을 해야 하며, 수출신고 수리된 물품도 신고하여야 한다.

13) 출국수속(Customs: 세관심사, Immigration: 출입국 심사, Quarantine: 검역)

(나) 출국심사(Immigration)

출국심사는 법무부의 출입국자격을 심사하는 것으로 유인심사 또는 자동심사대를 이용할 수 있다.

보안검색을 마치고 나면 그 다음 거쳐야 할 곳으로 보통 보안검색 앞에 출국심사 부스가 있다. 출국심사대 부스 앞 대기선에서 기다리다가 자신의 차례가 오면 모자(선글라스)는 벗고 여권을 직원에게 제시하고 여권에 출국확인을 받고 여권을 받은 후 출국심사대를 통과하면 된다. 이때 간단한 인터뷰를 하는 경우도 있는데 주로 출국이유, 체류일자 및 장소 등을 묻게 되는데 간단히 답하면 된다. 출국 시 반출이 제한되는 물품은 다음과 같다.

① 문화재 및 이에 준하는 물품

② 상업적 목적에 해당되는 다량의 물품

③ 기타 법령에서 반출·입을 제한하는 물품(예시: 야생동식물, 미화10,000불을 초과하는 지급수단, 총포류 등)

(다) 검역(Quarantine) 및 병역신고

검역은 출입국자의 전염병 예방접종에 관한 사항 이외에도 동반하는 동물 및 식물에 대한 반출 여부를 검사하는 곳이다.

① 여행자 검역

특별한 사정이 없는 한 생략하는 것이 국제관습이며 예방접종 증명서도 점검하지 않는다. 다만 국제공인예방접종(황열 및 콜레라)에 있어 아프리카 및 중남미의 황열감염 위험지역으로 입국하고자 하는 사람은 입국 10일 전에 황열예방접종을 받고 국제공인예방접종 증명서를 휴대하여야 한다. 접종유효기간은 접종 10일 후부터 10년이며 국제공인예방접종 증명서를 분실하였을 때는 재발급 가능하다. 콜레라 백신을 요구하는 나라는 없으며 예방은 오염된 음식과 음료수를 피하고 개인위생을 잘 지키는 것이다.

② 동물검역

애완동물을 데리고 출국할 때에는 도착지 국가에 따라 반입금지를 정하고 있거나 검역증명서를 요구하는 경우가 있으므로 사전에 여행목적국의 동물검역기관이나 한국주재 대사관에 확인하도록 한다.

③ 식물검역

생과실, 채소, 곡물류, 견과류, 한약재, 건조농산물 등의 모든 식물류와 종자류, 과수묘목, 묘목류, 화훼구근류 등의 재식용식물 등은 식물검역 대상이다. 여행목적국의 식물검역기관이나, 한국주재 대사관에서 수입가능여부와 식물검역증명서 요구에 대해서 미리 확인하도록 하고 출발당일, 검사대상물품을 가지고 민원실을 방문하여 검사를 받고 이상이 없으면 증명서를 발급받을 수 있다.

④ 병무신고

25세 이상 병역미필 병역의무자(영주권사유 병역연기 및 면제자 포함) 및 연령제한 없이 현재 공익근무요원 복무중인 자, 공중보건의사, 징병전담의사, 국제협력의사, 공익법무관, 공익수의사, 국제협력요원, 전문연구요원/산업기능요원으로 편입되어 의무종사기간을 마치지 아니한 자가 국외를 여행하고자 할 때는 병무청에 국외여행허가를 받고 출국 당일 법무부 출입국에서 출국심사 시 국외여행허가 증명서를 제출하여야 한다.

(5) 탑승수속(Boarding)

출국수속이 모두 끝나면 출국 대합실에서 사기가 탈 항공기의 입구(Gate No)가 어딘지를 확인해 둔 다음 시간적 여유가 있는 경우 면세점에서 쇼핑을 한다든지 차를 마시면서 탑승안내 방송이 있을 때까지 기다린다. 탑승안내 방송이 나오면 탑승을 해도 좋다는 뜻이므로 탑승권을 출입구에 서있는 항공사 직원에게 보이고 탑승하면 된다. 국제선은 항공기 출발 30분 전에 탑승이 시작되어 출발 10분 전에 탑승수속이 마감된다. 최근 대한민국 항공보안법 규정에 따라 국제선 전 노선 탑승구 앞에서 여권과 탑승권을 이용한 신원확인 절차를 시행하고 있으니 국제선 항공편 탑승 시, 신원확인을 위한 탑승권과 여권을 함께 제시하도록 한다.

2) 입국절차

입국절차는 일반적으로 출국절차의 역순으로 진행되는데 입국심사(검역, 입국심사)를 마치고 입국장의 해당 항공기 컨베이어에서 수하물을 회수하여 세관검사대를 통해 나가면 된다.

그 과정은 다음 [그림 3-8]과 같다.

그림 3-8 입국절차

(1) 입국서류[14] 작성

기내에서 승무원이 나누어 주는 검역질문서와 여행자 휴대품신고서를 기내에서 작성한다. 검역질문서는 콜레라, 황열, 페스트 오염지역(동남아시아, 중동, 아프리카, 남아메리카 등)에서 입국하는 승객과 승무원은 작성을 해야 한다.

여행자 휴대품신고서는 개인당 1장, 가족이면 가족당 1장을 신고물품이 없는 경우에도 반드시 작성하여야 한다.

---

14) 입국신고서 제출 생략 확대 시행으로 2006년 8월 1일부터는 내국인과 90일 이상 장기체류할 목적으로 출입국사무소에 외국인 등록을 마친 외국인의 경우 입국신고서를 작성할 필요가 없다.

그림 3-9 여행자 휴대품신고서

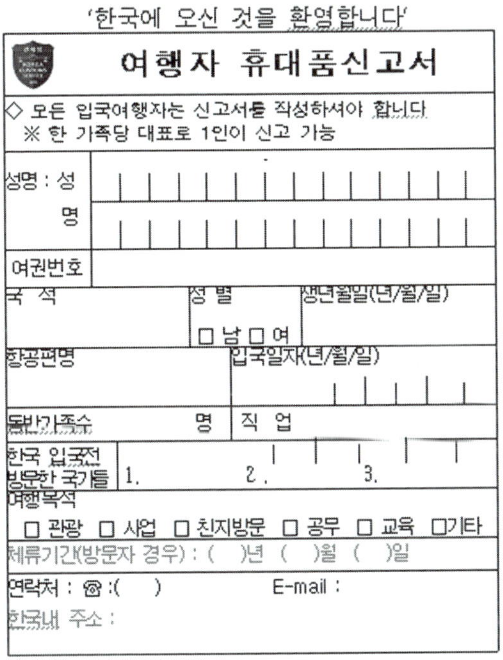
'한국에 오신 것을 환영합니다'

여행자 휴대품신고서

◇ 모든 입국여행자는 신고서를 작성하셔야 합니다
※ 한 가족당 대표로 1인이 신고 가능

성명 : 성
명

여권번호

국 적 | 성 별 □ 남 □ 여 | 생년월일(년/월/일)

항공편명 | 입국일자(년/월/일)

동반가족수 명 | 직 업

한국 입국전 방문한 국가들 1. 2. 3.

여행목적
□ 관광 □ 사업 □ 친지방문 □ 공무 □ 교육 □기타

체류기간(방문자 경우) : ( )년 ( )월 ( )일

연락처 : ☎ :( ) E-mail :
한국내 주소 :

(2) 검역(Quarantine)

출국에서와 같이 전염병이나 해충의 유입을 막기 위해 여행자 및 여행자가 휴대하는 동식물에 대하여 검사하는 것으로 항공기에서 내려 수하물을 찾은 후에 입국 시의 첫 관문이다.

(3) 입국심사(Immigration)

입국심사를 받을 때는 '여권'을 제시하여 입국사열대에서 입국허가를 받아야 한다. 외국인일 경우 입국비사를 받았다고 하더라도 입국여부를 최종적으로 결정하는 것은 입국심사관의 권한에 속한다.

영어를 사용하지 못해도 항공사 직원이나 공항직원, 한국인 세관원이 대기하고

있기 때문에 걱정할 필요 없고 입국심사 도중 문제가 있을 경우 secondary1에서 재 인터뷰를 하고 해결되지 않으면 secondary2로 가서 더 깊게 인터뷰한 뒤 입국 또는 추방이 결정된다.

체류일수나 방문목적을 묻기도 함으로 이때는 머뭇거리지 말고 짧고 분명하게 이야기 하는 것이 좋다.

(4) 수하물 찾기(Baggage claim)

입국심사를 마치고 수하물을 위탁하였다면 항공기 편명이 표시되어 있는 수하물 벨트에서 수하물을 찾는다. Oversized 짐이나 깨지기 쉬운 짐을 부쳤을 경우 수하물 벨트에서 찾을 수 없기 때문에 항공사 직원을 찾는다. 혼자 여행하고 짐이 많은 경우 porter에게 도움을 요청하고 입국장까지 짐을 옮기는데 도움을 받은 후에는 꼭 팁[15]을 주는 것을 잊지 않는다.

수하물이 도착하지 않은 경우 항공사 직원에게 claim을 작성할 수 있으며 택배로 받을 수 있다. 항공사는 수하물을 운송, 보관 및 관리하는 과정에서 회사의 고의 또는 과실로 수하물에 손해가 발생한 경우에 한하여 배상책임을 지는데 배상의 근거는 바르샤바 협약(Warsaw Convention)에 따른다.

이 협약에 따라, 위탁 수하물의 분실이나 파손 시에는 최대 배상액은 분실무게 1kg 당 미화 20불(또는 그 상당액), 몬트리올 협약이 적용되는 경우는 1인당 1,000SDR(특별인출권)이 되며, 고가의 화물일 경우 사전에 보다 높은 가격을 신고하고 종가요금을 지불한 경우에는 항공사의 책임한도는 신고 가격을 근거로 한다. 여기서 주의할 것은 손상이 있었을 경우에는 수하물을 인도받은 날로부터 7일 내에, 수하물이 지연 또는 분실된 경우에는 항공사에 수하물을 위탁한 날로부터 21일 내에 해당 항공사에 서면으로 신고하여야 보상을 받을 수 있다.

15) 팁 매너에 대해서는 제4장 호텔매너에서 자세히 다루기로 한다.

(5) 세관의 휴대품 검사

해외에서 우리나라로 입국하는 모든 여행자는 세관에 휴대품신고서를 제출해야 한다.

법무부 절차를 마치면 곧 세관의 휴대품 통관이 시작되는데, 먼저 X-Ray 투시기와 문형금속탐지기를 이용한 간접검사를 받게 된다. 이때 X-ray판독 결과 세관검사가 필요하여 '세관검사 안내표지'(Red, Yellow Seal)가 부착된 수하물은 세관직원의 안내를 받아 휴대품검사를 받아야 한다.

수하물을 다 찾으면 면세통로(신고할 물품이 전혀 없는 여행자 이용)와 세관검사통로(신고물품이 있는 여행자, seal부착 짐소지자 또는 정밀검사대상 여행자 전용) 중 하나를 선택해야 한다. 자신의 휴대품 중에서 신고해야 할 물품 또는 외국에서 구입한 물품으로서 세금을 납부해야 할 물품이 있다고 판단하여 휴대품신고서에 성실히 기재한 경우에는 세관검사통로로 가서, 세관직원에게 휴대품신고서와 여권을 제시한 후 안내를 받도록 한다.

수하물을 찾은 후 세관신고서를 내고 물품검사를 받을 때는 신고물품의 유무 등이 주 질문 대상이다. 해당 국가의 세관규정에 따라 신고할 물품이 있으면 신고하도록 하고 국가별로 면세허용량 및 신고서 작성여부도 다르므로 입국하고자 하는 나라의 현행 관세법을 알아두는 것이 좋다.

우리나라 관세법상 면세허용량 및 입국 시 신고대상 물품은 다음과 같다.[16)]

(가) 우리나라 입국 시 신고 대상물품

① 면세범위를 초과하는 물품(해외 취득가격 합계액이 US$600을 초과하는 물품)

② 상용에 해당되는 것으로 인정되는 물품

③ US$10,000을 초과하는 외화 또는 원화와 원화표시 여행자수표, 원화표시 자기앞수표 등

④ 총포, 도검류, 마약, 음란물 등

⑤ 위조, 모조, 변조화폐

---

16) www.customs.go.kr

⑥ 국제협약(CITES)[17]에서 거래를 제한하는 멸종위기의 야생 동·식물 및 그 부분품, 가공품(사향, 상아, 웅담, 호랑이 뼈, 호랑이 가죽, 코뿔소 뿔, 악어가죽 등)

(나) 면세허용량(Duty Free allowance)

우리나라 관세법상 여행자 휴대품 면세범위는 US$600.00이며, 승무원의 휴대품 면세범위는 일반 여행자와 다르다. 또한 미성년자(만 19세 미만)에게는 주류, 담배면세가 제한된다. 농림축산물(한약재)의 면세범위는 단위당 용량 또는 중량이 면세기준을 초과 한 경우 전체에 대해 과세한다.

그림 3-10 면세허용량

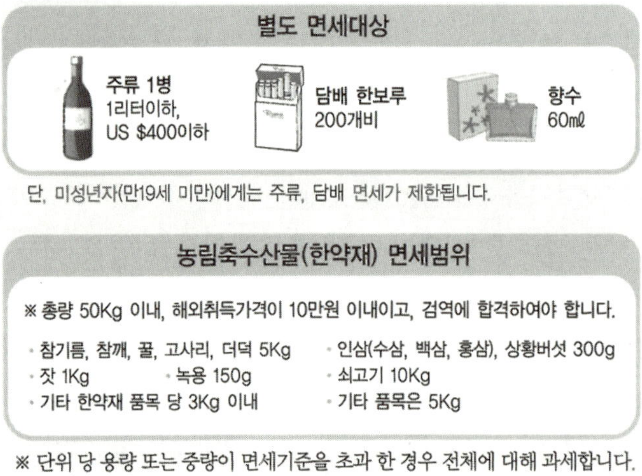

자료 : 관세청, 해외여행자를 위한 세관통관 절차 안내

(다) 반출·입 금지물품(통관불가)

① 국헌·공안·풍속을 저해하는 서적·사진·비디오테이프·필름·LD·CD·CD-ROM 등의 물품

② 정부의 기밀을 누설하거나 첩보에 해당하는 물품

③ 위조·변조·모조의 화폐·지폐·은행권·채권 기타 유가증권

---

17) 멸종위기에 처한 야생동식물종의 국제거래에 관한 협약(Convention on International Trade in Endangered Species of Wild(Flora and Founa)

반출·입 금지물품을 휴대 반입할 경우 몰수되며, 세관의 정밀검사 및 조사를 받은 후 범죄혐의가 있을 경우에는 관세법 위반으로 처벌될 수 있다.

그림 3-11 반출입 금지물품

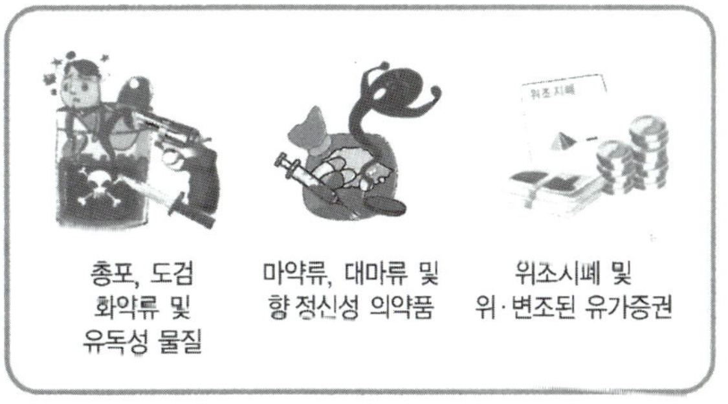

자료 : 관세청, 해외여행자를 위한 세관통관 절차 안내

3. 환승(Transit) 및 중간 기착승

환승 및 중간기착은 외국 공항에서 잠시 들르기만 하고, 그 나라에서 입국수속을 밟지는 않는다. 그러나 환승의 경우 재입국수속을 해야 하는 경우도 있으며, 실제 외국여행의 경험이 많지 않은 경우 비행기를 놓치게 되는 경우가 있으므로 유의해야 한다.

1) 환승(Transit)

환승이란 여행자가 최종목적지로 가는 비행기를 바꿔 타는 것을 말한다.

탁송화물을 쓰루-체크인(through check in)으로 부친 경우, 짐 찾는 곳이나 환승 안내표시를 따라가 항공권을 제시하고 탑승권을 받는 등 탑승수속을 다시 밟는다. 중간경유지로 짐을 부쳤을 경우는 이를 찾아 다시 부쳐야 하며 환승 소요시간[18] 및 발권 서비스 제공에 차이가 있으므로 주의해야 한

18) 인천국제공항 내에서의 국내선→국제선인 경우 최소 환승소요시간이(IATA에 등록된 최소

다. 또한 복수 공항이 있는 도시에서는 어느 공항인지 사전에 확인하고, 이동이 필요한 때는 이동수단과 이동에 걸리는 시간도 고려해야 한다.[19]

2) 중간기착

중간기착이란 장거리 노선을 운항하는 비행기가 급유나 승무원 교대 등을 위해 한 시간 정도 공항에 머무르는 것을 말한다.

중간기착은 비행기 사정에 따른 것이므로, 승객들은 잠시 비행기에서 내려 공항 보세구역 내에서 휴식을 취하거나 간단한 쇼핑을 하다가 시간이 되면 다시 비행기를 타야 한다.

4. 기내 매너

1) 상황별 여러 가지 기내 매너

(1) 항공기 이 · 착륙 시

게이트가 열리고 탑승했다면 가능한 지정된 좌석에 앉도록 하고, 자리를 옮길 경우 반드시 사전에 승무원의 양해를 얻는 것이 올바른 기내 에티켓이다. 이 · 착륙 시에는 스튜디어스의 안내에 따라 반드시 안전벨트를 착용하고 휴대폰은 전원을 끄거나 비행기 모드로 전환해 두며 가능하면 좌석 이동을 하지 않는다.

항공기 이륙을 전후하여 지정된 좌석이 있는데도 불구하고 빈 좌석을 찾아 헤매는 갑작스런 좌석 이동은 항공기 내 에티켓에 어긋날 뿐만 아니라 항공기의 무게중심 상의 안전문제를 야기할 수도 있다. 대형 항공기의 경우는 별 무

연결시간) 70분이므로 수속시 해당 환승시간에 대한 시간적 여유가 필요하다.

19) 뉴욕의 존 에프 케네디, 라과르디아, 뉴워크, 런던의 히스로와 게트위, 도쿄의 나리타, 하카다 및 한국의 인천 공항 등이 대표적인 복수공항도시이다. 전게서, 박한표, p. 301.

리가 없지만, 그 이외의 항공기와 같은 경우 균형상의 문제가 생길 수도 있다. 그러므로 빈 좌석이 있어도 승무원의 양해를 받지 않고 함부로 이동해서는 안 되며, 기내방송에 따라 준수사항들을 지켜야 안전사고가 발생하지 않는다.

(2) 좌석 이용 시

최근에 비형기의 대형화 또는 저가 항공사의 출현으로 비행기의 가운데 좌석이 많이 있다. 이때 좌석의 팔걸이가 문제가 되는데 가운데 좌석이 팔걸이를 차지하는 것은 기본적인 기내 규칙이라고 할 수 있다. 정 가운데 좌석에 앉으면 창문 밖 풍경을 볼 수 없고, 창문에 기대 잘 수도 없을 뿐만 아니라 복도 좌석처럼 화장실을 쉽게 갈 수 없는 등 제약이 많으므로 승객이 팔걸이라도 편히 쓸 수 있도록 배려하는 것이 좋다.

장시간 여행에 피로해진 여행객들의 경우, 다리를 펴고 싶은 마음에 앞 좌석 팔걸이에 발을 올려놓는 경우가 있다. 그러나 앞 좌석 승객 입장에서 고개를 돌렸을 때 누군가의 발을 보면 심한 불쾌감을 느끼게 될 것이므로 각별히 주의하여야 한다.

또한 좌석을 뒤로 젖히기 전에는 반드시 뒷사람에게 사전에 양해를 구하도록 하며 앞 좌석 승객은 기내식이 제공될 때 뒷 좌석 승객을 위해 반드시 의자를 원래 위치로 돌려놓아야 한다. 의자 뒤에 기내식용 테이블이 붙어있기 때문에 뒷 좌석 승객은 식사에 어려움을 겪기 때문이다. 또한 먼저 식사가 끝났다 하더라도 다른 사람이 식사 중일 때는 이동을 삼가는 것이 다른 승객들과 서빙중인 승무원들에 대한 배려이다.

그림 3-12 기내 수하물 보관 및 좌석 매너

그림 3-13 항공기내 등급별 좌석(대한항공)

일등석

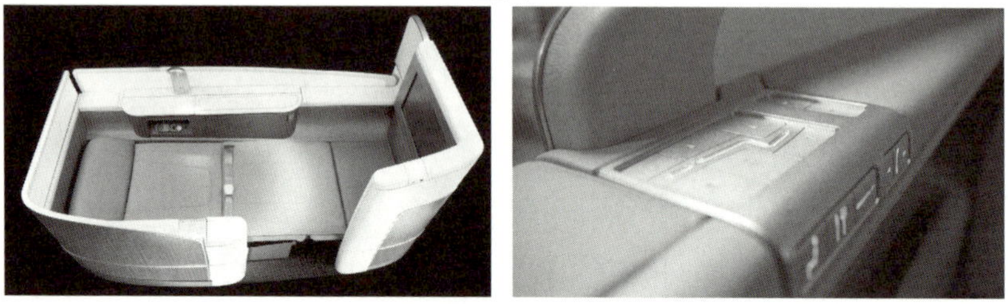

프레스티지석

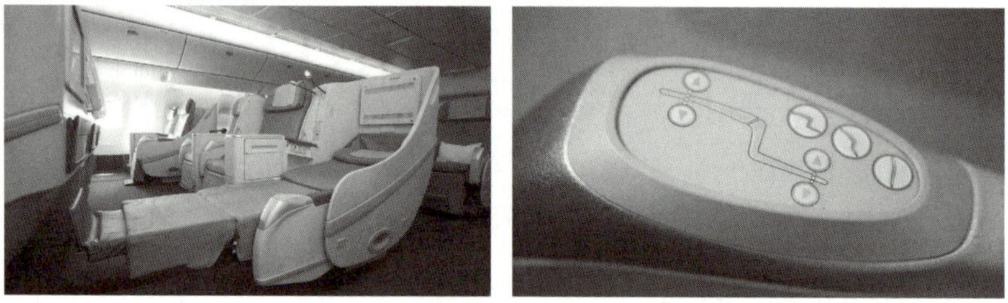

일반석(이코노미)

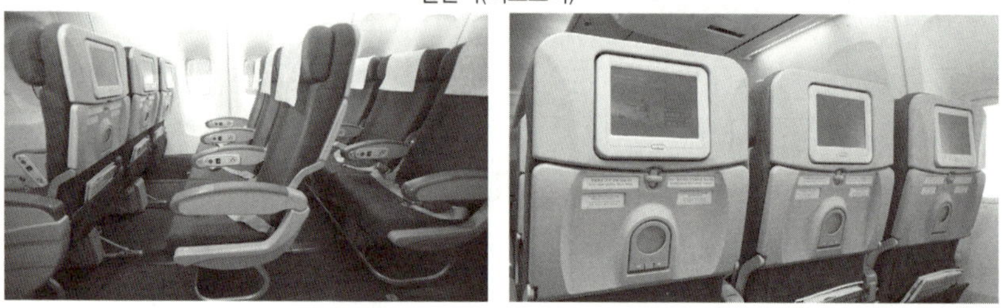

(3) 기내에서 위치 이동 시

비행기의 이착륙 시에는 가능하면 위치를 옮기지 않도록 하자. 기내에서는 좌석 내에서 신발은 벗되 항공사에서 제공하는 덧신이나 개인적으로 얇은 슬리퍼를 미리 준비해서 신는 것이 올바른 에티켓이다. 기내에서 이동 시에 신발을 벗고 양말만 신고 다니는 경우가 있는데 이는 미관상 좋지 않다. 물론 기내에서는 기압이 낮아져 쉽사리 발이 붓기 때문에 10시간 이상 되는 비행시간 내내 신발을 신고 있는 것도 쉬운 일은 아니지만 덧신이나 슬리퍼를 신고 이동하는 것이 좋다.

(4) 화장실 이용 시

기내에서의 화장실은 기종에 따라 항공기의 앞, 뒤, 중간의 2~3개가 있는데, 남녀 공용[20]이고 좁은 장소에 반해 많은 승객들이 이용하므로 청결을 유지하도록 화장실 사용 후 반드시 물을 내리고, 세면기 사용 후에는 세면기 주위를 닦도록 한다.

화장실을 사용할 때에는 노크를 하지 말고 '표시등'을 보고 이용하면 되는데, 사용 중일 때는 '적색등', 비어있을 때는 '녹색등'으로 표시된다. 기내 화장실이 사용 중인 경우에는 좌석 상단에 있는 표시판에 'OCCUPIED'라고 나타나며, 비이있는 경우엔 'VACANT'라고 나타난다. 화장실 출입문 앞에도 나타나는데, 화장실에 처음 들어가면 어둡지만 문을 닫고 잠그면 밖에는 'OCCUPIED'라고 나타나며 안에는 불이 켜진다.

화장실 변기에는 종이타월이나, 종이제품, 생리용품들은 용해되지 않으므로 버리지 말고 휴지통에 버린다.

화장실에 들어가면 문고리를 잠그고 사용 후에는 세척버튼을 눌러 뒷 정리를 하고, 세면대는 될 수 있는 대로 짧게 사용하고, 사용 후에는 타월로 물기를 닦아 깨끗하게 해주는 것이 기내 화장실 에티켓이다.

화장실 이용 시에 특히 주의하여야 할 점은 모든 항공기의 화장실은 '금연구역'으로 되어있다. 담배를 피우면 화장실 화재경보가 울리고, 화장실 상단 인디케이터에 불이 들어온다. 항공기의 흡연은 「항공안전 및 보안에 관한 법률」로 금지하고 있고, 500만원 이하의 벌금에 처한다. 또한 안전벨트 착용 마크에 불이 들어와 있는 동안은 화장실 사용은 하지 않는다.

20) 우리나라 대한항공의 경우에는 중장거리용 항공기에 여성전용 화장실을 장착해 운용하고 있는데 점보기에는 3개, 중형기에는 2개의 여성전용 화장실을 설치하고 있다.

그림 3-14 기내 화장실

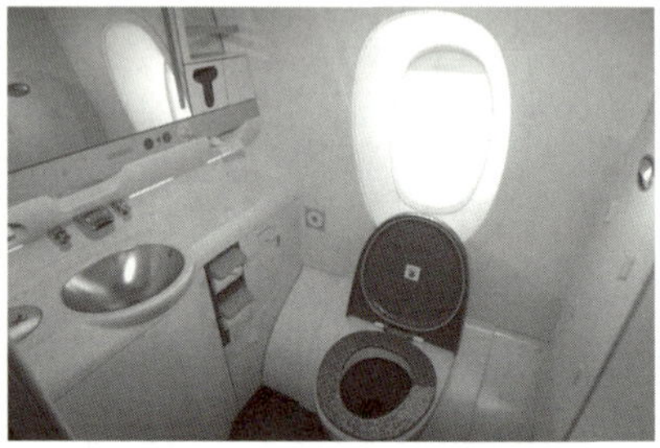

(5) 기내 비품 이용 시

항공기 내에선 비행시간 동안의 불편함이 없도록 여러 가지 편의를 제공하고 있다. 그 가운데는 기내모포, 화장실 내의 세안제 및 로션 등이 있는데 항공기 내의 부품이 분실되는 경우가 너무 많아, 최근에는 기내에서 제공하는 모포에 '항공사의 재산이므로 이를 무단으로 가져갈 시에는 형사적 처벌을 받을 수도 있다는 주의문구'가 인쇄되어 있다. 또한 항공사측에서 향수를 없애고 화장품 뚜껑을 개방시켜 놓기로 했다는 기사가 나기도 한다. 이는 공공장소에서 공용으로 사용하는 물품을 훔치는 절도행위이므로 기내 비품은 승객 모두의 것임을 잊지 않는 마음으로, 깨끗이 사용하고 제자리에 정리하는 것이 기본 에티켓이다.

그림 3-15 기내 비품 및 기내 담요

기내 비품(화장실)

기내 담요(대한항공)

(6) 승무원 호출 시

항공기 이용 시 승객들이 가장 빈번하게 접하게 되는 승무원의 호출 시에 '스튜어디스(Stewardess)'의 호칭에 대한 에티켓을 지켜야 한다. 승무원들을 호출할 일이 있다면 '승무원' 또는 '스튜어디스'라고 부르는 것이 올바른 호칭 에티켓이며, 다른 방법으로는 주위에 승무원이 있는 경우에는 살며시 손을 들거나, '승무원 호출 버튼'을 누르도록 한다.

그림 3-16 승무원 호출버튼

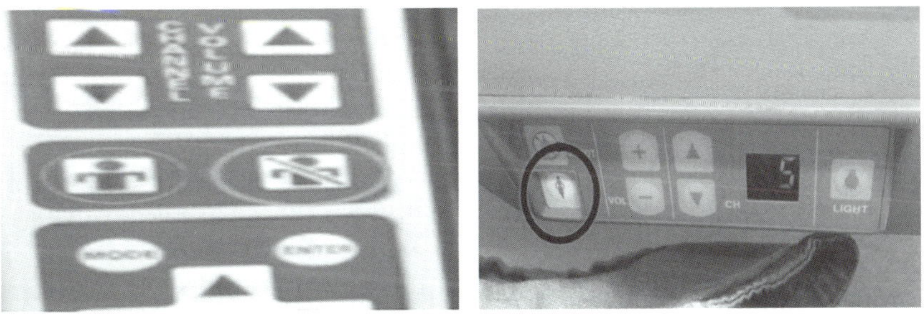

(7) 좌석벨트

비행기 이착륙 시 또는 비행기가 많이 흔들릴 때 'FASTEN SEAT BELT' 사인이 나오면 반드시 좌석에 앉아서 '좌석벨트'를 매어야 한다. 또한 비행 중에도 갑작스런 기류 변화로 비행기가 흔들릴 수 있으니 좌석에 앉아 있을 땐 조금 불편할지라도 항시 '좌석벨트'를 매는 것이 좋다.

그림 3-17 안전벨트 및 비상좌석

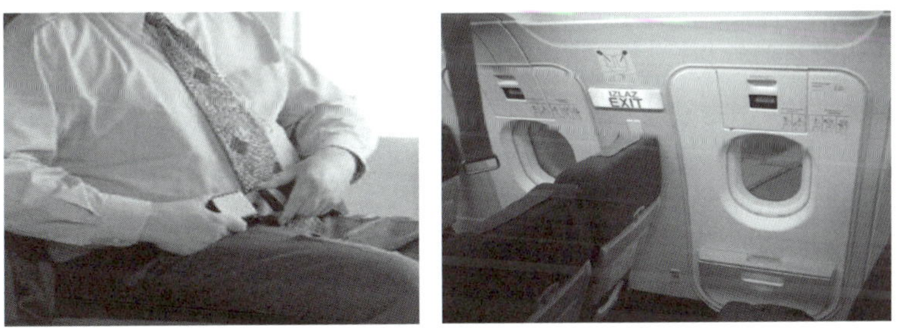

그림 3-18 기내 꼴불견(기내 비품 사용과 기내음주)

2) 기내 서비스

기내에서는 노선에 따라 식사류, 음료, 주류 및 영화, 음악, 신문, 잡지 및 기내지 등의 서비스가 무료로 제공되고 있다.

승무원의 도움이 필요할 때는 호출버튼(CALL BUTTON)을 누르면 즉시 친절한 도움을 받을 수 있다.

(1) 기내 식사

시차 관계로 1일 5식 정도로 제공되고 있으며 항공사 소속국의 풍취가 깃든 음식도 제공되고 있다.

식사 중에는 가급적 이동을 삼가하도록 하며, 좌석 등받이를 세우고 기내 식사를 마쳤을 때에는 식기 주변을 깨끗이 하고 냅킨으로 덮어 빈 그릇들이 노출되어 타인에게 불쾌감을 주지 않도록 해야 한다. 또한 특정 종교 등으로 인하여 금기 식품이 있을 경우 비행기 출발 전에 항공사에 미리 이야기하면 서비스를 받을 수 있다.

(가) 특별 기내식

일부 항공사에서는 건강(각종 질병 및 특정 식품에 대한 알레르기 등), 종교, 연령 등의 이유로 정규 기내식을 먹지 못하는 승객을 위해, 요청에 따라 다양한 특별 기내식을 제공하고 있다.

종교와 관련된 특별 기내식은 다음과 같다.

① 이슬람교식(Moslem Meal) : 이슬람교 율법에 따라 준비하였으며, 돼지고기와 알코올을 사용하지 않는다.

② 힌두교식 (Hindu Meal) : 힌두교도를 위한 특별식으로 쇠고기와 송아지고기를 사용하지 않는다.

③ 유대교식 (Kosher Meal) : 유대교 율법에 따라 조리된 음식으로 완제품을 구매해 제공한다.

그림 3-19 기내식

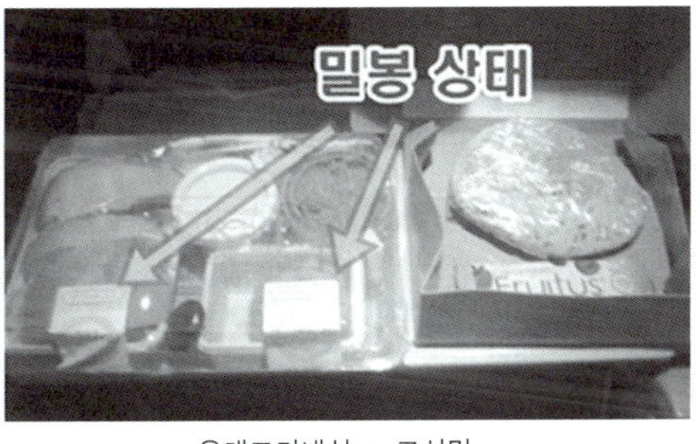

유대교기내식 : 코셔밀

기내식과 기내주

우리나라 대한항공에서 제공하는 특별식의 종류로는 영/유아식 및 아동식, 야채식, 식사조절식, 종교식, 기타 특별식, 땅콩 알레르기 등이 있으며 이를 이용하기 위해서는 항공기 출발 24시간 전까지 서비스센터 및 홈페이지 나의 예약을 통해 주문할 수 있다. 또한 공동 운항편(Code Share)의 경우, 항공기 출발 48시간 전까지 주문이 완료되어야 한다.

(2) 기내 음료

최근 일부 유료화가 되고 있으나 기내에서는 비행시간 동안 무료로 음료를 제공한다. 맥주, 스카치, 코냑 등 무료로 제공되는 주류에 대하여 과다하게 요구하는 것은 매너에 어긋나는 행동으로 주의해야 하며, 과음 시에는 기압 등을 고려하여 평상 시 보다 취기가 빠르게 나타나므로 이 또한 고려해야 할 사항이다. 이런 상황을 고려하지 않고 지나치게 음주를 할 경우, 인접한 승객들에게 시각적으로나 후각적으로 피해를 주는 것은 물론, 극심할 경우에는 소란이나 난동을 부려 기내 전체 승객들에게 피해를 줄 수도 있기 때문에 음주 시 각별한 주의가 요구된다.

「미 연방 항공법」에 의하면 음주 등으로 인해 난동을 부리는 경우, 징역 20년 이하, 또는 미화 25만 달러의 벌금을 부과하도록 하고 있으며, 우리나라도 역시 탑승을 거부당할 수 있으니 기내 에티켓을 반드시 지키도록 한다.

(3) 기내 쇼핑

각국 항공기는 식사 서비스가 끝나고 목적지 도착이 가까워지면 기내에서 면세품 등을 판매한다. 이때 미처 준비하지 못한 선물 등을 구매하면 된다. 쇼핑 시에는 항공사 직원의 안내에 따라 좌석 앞주머니에 꽂혀 있는 명세서를 보고 살 물건을 정하고 자기 차례를 기다리면 된다.

쇼핑 품목과 수량에 대해서는 도착국의 반입 허용량을 고려해서 준비하도록 한다.

연습문제

1. 해외여행 시 기내에서 지켜야 할 매너에 어긋나는 행동은?
   ① 기내에서 음료수·식사·잡지·신문 등의 서비스를 받은 후 친절한 승무원에게는 별도의 팁을 주는 것이 매너이다.
   ② 항공기 탑승 전에 종교 및 건강상의 이유로 피해야 할 음식이 있는 경우 사전에 신청한다.
   ③ 이·착륙 시에는 의자와 식사용 간이 테이블은 반드시 원위치로 돌려놓아야 한다.
   ④ 음료수, 식사 서비스 또는 기내 면세품 판매 시에는 될 수 있으면 좌석에서 이동하지 않는다.

2. 공항에서의 출입국 절차에 대한 설명으로 올바른 것은?
   ① 보안검사는 의심이 가는 사람만 받는다.
   ② 입국절차는 검역 → 입국심사 → 세관검사 순이다.
   ③ 출국절차는 검역 → 세관검사 → 출국심사 순이다.
   ④ 유럽의 경우 비즈니스석의 무료 수하물 허용기준은 40kg까지 허용된다.

3. 출국절차에 대한 설명이다. 가장 잘못된 것은?
   ① 수화물 위탁수속은 탑승수속 시 카운터에서 한다.
   ② 동남아나 유럽의 경우 일반석은 20kg까지 무료 수하물로 허용된다.
   ③ 출국심사관에게 제출하는 서류는 여권, 출국신고서이다.
   ④ 고가품 및 귀중품 신고는 출국전 보안검사에서 이루어진다.

4. 출·입국 절차에 대한 설명으로 올바른 것은?
   ① 아프리카와 같은 열대지역 방문객은 황열예방 접종을 받아야 한다.
   ② 고가품 및 귀중품은 출국 전에 보안검사대에 신고해야 한다.
   ③ 출국심사대에서는 기내 휴대제한품목 확인 및 과다 외환소지 여부 등을 검색한다.
   ④ 입국절차는 공항도착→입국심사→세관검사→검역 순이다.

5. 해외여행 시 없어서는 안 될 구비서류에 해당되지 않은 것은?
   ① 여권 ② 비자
   ③ 항공권 ④ 여행자 수표

6. 다음 중 우리나라 입국 시 신고대상 물품이 아닌 하나는?
   ① 상용에 해당하는 것으로 인정되는 물품
   ② US$1,000을 초과하는 외화 등
   ③ 총포, 도검류 마약, 음란물
   ④ 면세범위를 초과하는 물품

7. 다음 중 우리나라 반출·입 금지물품이 아닌 것은?
   ① 출국 시에 신고한 재 반입할 고가의 골프채 등
   ② 정부의 기밀을 누설하거나 첩보에 공하는 물품
   ③ 위조, 변조, 모조의 화폐 등
   ④ 국헌·공안·풍속을 저해하는 서적·사진 등의 물품

8. 다음 중 여권(Passport)에 대한 설명이 잘못된 것은?
   ① 대한민국 정부의 외교통상부에서 발행하는 국제적인 신분증명서이다.
   ② 복수와 단수로 나누어지며 입국허가를 받는 공문서이다.
   ③ 일반여권, 관용여권, 외교관여권으로 나눌 수 있다.
   ④ 해외여행을 하는 동안 방문국의 편의와 보호에 대한 협조를 받을 수 있도록 하기 위한 것이다.

9. 기내 매너로서 적당한 것은?
   ① 승무원을 부를 때는 큰소리로 부르며 손짓을 한다.
   ② 장거리 여행 시에 미리 양말을 요청한다.
   ③ 미리 채식주의자임을 알린다.
   ④ 화장실 사용 시에 반드시 노크를 한다.

참고문헌

금한나, 이미지와 국제매너, 한올출판사, 2011.
박한표, 글로벌문화와 매너, 한올출판사, 2009.
배정훈 저, 뉴리더십에센스, 형설출판사, 2010.
손일락 · 이채안 · 홍미선 공저, 국제매너의 이해, 한올출판사, 2010.
신강현, 글로벌 매너 테크, 형설출판사, 2005.
오성환, 글로벌커리어 · 리더십 개발 가이드 직장예절, 형설출판사, 2008.
오흥철 · 함성필 · Dury Chung · 곽병휴 · 윤승자 · 유나연 · 박소영 공저, 제2판 글로벌 매너 완전정복, 하현사, 2010.
윤융희, 국제비즈니스맨을 위한 에티켓, 비즈프라임, 2007.
이기홍 · 이경미, 글로벌문화와 매너, 한올출판사, 2011.
이동희, 매너와 이미지 메이킹, 형설출판사, 2010.
이정우 외 공저, 개정판 글로벌리더를 위한 국제매너와 생활문화, 양서원, 2008.
직업윤리와 예절교재편찬회, 직업윤리와 예절, 형설출판사, 2008.
한국무역협회 편저, 세계비즈니스 문화기행, 두남, 2002.
인천국제공항 홈페이지, 사이버 에어포트.
국토교통부 홈페이지(http://www.molit.go.kr)
관세청 홈페이지(http://www.customs.go.kr)
대한항공 홈페이지(http://kr.koreanair.com)
외교부 홈페이지(http://wwwmofa.co.kr)
http://blog.naver.com/PostView.nhn?blogId=hi_calt&logNo=130114654457
http://www.yecatour.com/info_world/mytour/etiquette01.asp

Chapter 4
호텔 매너

해외여행 시에 중요한 것 중 하나가 숙소의 선택이다. 여행을 하거나 비즈니스 목적의 출장 등으로 다른 지역 및 해외를 방문할 시에 머물게 되는 곳이 호텔이다. 즉 호텔은 집이 아닌 다른 곳에서 잠시 묵는 것으로 최근의 호텔 매너가 중요한 이유는 호텔은 국적을 불문한 세계 여러 나라의 사람들이 다양하게 묵는다는 데 있다.

글로벌화에 따른 해외로의 여행 및 출장이 잦아져 호텔의 이용 빈도 또한 높아진 요즘 호텔 매너를 익히고 이행하는 것은 국제인으로 당연한 일이 되었다. 최근 뉴스, 미디어 등 언론에서도 유명인의 호텔이용 매너가 잘못된 사례를 빈번히 접하곤 한다. 해외여행에서의 호텔은 나 혼자만이 사용하는 공간이 아니라 전 세계인이 묵는 곳이기 때문에 본인뿐만 아니라 자국에 대한 자긍심으로라도 호텔 매너는 반드시 지켜야 할 사항이다.

호텔 매너라는 용어자체가 일상화되지 않고 익숙하지 않은 면도 있으나 기본적인 호텔 매너에 대한 교육과 상대방에 대한 배려의 마음을 가지고 있다면 크게 어려움을 느끼지 않고 이행할 수 있다. 그러므로 본 장에서는 호텔의 기원 및 호텔에서 사용하는 용어 등을 학습하고 객실사용 등의 호텔 매너 일반과 팁문화에 대하여 학습하고자 한다.

1. 호텔의 기원

호텔이란 용어는 18~19세기에 들어와서 유럽 및 미국에서 처음 사용된 것으로 미국 호텔의 역사는 1829년 보스턴에 최초의 현대식 호텔인 Tremont House의 등장으로부터 시작되었다. 호텔의 기원을 살펴보면 원래 수도원이 갖는 '병원(Hospital)'의 개념에서 비롯되었다. 중세의 숙박시설은 수도원을 중심으로 발달하였는데, 이 당시의 수도원은 침식 제공은 물론 병을 치료해 주는 병원의 기능도 함께 하고 있었다고 한다.

호텔의 어원은 라틴어의 Hospes에서 유래되었는데 그 의미는 '나그네', '손님', '타향인' 혹은 '그들을 접대하는 숙소의 주인'이라는 뜻이다.

라틴어 Hospitale는 Hospitalis의 중성형으로 '참배자' 혹은 '순례' 또는 '나그네를 위한 숙소'라는 뜻으로 현대의 병원을 일컫는 Hospital과 Hotel로 이어졌다.[1] 이 Hospital이라는 단어에서 Hospital, Hostel, Inn 등으로 현대에 와서는 Hotel이라는 말이 되었다고 할 수 있다.[2]

여행을 하며 쉽게 만날 수 있는 호텔보다 싼 값의 젊은이들을 위한 숙박시설인 'Hostel'과 'Inn'도 호텔의 발달과정에서 나타난 것이라 할 수 있다.

2. 호텔 선정 및 예약

1) 호텔 선정

집 나오면 고생이라는 말이 있다. 여행에서 중요한 것 중 하나가 숙소를 선정하는 일이다. 보안이 잘 된 고급 호텔을 선택하면 상대 거래처에게 좋은 인상을 줄 수 있고 충분한 서비스를 제공받아서 좋겠지만 출장경비 등을 감안하지 않을 수 없다. 호텔은 보통 150달러 이상의 고급 호텔이나 120달러 안팎의 중급 호텔, 100달러 안팎의 저렴한 호텔 등으로 나뉜다. 일본이나 홍콩 등은 유럽이나 미주 지역보다 호텔 가격이 싼 편이다.

그러므로 비즈니스 여행 중 한정된 경비 내에서 호텔을 선택할 때 가장 좋은 방법 중 하나를 꼽자면 일류 호텔의 가장 싼 방을 선택하는 것이다. 이는 비즈니스 출장 시 호텔의 선택이 회사 이미지에 결정적인 역할을 미칠 뿐 아니라 좋은 호텔일수록 안전이 보장되기 때문이다. 또한 현지에 대한 시식이 부족할 때 호텔을 통해 많은 정보를 손쉽게 구할 수도 있는 장점이 있기 때문이다. 그러나 정치적으로 불안한 지역을 여행할 때는 중요한 요인으로 표적이 되어 테러에 휘말릴 수도 있기 때문에 초일류 호텔은 피하는 것이 바람직하다.

1) 전희원 외 3인, 제2판 현대호텔경영의 이해, 대왕사, 2012, p.13.

2) 허재성 · 김성용, 호텔경영론, 지식인공동체 지식인, 2014, p.36.

아울러 미국의 Inn, 영국의 B&B, 독일의 Gast-Haus, 프랑스의 Auberge, 일본의 전통여관(료칸) 등을 경험해 보는 것 또한 여행 중에 현지문화를 보다 잘 이해하기 위한 한 방법일 수 있다.

2) 호텔 예약

호텔을 이용하려고 마음먹었다면 마음에 드는 호텔을 선정한 뒤 사전 예약(reservation)을 해야 한다. 특히 성수기 때는 예약 없이는 객실 확보가 어려울 뿐만 아니라 객실 요금에도 큰 차이가 생기며, 정신적으로도 불안해져 모든 여행 일정을 그르칠 염려가 있기 때문이다.

호텔에 투숙하기 위해서는 전화, 팩스, 서신, e-mail, 인터넷과 스마트폰, 여행사, 호텔 직원, 직접방문 등의 다양한 경로를 통해 예약할 수 있다. 호텔 예약은 직접 하는 것보다는 여행사 또는 최근에는 세계의 숙박업소를 편리하게 한 눈에 볼 수 있는 소셜 숙박을 이용하는 것도 한 방법이다.

호텔예약을 할 때는 다음과 같은 사항을 주의하여야 한다.

① 예약 시에는 성명, 성별, 도착 및 출발 예정일시, 숙박일 수, 방의 종류, 연락처, 요금 지불방법 등에 대해 정확하게 명시해야 한다.

② 예약은 여유 있게 충분한 일정을 두고 한다. 유럽 지역의 경우, 관광 시즌이나 박람회, 전시회 기간 중에는 몇 달 전에 예약이 끝나므로 주의하여야 한다. 간혹 1년 전에 예약하는 경우도 있다.

③ 도착일의 변경이나 취소 시에는 반드시 변경요청과 취소통보를 하도록 한다. 취소통보를 하지 않으면 최근 전 세계적으로 불고 있는 No-Show근절의 일환으로 취소수수료를 청구하기도 하므로 각별히 유의해야 한다.

④ 공무나 개인적으로 혼자 떠나는 여행일 때에는 사전예약을 했어도 출발일 전에 다시 한 번 확인하는 것이 좋다.

⑤ 항공편이 예정보다 지연되어 늦을 경우에는, 공항 도착 직후 호텔 측에 늦게 도착한다고 오후 10시까지는 알려 주어야 객실을 계속 확보할 수 있다.

3. 체크인과 체크아웃

1) 체크인(Check-In)

'체크인'이란 투숙절차를 밟는 것으로 숙박등록 카드를 작성하고 객실을 배정받아서 객실열쇠를 지급받는 것을 말하는 것으로 통상적으로 Room Key의 인수로 절차가 마무리 된다.

신분증(여권)과 신용카드로 예약자의 확인 및 숙박비 외의 경비가 발생 시 이를 보증한다.

호텔마다 약간의 차이는 있으나 최근에는 오후 2시 경에 체크인을 하는 것이 보통이다. 간혹 새벽에 공항에 내려 체크인 시간 이전에 호텔에 도착한 경우 빈 객실이 있다면 이른 체크인(early check-in)을 허용하는 호텔도 많다. 이른 체크인을 받지 않을지라도 짐은 대부분 보관을 해주기 때문에 체크인 시간 전까지 다른 일정을 수행할 수 있다. 또한 밤늦게 체크인을 해야 하는 경우에는 사전에 꼭 알려야 한다. 늦은 체크인(late check-in)을 알리지 않은 최악의 경우에는 No-Show고객으로 인식하고 예약명단에서 제외시키는 경우가 있으므로 주의해야 한다.

체크인 시에 작성하는 숙박등록 카드에 기록 사항으로는 성명과 주소, 여권번호, 투숙과 퇴실 시간 및 연락처 등이 있으며, 마지막에 서명날인을 하여야 호텔 내에서 발생할지도 모르는 불의의 사고시에 법적 지위를 가질 수 있다.

2) 체크아웃(Check-Out)

'체크아웃'은 이용한 시설 및 서비스에 대한 요금을 정산하는 과정으로 체크아웃이 끝나면 객실 열쇠를 반납한다. 즉 Room Key의 반납으로 체크아웃 절차가 마무리된다.

체크아웃 시간은 통상적으로 오전 10시에서 12시 사이이다. 체크아웃 시간과 비행기 탑승 시간이 차이가 많이 나서 이동할 때 가지고 다녀야 할 짐이 많을 경우 체크아웃 할 때 짐 보관 요청을 신청하면 된다. 거의 대부분의 호텔들은 무료로 이런 서비스를 제공하며, 호텔에 따라서는 추가요금을 내면 체크아웃을 늦춰주는 경우도 있다.

체크아웃 시의 주의 사항은 다음과 같다.

① 체크아웃하지 않고 나가게 되면 체크인할 때 오픈한 신용 카드 앞으로 결제청구서가 날아오니 반드시 체크아웃을 하고 퇴실한다.

② 무료로 제공되는 물과 어메니티 외에는 유료이므로 가져가지 않도록 하며, 호텔 내의 미니 바 등의 음료 및 주류를 먹은 것이 있다면 계산해야 한다.

③ 호텔 내의 수건 등의 비품을 가져오지 않도록 한다.

그림 4-1 체크인

자료: http://blog.naver.com/PostView.nhn?blogId=dydqh33&logNo=90163355909

이렇듯 체크아웃 시에는 숙박시설의 사용에 따른 계산의 정산에 있어 추가 계산을 하거나 프론트에서 이러한 물품들을 반납해야 할 상황이 생겨 시간을 지체할 수 있다.

체크아웃을 하고 난 이후의 시간은 호텔의 객실 청소를 담당하고 있는 객실 정비 직원이 새로운 고객을 맞이하기 위해 객실 정비에 소요되는 시간을 고려한 시각이다. 따라서 체크아웃 시각을 지키는 것이 매너이며, 체재 시간이 더 필요할 경우 사전에 요청하도록 하며 시간을 초과했을 경우에는 호텔 규정에 따라 초과요금을 내야 한다.

4. 호텔용어

호텔의 이용에 있어서 알아두면 편리한 호텔 용어 등을 간략히 살펴보면 다음과 같다.

(1) 어메니티(Amenity, complementary)

객실 내의 고객의 편의를 도모하기 위해 호텔에서 무료로 비치해 두는 각종 소모품이나 서비스 용품을 말한다.

그림 4-2 Amenity

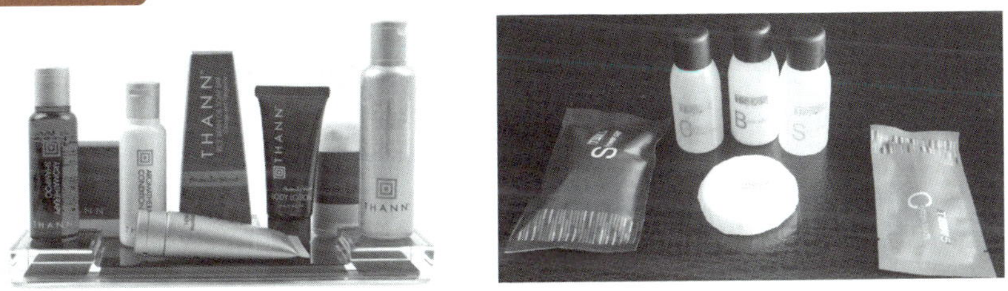

(2) 벨맨(Bell-man)과 도어 맨(Door-man)

벨맨은 로비관리, 체크인과 체크아웃을 마친 고객의 짐 운반 및 보관업무를 하는 호텔의 종업원을 말하며, 도어맨은 차량유도, 주정차관리 등 호텔의 현관 밖에서 가장 먼저 손님을 맞이하는 종업원이다.

그림 4-3 벨맨과 도어맨

벨멘 도어맨

(3) 볼룸(Ball-room)

호텔의 대연회장을 의미한다.

(4) 클로크 룸(Cloak Room, Check Room)

투숙객 이외의 방문객이나 식사손님 등의 휴대품을 맡아 두는 곳으로 현관부근, 식당, 연회장 입구 등에 설치되어 있다.

(5) 커넥팅 룸(Connected room)

객실내부에서 다른 객실과 연결되는 룸으로 객실과 객실이 나란히 위치한 객실 간에 통하는 문이 있어 복도를 통하지 않고도 객실과 객실 간을 왕래할 수 있는 객실

(6) 귀빈층 객실(Executive Floor Room)

호텔 내의 호텔로서 특실과 보통객실의 중간 형태라고 할 수 있으며, 특정층을 지정하여 상용고객에게 보다 신속·정확 및 차별화된 서비스와 안락함과 편안함을 제공하는 호텔 내의 특수목적의 전용 객실 층을 의미한다.

(7) 보증예약(Guaranteed reservation)

호텔 측의 초과예약으로 인한 피해를 입지 않기 위해서 고객이 객실을 예약하면서 자신의 신용 카드 번호를 알려주거나 객실요금의 일부 내지 전부를 송금하여 예약에 대한 보장을 받는 것을 말한다.

(8) 모닝콜(Morning call)

고객이 요청한 시각에 전화벨을 울려 깨워주는 서비스이다.

(9) 마스터 키(Master key)

이중 잠금 장치가 된 객실을 제외한 전 객실을 열 수 있는 열쇠를 말한다.

(10) 디디카드(DD card)

'Do not Disturb'의 준말로 방해받고 싶지 않을 때 객실 밖 문고리에 걸어 두면 누구도 객실을 노크하거나 출입하지 않도록 하는 카드이다.

그림 4-4 DD카드

방해를 받고 싶지 않을 때

객실청소를 부탁할 때

(11) 서비스 엘리베이터(Service elevator)

룸서비스나 하우스키핑 등을 목적으로 사용하는 직원 전용 엘리베이터이다.

(12) 턴다운 서비스(Turn down service)

취침 전 편안한 잠자리를 위해 청결한 시트에서 잠을 청할 수 있도록 객실을 한 번 더 청소해 주는 서비스

투숙객이 침대를 쉽게 사용하게끔 담요의 한쪽을 약간 접어놓은 것을 의

미한다.

(13) 노-쇼우(No show)와 고-쇼우(Go-show)

No show는 예약을 하고 아무런 연락 없이 나타나지 않는 고객을 말하며, Go-show는 빈 객실이 없는 경우 빈 객실을 기다리는 대기 고객을 의미한다.

(14) 워크-인 게스트(Walk in quest)

사전에 예약을 하지 않고 당일에 직접 호텔에 와서 투숙하는 고객을 말한다.

(15) 하우스 키핑(House keeping)

객실의 정리 정돈 및 비품을 관리하는 일을 의미한다.

(16) 메이크업 서비스(Make up service)

고객이 투숙하는 동안 침대의 린넨을 교환하거나 객실을 청소하고 정리정돈을 하는 서비스를 뜻한다.

(17) 룸 메이드(Room maid)

객실의 청소, 정비, 정돈 등 객실에서의 여러 가지 서비스를 담당하는 호텔 직원을 말한다.

(18) 발레 파킹 서비스(Valet parking service)

고객의 차를 대신 주차해 주거나 주차해 놓은 차를 가져오는 서비스를 의미한다.

(19) 페이징 서비스(Paging service)

호텔에 있는 고객을 찾거나 메시지를 전달하기 위하여 고객의 성명을 쓴 푯말 등을 이용하여 고객을 찾는 서비스를 말한다.

(20) 아르 까르떼(A La Carte)

불어로서 '일품요리'라는 뜻으로 메뉴 중에서 자기가 좋아하는 요리를 주문하는 형식으로 세트메뉴와 상반되는 개념이다.

(21) 베기지 테그(Baggage Tag)

화물을 맡겼을 때의 짐표이다.

(22) 캐쉬 바(Cash Bar)

고객이 술값을 현금 지불하는 연회장 내의 임시 바를 의미한다.

(23) 캔슬레이션(Cancellation)과 캔슬레이션 차지(Cancellation Charge)

예약취소와 예약취소에 따라 지불하는 비용을 말한다.

(24) 캡틴(Captain)

식당에서 손님의 주문 받는 일을 수행하면서 웨이터와 함께 정해진 구역의 서비스를 책임지는 호텔 종사원이다.

(25) 체크인(Check-in)과 체크아웃(Check-out)

호텔에서 투숙수속을 하는 것과 숙박한 호텔에서 숙박료를 지급하고 퇴숙수속을 의미한다.

(26) 컴플레인(Complaint)

고객의 불만 사항을 말한다.

(27) 하이 시즌(High-season, Peck-season)과 오버 부킹(Over Booking)

하이 시즌은 관광객이 많이 방문하는 계절을 말하며, 오버부킹은 초과예약, 즉 만원임에도 불구하고 취소가 있을 것을 생각하고 그 이상의 예약을 접수하거나 판매하는 것을 의미한다.

(28) Double Selling

이중판매를 의미한다.

(29) 오버 차지(Over Charge)

객실사용 기간 초과 요금을 말한다.

(30) 룸 서비스(Room Service)

투숙중인 손님의 요청으로 식사, 음료 등을 객실에 배달하는 서비스이다.

(31) 업 그레이딩(Up Grading)

고객이 예약한 등급의 객실보다 비싼 객실에 투숙시키는 영업활동을 말한다.

그림 4-5 호텔 시설

한실 객실

양식 객실

귀빈층

대연회장

(32) Guest Charge

청구서에 기재된 총 청구액을 말한다.

(33) Information Service

호텔 내·외부 인내 및 교통, 관광안내 서비스와 객실고객에게 전달될 메시지를 처리하고 각종 우편물 등의 업무를 제공하는 서비스를 말한다.

(34) 컨티넨탈 블랙퍼스트와 아메리카 블랙퍼스트

컨티넨탈 블랙퍼스트는 호텔에서의 유럽식 조식을 말하며, 아메리칸 블랙퍼스트는 미국식 조식을 의미한다.

(35) 슬립 아웃(Sleep Out)

슬립 아웃(Sleep Out)은 호텔의 투숙객이 호텔이 아닌 다른 곳에서 잠을 자는 경우, 객실 안에 짐과 옷을 놔두고 객실을 사용하지 않는 경우 등을 뜻한다.

5. 호텔시설 이용 매너

1) 객실

본인의 예약 시 요청에 따라 객실의 종류는 온돌, 침대로 이용할 수 있으며, 경우에 따라서 check-in시 룸의 여유가 있는 경우에는 변경도 가능하다.

호텔 객실의 종류는 침대(bed)의 수와 크기에 따라 기본적인 4가지 종류로 분류된다.

① single bed room or single room
② double bed room or double room
③ twin bed room or twin room
④ suite room

객실의 키를 인수하고 나면 벨 맨이 짐을 들고 안내해 주고 방의 구조나 시설이용에 대해 간단한 설명을 해준다. 좀 더 구체적인 사항은 객실 내에 비치된 안내 책자를 이용한다. 객실에 들어서면 편안한 마음을 갖고 짐을 풀고 여행에서 쌓인 피로를 푼다.

객실에서 주의사항을 살펴보면 객실 내에서는 취사행위가 금지되어 있으며, 잠옷이나 반바지, 슬리퍼 차림으로 객실 밖을 나가는 행위를 삼간다. 또 TV소리를 크게 한다든지, 큰소리로 떠드는 등의 행동 역시 삼가야 한다.

자기가 투숙하고 있는 호텔로 방문객이 찾아왔을 경우에는 객실로 안내하지 않고 프런트나 호텔 내 커피숍에서 만나도록 한다. 이때는 정장차림과 화장하는 것을 잊어서는 안 되며, 식사비 등 모든 경비는 방문객을 위해 자신이 지불하도록 한다.

(1) 점검 사항

객실에 들어오게 되면 다음의 사항을 점검하여 편안한 휴식공간을 가지도록 한다.

① 비상구, 비싱사다리, 비상로프, 소화기 위치를 확인한다.

② 방에 들어오면 방문 옆에 절전을 위해 설치된 '키 박스'에 키를 꽂아 방 전체 전원을 넣는다. 키 박스에 키를 꽂아야만 객실 전원이 연결되는데 키를 꽂지 않고 전원이나 불이 켜지지 않는다고 안내데스크에 전화를 종종 하는데 벨 맨이 작동시킬 때 잘 봐둘 필요가 있다. 동절기나 하절기에 이 키를 키 박스에서 빼면 냉·온방이 되지를 않아 곤란한 일을 당할 수 있다.

그림 4-6 호텔 키 박스

③ 미니바는 숙박 손님을 위해 객실에서 간단히 즐길 수 있도록 해놓은 것으로 객실 내 미니 바에 준비된 내용물은 유료인데 대체로 그 가격이 일반 시중보다 2~3배 비싸므로 유의하도록 하고 미니바를 이용한 후에는 비치되어 있는 계산서(Bill)에 직접 표시를 하여 체크아웃(Check-out) 시 프론트 직원에게 전해주어 계산하도록 한다.

그림 4-7 객실 내 무료 제공

컴플리멘터리(Complimentary)

미니 바

④ 객실 메이크업(Room make up)

객실 청소를 의미하는 것으로 객실 청소를 원할 경우 복도 쪽의 문고리에 메이크업 카드를 걸어두면 우선적으로 객실 정리를 해 준다. 그러나 장기간 투숙 시 객실의 청소를 원하지 않을 등 호텔 직원의 방해를 받고 싶지 않을 경우에는 “Do not Disturb”라고 적힌 카드(디엔디 카드)를 문고리에 걸어두도록 한다. 아침에 일어나서 호텔에서 나올 때는 배게 옆이나 사이드 테이블에 룸 메이드를 위해 US$1.00 정도를 두고 오는 것이 매너이다.

⑤ 여행 중에 세탁물이 있을 경우 호텔의 세탁물 서비스를 받으면 편리하다.

⑥ 호텔 비치용품 및 객실 내의 물건을 퇴실할 때 가지고 나오지 않도록 해야 한다.

⑦ 슬리퍼나 파자마 등의 차림으로 복도에 나가는 행동은 삼가야 한다.

⑧ 호텔에서 가장 가까운 곳에 위치해 있는 한국공관이나 무역 대표부 등의 주요 전화번호를 기록한다.(도난사고나 신변보호 요청의 경우를 대비하여 꼭 필요하다.)

⑨ 문단속 또한 잊지 말고 해야 하며, 키(key)는 방안에서 문에 끼워 놓는 것이 외부로부터 침입을 안전하게 방지할 수 있다.

⑩ 호텔에서 홍보용으로 무료로 제공되는 커피, 차, 과자 등과 유료 물품을 확인하여 이용하고, 객실 내 구비되어 있는 일회성 생활용품 등을 확인하도록 한다.

2) 욕실

신축 호텔의 경우에는 욕실과 샤워실이 따로 있으므로 사용에 별 문제가 없으나 샤워실이 별도로 없는 경우에는 샤워 커튼을 이용하여 욕조 안에서 샤워를 해야 한다.

욕실사용 시의 주의사항을 살펴보면 다음과 같다.

샤워를 할 때는 커튼 끝을 욕조 안쪽으로 내려뜨려 물이 밖으로 튀지 않도록 하며, 미끄러지지 않게 고무 매트를 욕조 바닥에 깔고 사용한다. 서양의 대부분 호텔은 건식형으로 배수구가 욕조 내에만 설치되어 있다. 샤워를 욕조 밖에서 하거나 욕조에 물을 받기 위해 물을 틀어놓고 방치하면 욕실에 물이 흘러 들어와 방의 카펫을 망치게 되고 비싼 비용을 지급할 수도 있다.

또한 나라마다 욕조의 찬물과 더운물 표시가 다르다. 영국이나 미국에서는 '찬물은 C(Cold)', '더운물은 H(Hot)'로 되어 있는데 반해 프랑스에서는 따뜻한 '물을 C(Chaud)', '차가운 물은 F(Froid)'로 되어 있으므로 물을 틀 때 조심해야 한다.

욕조에 비치된 수건은 보통 네 가지가 있는데 그 용도가 다르다.

① 작은 수건은 비누를 묻혀 목욕하는 데 사용하고
② 중간 수건은 얼굴을 닦는 데
③ 큰 수건은 목욕 후 몸의 물기를 닦고 몸을 가리는 데
④ 누터운 수건은 발을 닦는 데 사용한다.

수건을 가지고 구두를 닦거나 하여 너무 더럽게 만들어 놓지 않아야 한다. 사용한 수건은 체크아웃을 할 때 욕조 안에 넣고 나오는 것이 매너이다.

(1) 욕실 점검사항

① 샤워나 목욕이 끝나면 욕조에 묻은 머리카락이나 비누 거품을 닦아 내는 것이 매너이다.

그림 4-8 욕실

② 욕조 안에 늘어져 있는 손잡이가 달린 끈은 비상시 손님이 욕조 안에서 잡아당겨 호텔 직원이나 룸 메이드를 부르기 위한 것이므로 특별한 경우 외에는 사용하지 않는다.

③ 객실에 두 사람이 같이 투숙한 경우, 먼저 세면기를 사용한 사람은 깨끗이 뒤처리를 하여 뒤에 쓸 사람이 불쾌하지 않도록 한다. 목욕도 이와 같은 배려에서 뒤처리를 잘 하도록 한다. 특히 자기가 사용할 수건을 정해 놓고 다른 수건은 같이 투숙한 사람을 위해 배려한다.

3) 벨 서비스

'벨 보이'는 해외에 가서 호텔에 머무는 경우 가장 먼저 손님과 마주치는 사람이다. 대개의 관광객들은 보통 2~3개의 가방을 소지하기 마련이고, 차에서 내리자마자 곧 벨 보이들이 손님의 짐을 받기 위해 다가선다. 이때 프론트 데스크까지의 거리는 얼마 되지 않지만, 벨 보이의 도움을 거절하고 손수 짐을 들고 가는 것은 바람직하지 못하다.

벨 보이를 비롯한 호텔 종사자의 경우, 투숙객이 호텔에 도착해서 체크아웃을 할 때 까지 모든 행동에 대한 서비스를 제공한다.

그림 4-9 룸 서비스

file:///C:/Users/Administrator/Pictures/호텔룸서비스.htm

4) 룸 서비스

룸 서비스는 객실 내에서 차나 식사를 하고자 할 때 이용하는 서비스로 객실 내에 있는 메뉴판을 보고 전화로 주문하면 되는데 일반적으로 레스토랑의 가격보다 10~15%정도 비싸다. 계산은 배달이 왔을 때 그 자리에서 하거나 체크아웃 할 때 지불해도 되나 팁은 배달해온 직원에게 바로 주는 것이 좋다.

5) 세탁 서비스

객실에 있는 세탁 주문서에 필요사항을 기입하고 지정된 비닐봉지에 세탁물을 넣어 두고 호텔의 세탁부서에 연락을 하여 세탁을 신청한다.

세탁물을 가져다주는 날짜와 시간을 확인하고 요금을 주면 된다.

대부분의 호텔은 오후 5시 이후, 토・일요일에는 세탁 업무를 하지 않으며, 보통 오전 10시 전에 의뢰하면 그 다음날 아침에 가져온다. 급한 경우에는 세탁신청서에 'Same day'나 'Express'라고 표기하고 소정의 요금을 더 지불하면 당일에도 세탁물을 받을 수 있으며, 다림질만 필요한 경우에는 다림질만 부탁해도 된다.

6) 인포메이션 서비스

응급상황 시에 의사도 불러 주고, 레스토랑이나 관광버스, 극장표 같은 것도 예약을 해주는 서비스이다. 그 밖에 쇼핑이나 관광 가이드도 소개해 주며, 전보나 소포 같은 것도 발송해 주는 서비스이다.

7) 모닝 콜 서비스

프론트 데스크에 방 번호를 말하고 모닝 콜 시간을 부탁해 두면 아침에 원하는 시간에 전화로 깨워 주는 서비스이다. 모닝 콜의 전화벨은 일단 울리면 투숙객이 전화를 받을 때까지 계속되므로 일단 받아야 한다. 전화를 받으면서 감사의 인사를 하는 것이 좋으며, 모닝 콜 서비스는 무료이다.

8) 세이프티 박스 서비스

그림 4-10 세이프티 박스

귀중품 보관 서비스로서 귀중품들은 프런트의 세이프티 박스에 맡기고 꼭 보관증을 받아야 한다. 호텔 내에 보관하지 않은 귀중품의 도난 사고에 대해서는 호텔이 책임을 지지 않기 때문에 현금과 귀금속류는 호텔 내에 금고가 있는지를 확인한 후 보관 하는 것이 더욱 안전하다.

9) 휘트니스 센터

투숙하는 동안 여행의 피로를 풀기 위해 마련된 고객 편의 시설로서, 보통 사우나, 수영장, 헬스장, 골프 연습장 등이 있는데, 호텔에 따라서 무료로 입장 가능한 곳이 있는 반면, 소정의 금액을 내고 입장하는 경우도 있다.

휘트니스 센터를 이용할 시에는 다른 투숙객들과 함께 사용해야 하므로 다른 투숙객에게 불편을 끼치는 행동을 해서는 안 된다.

10) 컨시어지(Concierge)

컨시어지는 호텔의 외국인 접견원을 말하는데, 호텔에 따라서는 GRO (Guest Relation Officer), Duty desk라고도 한다.

고객의 맞춤 서비스를 위한 서비스 직원으로서 개인 비서처럼 다양한 분야에 관여되어 있다. 컨시어지가 많을수록 투숙객은 편리하게 호텔을 이용할 수 있다.

그림 4-11 컨시어지

11) 기타 서비스

같은 호텔이라도 다른 방에 투숙한 지인에게 연락할 일이 있을 때에는 메시지를 적어 프런트의 키 박스에 넣어두면 된다. 메시지 외의 간단한 선물의 전달을 부탁할 때에는 호텔 종업원에게 부탁하여 전달하도록 한다. 이때는 잊지 말고 소정의 팁을 주도록 한다.

〈표 4-1〉 흔히 범하는 일부 해외여행객들의 꼴불견

1) 호텔 객실의 비품을 몰래 슬쩍한다.
2) 객실에 들어가자마자 벨 보이에게 주위 유흥업소나 성인용 채널을 볼 수 있는지 묻는다.
3) 호텔 객실에서 외출을 할 때 DD카드를 잘못 사용하고 항의한다.
4) 미니바에 있는 음료수를 먹고 물로 채워 넣는다.
5) 호텔 객실의 침대 사용법을 잘 몰라서 스프레드(침대를 멋있게 장식하려고 위에 덮어 놓는 천)를 덮고 잔다.

6. 봉사료

봉사료는 영어로는 일반적으로 'Tip'이라고 하지만 'Gratuity'가 정중한 표현이다. 팁은 반드시 지불해야 하는 정해진 금액은 아니나 팁을 제공하므로 해서 보다 신속하고 만족할 만한 서비스를 얻게 된다. 팁이 탄생한 서구사회에서는 보편적으로 생활화가 되었을 만큼 많이 퍼져 있으며, 팁만으로 생활하는 사람들도 많이 있다.

그러나 팁 문화에 익숙하지 않은 우리나라 사람들에게는 한편으로는 스트레스가 될 수 있을 것이다. 최근 국제화에 따라 해외로의 입출국이 빈번함에 따라 현지 생활관습에 여유롭게 젖어보는 것도 문화 체험의 일부분이 될 것이다. 부족한 서비스라 생각된다면 굳이 팁을 지불할 필요는 없으나 특별한 서비스를 받았다는 생각이 들면 조그만 감사의 표시를 하는 것이 좋다.

1) Tip(봉사료)의 어원

봉사료는 '신속한 서비스를 받아서 또는 받기 위해 지불하는 감사 표시'라는 뜻을 가지고 있다.

봉사료의 어원은 18세기 영국의 어느 술집 벽에 "신속하고 탁월한 서비스를 위하여 지불을 충분하게'라는 문구가 붙어 있었으며, 이 문구가 후에 'To Insure Promptness'로 바뀌어서 이의 첫 글자 만을 따서 'Tip'이 되었다"라고 한다.

2) 봉사료 지불 매너

우리나라에서는 아직 팁에 대한 개념이 보편화되어 있지 않고 봉사료라는 명목으로 계산서 금액에 10%정도로 호텔 이용객들이 일률적으로 지불하고 있는 상태이다. 우리나라에서는 별 문제가 없겠지만 외국에서 호텔을 이용할 경우 팁에 대해 모르고 있으면 곤란한 상황이 많을 것이다.

봉사료는 너무 많지도 적지도 않아야 하며, 적당한 액수는 상황이나 지역에 따라 차이는 있지만 대략 '1~2$', 또는 '계산서 총액의 10~15%' 정도면 알맞다.

봉사료를 줄 때는 너무 드러내지 않는 배려도 필요하다. 일반적으로 사교의 자리에서는 남성과 여성이 있을 경우 남성이 봉사료를 지불하는 것이 관례이며, 카드 결제를 하더라도 봉사료는 현금으로 주는 것이 좋다. 요금에 봉사료가 포함이 되어 있거나 셀프 서비스인 경우에는 별도로 봉사료를 줄 필요가 없다. 또한 팁을 위해선 1불짜리 지폐를 미리 별도로 준비하도록 한다. 소액의 지폐가 없어 동전을 모아 주는 경우는 예의가 없는 행동이며 한국 돈을 팁으로 주기도 했는데 이 점도 삼가야 할 것이다.[3] 만일 잔돈이 없는 경우에는 잔돈으로 바꾼 다음에 따로 지급하고, 금액에 상관없이 거스름돈을 모두 'TIP'으로 지불할 경우에는 'KEEP THE CHANGE'라고 얘기하고 건넨다.

신용카드로 지불하는 경우에는 우리나라와 달리 'TIP'을 적는 난이 있으므로 계산해서 'TIP'을 적고 'TOTAL' 금액을 적으면 팁을 포함한 금액이 청구가 된다. 그렇지 않으면 팁은 별도로 현금으로 지급한다.[4]

그림 4-12 팁은 지폐로

팁 : 동전은 안 되요.

팁 : 지폐로 준비해 주세요.

3) 상황별 봉사료(팁: Tip)

받은 서비스에 대한 감사의 뜻으로 주는 팁에도 지급 매너가 있다.

팁을 주어야 한다는 말을 듣고 여행을 떠난 몇몇 사람들은 지나치게 많은 금액을 이유없이 지불할 때가 있는데, 지나친 행동은 오히려 역효과를 불러일으킬 수가 있다. 상황별 봉사료 지급금액을 살펴보도록 하자.

3) 중국, 태국 등 동남아 국가 여행 시에는 한국 돈의 지급을 선호하는 때도 있다.

4) http://www.yecatour.com/info_world/mytour/etiquette04.asp

(1) 룸 서비스

계산서의 15% 정도를 준다. 'Delivery Charge'라고 하여 별도로 포함되어 계산서에 명시되어 있는 경우에는 별도로 지급하지 않아도 된다.

(2) 도어맨

'Valet Parking Service'를 해 준 경우에는 '주차시킬 때'와 '가져올 때' 각각 1달러 정도씩 주도록 한다. 팁을 주는 시기는 자동차 열쇠를 주고받을 때 자연스럽게 건네주면 된다.

(3) 포터(벨 보이)

벨 보이가 객실로 짐을 갖다 주거나 룸서비스로 식사를 주문했을 때 또는 심부름을 시킬 때도 1달러 정도면 적당하나 큰 짐을 들어주었을 때에는 조금 더 주도록 한다.

(4) 프론트 직원

별도의 팁을 줄 필요는 없지만 특별 서비스를 제공해 준 경우나 그 밖의 도움을 받아 감사의 뜻을 전하고 싶다면 5달러 정도면 적당하다.

(5) 식당 웨이터

식사비용의 10~15%를 주는데 계산서를 줄 때나 테이블 위에 올려놓아도 괜찮다. 추가 의자를 제공받거나 테이블 세팅을 고치는 등 특별한 서비스를 받았을 경우에는 담당지배인에게 별도로 5달러 정도를 준다.

(6) 소믈리에

포도주나 주문한 술값의 15% 정도를 준다.

(7) 룸 메이드

하루에 1달러 정도를 주면 되는데 방 청소를 요구하거나 체크-아웃 시 1달러 정도를 오전에 외출 할 때 베개 밑에 놓아두면 된다.

(8) 공중 화장실

동남아나 유럽 등 몇 나라의 호텔이나 공중 화장실에는 화장실 안에서 냅킨을 주거나 청결하게 해주는 아주머니들이 있는데 이때 서비스를 받으면 25센트 정도를 준다.

화장실 앞에서 입상료를 받는 사람에게는 지불하지 않아도 된다.

(9) 식당 또는 극장

일반적으로 음식 값의 10-15%를 팁으로 지불한다.

또한 고급 식당에서는 외투나 물건을 맡기거나 가져다 줄 때 또는 자리를 안내해 준 웨이터에게 1달러, 주차 서비스를 받은 경우에는 운전자에게 1달러를 지불한다.

식당에서 음식이나 서비스가 만족스럽지 못한 경우에는 최소한의 잔돈만 놓아두어도 된다.

호텔 뷔페식당에서 아침식사를 할 때는 지불하지 않아도 된다.

4) 국가별 팁 매너 추가

상황에 따른 팁을 지급하는 매너를 살펴보았다. 팁 문화는 서양에서 발달한 것으로 아시아 문화에서는 팁에 대한 관념이 조금 부족하다고 볼 수 있다. 국가별로 차이가 있는 팁 매너는 한국관광공사의 지구촌 스마트 여행에 따르면 [그림 4-13]과 같다. 그림에서와 같이 일본과 중국은 팁 문화가 없으며, 다른 지역에서는 통상적으로 10~15%의 팁을 지급하는 것이 매너로 되어 있음을 알 수 있다.

그림 4-13 세계의 팁 매너

출처: 지구촌 스마트 여행, 세계의 공통매너, 세계의 팁 매너, http://www.smartoutbound.or.kr/campaign/html/globalEtiquetteInfo1.do?menu_code=0000000018

연습문제

1. 다음 중 호텔 도어맨의 접객 서비스에 해당하는 것은?
① 도착고객의 영접 ② 로비관리 서비스
③ 퇴숙 서비스 ④ 객실변경 서비스

2. 고객을 프론트 데스크나 객실까지 안내하고 객실 사용법을 설명하여 호텔 이용에 불편함이 없도록 하는 서비스는 누가 담당하는가?
① 현관 서비스 지배인 ② 도어맨
③ 벨-맨 ④ 룸-클럭

3. 호텔에서 고객의 휴대품이나 수하물을 보관해 주는 서비스에 해당하는 것은?
① Cloak room service ② Delivery service
③ Pick up service ④ Paging service

4. 호텔객실 예약접수 시 고객으로부터 체크하지 않아도 되는 사항은 무엇인가?
① 지불 방법 ② 룸의 종류
③ 출발일 ④ 룸서비스 유・무

5. 호텔 하우스키핑의 일반적인 업무가 아닌 것은?
① 객실관리 ② 객실판매
③ 객실정비 ④ Laundry service

6. 호텔에 도착하는 고객을 제일 먼저 영접하며 성문의 질서유지와 정문의 주차정리 및 출발고객을 영송하는 서비스는 누가 담당하는가?
① 벨-맨 ② 룸-클럭
③ 도어맨 ④ 현관 지배인

7. 고객이 호텔에 도착하여 등록카드를 작성하고 객실을 배정 받을 수 있게 도와주는 서비스를 무엇이라 하는가?
① 체크인(Check-in) 서비스 ② 체크아웃(Check-out) 서비스
③ 도아맨(Door man) 서비스 ④ 벨맨(Bell man) 서비스

8. 호텔 이용 시 지켜야할 매너로 올바른 것은?
   ① 호텔의 객실은 금연이므로 복도나 로비에서 담배를 피워야 한다.
   ② 체크인은 낮 12시 이전에 이루어져도 무방하다.
   ③ 비즈니스호텔 내에서 잠옷이나 반바지, 슬리퍼 차림의 이동은 금물이다.
   ④ 예약을 한 상태라면 당일 체크인이 늦어져도 사전에 연락할 필요가 없다.

9. 제시된 호텔 서비스 내용이 올바르게 연결된 것은?
   ① Paging service - 고객을 찾아주는 서비스
   ② Cloak room service - 객실에 우편물이나 물건의 배달 서비스
   ③ Delivery service - 항공권, 승차권, 관람권 등을 구입해 오는 서비스
   ④ Messenger service - VIP 객실에 신문 배달 서비스

10. 호텔의 클로크 룸(Cloak room)은 무엇을 하는 장소인가?
   ① 투숙객에게 알리는 안내문을 배포하는 곳이다.
   ② 호텔 실내방송을 하는 장소이다.
   ③ 고객의 물건이나 서류 등을 지정된 장소에 전달하거나 수령해 오는 곳이다.
   ④ 고객의 휴대품이나 수하물을 보관하는 장소이다.

11. 호텔의 로비에 위치하며 유럽풍 호텔에서 그들은 벨서비스 담당이고 호텔에 관한 정보나 호텔 밖의 정보와 안내 등을 제공하는 서비스에 해당되는 것은?
   ① Concierge service ② Paging service
   ③ Delivery service ④ Messenger service

12. 호텔 고객이 외출시 룸 메이드가 객실을 청소해주는 서비스를 무엇이라 하는가?
   ① 메이크업 서비스 ② 세탁 서비스
   ③ 모닝콜 서비스 ④ 비즈니스 서비스

13. 호텔 서비스 중 메이크업 서비스에 해당되는 것은?
① 원하는 시간에 깨워주는 서비스이다.
② 각종 O.A기기를 사용할 수 있는 서비스이다.
③ 세탁물을 원하는 날짜에 받을 수 있는 서비스이다.
④ 외출 시 객실을 청소해주는 서비스이다.

14. 호텔 이용 매너로 잘못된 것은?
① 외출 시에는 열쇠를 프론트에 맡긴다.
② 룸서비스를 이용한 식기는 냅킨으로 덮어 문 밖에 내어 놓는다.
③ 호텔 식당에서 직원을 부를 때는 큰 소리로 부른다.
④ 호텔의 공공장소에서는 담배를 피워서는 안 된다.

15. 다음 중 일반적인 봉사료로서 적당하지 않은 금액은?
① 소믈리에 : 포도주나 주문한 술 가격의 15%정도
② 룸서비스 : 계산서 금액의 15%정도
③ 룸메이드 : 1불정도
④ 프론트직원 : 1불정도

16. 다음 중 봉사료에 대한 설명이 잘못 된 것은?
① 봉사료는 동전으로 주어도 관련 없다.
② 부족한 서비스에 대해서는 굳이 지불하지 않아도 된다.
③ 봉사료를 줄 때는 받는 사람에 대한 배려도 필요하다.
④ 'Gratuity'가 정중한 표현이다.

17. 다음 중 호텔에서의 행동 중 알맞은 것은?
① 흡연자의 경우 흡연객실을 요청한다.
② 샤워할 때 샤워커튼을 걷어 놓는다.
③ 침대의 가장 위에 놓은 이불을 덮고 잔다.
④ 객실 내의 미니바(냉장고) 속 음료수를 마음껏 마신다.

참고문헌

금한나, 이미지와 국제매너, 한올출판사, 2011.
김덕경·조인순 공저, 직장인의 예절, 형설출판사, 2007.
박한표, 글로벌문화와 매너, 한올출판사, 2009.
손일락·이채안·홍미선 공저, 국제매너의 이해, 한올출판사, 2010.
신강현, 글로벌 매너 테크, 형설출판사, 2005.
오성환, 글로벌커리어·리더십 개발 가이드 직장예절, 형설출판사, 2008.
오흥철·함성필·Dury Chung·곽병휴·윤승자·유나연·박소영 공저, 제2판 글로벌 매너 완전정복, 학현사, 2010.
원융희, 국제비즈니스맨을 위한 에티켓, 비즈프라임, 2007.
이동희, 매너와 이미지 메이킹, 형설출판사, 2010.
이정우 외 공저, 개정판 글로벌리더를 위한 국제매너와 생활문화, 양서원, 2008.
이기홍·이경미, 글로벌문화와 매너, 한올출판사, 2011.
http://www.yecatour.com/info_world/mytour/etiquette04.asp
http://blog.naver.com/PostView.nhn?blogId=dydqh33&logNo=90163355909
http://cafe.naver.com/kasm00/506
지구촌 스마트 여행, 세계의 공통매너, 세계의 팁 매너, http://www.smartoutbound.or.kr/campaign/html/globalEtiquetteInfo1.do?menu_ code=0000000018

Chapter 5
복장 매너

옷이라는 것은 기본적으로 사람의 신체를 보호하는 기능이 있으며 최근의 의복은 이러한 신체 기능적인 부문뿐만 아니라 자신의 지위를 나타내 보이기도 한다. 비싸고 화려한 옷을 입는 것도 좋지만 복장 매너에서 중요한 것은 때와 장소와 상황에 맞는 옷차림일 것이다.

복장문화라고 하는 것은 나라마다 그 특징이 다르다. 그 나라의 환경에 따라 나라별로 고유한 전통의상이 있기 마련이다. 현대에는 편리성에 중점을 둔 서양식 복장으로 크게 양복이 있지만 이에 앞서 한국, 일본, 중국의 전통복장에 대하여 살펴봄으로써 국제 비즈니스에 있어서 자국의 복장문화에 대한 긍지를 가지고 소개할 수도 있을 것이다. 그리고 유럽에서는 남성들끼리 라운지에서 커피 마시고 담배를 피우며 담소를 나눌 때만이라도 편한 옷을 입고자 하는 목적에서 입었다는 양복의 정장차림(슈트)의 셔츠, 넥타이, 바지, 구두 등에 이러는 예절을 익히는 것은 비즈니스뿐만 아니라 일상생활에서 첫 인상을 좋게 하여 원하는 바를 얻을 수 있다.

1. 복장문화

옷이 날개라는 말이 있듯이 옷맵시에 따라 우리들은 사람들을 판단하곤 한다. 형식을 중시하던 유교풍습의 영향으로 우리나라 또한 의관을 매우 중시하였다.

과거에는 사회적 지위와 계급을 나타내는 복식이었으나, 현대에는 착용자의 개성과 메시지를 전달하는 복식이 되었다.

"옷은 총보다 강력한 무기다"라고, 미국의 여성기업인인 '티나산티플레러티[1]는 말했다. 즉 옷은 시각적으로 바로 전해져 별도의 설명이 필요없이 효율적으로 전달되는 메시지이기 때문이다.

동서고금(東西古今)을 막론하고 사회생활을 영위하는 대인관계에서 옷차림새로 우리는 그 사람의 됨됨이를 유추하곤 한다.

1) 위너비재키의 저자

이렇듯 사람의 첫 인상의 상당부분이 옷에 의해 좌우된다. 복장은 그 사람의 인격을 말해주는 것은 아니지만 때와 장소에 맞는 단정하고 깔끔한 복장은 평소 그 사람의 마음가짐을 보여 주는 것이기 때문에 중요하다고 하겠다.

내·외적인 멋이 복합적으로 사람의 아름다움을 표현해 주는 주요 요인 중의 하나가 바로 '복장'으로 그 사람의 인격, 직업, 삶의 감각, 사고와 취향 등을 조화롭게 표현되는 것이기 때문이다.

어느 사회든지 지켜야 할 규범이 있어 사회질서를 유지하게 되는데 이러한 규범은 적절한 옷차림, 바른 옷차림 등으로 표현된다.

1) 복장 일반

(1) 입는 요령

① 때와 장소, 사회관습에 어울리는 옷인지를 생각한다.
② 값비싼 옷보다는 단정하고 깨끗함을 유지하여야 한다.
③ 상황과 용도에 맞게 입어야 한다.

(2) 복장 에티켓 일반

① 양복에는 흰 양말을 신지 않는다.
② 파티가 아니면 액세서리를 세트로 하지 않는 것이 좋다.
③ 외국 여행 시에는 그 나라의 복장을 어느 정도 고려한다.

(3) 복장의 색 배합

① 갈색(땅), 청색(하늘), 베이지(모래), 녹색(풀) 등 자연색을 중시한다.
② 상의는 가벼운 색, 하의는 무거운 색으로 연출하면 좋다
③ 스포티한 캐주얼 옷차림에는 서로 반대색(보색)끼리 배색하면 좋다.

2. 한국 · 일본 · 중국의 고유의상

각 국가의 고유의상은 그 나라의 전통문화를 반영하는 중요한 의복이다.

오늘날 각국의 추세는 고유의상을 현대적 감각으로 화려하게 만들어서 국경일 행사, 사교적인 연회행사 등 주요 의전행사에서 많은 환영을 받는다. 이에 한국, 중국, 일본의 고유의상에 대하여 먼저 살펴보기로 한다.

1) 한국의 한복

'한복'(韓服, 문화어: 조선옷)은 한민족 고유의 전통복식으로서 형태, 색상, 재질 및 문양면에서 우리 고유의 멋과 아름다움을 나타낼 뿐만 아니라 오랜 세월 동안 우리 민족의 정서가 담겨 있는 역사적 산물이다. 역사적으로 한민족은 고유한 의복을 입었으며 위정자와 귀족은 외래 문물의 영향을 받은 복식을 도입해 입으면서 유행을 만들어 내고 격식에 따라 다른 옷을 입기도 하였다. 색이 들어간 천은 관복으로서 각 시대의 위정자가 내린 '복식금제'[2]에 따라 다른 양상을 띠었으나 대다수의 평민들은 흰색 옷을 즐겨 입었으며 한복의 기본 구성인 치마와 저고리, 바지 등은 변치 않고 오랜 세월 동안 기본 골격을 유지하고 있다.

(1) 한복의 특징

한복은 전통 복식으로서 나타나는 몇 가지 특징이 있다.

기본적으로 상체가 길고 하체가 짧은 한국인의 체형에 따라 활동성을 중시하며, 천 자체를 보면 직선형이지만 몸에 입을 경우 곡선이 살아나게 도와주는 미적 특징도 나타나는데 이는 주머니가 없는 구조이기 때문이기도 하다. 일본의 기모노, 중국의 치파오 등의 복식과 달리 한복은 저고리와 치마,

2) 복식의 사치를 금하고 복식에 따른 신분의 구별을 위하여 만든 제도

즉 상・하의가 분리되어 있어 형태상으로 구분된다.[3] 한복은 곡선과 직선의 조화미, 정중동의 미가 담겨 있는 옷이다. 동정・깃・진동・섶・도련 등은 직선적이고 정적이고 고정된 선으로서 안정미가 느껴지는 부위이다. 반면에 치마・고름・배래선・버선 앞 코 등은 곡선적이며 동적이고 유동적인 선으로서 율동미가 느껴지는 부위이다. 특히 옷고름은 인체에서 분리된 유일한 장식으로서 외국인들이 한복에서 가장 독특하고 매력적인 부위로 높이 평가하고 있다.[4] 이렇듯 한복은 직선과 약간의 곡선이 조화를 이루어 아름다우며, 특히 여자 한복은 짧은 저고리와 넉넉한 치마가 어울려 옷차림이 단정하고 아담하다. 남성은 바지저고리를 기본으로 조끼와 마고자로 멋을 내고 있다.

여자 한복은 실내에 있을 경우 치마와 저고리를 입으며, 외출할 때나 의례가 있을 경우에는 배자와 두루마기까지 입는 것이 예의이다. 남자 한복은 평상시와 외출 시에 모두 반드시 두루마기를 입는다.

한복의 종류는 크게 분류하면 예복과 평상복으로 나뉘어 있으며 남녀별로 성인과 어린이용, 계절별로 나누어 져있다.

색상은 백의민족답게 기본색상은 흰색이며 계절, 신분에 따라 입는 예법이나 소재, 색상이 모두 다르다. 미혼인 여성은 붉은색 치마에 노란색 저고리, 기혼여성은 푸른색 치마에 옥색저고리의 한복을 주로 입었다. 한복의 저고리에는 오방색[5]이 사용되는데 어린아이의 색동한복은 액땜을 하고 복을 받기 위해 명절이나 첫 생일날에 주로 입었다. 결혼과 같은 특별한 예식에는 평민들도 귀족이 입는 화려한 빛깔의 옷과 장신구로 한껏 멋을 냈다.

최근 국내에는 한복의 장점에 실용성을 가미한 생활 한복이 자리잡아가고 있다.

---

3) 위키백과http://ko.wikipedia.org/wiki/한복

4) 이주영, 생활예절과 옷차림, 세종출판사, 2015, p.64.

5) 5방위와 관련이 있는데 북쪽은 검은색, 남쪽은 붉은 색, 서쪽은 흰색, 동쪽은 푸른색, 중앙은 노란색을 의미하며, 이를 오방색이라 한다. 세계의 민속의상, 유태순, 황윤정, 조은영 공저, 도서출판 신정, 2014, pp.242~244.

(2) 한복의 종류

(가) 전통적 한복

상고시대 복식(服飾)의 기본형은 '북방호복'(北方胡服)계통[6]으로 볼 수 있으며, 삼국시대의 복식은 고구려·백제·신라가 대체로 흡사 했으나 당(唐)나라의 복제(服制)를 도입한 이래 중국복제의 영향을 많이 받았다. 고려시대에는 원(元)나라의 여자 복식의 영향을 받았고, 조선시대에는 명(明)나라의 관복제도(官服制度)의 영향을 받았다.

① 전통 남자한복

남자 한복은 일반적으로 갓(외출모자), 망건·탕건(상투싸게), 정자관(가정모자), 도포(예복겉옷), 토시(팔뚝), 행전(발목), 신, 두루마기(평상겉옷), 마고자, 조끼, 바지, 속바지, 버선, 대님, 허리띠, 저고리, 속저고리, 적삼, 등거리, 잠방이로 구분된다.

그림 5-1 남자 한복의 명칭 및 구성

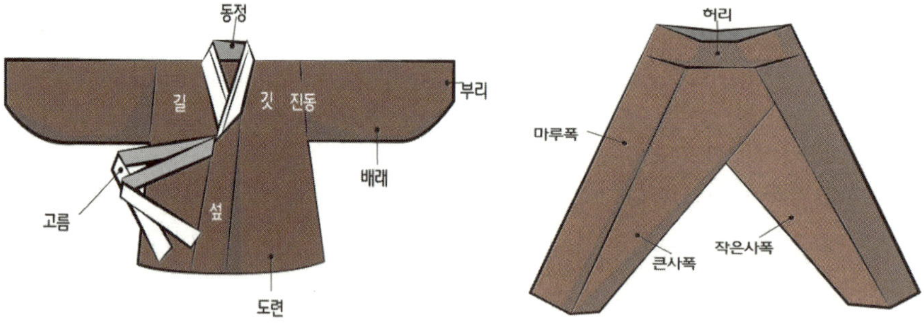

남자 저고리는 동정, 길, 깃, 진동, 배래, 고름, 섶, 도련으로 구성되어 있다.

남자 바지는 마루폭, 작은 사폭, 큰 사폭으로 구성되어 있다.

---

6) '알타이계' 북병기마 유목민의 복식으로 유목생활에 적합하도록 좁은 소매와 홀대바지로 구성되어 있다.

그림 5-2 남자 한복 대님 매는 법

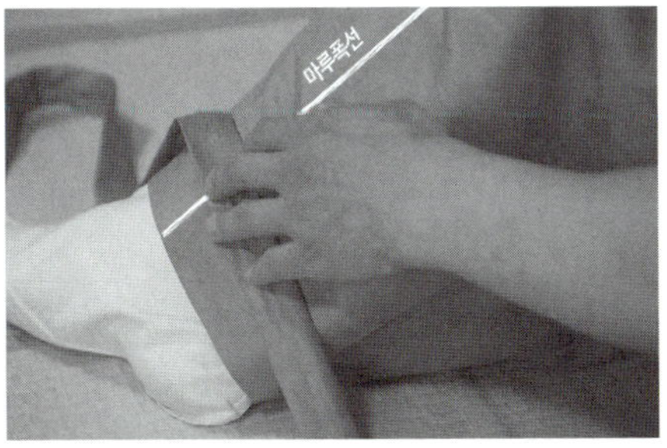

안쪽 복사뼈에 바지의 마루폭선을 댄다.

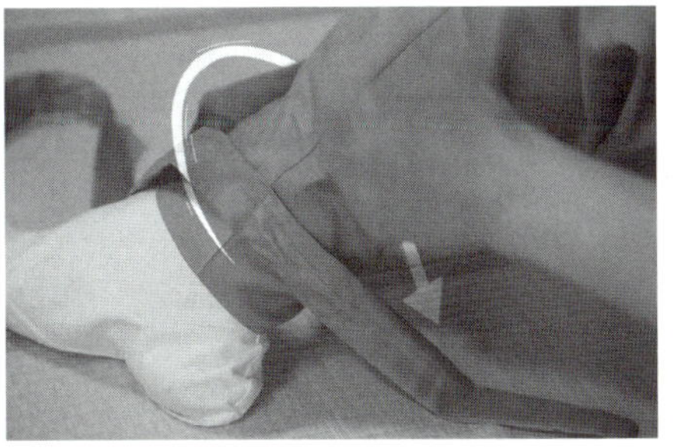

발목을 둘러 바깥쪽 복사뼈까지 싸준다

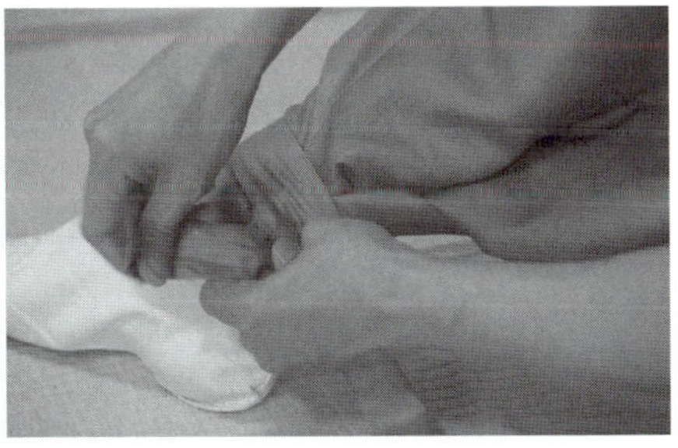

그 위에 매듭을 두 번 돌려 묶어준다.

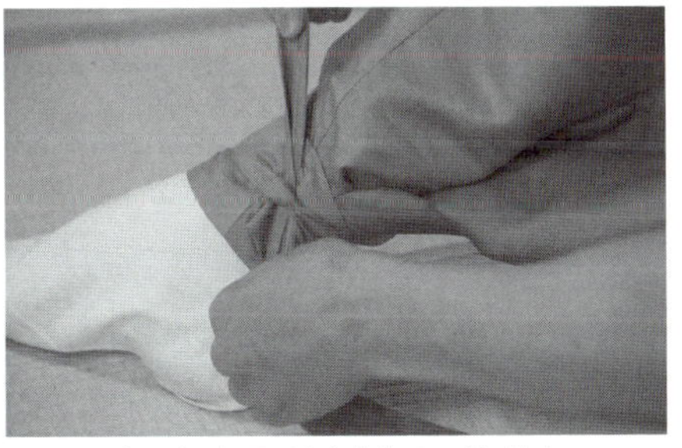

매듭이 안 쪽 복사뼈에 오도록 한다.

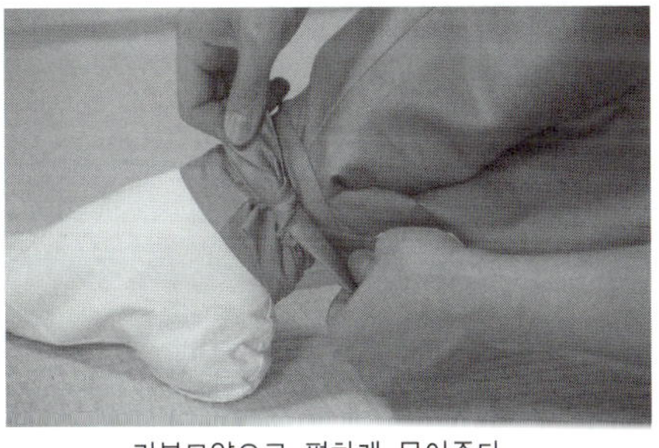

리본모양으로 편하게 묶어준다.

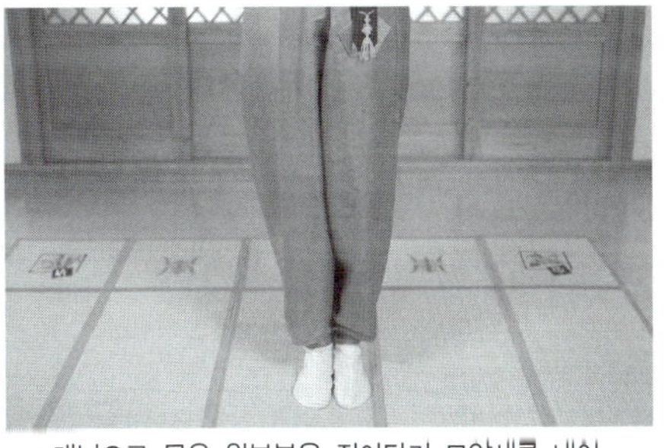

대님으로 묶은 윗부분을 잡아당겨 모양새를 내어 정리한다.

② 전통 여자한복

여자한복은 조바위(모자 일종), 남바위(방한모), 장옷, 쓰게치마, 두루마기, 마고자, 배자(덧저고리), 저고리, 속저고리, 직심(웃옷), 치마, 속치마(아래 옷), 버선, 속버선, 넓은 바지, 바지, 고쟁이, 속속곳, 단속곳(아래 속옷)으로 구분된다.

그림 5-3 여성 한복 명칭 및 구성

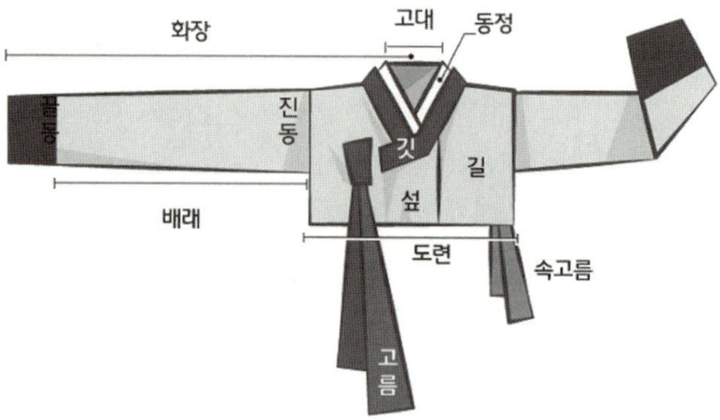

여자 저고리는 동정, 길, 깃, 진동, 화장, 고름, 섶, 도련으로 구성되어 있다.

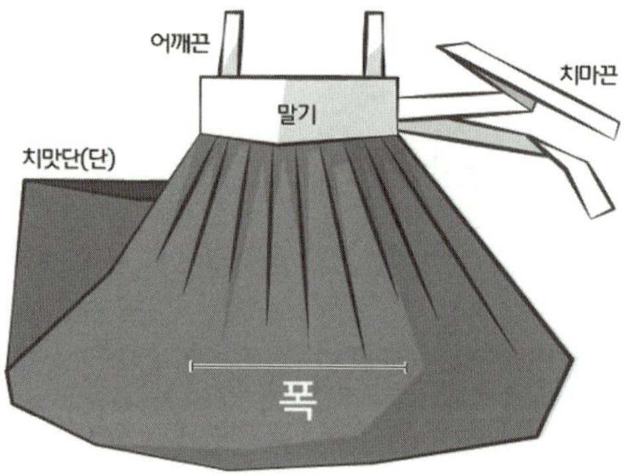

여자 치마는 폭, 치맛단, 어깨끈, 치마끈, 말기로 구성되어 있다.

자료 : http://100.daum.net/encyclopedia/view/47XXXXXXd213#28241096

그림 5-4 여자 한복 고름 매는 법

저고리의 옷 매무새를 가지런히 한다.

긴 고름 위로 짧은 고름을 교차시킨다.

짧은 고름이 위로 나오도록 매듭을 한 번 짓는다.

긴고름을 적당하게 접어 고리를 만든 뒤, 짧은 고름으로 위에서 아래로 감는다

매듭을 묶을 때에는 긴고름을 한 손으로 잡고 짧은고름을 매듭에서 빼내 묶는다.

긴 고름으로 만든 고리를 가만히 잡고 짧은 고름을 당겨 묶는다.

양쪽을 살며시 당긴 뒤 고름을 정돈한다.

출처 : http://100.daum.net/encyclopedia/view/47XXXXXXd213#28241085

(나) 현대적 한복

우리가 개량한복이라고 하는 현대의 한복은 보통 조선시대에 착용했던 한복과 유사성이 크며 명절이나 격식을 갖추는 자리에서 입는 경우가 많다. '개량한복'은 생활의 편리함을 강조하고 있어 그 동안 외형의 변화를 겪어

왔다. 한복도 의복이므로 기성복처럼 아주 빠르지는 않지만, 시대의 흐름과 대중의 요구에 따라 색과 소재, 특징 등을 새롭게 접목하고 있고 이러한 시도는 여러 한복 디자이너들에 의해 현재에도 시도되고 있다.[7]

그림 5-5 남녀 현대적 한복

자료 : /yedamhanbok.tistory.com/111

이렇듯 우리의 전통한복도 시대의 흐름에 따라서 활동성이 가미되고 우아하고 화려한 현대적 한복 및 생활한복으로 발전되어 왔다. 현대적 한복의 우아한 자태는 국제행사에서 매우 호평을 받고 있으므로 사교모임이나 공식행사에 자주 참여하는 여성은 행사용 한복을 최소 한 두벌을 소지하고 있는 것이 좋다.

2) 일본의 기모노

일본의 전통복장을 대표하는 것은 화려하고 정성이 깃든 '기모노(着物)'이다. 일본인은 평소에는 우리와 같이 양장을 하지만 정월, 성인식, 졸업식, 결혼식, 피로연, 장례식 등 축하하거나 기념해야 할 때에는 일반적으로 기모노(着物)를 입는다. 기모노는 입는 목적에 따라 옷감의 종류, 모양, 색깔, 입는 법 등이 다르며, 기혼여성과 미혼여성, 정식방문 또는 가벼운 외출에 따라서도 옷 모양이 다르다. 최근 일본에서는 양복이 일반화되고 있지만, 오늘날에도 기모노가 사랑 받고 있는 것은 '아름답다'라는 이유만은 아니다. 기모노는 일본의 생활과 문화가 녹아들어 쉽게 일본인의 체형과 얼굴에 잘 어울리며, 또한 사계절이 있는 일본의 기후 풍토에 적합하기 때문이다. 기모노는 폭이 좁고 여러 겹을 겹쳐 입기 때문에 발가락을 안으로 향하게 하여 종종걸음을 걷게 되는데 이것은 겹쳐 입은 기모노가 펄럭거리거나 벌어지는 것을 방지하기 위한 것이다.

7) 전게서, 위키백과사전

(1) 기모노의 유래

'기모노'는 우리가 평소 입고 있는 양복에 대한 말로서, '일본옷 = 기모노'로 사용되는 경우가 많으며, '기모노'라는 말은, 국제어 'kimono'로 세계에 통용된다.

본래 '기모노'는 넓은 의미에서 '입는 (옷)'라는 의미로 '입는 것'이라는 말이 변해 '기모노'가 되었다고 알려져 있다. 기모노는 기본적으로 원피스 형태이고 전체적으로 몸에 밀착되지 않고 직선재봉으로 품이 여유 있고, 앞이 트인 전개형으로 허리에 오비를 매며 호주머니가 없는 것이 특징이다.

일본옷의 특성은 같은 형의 의복을 겹쳐서 입는 데에 있다.

정식으로는 짧은 주반(속옷)에 고시마키(또는 오코시)·긴 주반을 속옷으로 입고 그 위에 나가기를 입어야 하는데, 오늘날에는 양장의 보급과 더불어 그와 같은 속옷 형식의 옷이 점차 사라지고 있다.

1868년 메이지 유신으로 일본이 서구세계에 대해 문호를 개방한 후 일본인은 그들의 고유의 옷 차림에서 점차 서양식 옷차림을 받아 들이게 되었다.

양복에서 청바지에 이르기까지 서구식 옷차림을 받아 들였다.

(가) 무로마치 시대

무로마치 시대에는 오늘날 소매가 좁은 기모노인 고소데를 속옷에서 일상복으로 입기 시작하였으며, 허리띠인 오비의 초기 형태도 등장했다. 그 당시의 네덜란드인이나 포르투갈인의 방문으로 새·꽃·사람 등의 무늬를 여러 가지 빛깔로 날염한 천인 '사라사'가 사용되기 시작했다.

(나) 에도 시대

에도 시대에는 카부키나 우키요에 같은 서민문화가 발달하면서 옷을 입는 방식도 유행을 따르게 되었다. 이때부터 넉넉하게 입는 형태가 유행하면서 비혼 여성의 옷소매가 길어졌으며, 단순한 고정 끈이 역할이었던 허리띠인 오비도의 묶는 방법이 다양한 형태로 발전해가면서 오비도의 폭이 점점 넓어지고, 뒤로 묶는 것이 일반화되었다. 이후에는 남자와 여자의 기본적인 기모노형태가 크게 바뀌지 않고 계속 남아 있게 되었다.

(2) 기모노의 종류[8)]

기모노의 종류는 크게 분류하면 방문복과 평상복이 있고 결혼식, 장례식, 다도회 등에 입는 예복이 있다.

(가) 방문복

방문복은 계절의 특징을 각각 살려 2월에는 매화꽃무늬, 3~4월에는 벚꽃무늬, 10월에는 단풍무늬 등이 들어간 기모노를 입는다.

(나) 평상복

남자들이 작업복으로 입는 '무에'가 있으며, 불꽃놀이 할 때 입는 유카다는 한여름에 맞게 시원한 옷감, 부채, 풍경 등의 여름을 연상시키는 무늬가 많으며 입는 층이 젊은이들이 많은 점에서 화려하고 밝은 색을 사용한다.

호텔 등에 비치된 잠옷용 유카다는 공기가 잘 통하여 땀의 배출을 도와주도록 흰 바탕에 남색 무늬를 넣은 면 종류의 옷감을 재질로 하여 시원하게 보이게 한 것이 특징이다.

(다) 예복

대표적인 예복으로서 가장 화려한 것은 신부가 입는 '우치카케'로서 주로 붉은 비단에 금사, 은사로 새나 꽃모양의 자수를 놓아 화려하며, 기모노의 겉옷으로 입기 때문에 오비를 두르지 않는 것이 특징이다. 대학 졸업 시에는 전통의상인 '하카마'를 입는다.

(3) 기모노의 재질

최근의 기모노의 재질은 면・린넨・레이온 등을 사용하며 격식을 차릴 때는 실크와 모직이 주류를 이루고 있다. 실크 및 모직의 짜임새도 다양한데,

---

8) 신혜경・조문희・윤병남・혼다 도모쿠니・최은희・김기서・오병우・다테 구미코・김상은・송현아・전창수・김상수, 일본학개론, 지식과 교양, 2011, pp.54~55.

실크는 지방에 따라 다르고 모직에서도 여러 짜임새를 볼 수 있다.

(4) 기모노 입는 방법

기모노는 단추를 사용하지 않고, 왼쪽에서 오른쪽으로 몸을 감싸서 오비라는 넓은 새시로 여며서 착용한다. 즉 오른쪽 자락이 아래로 들어가도록 입어야 바르게 입는 것인데 왼쪽이 먼저 들어가게 입으면 수의(壽衣)의 의미가 된다.

오비는 매우 정교하고 매는 방식이 다양하며 항상 등에서 묶지만 어떤 지역에서는 장례식 때 앞에서 묶기도 한다. 기모노는 남녀 모두가 입기 때문에 옷단은 발목까지 내려가며, 기모노를 입을 때는 속옷과 일본식 비선인 다비를 챙겨 신고, 기모노 전용 신발인 조리와 게다를 옷에 맞추어 신으며, 특히 계절감각을 살려 입는다. 기모노를 입을 때에 빠뜨릴 수 없는 것이 기모노 전용 신발인 '게다와 조리'이다. 게다는 유카다와 같은 평상복에 신고, 조리는 정장이나 방문복과 함께 신는다.

그림 5-6 일본의 남 · 녀 기모노

그림 5-7 기모노와 유카다

자료 : blog.naver.com.

3) 중국의 치파오

고대 중국에는 여러 종류의 의복이 있었고, 현재의 고유의상은 청나라 때 것이며 다소 서구의 영향을 받은 것이다. 특히 방대한 지리적 환경과 민족 구성으로 인해 소수민족의 복식이 다양하며 그 복식은 기후·풍습에 따라 차이를 보인다. 기본 복식은 바지와 상의로 구성되지만 그 색상과 재료, 장식, 방법, 길이 등에서 민족적 특징을 갖는다. 중국에는 '사람은 옷, 말은 안장', '30%는 생김새, 70%는 의상'이라는 말이 있는데 이는 복장이 사람의 이미지에 미치는 중요성을 말하고 있다.

중국은 옷차림새로는 그 사람의 신분을 알 수 없을 만큼 검소하고, 외형보다 내실을 기하는 국민이다. 비록, 겉은 남루한 옷일지라도 속옷은 비단을 입고 있는 것이 중국인들이다. 이러한 중국의 의상은 지역과 민족의 특성에 따라 의복구조가 천태만상이나 그 중 전통적으로 중국 복장을 대변하는 것으로 치파오와 중산복(中山服)이 있다.

그림 5-8 중국의 치파오와 중산복

치파오

중산복

(1) 치파오(旗袍)

타이트한 형태에 다트를 넣어 체형의 곡선을 살린 원피스 형태의 드레스로 여체의 곡선미가 흐르는 '치파오(旗袍)'는 원래 만주족의 전통복장이었는데 청나라 때 전국적으로 유행되기 시작하여 현재 중국의 전통복장으로 되었다. 원통형으로 다리 옆부분이 갈라지고 앞에는 단추가 달려 있으며, 카라가 목 부분을 둘러싸고 있는 것이 특징으로 원래의 형태는 발목을 넘는 길이의 옷이었다.

청나라를 세운 만주족(滿洲族)의 기인(旗人)들이 입던 긴 옷에서 유래하였으며, 한족(漢族)이 이를 치파오라고 부르기 시작하였다. 청나라 순치제(順治帝) 원년에 수도를 베이징(北京)으로 옮기면서 치파오가 중원에 보급된 후 청나라 후기에 이르러 한족이 만주족의 옷차림을 모방하며 인기를 얻었다.

신해혁명을 거치며 서양식 의상의 영향을 받아 이전의 화려하고 복잡한 형태에서 간결한 디자인과 우아한 색깔로 변하였다. 그 시기별 변화를 살펴보면 1920년대 말에서 1930년대 초에는 서양의 미니스커트의 영향으로 치파오의 치마와 소매 길이가 무릎과 팔꿈치까지 짧아졌다.

1930년대 중반에는 다시 치마가 땅에 닿을 정도로 길어졌다. 반면 옆트임은 허벅지까지 올라갈 정도로 과감해졌고, 허리선 역시 더욱 강조되었다.

1940년대 들어와 실용성이 강조되면서 치파오의 길이가 다시 짧아져 종아리까지 올라갔다. 또 장식을 배제한 단순한 형태가 주를 이루었다.

1966년부터 10년 동안 문화대혁명 시기에는 다른 전통 문화와 마찬가지로 치파오 역시 쇠퇴기를 맞았다. 그러나 세계적으로는 그 독창성과 아름다움을 인정받아 국제패션대회에서 수상을 하는 등 홍콩・타이완・화교 등을 중심으로 계속 발전하였다. 현재는 다양한 옷감과 디자인으로 중국의 예복으로 자리 잡고 있다.

(2) 중산복(中山服)

중산복은 손문 선생이 현대 생활에 편리하게 고안한 옷으로 지금까지 현대 중국인이 가장 애용하는 복장이었다. 손문의 호가 중산이다. 현재는 농촌이나 나이가 많은 사람이 입은 모습을 볼 수 있으나 젊은 사람이 입은 모습은 보기기 힘들다. 지금은 젊은 계층을 위주로 서양의복 문화가 널리 퍼져있다.

3. 정장 매너

상황에 맞는 의복은 상대에 대한 배려로 옷차림을 통해 첫 인상을 심고, 평상시의 옷차림으로 자신의 이미지를 심어가는 일은 타인과 만남의 연속인 사회생활 속에서 대단히 중요한 일이다.

어느 사회든지 지켜야 할 규범이 있어 사회질서를 유지하게 된다. 이러한 규범은 적절한 옷차림, 바른 옷차림 등으로 표현된다.

전통적인 복장이란 튀지 않는 디자인의 양복과 넥타이, 즉 정장 차림을 말한다.

직장에서의 복장은 자신의 품위와 기업의 이미지를 아울러 나타내므로 장소와 때를 구분하여 선택해 입는 것이 직장인의 복장매너이다. 단정하고 청결하게 옷차림을 갖추는 것은 물론 회사의 분위기를 흐리지 않는 선에서 기능과 색상의 조화 등에 신경을 써야 한다. 유니폼을 입는 경우에는 사유물이 아니므로 회사의 이름이나 심벌마크 등이 손상되거나 떨어지지 않도록 주의해야 한다. 남성의 경우는 양복(비즈니스 정장)에 와이셔츠와 넥타이 차림이 가장 일반적인 근무 복장이다.

1) 남성 정장 매너

(1) 슈트(신사복)

신사복은 각 품목들을 포함하여 수 세기에 걸쳐 실용성을 감안한 사소한 변화를 제외하고는 그 기본적인 형태를 유지해 왔으며, 오늘날에 이르러 '비즈니스 슈트'는 일하는 남자의 상징이 되었다.

남성복의 전체적인 스타일을 결정짓는 데는 다른 어떤 아이템보다도 슈트가 가장 큰 비중을 차지한다.

'슈트'란 위아래 한 벌을 같은 소재로 만든 남자의 양복 정장 한 벌을 말하며, 여기에 조끼를 더하여 '스리피스 슈트'라고 한다.

슈트(suit)는 라운지 슈트(lounge suit)의 약칭으로 거실용 신사복을 말한다.[9] 슈트의 기본 색상은 감청색, 검은색, 회색, 갈색, 베이지색 계열이 있는데, 이중 감청색 계열 슈트는 남성 슈트의 가장 기본이 되는 공식적 색상이다. 이 색상은 비즈니스 의상으로 매우 정당하며 신뢰감을 주는 슈트로서 공식석인 자리에는 검정색 계열과 더불어 반드시 착용하는 색상이다.

남성복을 입을 때는 상의, 조끼, 하의 등을 갖추는 것이 정식이다. 실내에 들어가서 슈트 자켓을 벗고 셔츠만 입고 있는 것은 매너가 아니다.

다음은 신사복을 입을 때 지켜야 할 일반사항이다.

---

9) 빅토리아 여왕시대의 상류계급은 만찬 때 연미복을 착용해야 했으며, 식후에 남성들 끼리 라운지에서 커피를 마시고 시가를 피우며 담소를 나누는 동안만이라도 편한 옷을 입고자 하는 목적으로 만들어졌다.

① 직장인은 지나치게 유행에 집착하는 것은 좋지 않다. 회사의 사풍을 손상시키지 않는 범위에서 기능적이고 품위있는 사무용 정장을 입는다.

② 검정색이나 감청색을 기본으로 하여 자신의 체형과 피부색에 어울리는 것을 선택해 입는다. 화려한 원색은 피하며, 재질이 유난스러운 것이라든가 너무 눈에 띄는 디자인도 삼가도록 한다.

③ 바지는 줄이 잘 서 있어야 한다.

④ 바지의 길이는 서 있을 때 바지단이 구두 등에 가볍게 닿는 정도가 좋으며, 소매 길이는 손등 위로 알맞게 얹힐 정도로 한다.

⑤ 양복을 오래도록 입는 비결은 같은 옷을 매일 입지 말고 두 세 벌을 준비하여 번갈아 입는 것이다.

그림 5-9 슈트 상의의 명칭

Notch(노치) : 슈트의 기본이 되는 라펠 모양
Lapel(라펠) : 슈트의 옷깃
Oversleeve : 소매통
Breast Pocket(가슴 포켓) : 왼쪽 가슴에 있는 바깥 주머니
Buttonhole : 상의 단추 구멍
Pocket(포켓) : 상의 주머니

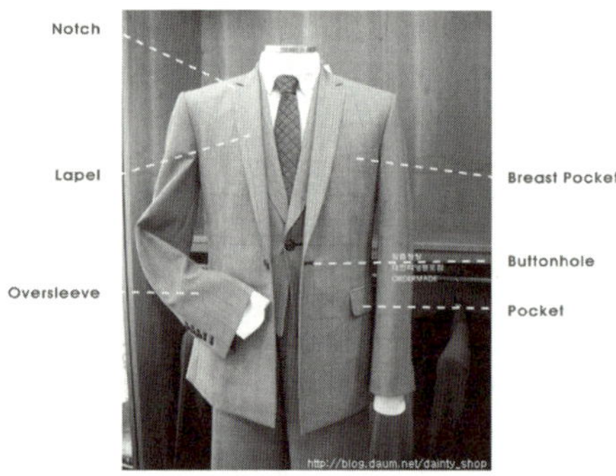

〈표 5-1〉 슈트의 색상별 용도 및 느낌

색상별	용도 및 느낌
감청색 슈트	- 남성 슈트의 가장 기본이 되는 색상 - 비즈니스 웨어로 적당하며 신뢰감을 주는 슈트
검정색 슈트	- 정중하고 성실해보이며 다소 권위적인 느낌을 주며 반드시 갖추고 있어야 할 색상 - 남녀 모두에게 화려하면서도 격식을 갖추는 의미로 표현
회색 슈트	- 어떤 옷과도 잘 어울리는 중후하고 안정감이 있는 색상 - V존이 깨끗이 정리되어 보이도록 하며, 결혼식 등 축하해 주어야 할 자리에는 적합지 않음
갈색 슈트	- 부드러운 느낌과 세련된 멋을 풍기지만 연출하기가 가장 어려운 면이 있음
베이지색 슈트	- 밝은 색조가 산뜻한 감각을 나타내며 요즘 각광받고 있는 색상

(가) 슈트의 단추관리 매너

슈트의 단추관리 매너를 살펴보면 서있거나 걸을 땐 단추를 채우는 것이 예의이며 조끼를 받쳐 입었을 때 슈트 단추를 전부 풀어도 무방하다.

처음 슈트를 입을 때 가장 어려운 부분 중 하나가 '슈트의 단추'이다. 즉 '언제 풀어야 하고 언제 채워야 하는가?'와 '또 채운다면 몇 개의 단추까지 채워야 하는가?' 등이다. 이 질문에 굳이 답을 찾자면 옷의 디자인에 따르거나 처한 상황에 달라진다고 할 수 있다.

첫째, 기본적으로 자리에 앉아 있을 때는 단추를 풀어도 좋지만 서있거나 걸을 때는 단추를 채우는 것이 예의이다. 즉 평상시 서 있을 때에는 단추를 채워야 하나 앉을 때에는 단추를 푸는 것이 예의이다.

둘째, '싱글 브레스티드'[10] 재킷은 단추가 2개인 경우 맨 위 단추만 채우면 된다. 단추가 3개라면 가운데만 채우고 단추가 4개인 경우 모두 채우는 것이 일종의 법칙이다. 단, 재킷 안에 조끼를 입은 경우에는 단추를 모두 풀어도 무방하다 하겠다.

셋째, 단추가 4개 혹은 6개가 달린 '더블 브레스티드'[11] 재킷은 보통 맨 위 단추는 채우지 않는 것이 일반적이다.[12] 이렇게 맨 위 단추를 채우지 않으면 목선부터 가슴까지 내려오는 'V존'이 드러나 키가 커 보이는 효과가 있다.

넷째, 조끼는 보통 맨 아래 단추는 채우지 않는 것이 좋다.[13] 단, 양 갈래로 갈라지지 않고 끝까지 직선으로 디자인된 조끼라면 단추를 모두 채우는 것이 좋다. 이는 마지막 단추를 채우지 않으면 마치 깜빡 잊고 안 채운 것처럼 보일 수 있기 때문이다.

---

10) single-breasted : 단추가 한 줄로 달린 스타일

11) double-breasted : 단추가 두 줄로 달린 스타일

12) 이 법칙은 영국 윈저 공의 동생인 켄트 공이 만든 것으로 전해진다. 단추를 모두 꽉 잠그는 것이 유행이었던 당시 켄트공이 처음으로 맨 위 단추 하나를 끄른 채 공식석상에 나타났다. 보수적이던 당시 영국 귀족 사회에 이에 대해 '의외로 키가 커 보여 괜찮다'는 반응을 보였다고 한다.

13) 이 법칙은 넥타이의 아버지로 잘 알려진 영국의 패션 디자이너 '보 브러멜'의 영향이 컸다고 한다.

〈표 5-2〉 스타일별 슈트 단추관리 매너

<table>
<tr><th>스타일</th><th>단추의 수</th><th>단추관리 방법</th></tr>
<tr><td rowspan="3">싱글 브레스티드
(single-breasted)</td><td>2개</td><td>맨 위 단추만 채우면 된다.</td></tr>
<tr><td>3개</td><td>가운데 단추만 채우면 된다.</td></tr>
<tr><td>4개</td><td>모두 채운다.</td></tr>
<tr><td rowspan="2">더블 브레스티드
(double-breasted)</td><td>4개</td><td rowspan="2">보통 맨 위 단추는 채우지 않는 것이 일반적이다.</td></tr>
<tr><td>6개</td></tr>
</table>

(2) 드레스 셔츠

드레스 셔츠(Dress Shirt)란 우리가 흔히 '와이셔츠'라고 일컫는 것으로, 이는 일본인들이 White Shirt의 발음을 그들 식으로 했던 것을 우리나라에서 그대로 쓰고 있는 것이다. 드레스 셔츠 안에는 러닝셔츠를 입지 않는 것이 원칙이다. 그러나 우리나라에서는 기후적인 요인과 습관으로 말미암아 러닝셔츠를 입지 않으면 상의를 탈의하게 되는 경우 본인 뿐만 아니라 상대방 또한 민망하게 여기게 된다. 이 경우 흰 드레스 셔츠에 비치지 않는 흰색 민소매를 입는다.

다음은 드레스 셔츠를 입을 때의 유의사항이다.

① 비즈니스 정장에는 흰색이 기본이며, 슈트에는 반드시 긴소매 셔츠를 입어야 한다.

② 드레스 셔츠의 사이즈는 목둘레와 소매 길이로 측정하는데, 목 부분과 손목 부분이 1~1.5㎝ 정도 보이도록 하여 재는 것이 올바른 방법이다.

③ 상의 뒤쪽 깃으로부터 1~1.5㎝ 정도 나오게 한다. 단정하게 보일 뿐만 아니라 상의의 깃을 더럽히지 않기 위해서다.

④ 셔츠의 길이는 허리 아래로 적어도 15cm 정도 내려오도록 한다.

⑤ 소매의 커프스는 여유있게 손목에 맞도록 하며, 단추를 풀지 않고는 손을 넣을 수 없을 정도로 한다.

⑥ 넥타이로 목 언저리를 꼭 매고, 깃을 V자형으로 만들고 있으면 늠름함

이 강조된다. 이 'V존'은 슈트의 단추를 채웠을 때 슈트 카라, 셔츠 카라, 타이에 의해 V자형을 이루는 부분으로 남성의 입지를 전달하는 가장 중요한 부분이다.

셔츠와 넥타이를 어떻게 연출하느냐에 따라 이미지를 변화시킬 수 있으며 같은 슈트라도 전혀 다른 분위기를 만들 수 있다.

다음 [그림 5-10]은 일반적인 얼굴 형태별로 잘 어울리는 셔츠이다.

그림 5-10 얼굴 형태별 드레스 셔츠

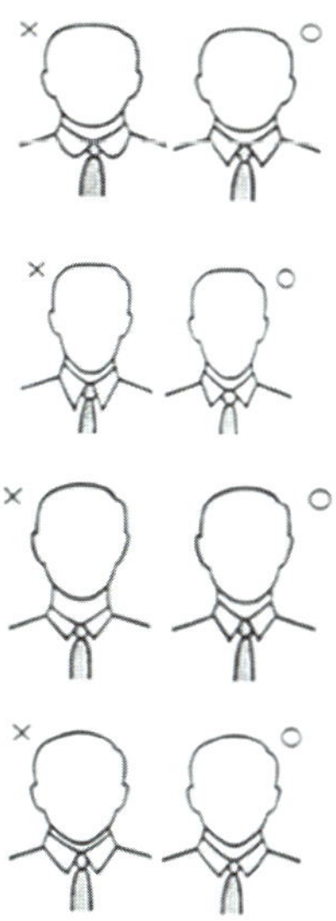

얼굴이 둥근 사람
라운드 셔츠는 둥근 얼굴을 강조하기 때문에 깃 사이가 다소 좁으면서 깃 끝이 뾰족하고 긴 카라의 셔츠를 선택한다.

얼굴이 긴사람
깃 사이가 좁은 셔츠는 긴 얼굴을 강조하므로 깃 사이가 다소 넓은 와이드 카라의 셔츠를 선택한다.

목이 긴 사람
넥 밴드(neck-band)가 높은 셔츠를 선택한다.

목이 짧은 사람
넥 밴드(neck-band)가 낮은 셔츠를 선택한다.

(3) 넥타이[14)]

넥타이는 목 주위에 입체를 만들어 멋스러움을 더하여 목 주위를 개성있는 스타일로 창조할 수 있다. 넥타이는 무늬보다 볼륨감이 중요한데 이는 목

14) 넥타이는 기원전 50년경 고대 로마 병사들이 목을 휘감아 착용한 '포칼(Focal)'에서 기원되었고 현대의 타이 원형은 1656년 프랑스로 크로아티아의 병사들이 터키 전투에서 승리한 후 루이 14세에게 충성을 맹세하기 위해서 앞가슴에 단 '슈트(Cravate)'라는 장방형의 천을 귀족들이 흉내 내면서부터 이다. 영국으로 건너간 크라바트는 타이로 불리게 되고 '보우 브라멜'이라는 디자이너는 타이 메는 법을 창안하여 현대의 다양한 타이로 발전시켰다. 전게서, 이동희, p.399.

주위에 입체감을 더하기 때문에 슈트 스타일이 중후하고 멋스러워 보이기 때문이다.

넥타이는 복장에 묻혀야 비로소 살아나는데 이를 위해서는 슈트, 셔츠, 구두와 계산된 조합이 필요하며 조합에 따라 그 사람의 이미지가 형성된다.[15)]

(가) 넥타이의 기원

고대 로마 시대의 군인이 사용한 양모 목도리 '포칼(focal)'이 넥타이의 최초 형태라고 하나, 직접적인 기원은 크라바트(cravate)이다. 이는 크로아티아 기마병들이 목에 감은 선명한 빛깔의 천을 프랑스인들이 본 뜬 것으로, 17세기 중엽 프랑스 상류사회에 등장하여 유럽의 남성복으로 일반화되었다.

넥(neck)과 타이(tie)의 복합어인 '넥타이(necktie)'라는 용어는 1830년경부터 쓰이기 시작하였으며, 영국 신사들에 의해 넥타이 매는 법이 고안되어 19세기 말에는 '더비 타이(Derby tie)'와 '포인 핸드(Four-in-hand)'라는 현대적인 모양의 넥타이로 발전하게 되었다.

'타이'는 드레스 셔츠와 함께 V존을 살려주어 옷차림을 돋보이게 하는 큰 요인이 된다. 타이 선택에 가장 중요한 요인은 양복의 색상이다. 양복색상을 고려하지 않고 너무 화려한 타이를 맨다면 오히려 역효과를 낼 수 있다. 같은색 계통이나 여러 색상이 혼합된 타이라면 그 중의 한 가지 색은 양복 색과 같은 것을 선택하도록 한다.

(나) 넥타이를 맬 때의 유의사항

① 넥타이를 맨 길이는 벨트의 버클을 약간 덮을 정도가 적당하다. 이보다 짧으면 여유가 없어 보이고, 길면 느슨한 느낌을 준다. 넥타이의 길이가 적당한지 살필 때는 내려다보지 말고 거울에 비춰 보는 것이 정확하다.

② 넥타이의 폭은 상의의 깃과 폭이 같은 것으로 선택하는 것이 좋다. 깃이 넓은 넥타이는 매듭 밑에 움푹한 주름을 만들어 주어 악센트를 주는 것이 맵시 있다.

---

15) 강나경, 생활예절과 이미지 메이킹, 공동체, 2014, p.243.

③ 넥타이의 색깔은 양복과 동일한 색이 무난하며, 보색 계통으로 조화를 이룬다면 화려한 매치가 된다. 자주색 계통 넥타이는 활기 있고 적극적이며 믿음직스러운 인상을 준다.

④ 조끼를 입을 때는 넥타이가 조끼 밑으로 나와서는 안 된다.

⑤ 넥타이핀은 장식용인 경우 검은색이나 흰색 진주가 좋다. 조끼를 입지 않았을 때 하는 클립식 넥타이핀은 금색으로 단순한 형태의 것이 좋다.

〈표 5-3〉 체형별 타이 선택[16)]

키가 크고 뚱뚱한 사람	색상	차가운 색
	무늬	다소 작은 무늬
키가 크고 마른 사람	색상	밝은 색
	무늬	큰 무늬가 반복되는 것이 좋으며, 세로줄 무늬는 피하는 것이 좋다.
키가 작고 마른 사람	색상	슈트와 같은 색상
	무늬	잔잔한 무늬가 좋으며, 커다란 무늬는 삼가는 것이 좋다.
키가 작고 뚱뚱한 사람	색상	다소 진한 색상
	무늬	화려한 무늬보다 가지런한 줄무늬 타이가 좋다.

〈표 5-4〉 무늬에 따른 넥타이의 종류

스트라이프	군기의 모습을 딴 것으로, 일반적으로 가장 많이 이용된다.
레지맨틀	보통 2~3색을 이용한 줄무늬 넥타이로, 영국 연대기의 줄무늬를 디자인한 것이다.
로열 크레스트	스트라이프 무늬가 들어가 있는 것이다.
크레스트	클럽타이라고도 부르며, 규칙적인 문양이 들어가 있는 것이다.
플랫	잔무늬의 넥타이를 말한다.
도트	물방울무늬 넥타이, 물방울 크기에 따라 분위기가 완전히 다르다.
페이즐리	'아메바 무늬'라고도 하는 다채롭고 복잡한 무늬가 있다.
솔리드	단색의 무늬 없는 넥타이로서, 주로 공식석상 같은 품위있는 모임에 어울린다.

16) 전게서, 박소연외 2인, p.116.

(다) 넥타이 매듭의 종류

① 포인트 핸드 노트

일명 플레인 노트라고도 불리며, 가장 활용범위가 넓은 매듭법으로 응용 범위가 넓어서 정확히 익혀두면 어떤 종류의 넥타이 매기도 가능하다. 포인트는 역삼각형 매듭 아래로 내려오는 큰 날의 시작부분을 자연스럽게 처리하는 것이 중요하다.

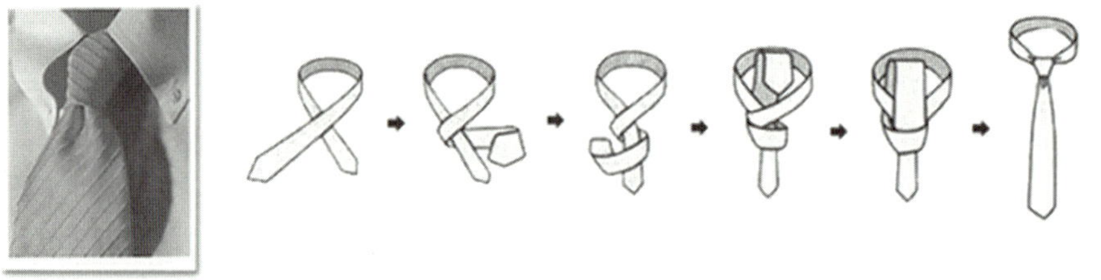

② 하프 윈저 노트

윈저 노트의 매듭이 크다고 생각할 때 적합한 매듭법이다.

윈저 노트와 같지만 큰 날을 좌우 어느 한 편에만 걸어서 매듭을 짓는 것이 다르다. 볼륨감 있는 모습은 윈저 노트와 거의 비슷하지만 심이 얇은 넥타이로 심플한 느낌을 준다.

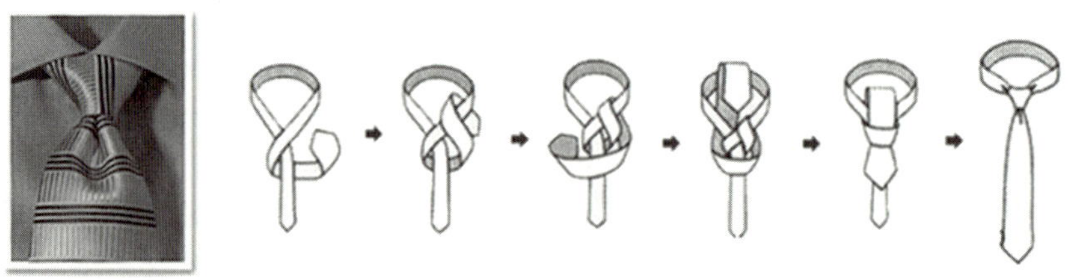

③ 더블 크로스 노트

격조 높고 중후한 분위기의 유럽 신사들이 응용하는 매듭법이다.

큰 날을 좌우 한편에 걸어 두 바퀴 감은 후 앞으로 내리는데 두꺼워 보일 수 있으므로 두꺼운 원단의 타이보다는 실크타이를 이용하는 것이 유리하다.

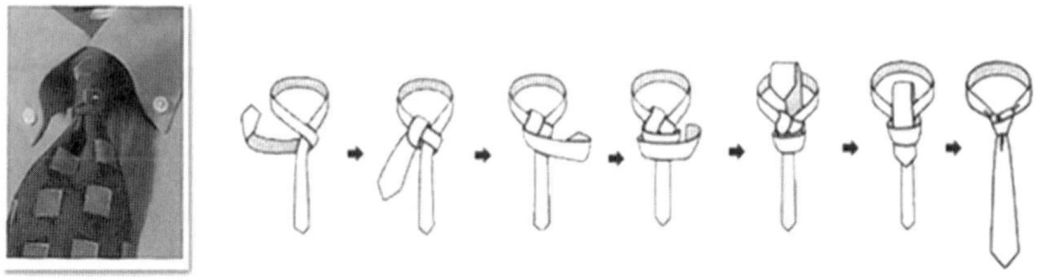

④ 블라인드 폴드 노트(Blind fold knot)

V-zone 내에서 넥타이를 확실하게 나타내는 매듭법이다.

플레인 노트로 묶은 대검을 다시 매듭의 뒷면에서 앞면으로 내려뜨려 매듭을 완전히 가린다. 극히 일반적인 코디네이션도 이 매듭법이면 완전히 다른 인상을 줄 수 있다. V-zone에 뻗어 내리는 직선적인 볼륨감이 시선을 끌고 성인다운 분위기를 연출한다. 파티 등의 공식적인 석상에서 멋스럽게 연출하면 효과적이다.

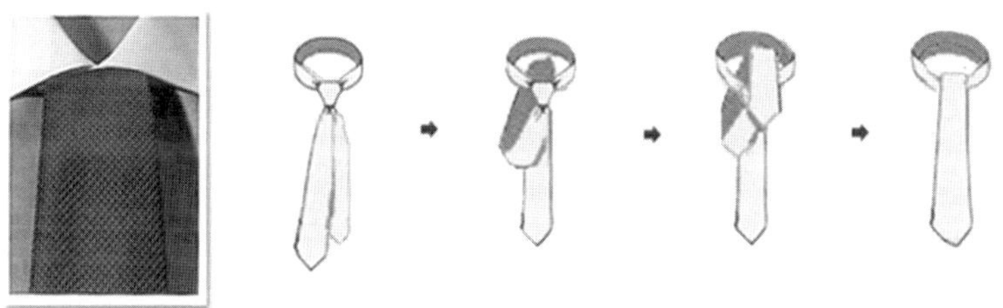

⑤ 보우 타이

오늘날과 같은 보우타이가 탄생한 것은 19세기 말엽으로 이는 사회 전체에 풍미하던 타락의 풍조에 반하는 정신적인 요구로 생겨나게 되었다. 그 이전까지 유행하던 크라바트(Cravat) 대신에 새로운 기리 장식이 거듭 발전되어, 그 결과 펠트 천을 묶은 나비매듭이 나타났고 Formal Wear와 함께 갖추는 우아한 타이로 자리 잡게 되었다. 보우 타이를 맬 때에는 목의 넓이보다 커서도, 또 셔츠의 카라 중심점의 바깥 부분 뒤쪽으로 나가서도 안 되며, 매듭을 중심으로 하여 좌우 균형을 이루도록 매는 것이 중요하다.

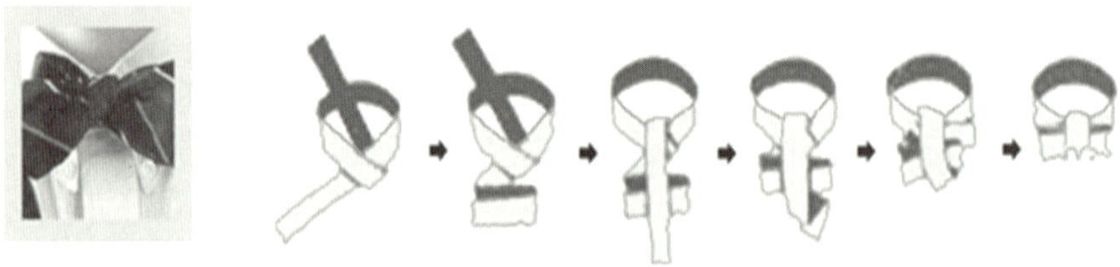

(4) 포켓 칩(Pocket chief)

포켓 칩은 슈트의 왼쪽 가슴에 있는 상의 윗주머니에 넣어 긴급 시에 사용한 손수건의 용도였으나, 오늘날에는 장식용으로 많이 이용되므로 손을 닦는데 사용하지 않도록 한다.

그림 5-11 4가지의 포켓 칩 연출법

스퀘어 엔디드 폴드
(Square-ended Fild)

멀티 포인티드 폴드
(Multi-pointed Fold)

퍼프트 폴드
(Fuffed Fold)

트라이앵글 폴드
(Triangle Fold)

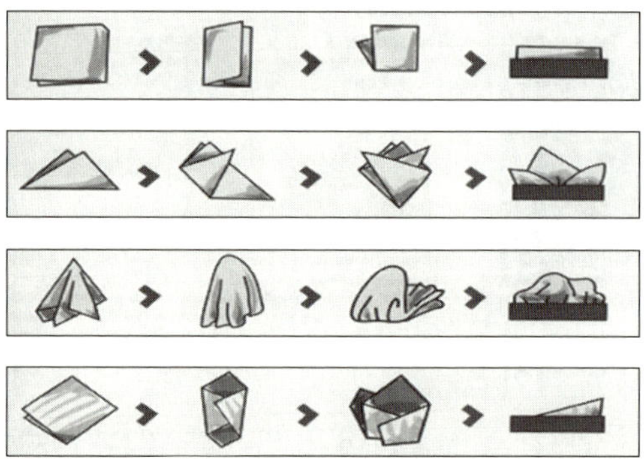

(5) 바지

바지의 종류로는 바지 단(커프스)이 없는 것과 있는 것으로 나눌 수 있으며, 길이는 입어서 걸을 때 양말이 보이지 않는 정도가 적당하다. 커프스가 있는 것은 뒷 부분이 구두 굽의 1/2정도가 적당하며, 커프스가 없는 것은 바지 뒷 부분이 구두창과 굽이 만나는 지점까지 내려오는 것이 적당하다.

잘 다린 바지선은 남성의 옷맵시를 결정해 주는 포인트로서 정장바지는 반드시 다림질로 주름을 잡아주어야 하며, 정장바지 주머니에 지갑, 핸드폰, 열쇠꾸러미 등을 넣고 다니는 것은 좋지 않다. 바지는 엉덩이 부분을 넉넉하게 입어야 앞 주름과 주머니가 벌어지지 않는다.[17)]

(6) 구두

구두는 평상시에 매일 착용하는 것으로 이내 더러움을 타므로 각별히 신경을 써야 한다. 남자의 깔끔함은 구두로 나타난다는 말도 있으므로 늘 광택이 잘 나도록 닦아 신도록 한다. 출근하고 나서 슬리퍼로 바꾸어 신기도 하는 데, 경우에 따라서는 자칫 눈에 거슬려 보이기 쉽다. 특히 잠시라도 회사 밖으로 나갈 때는 반드시 구두로 갈아 신도록 한다.

① 구두는 발에 부담을 주지 않는 것을 우선적으로 선택한다.

② 구두의 색깔은 양복 색깔과 맞추는 것이 좋다. 검은색이나 짙은 갈색이 일반적이며 구두 축 까지 항상 깨끗이 닦여져 윤기 있는 상태를 유지한다.

③ 옷의 스타일에 구두를 맞추는 것이 좋으며, 정장에는 끈이 있는 구두를 신도록 한다.

④ 재질이 반짝이는 구두는 저녁모임에 일반적으로 신는다.

⑤ 구두는 두 켤레 이상 준비해 신는 것이 세련되고 오래 신는 방법이다.

그림 5-12 남성용 정장구두

17) 전게서, 박한표, p.114.

(7) 양말

양말은 일차적으로 발을 보호하는 역할을, 2차적으로는 패션을 정리한다. 아무리 잘 차려 입더라도 양복 속의 하얀 양발이나 바지 색상과 전혀 어울리지 않고 튀는 색상의 양발은 한껏 멋 부린 패션을 망쳐버린다.

이렇듯 양발을 신을 때 일반적으로 가장 신경을 써야 할 부분은 색상이다. 전체적인 의상의 색상, 특히 바지의 색상이나 구두의 색상에 유의하여 신도록 한다.

① 양말은 색상에 특히 신경을 써야 한다. 흔히 바짓단에 가려 보이지 않겠거니 해서 소홀히 여기는 경우가 많은데, 바지나 구두의 색상과 같은 계통의 양말을 신는 것이 좋으며 검정색이 가장 무난하다. 정장에 흰색 양말은 절대 금물이다.

② 양말의 색상은 양복 슈트의 색과 구두색의 중간정도가 알맞으며 더 밝아서는 안 된다.

③ 목이 짧은 양말은 품위를 떨어뜨리게 된다. 종아리까지 올라오게 해서 의자나 바닥에 앉은 자세에서 다리 살이 드러나서는 안 된다.

④ 중요한 모임에는 발가락이 한 개씩 들어가는 양말은 신지 않는다.

(8) 벨트

① 벨트의 색상은 구두 색상과의 조화를 염두에 두고 선택하며 폭은 약 1인치(2.54cm) 정도가 적당하다. 굵을수록 캐주얼한 느낌이 들기 때문에 정장차림에는 자제하도록 한다.

② 양복과 어울리지 않는 색상의 벨트는 피하며, 특정 회사의 로고가 두드러진 것은 품위를 손상시킨다.

③ 서스펜더와 벨트를 같이 하지 않는다.

(9) 조끼(VEST)

조끼를 입을 때는 셔츠나 바지의 허리 단이 보이지 않도록 하고 보통 체격은 몸에 꼭 맞게, 뚱뚱한 체격은 약간 여유 있게 입는다. 조끼의 색상과 질감은 쓰리 피스가 아닌 경우에는 바지와 같은 것으로 선택하는 것이 무난하다.

(10) 기타 액세서리

① 시계는 최근에 남녀 모두에게 각광받는 패션 제품이다. 계절별로 금속 줄의 시계는 일반적으로 땀이 많이 나는 여름철에 착용하고, 겨울철에는 따뜻하고 섬세한 느낌의 가죽 줄이 좋으며, 금속성의 디자인이 요란한 시계는 정장에는 잘 어울리지 않으므로 자제하도록 한다.

② 절제된 옷 차림을 원한다면 타이 홀더(Tie holder, tie pin)를 사용하도록 한다. 단, 타이 홀더가 넥타이보다 돋보이지 않도록 유의하여 타이 무늬에 맞게 코디한다.

③ 커퍼링크스(Cufflinks)는 소매 단을 고정시키는 데 사용된 것으로 드레스 셔츠의 전체적인 분위기를 깔끔하게 마무리 해주는 느낌의 액세서리이다.

2) 여성 정장 매너

남성에게 있어서는 비즈니스 정장이 근무복으로 거의 통용되어 있지만, 여성에게 있어서는 유니폼이 따로 정해져 있지 않은 경우 어떠한 옷을 입고 어떠한 차림을 할 것인가가 특히 중요하고 신경이 쓰이는 사항이다.

여성의 옷차림에 있어 기준이 되는 것은 유행이다. 그러나 유행을 무조건 따르는 것이 아니라 유행을 자기 자신에게 맞게 받아들이는 것이 세련된 여성의 옷차림이라 할 것이다. 진정한 여성미는 값비싼 의상이나 화려한 의상으로 나타나는 것이 아니라 자신의 개성에 맞는 의상의 선택과 단정한 복장을 하는 일상적인 자세가 오히려 여성미를 돋보이게 한다. 마음에 드는 옷 몇 벌로도 이를 제대로 소화시킬 줄 아는 여성이 세련된 여성이다.

(1) 유니폼과 정장

① 유니폼은 항상 청결히 하며 단정하게 입는다. 유니폼이라고 해서 무관심하게 입지 말고 바느질이 터진 곳은 없는지 혹은 심하게 구겨지지나 않았는지 살펴보아야 한다. 또한, 명찰이 제 자리에 제대로 붙어 있는지 수시로 확인하도록 한다.

② 옷을 잘 입는 여성은 색상의 조화를 통해 자신의 개성을 표현한다. 그러나 직장 여성의 복장은 지나치게 화려한 색상은 피하는 것이 좋다.

③ 정장을 할 경우 사무실이나 공식석상에서는 지나치게 짧은 스커트를 입는 것은 피해야 한다.

(2) 블라우스

블라우스는 슈트와의 조화가 중요하며 여성스러움과 우아함을 가장 잘 표현할 수 있는 의상이다. 정장 재킷 속의 블라우스는 색상, 소재, 디자인 등으로 다양하게 변화를 줄 수 있으므로 착용자의 심미안을 엿볼 수 있게 하며, 품위를 부여하는 데 결정적인 역할을 한다.

블라우스를 입을 때는 속이 보이지 않게 하고, 속옷이 밖으로 나오지 않도록 주의하여야 한다.

(3) 스타킹

① 피부색에 가깝거나 자신의 피부색보다 약간 진한 색상이 적당하다.

② 구두와 스타킹 색상을 통일시키도록 한다.

③ 올이 빠지거나 늘어지는 것에 주의한다.

④ 스타킹의 색상은 스커트의 색과 조화가 되도록 착용한다.

⑤ 여분의 스타킹을 핸드백이나 사무실 책상 속에 보관하고 다니는 것이 필수이다.

(4) 구두

① 구두는 일반적으로 검은색이나 갈색 계통이 무난하다. 밝은색 계통의 슈트에는 크림색이나 베이지색 등이 어울리나 감청색의 슈트에는 갈색 구두는 피하는 것이 좋다.

② 구두는 여성의 또 다른 얼굴이다. 자신의 걸음걸이를 균형 있게 유지해 주는 것으로 선택한다.

③ 출근 후 사무실에서 슬리퍼나 샌들로 바꿔 신는 것은 자칫 남의 눈에 단정치 못하게 보이기 쉽다. 불가피하게 구두를 바꿔 신어야 할 경우 낮고 편한 정장용 구두를 선택한다.

④ 구두의 굽은 5~7cm가 적당하며 신었을 때 전체적인 라인이 가장 아름답다.

(5) 핸드백

아무리 멋스러운 옷차림을 한 사람이더라도 백과의 조화를 이루지 못하면 깔끔하고 세련된 이미지를 줄 수 없다.

핸드백도 슈트의 스타일과 색상, 장소나 상황에 맞게 코디할 수 있는 감각이 필요하다.

핸드백은 지나치게 호사하지 않는 것이 좋으며 깨끗이 손질되어 있어야 하고 핸드백 속에 소지품을 잘 정리하는 것이 좋다.

(가) 숄더백

한쪽 어깨에 메는 백으로 가장 일반적인 스타일로 대부분의 장소나 상황에 무난하게 어울린다.

(나) 토드백

손에 드는 백으로 우아하고 세련된 느낌으로 정장스타일의 슈트에 잘 어울린다. 모임이나 비즈니스 자리에 적합한 백이다.

그림 5-13 핸드백의 종류

솔드백

핸드백

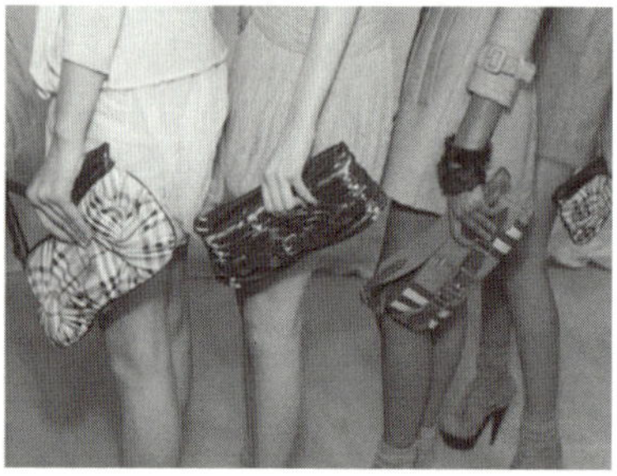

크러치백

(다) 이브닝백

저녁모임이나 파티용 백으로 작은 사이즈의 백을 말한다. 드레스에 잘 어울리며 백하나에 줄과 손잡이가 함께 있어 매거나 들 수 있게 만든 백이다.

(6) 액세서리

① 요란하게 액세서리를 달고 다니는 것은 자칫 천박하게 보인다.

② 액세서리는 간결하면서도 옷차림을 돋보이게 하는 것을 선택하는 것이 바람직하다.

(7) 향수사용법

향수란 자기 자신의 체취가 베어 나오게 알 듯 모를 듯 풍길 정도만 사용량을 조절하는 것이 좋다. 향은 아래에서 위로 퍼지며 체온이 높고 맥박이 뛰는 곳일수록 향기가 잘 퍼진다.

향수사용에 있어서 주의사항은 다음과 같다.

① 보석, 모피에 뿌리는 것을 삼간다.
② 향수는 섞어 쓰지 않는다.
③ 머리카락 등과 직사광선이 직접 닿는 곳은 피해서 사용한다.
④ 움직이는 부분에 사용하면 움직일 때 은은한 향기가 감돌게 된다.
⑤ 향수는 자신이 희미하게 느낄 정도로 바르는 것이 좋다.

(8) 화장

때와 장소에 맞는 세련된 화장을 하는 센스 있는 여성이 되자.

① 화장은 자연스럽고 평범하게 하는 것이 좋다.
② 눈 화장은 자연스럽게 하고 속눈썹은 달지 않는 것이 좋다.
③ 립스틱은 얼굴 피부보다는 화색이 도는 빛깔이 좋다.
④ 머리는 항상 단정하고 활동하게 편하게 한다.
⑤ 복잡한 장신구나 머리 염색은 피한다.
⑥ 손톱은 짧고 깨끗하게, 매니큐어는 연한 색으로 벗겨지지 않도록 한다.

연습문제

1. 다음 중 향수사용법이 잘못된 것은?
   ① 향수는 섞어 쓰지 않는다.
   ② 보석, 모피류에 뿌리는 것을 삼간다.
   ③ 향수의 향력 테스트는 몸에 직접 뿌린다.
   ④ 향수는 자신이 희미하게 느낄 정도로 바르는 것이 좋다.

2. 다음 중 기본적인 경조사시의 옷 차림에 대한 것이 잘못된 것은?
   ① 정장을 원칙으로 한다.
   ② T/P/O(시간, 장소, 상황)에 적절하게 입도록 한다.
   ③ 조사 시에는 붉은색이 아니면 원색의 의상도 괜찮다.
   ④ 경사에는 환하고 화사한 옷차림이 좋다.

3. 직장인의 용모와 복장매너로 적합한 것은?
   ① 남성정장 하의는 땅에 닿는 길이가 적당하다.
   ② 선 자세에서 셔츠의 소매길이와 슈트 상의의 소매길이는 같아야 한다.
   ③ 남성의 경우 정식 정장차림에는 여름에도 셔츠는 긴팔을 입는 것이 예의에 맞다.
   ④ 여성은 요란한 액세서리와 짙은 화장으로 포인트를 준다.

4. 남성 넥타이의 착용법에 대한 설명으로 적당하지 않은 것은?
   ① 넥타이를 맨 길이는 벨트의 버클을 약간 덮을 정도가 적당하다.
   ② 조끼를 입을 때는 넥타이가 조끼 밑으로 나와야 된다,
   ③ 타이는 드레스셔츠와 함께 V존을 살려주어 옷차림을 돋보이게 하는 요인이 된다.
   ④ 넥타이의 폭은 상의의 깃과 폭이 같은 것으로 선택하는 것이 좋다.

5. 다음 중 남성복장에 대한 설명이 적당치 않은 것은?
   ① 선 자세에서 셔츠의 소매는 슈트 상의 소매 길이와 일치되게 한다.
   ② 구두의 색깔은 양복 색깔과 맞추는 것이 좋다.

③ 양말의 색상은 양복 슈트의 색과 구두색의 중간정도가 알맞다.
④ 정식 정장차림에는 여름에도 셔츠는 긴팔을 입는 것이 예의에 맞다.

6. 복장매너에서 입는 요령에 대한 설명이 아닌 것은?
① 때와 장소에 어울리는 옷인지를 생각한다.
② 값 비싸고 화려한 옷으로 맵시를 뽐낸다.
③ 상황과 용도에 맞게 입어야 한다.
④ 사회관습에 어울리는 옷인지를 생각한다.

7. 다음 중 남성정장 매너에 있어서 용어의 사용이 잘못된 하나는?
① 슈트 : 위 아래 한 벌을 별도의 소재로 만든 옷이다.
② 와이셔츠 : 드레스 셔츠를 일컫는다.
③ V존 : 슈트 카라, 셔츠 카라, 타이에 의해 V자형을 이루는 부분이다.
④ 슈트 : 라운지 슈트의 약칭으로 거실용 신사복을 말한다.

8. 다음 중 얼굴 형태별 Y셔츠의 선택이 잘못된 하나는?
① 얼굴이 둥근 사람 : 라운드 셔츠를 선택한다.
② 얼굴이 긴 사람 : 깃 사이가 다소 넓은 와이 카라의 셔츠를 선택한다.
③ 목이 긴 사람 : 넥밴드가 높은 셔츠를 선택한다.
④ 목이 짧은 사람 : 넥밴드가 낮은 셔츠를 선택한다.

9. 다음 중 전통적 한복에 대한 설명이 아닌 것은?
① 상고시대 : 복식의 기본형은 남방왜복 계통이다.
② 삼국시대 : 당나라의 복제를 도입한 이래 중국복제의 영향을 많이 받았다
③ 고려시대 : 원나라의 여자복식의 영향을 받았다.
④ 조선시대 : 명나라의 관복제도의 영향을 받았다.

10. 다음 중 한·중·일 고유의상에 대한 설명이 다른 하나는?
① 한국 : 한복으로 시대별로 중국의 영향을 많이 받았다.
② 일본 : 통소매의 속옷에서 겉옷을 가리키는 말이 되었고 겹쳐 입는 옷이다.
③ 중국 : 중국은 지역과 민족의 특성에 따라 의복구조가 천태만상이다.
④ 중국 : 치파오는 몽고족의 전통복장이다.

11. 다음 중 슈트의 단추 매너가 잘못 설명된 것은?
   ① 기본적으로 자리에 앉아 있을 때는 단추를 풀어도 좋지만 서있거나 걸을 때는 단추를 채우는 것이 예의이다.
   ② '싱글 브레스티드자켓'은 단추가 2개인 경우 모든 단추를 채워야 한다.
   ③ '싱글 브레스티드자켓'의 단추가 4개인 경우 모두 채우는 것일 '일종의 법칙'이다.
   ④ 재킷 안에 조끼를 입은 경우에는 단추를 모두 풀어도 무방하다 하겠다.

12. 복장 매너 중 넥타이에 대한 설명이 잘못된 것은?
   ① 넥타이를 맨 길이는 벨트의 버클을 약간 덮을 정도가 적당하다.
   ② 넥타이의 색깔은 양복과 동일 색이 무난하며, 보색 계통으로 조화를 이룬다면 화려한 매치가 된다.
   ③ 조끼를 입을 때는 넥타이가 조끼 밑으로 나와도 괜찮다.
   ④ 넥타이핀은 장식용인 경우 검은색이나 흰색 진주가 좋다.

13. 다음 중 직장인의 복장 매너가 잘못 설명된 것은?
   ① 양복 정장의 양말 색상은 양복 색깔 또는 구두 색깔에 맞춘다.
   ② 드레스 셔츠 안에는 원칙적으로 속옷을 입지 않는다.
   ③ 슈트의 소매길이는 손목까지가 적당하다.
   ④ 남성복을 입을 때는 상의, 조끼, 하의 등을 갖추는 것이 정식이다.

참고문헌

강나경, 생활예절과 이미지 메이킹, 공동체, 2014.
금한나, 이미지와 국제매너, 한올출판사, 2011.
김덕경 · 조인순 공저, 직장인의 예절, 형설출판사, 2007.
김미란 편저, 일본문화, 형설출판사, 2001.
박소연 · 변풍식 · 유은경, 서비스리더십과 커뮤니케이션, 한올출판사, 2011.
박한표, 글로벌문화와 매너, 한올출판사, 2009.
서갑성 · 이성민 · 김종득 공저, 중국비즈니스문화론, 도서출판, 대진, 2008.
손일락 · 이채안 · 홍미선 공저, 국제매너의 이해, 한올출판사, 2010.
신강현, 글로벌 매너 테크, 형설출판사, 2005.
신혜경 · 조문회 · 윤병남 · 혼다 도모쿠니 · 최은희 · 김기서 · 오병우 · 다테 구미코 · 김상은 · 송현아 · 전창수 · 김상수, 일본학개론, 지식과 교양, 2011.
오성환, 글로벌커리어 · 리더십 개발 가이드 직장예절, 형설출판사, 2008.
오흥철 · 함성필 · Dury Chung · 곽병휴 · 윤승자 · 유나연 · 박소영 공저, 제2판 글로벌 매너 완전정복, 학현사, 2010.
윤융희, 국제비즈니스맨을 위한 에티켓, 비즈프라임, 2007.
유태순 · 황윤정 · 조은영 공저, 세계의 민속의상, 도서출판 신정, 2014.
이기홍 · 이경미, 글로벌문화와 매너, 한올출판사, 2011.
이동희, 매너와 이미지 메이킹, 형설출판사, 2010.
이정우 외 공저, 개정판 글로벌리더를 위한 국제매너와 생활문화, 양서원, 2008.
이정우 · 이계순 · 오연옥 · 이애련 · 이명숙 · 김연화 · 김경아 공저, 고품격 현대생활매너, 양서원, 2008.
이주영, 생활예절과 옷차림, 세종출판사, 2015.
장범성 · 고연결 공저, 중국학 개론, 한림대학교출판부, 2000.
위키백과 http://ko.wikipedia.org/wiki/한복
http://blog.naver.com/PostView.nhn?blogId=eveumceo&logNo=130149672315
http://yedamhanbok.tistory.com/111
http://blog.daum.net/nongwool/150
http://100.daum.net/encyclopedia/view/47XXXXXXd213#28241096

Chapter 6

인사 매너와 소개 매너

사람과 사람 사이에 만남에서는 첫 인상이 중요한데 인사는 그 첫 인상을 좌우하는 한 요소이기도 하다. 인사는 진실한 미소, 명랑한 목소리, 공손한 자세가 기본이 된다. 첫 만남에서 미소 지으며 밝고 맑은 목소리로 전하는 인사는 상대방이 호감을 느끼게 된다. 비즈니스 관계에 있어서 다른 사람을 만나게 될 때는 인사와 더불어 소개 시에 나누게 되는 명함 등에 대한 예절이 중요한 역할을 한다.

누가 누구에게 누구를 먼저 소개해주어야 하는지가 중요하게 되고 소개를 받았을 때 어떻게 행동해야 하는 가와 소개 시에 수없이 주고받는 명함의 사용이 동양과 서양이 다르다는 것을 이해하여야 한다.

좋은 매너는 곧 성공을 부른다고 한다. 인사의 방법, 소개의 방법, 악수의 방법과 명함의 주고받는 방법을 익혀야 실수 없이 비즈니스에 전념할 수 있을 것이다.

1. 인사 매너

1) 인사의 중요성

'인사'는 우리 생활 속의 많은 예절 가운데서도 가장 기본이 되는 표현이다. 인사란 사람 일의 시작이며 끝이요, 사람의 일 중에서 가장 으뜸이 되는 일이다. 수 없이 오가는 만남 속에서 인사는 그 사람에 대한 첫 인상을 좋게 하게 되고 소개는 서로를 연결해 주는 가교역할을 한다.

사람을 볼 때 첫 인상을 매우 중요하게 생각한다. 그 사람에게서 풍기는 첫 인상은 외모나 스타일 뿐만 아니라 '인사하는 모습'에서도 자연스럽게 우러나온다. 환하게 미소를 지으며 반갑게 인사함으로써 상대방과 나 사이에 가로놓여 있는 보이지 않는 벽을 무너뜨릴 수 있고, 상대방에게 깊은 인상을 남기게 되어 보다 친밀한 관계로 나아갈 수 있다.

인사는 상대방에 대한 존경심과 친절을 나타내는 것으로 인사를 받는 상대방을 위하기보다는 나 자신을 위한 것이다. 그러므로 나부터 먼저 웃으며 인사하는 습관을 가지도록 하자.

(1) 인사의 5가지 포인트

① 인사는 내가 먼저 : 대화의 주도권을 잡는 것은 당신
② 상대방의 눈을 보고 미소 지으며 : 매혹적인 Eye Contact
③ 상대방에게 맞춰서 : 상대방의 마음을 사로잡고자
④ 큰소리로 명랑하게 호칭하며 : 용기를 갖고자
⑤ 지속적으로 : 추가적으로 인간관계를 풍부히 하기 위해

그림 6-1 인사의 5가지 포인트

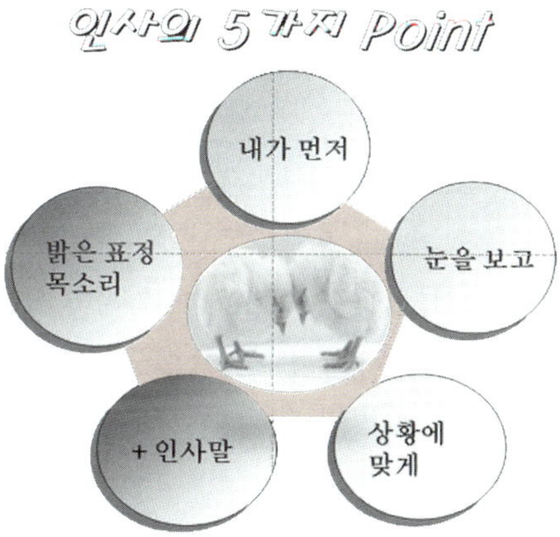

자료 : http://wiseschool.tistory.com/13

2) 인사의 유래

인사의 유래는 상대방에게 '나는 적의가 없다'라는 의사를 표현하는 것에서 비롯되었다고 한다.

고대 '약육강식'의 수렵사회에서는 모르는 사람이 모두 적이었다. 따라서 내가 당하지 않기 위해서는 상대를 공격해 쓰러뜨려야 했는데 사회가 발전

하면서 굳이 다른 사람을 쓰러뜨리지 않아도 되는 질서가 만들어 졌고, 그 과정에서 생겨난 것이 바로 인사이다. 그때 손을 위로 올린 것이 거수경례, 앞으로 내민 것이 악수, 허리를 숙인 것이 큰 경례·평 경례가 되었다.

서양의 인사 방법 중 하나인 키스는 그릇이 없는 시대에 어머니가 아이에게 입으로 물을 먹여준다고 하여서 유래되었다는 설과 성적충동으로 서로 깨무는 일에서 유래되었다는 설이 있다. 즉 이것은 자기의 애정이나 친밀감, 존경심 등을 나타내는 표현행동이다.

3) 인사의 시기와 바른 자세

인사의 시기는 일반적으로 30보 이내에서 하는 것이 좋다고 하며, 가장 좋은 거리는 6보 정도의 거리이며, 상대방과 눈을 마주쳤을 때 하는 것이 좋다.

인사할 때의 바른 자세로 표정은 첫째로 상대방의 눈을 바라보며 부드럽고 밝게 하며, 둘째로 시선은 존경심과 애정을 나타내며, 셋째로 고개는 반듯하게 들고 턱은 자연스럽게 당기며, 넷째로 어깨에 힘을 빼고 양손을 둥글게 쥐어 바지 재봉선에 붙이고, 다섯째로 머리와 허리만 숙이지 말고 상체를 굽히고 머리는 허리선보다 15~20도 정도 더 숙여야 하며 마지막으로 턱은 안으로 살며시 당겨줘야 한다. 이때 힙에 힘을 주어서 힙이 뒤로 빠지지 않도록 해야 한다.

그림 6-2 인사동작

4) 인사의 종류와 방법

(1) 목례(눈인사/반경례)

목례는 말없이 눈으로 예의를 표시하는 것을 말하며 일반적으로 상체를 숙이지 않고 가볍게 머리만 숙이는 인사를 말하는 것으로 각도는 5도이다. 실내나 복도에서 사람을 자주 대할 때와 바쁘게 일하는 도중에 손님을 맞이할 때 등 눈으로 예를 표하며 가볍게 머리만 숙이면서 부드러운 표정을 짓는다.

(2) 약례(가벼운 인사)

약례는 약식인사로써 가볍게 고개를 숙이는 정도로 예를 표하는 인사이다. 일반적으로 격식을 갖추지 않아도 될 사항이거나, 회사 내에서 직장 상사를 만났을 때, 이웃사람을 만났을 때, 좁은 공간에서 양해를 구할 때 하는 인사로써 허리를 15도 정도 숙이며 2~3미터 전방에 시선을 두고 하는 인사를 말한다.

(3) 평경례(보통인사)

평경례는 일반적으로 우리의 일상생활 속에서 가장 많이 하는 인사에 속하는 것으로 상대에 대한 정식인사이며, 손님을 맞이할 때나 사회활동에서 보편적으로 처음 만났을 때 하는 인사이다.

목례와 큰 경례의 중간으로 상체를 30도 숙이고 시선은 1미터 정도의 앞쪽을 바라본다. 일반적인 상황, 출・퇴근 시, 고객을 환영할 때, 상사의 외출 및 귀가 시, 상사의 업무지시 또는 보고 후 및 면접 때에 한다.

(4) 큰 경례(정중인사)

큰 경례는 공손함을 표현하기 위한 인사이며, 두 손을 앞 또는 몸 쪽에 가지런히 모으고 상체를 45도 가량 깊숙이 숙여서 하는 가장 정중한 인사다. 고객을 처음 맞이하거나 배웅할 때, 감사 또는 사과를 표시할 때, 의식 등에서 주로 하는 인사이다.

그림 6-3 각도로 본 인사의 종류

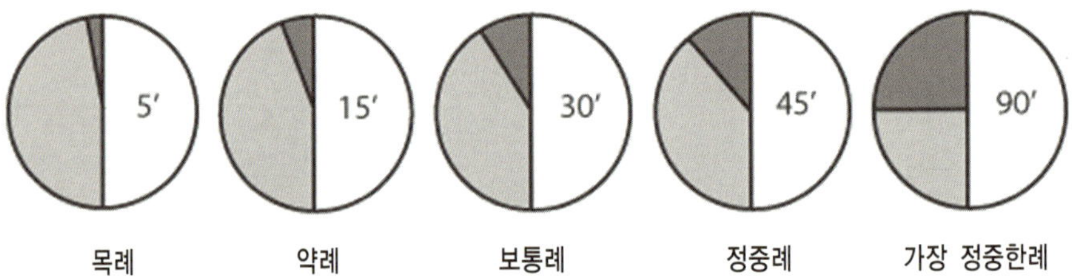

자료 : 네이버지식

(5) 악수(서양례)

악수는 서양 인사법 중 대표적인 것이며, 앵글로색슨계 민족들 사이에서 자연스럽게 생겨난 인사방식으로 악수의 유래는 남자들이 우호적인 관계를 맺고 공격하지 않겠다는 뜻으로 오른손을 내민 것에서 유래되었다.

악수는 서로 마주 일어서서 미소를 띤 얼굴에 허리는 곧게 펴고 상대방을 바라보면서 두 손을 맞잡고 상하로 2~3회 흔들면서 인사말과 더불어 윗사람이나 고객들께는 약간 고개를 숙인다.

악수 할 때의 유의사항을 보면 다음과 같다.

① 악수는 원칙적으로 오른손으로 인사말을 하면서 한다.

② 웃는 얼굴로 상대의 눈을 바라보며 한다.

③ 손을 잡은 채로 계속 말을 하거나 힘을 너무 주어서는 안 된다.

④ 왼손을 주머니에 넣거나 뒷짐을 져서는 안 된다.

⑤ 남자는 장갑을 낀 체하는 것은 실례이지만 여자는 긴 장갑일 경우 장갑을 낀 체해도 무방하다.

(6) 거수경례(제복례)

거수경례는 제복을 입고 정모를 착용한 상태에서 오른손을 올려 오른쪽 눈썹 끝, 모자 차양에 손끝을 절도 있게 붙이는 인사를 말한다. 아랫사람이 먼저 인사를 하면 윗사람이 인사를 받고 윗사람이 손을 내리면 아랫사람도 손을 내린다.

(7) 기타(포옹, 키스, 손등에 발등에 입맞춤)

포옹은 라틴계 또는 슬라브계 나라에서 오랜만에 만난 친척이나 친구 사이일 때 포옹과 함께 양쪽 볼에 입을 맞추는 관습에서 유래된 것이며, 악수보다 훨씬 친밀감이 넘치는 인사법이다.

키스는 자신의 입술로 타인의 손등, 뺨, 목, 입술 등 신체의 일부분을 접촉함으로써 친밀도, 손경, 애정 등을 표현하는 인사방식이며 결혼한 상대의 여성에게는 손등에 입맞춤 하는 것이 정중한 인사이다. 또한 고대에는 교황에게만 발등에도 입맞춤을 했는데 이는 복종과 존경심을 표현하는 최상의 인사법이었다고 한다.

5) 각 나라별 인사방법

(1) 한국

우리나라에서는 전통적인 인사법으로 절(배례)을 한다.

절은 우리나라 고유의 인사법으로서, 상대방에게 공경하는 마음을 나타내 보이는 기본적인 행동예절이다. 절의 종류는 남자와 여자에 따라 다르고 절을 받는 대상에 따라서도 다르다. 절에는 큰 절과 평 절이 있는데, 큰 절은 설, 회갑, 고희 등과 혼례, 폐백 등과 같은 의식행사에서 하는 정중한 절이며 평 절은 평상시에, 같은 또래의 맞절이나 윗사람에게 세배할 때, 상제에게 조상 등을 할 때에 하는 절이다. 일반적으로 남자는 왼손이 오른손을 덮는 형태이며 여자는 오른손이 왼손을 덮는 형태이다. 상사 등 흉사 시에는 정반대이다. 양쪽 발은 수평이 되도록 한다.

(가) 공수의 기본동작

우리나라 사람이 공손한 자세에서의 두 손을 앞으로 모아 맞잡는데 이러한 자세를 취하는 것을 공수(拱手)라 한다. 어른을 모시거나 의식행사에 참석할 때는 반드시 공수를 해야 하며, 이는 인사예절의 출발점이 되는 기본동작이다.

(나) 공수의 방법

공수의 방법으로는 두 손의 손가락을 가지런히 붙여서 편 다음 앞으로 모아 포갠다. 엄지손가락은 엇갈려 깍지를 끼고 집게손가락 이하 네 손가락은 포갠다.

공수하는 방법에는 평상 시에 하는 법과 흉사 시에 하는 법이 있다.

① 평상 시의 공수 법

남자는 왼손이 위로 가게, 여자는 오른손이 위로 가게 두 손을 포개 잡아야 한다.

② 흉사 시의 공수 법

흉사 시의 공수 법은 손의 위치가 평상 시의 공수 법과 반대이다.

흉사란 사람이 죽은 때를 말하는 것으로 자기가 상주 노릇을 하거나 남의 상가나 영결식에 참석할 때는 흉사의 공수를 한다. 보다 엄격하게 말하면 흉사의 공수는 사람이 죽어서 약 백일 만에 지내는 졸곡제(卒哭祭) 직전까지의 행사에 참석할 때만 하는 것이다. 이때 우리가 유의해야 할 것은 제의례(祭儀禮)때이다. 제의례는 흉사가 아니다. 조상의 제사는 자손이 있어서 조상을 받드는 것으로 길(吉)한 일이므로 제사에서는 흉사의 공수를 해서는 안 된다.

그림 6-4 공수하는 방법

평상 시	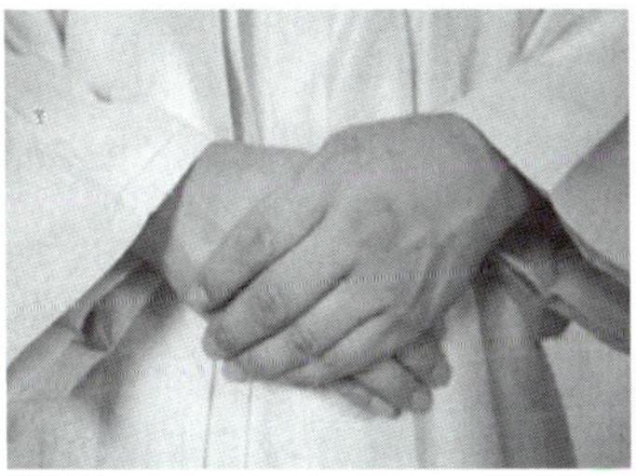 남자 : 왼손이 위로 감	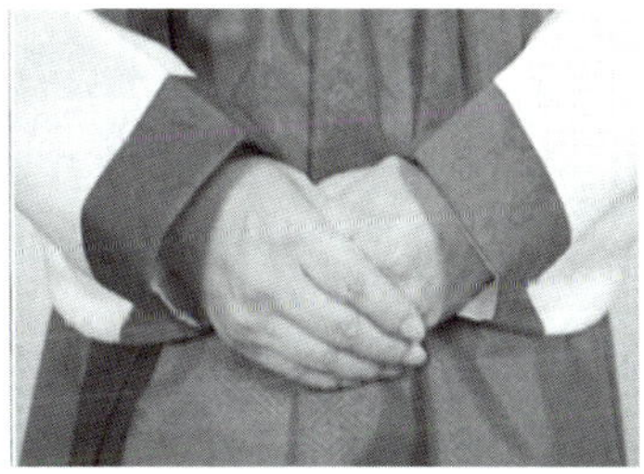 여자 : 오른손이 위로 감
흉사 시	남자 : 오른손이 위로 감	여자 : 왼손이 위로 감

(2) 일본

자기를 소개할 때는 우리와 달리 full name을 말하지 않고 성만 말하는 것이 일반적이다. 일본인과 인사를 할 때 호칭은 보통 성 뒤에 '~상'을 붙이면 된다. 일반적으로 4자로 된 이름이 많은데 앞의 두 자가 성이며 뒤의 두 자가 이름인데, 아주 친한 사이가 아니면 이름을 불러서는 안 된다. 타인을 소개할 때는 자기와 친한 사람을 먼저 소개하고 친하지 않은 경우에는 아랫사람부터 소개한다.

양 무릎을 붙이고 손바닥을 각각 넓적다리 부분에 댄 다음 절을 허리까지 숙여서 인사한다. 상대가 허리를 숙여 인사하면 그만큼 허리를 숙여 인사하도록 하며 허리를 굽히는 정도가 상하관계를 나타낸다.

비즈니스 석상에서는 악수 매너가 일반적이다. 악수를 할 때 허리를 구부려 절인사를 같이 하며, 상대방의 손을 꼭 붙잡지 않고 느슨하게 잡는다. 정장차림으로 양손으로 정중하게 머리를 숙이고 인사하면서 명함을 건네준다.

(3) 중국

중국인들은 첫 인사 때 가벼운 목례를 하거나 허리를 약간 구부린다. 중국 사람과 인사를 할 경우에 악수가 일반적이지만, 가볍게 머리 숙여 인사하는 경우도 있으므로, 상대가 먼저 손을 내밀 때 까지 기다린다. 또한 '포권지례'라 하여 두 손을 맞잡고 읍(揖)을 하는 인사법도 있다.

공장이나 극장, 학교에 가면 환영의 뜻으로 박수로 맞을 때도 있으며 이때에는 답례로 같이 박수를 치면 된다.

중국인들은 많이 고개를 숙여 인사하는 것을 일종의 굴욕이라 생각하는 경향이 있으므로 상대의 고개만 끄덕이는 행동에 불쾌감이나 불만족스러운 표정을 삼가는 것이 좋다.

자기소개는 정중하고 형식적인 것이 많다. 중국인은 지위, 직함에 대단히 민감하므로 되도록 장군, 위원, 국장 등의 공식적인 직함으로 부르고 공산당원이 아니면 누구에게도 결코 동무(comrade)라 부르면 안 된다.

호칭을 보면 일반적으로 직함과 함께 이름이 불리길 원하므로 부를 때는 성에 직함을 부치며, 직함이 없으면, 'Mr', 'Mrs' 또는 'Miss'를 가족의 성과 함께 불러주면 된다. 많은 중국인이 서양인이 기억하기 쉽도록 영어의 First Name을 갖고 있다.

일반적인 인사말로는 양 손으로 팔꿈치를 잡고 무릎을 살짝 구부리며 '니하오마'라고 한다.

(4) 홍콩

인사방법은 서양식, 중국식 모두 무난하다. 인사를 할 때 가볍게 목례를 하며 악수도 보편적인 인사의 방법이며, 남녀간에 악수를 하는 것도 허용된다. 전통적인 인사방법은 허리를 숙여 인사하는 것이다. “식사하셨어요?”라는 말로 인사를 대신하기도 하는데 이때는 비록 식전일지라도 “예”라고 대답하는 것이 일반적이다. 호칭에 있어서는 자신의 성을 한자로 음역해 주기를 바란다. 즉 자신의 성과 유사한 음을 가진 한자를 사용하여 부르는 것이다.

(5) 몽골

짧은 인사로 끝내는 것은 상대방에 대한 존중이 부족한 것으로 간주됨으로 몽골에서는 인사는 길게 하는 것이 좋다. 명절을 제외하고는 집에 들어가서는 “사인 밴오”(안녕하세요)라고 가장 연장자로 보이는 사람부터 고개를 숙이며 인사를 하면 된다.

(6) 태국

태국 사람을 만날 때나 헤어질 때는 반드시 양손으로 합장하여 코 밑에 대고 허리를 약간 앞으로 굽히며 인사한다. 태국어를 유창하게 구사하지 못하더라도 인사말은 여자의 경우 ‘Sawadee Kha’, 남자의 경우 ‘Sawadee Khrap’이라고 태국어로 하는 것이 좋다.

자기보다 윗사람에게는 먼저 인사를 하고, 신분이 낮은 사람이나 연하의 사람에게는 먼저 하지 않으나 답례로는 해야 한다. 사원을 방문했을 때 스님이나 불상에 대해서도 먼저 경배한다.

태국인들은 사람들끼리 손을 잡고 악수를 하면 위생상 좋지 않다고 여겨 악수를 잘 하지 않는다. 대신 만나면 반갑다는 인사로 ‘와이’라고 불리는 합장을 한다. 정통적인 인사인 ‘Wai’는 인사와 더불어 고맙다는 의사표시로 존경의 표시이다. 두 손을 모으고 팔과 팔꿈치를 붙인 채 ‘와이’라고 말하면서 고개를 숙인다. 이때 합장한 손이 높이 위로 올라갈수록 공경의 정도가 커진다.

(7) 인도

인도 사람에게 인사할 때는 기도하는 사람처럼 손을 모으고 고개를 약간 숙이며 '나마스테(namaste)'[1]라고 하고 상대방에서 손을 내밀 때만 악수하도록 한다.

그림 6-5 인도의 인사

(8) 미얀마

팔짱을 낀 채 인사한다.

(9) 미국

미국의 일반적인 인사법으로는 'Hello'하면서 악수를 한다.

가족이나 가까운 사이에는 포옹과 함께 뺨을 가볍게 서로에게 갖다 댄다. 하지만 특별한 사이가 아니면 자제하는 편이 바람직하다.

여성과 남성이 만났을 경우 남성이 먼저 악수를 청하는 경우도 많다.

흑인이나 젊음이들 사이에서는 서로의 주먹과 손을 이용하여 가벼운 터치를 하기도 한다.

(10) 영국

영국에서는 전문직이나 교직의 직함을 부르는 경우는 드물다.

예외적으로 박사, 의사, 성직자는 먼저 직함을 부르고 성을 붙인다. 영국에서 'Mr', 'Mrs'에는 마침표를 찍지 않는다. 이것들은 축약형이 아니라 단어로 받아들여진다. 'Sir', 'Madam' 등의 호칭을 예의상 붙이는 것은 적절치 못한 것으로 되어 있다.

---

1) '나마스테'는 인사이기도 하지만 존경의 표시이기도 하고 산스크리트어로 "당신 앞에 절합니다"라는 뜻이 있다.

영국인들은 친한 사이라고 해도 기본적으로 신체접촉을 꺼리는 편이며, 처음 보는 사람 특히 이성과의 신체접촉은 매우 불쾌하게 여긴다.

(11) 프랑스

프랑스인들의 'Bonjour(안녕하십니까), 'Merci(감사합니다)'를 빈번히 습관적으로 사용한다. 다른 사람에게 본의 아니게 불편을 주게 되었을 때에는 꼭 'Pardon'하며 용서를 청하고, 이에 상대방은 'Derien(천만에요)'하고 답한다.

서로 만날 때는 반가움의 표현으로 서로 상대방의 뺨을 비비며 하는 비즈(bisou)라고 인사하는 편이나 매일 만나는 사람과도 반드시 악수를 한다.

비즈(bise)는 진짜 키스가 아닌 뺨끼리 부딪치며 입으로 소리를 내는 것이다.

프랑스 비즈니스 문화는 계층구조가 확실하므로 만나게 될 사람들의 직함을 잘 익혀서 사용해야 하고, 이름을 쓰지 않는다. 여성에게는 'Madame'을 남성에게는 'Monsieur'을 쓰며 'Mademoiselle'은 잘 쓰이지 않으므로 피하도록 한다. 프랑스인은 자신의 성을 먼저 말하고, 이름을 뒤에 말하기도 하는데, 둘 다 같은 이름이면 혼돈된다.[2)]

(12) 독일

도착이나 출발할 때는 굵고 짧은 인사가 일반적인데 각 사람마다 악수를 하도록 해야 한다. 호칭이 이름은 가족이나 가까운 친구 사이에서 부르는 것이다. 직함이 없거나 확실치 않을 경우에는 성 앞에 남성인 경우 'Herr', 여성인 경우 'Frau'를 붙여야 한다.

---

2) 전게서, 한국무역협회 편저, 세계비즈니스 문화기행, p.247.

박사학위가 있는 사람은 이름 앞에 'Dr'을 붙이기 때문에 쉽게 알 수 있다.

독일인은 처음 만날 때 이외에는 악수를 거의 하지 않으며 식사를 하였는지 묻는 것은 매너에 어긋난다.

(13) 이탈리아

이탈리아 비즈니스 예절에서는 일상적인 대화든지 공식적인 문서에서든지 개인의 직책과 관련된 호칭은 항상 사용하게끔 되어 있다. 사람을 만났을 때는 '봉 쥬르노(boun giorno)' 혹은 '브아나 세라(buonaswra)' 등으로 인사하며, 헤어질 때는 '어라이바댈시(arrivaderci)'라는 말로 인사하는 것이 일반적인 예의이다. 호칭은 직함을 알고 있거나 사용하는 경우에는 이름과 함께 아니면 이름없이 직함에다 경어를 붙여서 사용한다. 낯선 사람을 소개받을 때는 성에다 '시뇨레(Signore, 미스터)'와 '시뇨라(Signora, 미세스)'를 붙여서 사용한다. '시뇨리라(Signorina, 미스)'는 오늘날 이태리에서는 거의 사용되지 않기 때문에 결혼 여부를 확실히 알 수 없을 때를 제외하고는 사용하지 않는 것이 좋다.

(14) 스페인

악수가 일반적인 인사법으로 처음 소개될 때에는 정식으로 대해야 한다. 짧고 굵게 악수하고, 눈을 맞추도록 한다. 악수와 함께 'Buenos dias', 'Buenos tardes', 'Buenos noches'라고 말한다. 여성은 가볍게 껴안은 다음 볼을 살짝 대는 경우도 있으며, 친구인 경우는 악수 이외에도 안거나 등을 두드리는 인사도 보편적이다.

(15) 호주

악수하는 것은 인사예절로 정착되어 있으므로 만날 때와 헤어질 때 반드시 악수를 청하는 것이 예의이다.

비즈니스 문화에서는 직함이 널리 쓰이지 않을뿐더러, 허례로 치부되기도 하며 직업적, 학문적 직함은 존경을 의미하지는 않는다.

호주의 유명한 인사말 "G' Day(구 다이)", "G' Day"는 "Good day"의 줄임말로, "Hello"나 "Hi"에 "G' Day"로 대답할 수 있다.

(16) 러시아

러시아에서는 서로 친근한 사이에서만 상대의 이름을 부를 수 있다. 상대를 만날 때 자신의 성만 말하는 것은 전혀 무례가 아니다. 회견에 들어가기에 앞서 모든 상대의 직함을 외우도록 하자. 친구를 부를 때는 Mr.의 뜻인 'gaspodin'나 Mrs.나 Miss에 준하는 'gaspazhah'를 이름 앞에 붙인다.

악수는 일반적이며 키스를 하고 포옹을 한다.

(17) 이스라엘

호칭은 직함 또는 미스터, 미스, 미즈를 붙여서 부르거나 성을 부르는 것이 좋다. 이스라엘 사람들은 그다지 권위적이지 않아서 상하관계는 존재하지만 친해지면 미국식으로 서로의 이름을 부르는 것이 흔하고, 직함을 그리 중요하게 여기지 않는다.

'샬롬 샬롬'이라고 하면서 어깨를 주물러 준다.

(18) 사우디아라비아

악수를 한 후 양쪽 볼에 키스를 한다.

호칭은 아랍어로 이름을 쓰기 때문에 좀 어렵다. 영문자로 써서 알려달라고 요청하고 어떻게 부르면 되는지 물어보는 것이 가장 좋다.

사우디아라비아 사람들은 인사를 상당히 길게 하는데 길게 할수록 더욱 공경의 의미가 있으므로 성의있게 받아줘야 한다.

(19) 티베트

자신의 귀를 잡아당기며 혀를 길게 내밀어 친밀감을 표현한다.

(20) 아프리카 마사오족

반가움의 표시로 상대의 얼굴에 침을 뱉는다.

(21) 뉴질랜드 마오리족

마오리의 전통 인사법은 '홍이'라고 하는데 우선 악수를 하고 손을 잡은 채로 '키오라'라고 하면서 코를 두 번 친다. 이때 코를 3번치면 청혼을 뜻하므로 주의해야 한다.

(22) 에스키모족

서로의 볼을 치며 친한 사이에는 코를 비빈다.

2. 소개 매너

소개는 인맥을 형성하는 첫 순서로 사회생활에서 사귐의 시작은 만남에서 비롯된다. 서로가 처음 만나는 사이이기 때문에 예의바른 행동이 절실히 요구되며 좋은 인상을 상대에게 전달할 수 있어 무엇보다 중요하며 업무를 원활하게 수행하는데 있어 도움이 된다고 할 수 있다.

1) 소개 방법

소개는 기본적으로 '나의 지위 및 직책'은 붙이지 않으며 윗사람의 이름을 먼저 부르는 것이 기본이다.

격식에 맞는 소개의 방법에는 일반적으로 서열(연장자, 상사 등), 남성과 여성, 인사말의 표현법, 호칭과 명함교환 등이 있다.

(1) 소개 시 매너

소개 시에는 소개를 받는 사람이나 소개되는 사람 모두 일어서는 것이 원칙이다.

동성끼리 소개를 주고받을 때에는 서로 일어나는 것이 예의이고, 특히 남성이 여성을 소개받을 때에는 반드시 일어선다. 그러나 여성이 남성을 소개받을 때는 반드시 일어날 필요가 없다. 연장자, 성직자, 지위가 높은 사람을 소개 받을 때는 남녀의 관계없이 일어서는 것이 원칙이다. 유럽이나 남미에서는 자기 스스로 하는 소개(self-introduction)를 좋지 않게 여기므로 가능한 한 그 모임의 주최자나 제3자를 통해 소개받는 것이 좋다.

① 두 사람을 소개시킬 때에는 직위가 아래인 사람을 직위가 위인 사람에게 먼저 소개한 다음 직위가 높은 사람을 소개한다.

② 나의 상사와 타사의 대리를 내가 소개 시에는 타사의 대리에게 나의

과장님을 먼저 소개하고 다음으로 나의 과장에게 타사의 대리를 소개한다.

③ 남자 친구를 아버지에게 소개할 때에는 윗사람의 이름을 먼저 부른다. 즉, '아버지' 또는 '어머니'라고 부르고 아랫사람, 즉 남자친구를 소개한다.

④ 제3자의 소개로 인사를 할 때에는 소개된 사람이 소개를 받는 사람에게 먼저 인사를 한다.

⑤ 소개를 받을 때 필수적으로 알아두어야 하는 것은 상대방의 이름이다. 이름을 부를 때에는 반드시 상대방의 성 앞에 존칭을 붙여 부르는 것이 예의이다.

⑥ 회의, 파티 등 한 사람과 여러 사람을 동시에 소개할 때에는 먼저 한 사람을 여러 사람에게 소개하고 난 뒤 여러 사람을 한 사람에게 소개한다. 이때 소개되는 사람의 신상을 간략히 알려주는 것이 좋다.

(2) 자기소개

모임과 행사의 성격에 따라 소개의 형태도 다양하다.

사교적 모임이나 비즈니스 자리에서 자신을 대신 소개해 줄 제삼자가 없을 때는 우선 남성이 여성에게, 서열이 낮은 사람이 높은 사람에게 연소자가 연장자에게 먼저 인사한다.

인사의 방법으로는 이름과 성을 같이 알려주고 악수를 청하기를 기다린다. 모르는 사람에게 자신을 소개할 때 먼저 악수를 하는 것은 예절에 어긋나며 특히 영어권 나라에서는 이 행동을 금기시 함으로 유의해야 한다.

본인을 소개할 경우 이름과 성 앞에 존칭이나 학위의 호칭을 생략한다. 영국에서는 자신을 Mr.OOO식으로 소개하는 것은 금물이다. 대신 성이나 이름 전체를 말하면 된다. 여성의 경우에는 이와는 반대로 성 앞에 Mrs.나 Ms.를 붙이는 것이 바람직하다.[3)]

---

3) 전게서, 원융희, p.178

〈표 6-1〉 소개순서

소개순서
• 남성을 여성에게, • 미혼자를 기혼자에게, • 연소자를 연장자에게, • 후배를 선배에게, • 손아래 사람을 손윗사람에게, • 사회적 지위가 낮은 사람을 높은 사람에게, • 지위와 연령이 비슷한 경우는 소개자와 관계가 친근한 사람부터, • 소개를 부탁한 사람을 상대에게, • 친한 사람을 상대에게, • 가족이나 동료를 손님에게, • 여러 사람의 소개는 그 모임의 리더가 좌측에서부터 한 사람씩 차례로, • 한 사람을 여러 사람에게 소개하는 것이 좋다.

출처 : 전게서, 이동희, p.66.

3. 명함 매너

명함(name card)이란 자신의 직위와 신분을 한 장의 종이 위에 간결하게 표시한 것으로 초면인 상대방에게 자신의 소속과 성명을 알리고 증명하는 역할을 하는 자신의 소개서이며 자신이 속해 있는 직장을 대표하는 얼굴 역할을 한다. 최근 명함은 그 업종에 따라 다양한 색상과 크기 등의 차이가 있지만 일반적으로 일정한 크기(대략 9cm × 5.5cm)의 사각형 순백지에 인쇄한 것이 규격품이라 할 수 있다.

명함은 자신의 명함뿐만 아니라 타인으로부터 받은 명함을 소중히 다루는 것도 상대방에 대한 예의이며, 자신의 이미지 관리에도 바람직한 태도이다.

1) 명함의 유래 및 역사

명함의 유래는 동서양 모두 오래되었다.

동양에서는 중국 춘추전국시대의 공자까지 거슬러 올라가는데 당시에는 친구를 방문했을 때 부재 시 자신의 이름을 적은 쪽지를 남겨 놓고 오는 관습에서 유래되었다고 한다. 집에 돌아온 친구가 그 쪽지를 보고는 바로 그 사람을 찾아가 인사할 수 있도록 한 것이다.

서양의 명함은 Carte de visite(Visiting Card)에서 유래되었다. 앞서 살펴본 프랑스의 루이 14세 때 생겼다고 전해지며 루이 15세 때는 현재와 같은 동판 인쇄의 명함을 사교에 사용한 것으로 전해지고 있다. 19세기 중엽부터는 부르주아지와 명문 귀족들 사이에는 다른 차원의 '방문카드'(Carte de Visite)가 유행되었는데, 3.5 × 2.5인치 크기의 인화된 자신의 초상 사진을 붙이고 이름과 직함, 혹은 주소 등을 메모하여 파티나 모임에서 서로의 카드를 교환하거나 초대된 가문에 자신의 방문 카드를 남기고 오는 것이 유행이었다. 현대사회로 오면서 비즈니스용과 사교용으로 나눠졌다. 비즈니스용은 회사와 지위 중심이지만 사교용에는 사람 자체가 중요해 이름과 주소만을 적는다. 또한 지위에 따라 명함의 구성이 달라지기도 한다. 지위가 높아질수록 회사에서의 대표성이 커져 이름이 명함 한 가운데 오게 된다.

명함은 영어로 'Visiting Card'(미국), 'Calling Card'(영국) 또는 'Business Card'라 하며 불어로는 'cartes de visite'라 한다.

현대사회에서는 사회의 다양화로 자신의 정보를 타인에게 적극적으로 전달하는데 있어 필수적 요소로, 명함은 나와 타인을 연결해주는 중요 수단으로 사용되고 있다.

〈표 6-2〉 명함에 대한 오해와 진실

한국의 모 기업체 중역이 런던 경영대학원에 연수차 떠났다. 교수부터 동료학생까지 수많은 명함을 뿌렸지만 그가 받은 것은 고작 몇 장에 지나지 않았다. 두 손으로 공손히 전달한 명함을 한 손으로 무성의하게 받는 유럽인들이 불쾌하게 여겨지기도 했다.

'명함이 곧 얼굴'이긴 하나 때에 따라선 그저 휴지조각에 불과할 수도 있다. 자신의 이름 및 회사와 지위를 나타내는 비즈니스 명함은 말 그대로 비즈니스 활동에서 자신을 소개하기 위한 수단일 뿐이다. 비즈니스와 연관이 없는 학교나 이웃 간 사교의 자리에서는 도리어 자신을 과시하는 인상을 풍겨 조심해야 한다. 특히 '상대가 무엇을 하고 있는가'가 '어느 회사에 속해 있는가'보다 중요한 개인주의적인 서양에서는 명함을 통해 자신과 소속사를 일체화하려는 동양의 집단주의적 가치를 이해하지 못한다. 이들에게 회사는 자신의 발전을 위한 도구일 뿐이므로 회사보다는 자신을 선전하기에 바쁘다.

-박준형 문화간 훈련전문가 info@culturecom.co.kr 중에서

2) 명함의 구별

우리나라에서는 명함을 사교용이나 업무용으로 구분하지 않고 사용하고 있으나 서양에서는 그 구별이 뚜렷하다. 따라서 국가별로 다른 명함문화에 대해 정확하게 알아두면 사교활동이나 업무에 도움이 된다.

(1) 사교용 명함

사교용 명함의 용도는 꽃이나 선물을 보낼 때, 파티의 날짜와 시간을 적어 초청장 대신으로 사용하거나, 축의, 사의, 조의 등을 표시하는 데도 있다.

서양사회에서 사용되던 사교용 명함에는 직책은 표기하지 않고 이름 앞에 'Mr', 'Mrs', 'Mr. and Mrs' 등의 경칭을 붙여 인쇄하는 것이 관례였다. 그러나 요즘에는 실용적으로 주소나 전화번호를 명함 하단에 작은 글씨로 인쇄해 넣기도 한다. 사교 명함은 주로 필기체로 인쇄한다.

명함은 서로 알게 되고 나서 교재를 한층 긴밀히 하기 위한 예의에 지나지 않으므로 초면일 경우 비즈니스 목적이 아니면 섣불리 명함을 건네지 않는 것이 좋다.

(2) 업무용 명함

업무용 명함은 현재 가장 빈번하게 사용하는 것으로 성명과 회사명, 소속, 직위, 회사주소, 연락처 및 e-mail 등 중요사항만 간결하게 적는다.

외국에서 사용할 영문 명함은 항상 2개국 언어로 제작한다. 한 면에는 자국어로, 다른 한 면에는 방문국의 언어로 표기하도록 하고 다른 나라의 언어 표기가 제대로 표기되었는지 반드시 확인하도록 한다.

명함은 주로 흰 바탕에 검은 글씨가 기본인데 최근에는 업종의 특성에 따라 기업의 이미지를 나타낼 수 있는 다양한 컬러감의 색상사용과 신뢰도를 형성하기 위하여 담당자의 사진을 넣는 경우도 많다.

유럽에서는 신용을 얻기 위해 명함에 학위를 표기하기도 한다. 독일어권 국가나 다른 유럽연합 국가에서 온 사람과 만날 때는 회사 설립연도를 명함에 표기하는 것도 신뢰감을 준다.

3) 명함을 주고받는 요령

① 누구에게 줄 것인가를 신중히 생각한다.

② 명함은 항상 명함지갑에 넣어 왼쪽 윗옷 안주머니에 넣어두며, 신속하게 꺼낸다.

③ 명함을 건넬 때에는 반드시 일어서서 오른손에 들고 상대방이 바로 읽을 수 있도록 가슴 높이에서 이름을 밝히면서 인사말과 함께 건넨다.

④ 명함은 아랫사람 또는 손님이 먼저 건넨다.

⑤ 명함은 받을 때는 일어서서 두 손으로 받으며, 상대방의 명함은 그 자리에서 확인한다. 이때 모르는 한자나 어려운 발음은 상대에게 정중하게

확인한다.

⑥ 명함을 동시에 서로 주고받을 때는 오른손으로 주고, 왼손으로 받아 오른손으로 받쳐 든다.

⑦ 상대의 명함을 받고 자신의 명함을 건네지 않는 것은 실례이므로 항상 소지하도록 한다.

⑧ 명함을 받자마자 보지도 않고 집어넣는 것은 실례이며, 상대의 명함을 그 자리에서 확인하고 외운다.

⑨ 명함은 자신의 얼굴인 만큼 구겨지거나 낙서가 된 것, 전화번호, 주소를 고쳐 적은 것 등은 사용하지 않는다.

⑩ 명함 크기의 백지를 미리 준비하여 상대가 명함을 준비하지 못한 경우에는 활용한다.

⑪ 회사나 기관에서 여러 사람과 인사하는 경우에는 책임사에게만 주어도 무방하며 모두에게 건넬 때는 직위 순서대로 건넨다.

⑫ 명함을 받고 얘기를 나눌 때는 자신이 보기 좋은 곳에 놓고 참고하며 대화한다.

⑬ 대화 중에 상대방의 이름을 잊어버려 명함을 다시 꺼내보는 것은 큰 결례이다.

⑭ 받은 명함에 낙서를 하거나 책상 위에 그냥 내버려 두어서는 안 된다.

⑮ 서양인들과 명함을 교환할 때는 오른손으로 건네며, 동양인들에게는 두 손으로 건네주고 두 손으로 받는다.

4) 명함의 관리 방법

받은 명함을 잘 관리하면 추후에 여러 모로 요긴하게 잘 이용할 수 있다.

① 명함 받은 그 날에 만난 일자, 장소, 용건 등을 메모해 두면 상대를 더 잘 기억할 수 있다. 그러나 받은 그 자리에서는, 즉 상대방의 면전에서는 명함에 메모 등을 하지 않는다.

② 회사별, 업종별로 정리해 두는 것이 인맥관리의 자료로도 좋다.

③ 자신이 알아볼 수 있도록 인상착의 등을 포스트 잇 등을 이용하여 적어 놓는 것도 좋다.

④ 주소, 연락처, 직함, 회사명 등의 변경이 있는 경우에는 즉시 고쳐 놓는다.

⑤ 정기적으로 불필요하다고 생각되는 명함은 정리한다.

그림 6-6 명함을 주고받는 방법

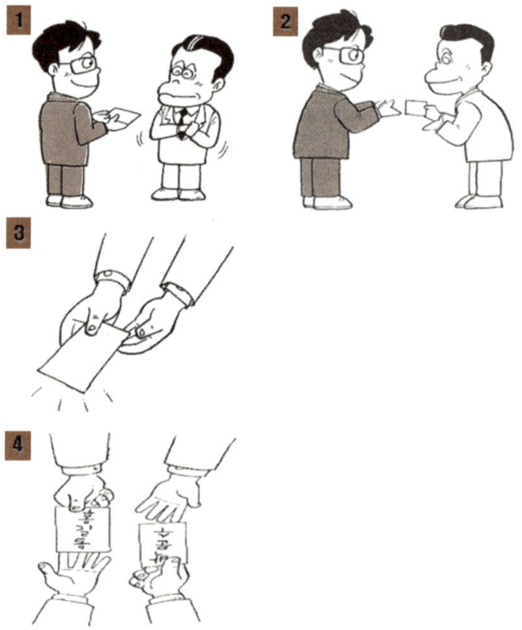

5) 명함의 용도

명함은 기본적으로 자신이나 회사를 소개하고 연락처를 알리는 용도 외에도 다음과 같은 다양한 용도가 있다.

① 방문한 사람을 만나지 못하고 돌아와야 할 때 명함을 전해달라고 부탁한다.

② 꽃이나 선물을 보낼 때 사용한다.

③ 이·취임 인사를 직접 방문해서 할 수 없을 때 명함을 보내 알린다.

④ 축하나 초대에 대한 감사나 참석의 표시로 명함을 보낸다.

⑤ 명함에 날짜, 시간, 장소, 파티 내용 등을 간략하게 적어 약식 초대장으로 활용한다.

⑥ 명함을 이용한 약식 초대에 대한 회신으로 참석 여부를 적은 명함을 보낸다.

⑦ 라틴 국가에서는 새로 이사 온 사람이 이웃을 방문하여 명함을 전달한다.

6) 각 국가별 명함 매너

(1) 일본의 명함 매너

일본인들은 처음 만났을 때는 서로 명함을 주고받는 것이 관례로 되어 있으며, 사회생활에서 매우 중요한 역할을 한다.

일본인이 최초로 명함을 사용한 것은 1854년으로 에도막부의 관리가 방일한 미국사절단에게 자신의 지위와 이름을 적어 건네준 것이 명함이 사용된 최초의 일이라고 한다.

명함을 받았을 때 어떻게 읽는지 본인에게 물어보는 것은 실례가 되지 않는다. 명함을 받았을 때는 바로 지갑에 넣지 말고 대화가 끝날 때까지 테이블 위에 놓고 상대편의 이름을 기억할 때 까지 테이블 위에 놓는 것이 좋다

(2) 중국의 명함 매너

중국인들은 명함을 교환하는 것을 좋아하므로 사전에 충분한 양을 준비하도록 한다. 명함을 준비할 때는 명함의 한쪽은 영어로 다른 한쪽은 가능하면 중국어로 표기하는 것이 좋다. 또한 지위와 직책에 민감함으로 직함을 표기하도록 하며, 글씨는 금색으로 인쇄하는 것이 좋다.

명함을 주고받는 방법은 명함을 받았을 때는 조심스럽게 살펴본 다음 정성스럽게 명함지갑에 넣거나 자리에 앉아 있다면 테이블 위에 놓는다. 주어진 명함을 훑어보지도 않고 바로 주머니에 넣어버리는 것은 결례가 된다.

(3) 말레이시아의 명함 매너

말레이시아 비즈니스맨들과의 상담에서 가장 필수적인 준비사항 중 하나는 명함이다. 특히 명함상의 지위는 의사결정력, 비즈니스 경험 등에 대한 지표로 인식되어 비즈니스 거래를 위한 신뢰도와 연결지어 생각하고 있기 때문에 고위 지위가 새겨진 명함을 준비하는 것이 좋다.

(4) 미국의 명함 매너

미국에서는 비즈니스 목적이 아닌 경우에는 명함 교환을 안하는 경우가 많다. 따라서 상대방의 명함을 얻고자 할 때는 정중히 요청하도록 한다. 미국인들이 명함을 주고받는 주된 목적은 상대방에게 추후 연락하기 위함이다.

(5) 독일의 명함 매너

독일인과 비즈니스를 할 때에는 명함을 많이 가져가는 것이 바람직하다. 독일인들은 명함 교환하기를 즐기는 편이다.

명함에 회사의 설립연도를 표시하는 것은 신뢰를 준다.

(6) 프랑스의 명함 매너

프랑스인들과 비즈니스 시에 선물에는 명함을 넣지 않는 것이 프랑스 비즈니스 에티켓이다.

4. 악수 매너

악수는 앵글로섹슨계 민족 사이에서 발생한 것으로 세계 거의 모든 나라에서 통용되는 가장 보편적인 인사법이다.

악수는 비록 짧은 시간에 이루어지지만 그 인상은 오래 남는다는 사실을 기억하고 악수 매너에 대하여 살펴본다.

1) 악수의 3단계

① 서로의 시선을 마주한다.

② 손을 잡는다. 손을 잡을 때 강약을 조설하고 각각의 협곡 사이가 겹쳐지도록 손을 깊숙이 잡는다.

③ 손을 2~3번 정도 흔들어 주는 것이 바람직하다. 단, 윗사람이 손을 흔드는 것을 주도한다.

2) 악수의 시기

① 상대방이 악수를 청해올 때
② 누구를 소개 받고 처음 만났을 때
③ 초청받은 손님에게
④ 초청한 주인에게
⑤ 아는 사람끼리 오랜만에 재회했을 때
⑥ 헤어질 때

3) 악수 순서

악수는 원칙적으로 여성, 웃어른이나 상사가 손을 먼저 내미는 것이 일반적으로 그 순서를 보면 다음과 같다.

① 동등한 입장의 여자가 남자에게(비즈니스 관계에서는 고위직의 남자가 하위직의 여자에게)

② 연장자가 연소자에게

③ 직급이 높은 사람이 낮은 사람에게

④ 윗사람이 아랫사람에게

⑤ 기혼자가 미혼자에게

⑥ 선배가 후배에게

⑦ 고객이 직원에게

⑧ 왕, 대통령, 성직자가 보통 사람에게 손을 내민다.

4) 악수할 때 유의사항

① 악수는 오른손으로 하는 것이 원칙이다.

② 상대가 악수를 청할 때 남성은 반드시 일어서며, 여성은 앉아서 해도 무방하나 상대의 나이 등을 감안해서 행동한다.

③ 악수는 우정의 표시인 만큼 적당한 압력으로 손을 잡고 적당한 높이로 흔들되 여성과 악수할 때는 세게 쥐거나 흔들지 않는다.

④ 악수를 할 때 남성은 장갑을 벗어야 한다. 단, 여성의 경우는 그렇게 하지 않아도 좋다.

⑤ 여성의 경우 먼저 악수를 청하는 것이 에티켓이므로 이를 실행하도록 한다.

⑥ 악수는 서양식 인사이므로 동양적 관습으로 악수를 하며 절을 하거나 두 손으로 감쌀 필요가 없다. 그러나 아랫사람이 웃어른과 악수할 때는 윗몸을 약간 굽혀 경의를 표현할 수도 있다.

⑦ 상대방의 눈을 보지 않고 하는 악수는 실례다.

⑧ 오른손에 가방을 들고 있었다면 악수에 대비해서 왼손으로 바꿔든다.

⑨ 손을 너무 세게 쥐거나 손끝만 내밀어 악수하지 않는다.

그림 6-7 악수 매너

5) 나라별 악수 법

(가) 미국

악수를 할 때에는 정면으로 눈을 응시하며 손을 굳건히 잡는 것이 매우 중요하다. Eye Contact는 정직성을 나타낸다.

(나) 영국

다른 유럽 사람들과는 달리 오랜만에 만나거나 처음 소개받을 때 외에는 악수하는 것을 좋아하지 않는다. 악수는 가볍게 하며, 여성이 손을 내밀 때만 악수를 나눈다. 첫 만남일 때 인사는 'How do you do'가 적절하다.

(다) 프랑스

만날 때나 헤어질 때 또는 소개를 받을 때는 악수를 하는데 프랑스식 악수는 손에 힘을 많이 주지 않으며 일반적으로 여성이 먼저 손을 내민다.

(라) 러시아

손을 굳게 잡고 여러 번 짧고 재빨리 흔든다.
사업상 만나지 않는 이성에게는 악수를 하지 않는다.

(마) 이탈이아

무척 과도하게 하는 편이다.

(바) 스페인

비즈니스 관계에서 악수하면서 어깨 위를 두드린다.

(사) 폴란드

아는 정도에 따라 힘이 달라진다.

(아) 체코

짧게 살짝 쥔다.

(자) 중국

악수가 일반적이지만 먼저 손을 내밀 때까지 기다려야 한다.

(차) 태국

별도로 악수를 하지 않는다.

연습문제

1. 올바른 악수 매너에 관한 설명으로 적합하지 않은 것은?
   ① 상대방이 너무 느슨하게 잡을 경우는 오히려 손을 밀어 넣어 제대로 잡아준다.
   ② 악수를 청할 때 여성은 앉은 채로 악수를 받아도 상관없다.
   ③ 악수를 청할 때는 연소자가 연장자에게 먼저 청한다.
   ④ 여성은 실외에서 악수를 청할 때는 장갑을 벗을 필요가 없으며, 장갑을 낀 채로 악수를 해도 괜찮다.

2. 올바른 명함 교환법에 해당하는 것은?
   ① 여성 → 남성　　② 상급자 → 하급자
   ③ 방문한 사람 → 사내 사람　　④ 연장자 → 연소자

3. 명함을 주고 받는 방법으로 올바른 것은?
   ① 명함은 반드시 일어서서 받으며 한 손으로 받아도 무방하다.
   ② 외국 이름인 경우 여쭈어 보는 것은 결례가 된다.
   ③ 받은 명함을 테이블 위에 두고 이야기를 하는 것은 예의에 어긋난다.
   ④ 쌍방이 주고받아야 할 경우 오른손으로 주고 왼손으로 받는다.

4. 명함을 주고 받는 방법으로 올바르지 않는 것은?
   ① 명함은 항상 명함지갑에 넣어 윗옷 안주머니에 넣어두며 신속하게 꺼낸다.
   ② 명함은 윗사람 또는 손님이 먼저 건넨다.
   ③ 명함을 받자 마자 보지도 않고 접어 넣는 것은 우리나라에서는 실례다.
   ④ 받은 명함에 낙서를 하거나 책상 위에 그냥 내버려 두어서는 안 된다.

5. 타인을 소개할 때 올바른 순서가 아닌 것은?
   ① 사내의 사람 → 사외의 사람　　② 개인 → 단체
   ③ 하급자 → 상급자　　④ 여성 → 남성

6. 명함의 관리방법으로 올바르지 않은 것은?
① 회사별 업종별로 정리해 주는 것이 인맥관리의 자료로도 좋다.
② 정기적으로 불필요하다고 생각되는 명함은 정리한다.
③ 주소, 연락처, 직함 회사명 등의 변경이 있는 경우에도 고치지 않는다.
④ 자신이 알아볼 수 있도록 인상착의 등을 포스트잇 등을 이용하여 적어놓는 것도 좋다.

7. 다음 중 올바른 명함 교환 매너에 해당하는 것은?
① 명함은 일어서서 두 손으로 주고 받는다.
② 상대방의 면전에서 명함에 글씨를 써도 무방하다.
③ 받은 명함으로 손장난을 한다.
④ 받은 명함을 잘 보지도 않고 집어넣는다.

8. 다음 중 악수의 순서가 올바르지 않은 것은?
① 여자 → 남자
② 선배 → 후배
③ 미혼자 → 기혼자
④ 연장자 → 연소자

9. 다음 중 보통례로 인사를 해야 할 상황인 것은?
① 나이가 15세 이상 차이 나는 웃 어른께 인사드릴 때
② 직장 내에서 매일 보는 상사나 동료를 만날 때
③ 은혜를 입은 존경하는 분께 인사드릴 때
④ 고객을 맞이하거나 배웅할 때

10. 다음은 영국의 인사법에 대한 설명이 다른 하나는?
① 예의상 'Sir', 'Madam' 등의 호칭을 붙이는 것은 적절치 못한 것으로 인식되어 있다.
② 박사, 의사, 성직자는 먼저 직함을 부르고 성을 붙인다.
③ 'Mr', 'Mrs'에는 마침표를 찍지 않는다.
④ 서로 볼을 치며 친한 사이에는 코를 비빈다.

11. 다음 중 인사의 5가지 포인트가 잘못 설명된 것은?
① 인사는 내가 먼저 : 대화의 주도권을 잡기 위해
② 상대방의 눈을 보고 미소 지으며 : 매혹적인 eye-contact
③ 상대방에 맞춰서 : 부끄러워서
④ 큰소리로 명랑하게 호칭하며 : 용기를 갖고자

12. 인사의 유래에 대한 설명이 잘못된 것은?
① 인사의 유래는 상대방에게 '나는 적의가 없다'라는 의사를 표현하는 것에서 비롯되었다.
② 키스는 용기(그릇)가 없는 시대에 어머니가 아이에게 입으로 물을 먹여 준다고 하여서 유래되었다.
③ 악수는 남사들이 우호적인 관계를 맺고 공격하지 않겠다는 뜻으로 오른손을 내민 것에서 유래되었다.
④ 포옹은 중남미에서 오랜만에 만난 친척이나 친구 사이에 포옹과 함께 양쪽 볼에 입을 맞추는 관습에서 유래된 것이다.

13. 공수의 기본동작 및 방법이 잘못 설명된 것은?
① 공수란 우리나라 사람이 공손한 자세에서 두 손을 앞으로 모아 맞잡는 자세를 취하는 것이다.
② 평상 시의 공수의 방법은 남자는 왼손이, 여자는 오른손이 위로 가게 두 손을 포개 잡아야 한다.
③ 공수의 동작에 있어 조상의 제사는 흉사시의 공수를 해야 한다.
④ 흉사 시의 공수의 방법은 평상 시의 공수법과 반대이다.

14. 다음 중 국가별 악수법의 설명이 다른 하나는?
① 미국 : 정면으로 눈을 응시하며 손을 굳건히 잡는 것이 매우 중요하다.
② 영국 : 오랜만에 만나거나 처음 소개받을 때 외에는 악수하는 것을 좋아하지 않는다.
③ 프랑스 : 악수는 손에 힘을 많이 주며 일반적으로 여성이 먼저 손을 내민다.
④ 중국 : 악수가 일반적이지만 먼저 손을 내밀 때까지 기다려야 한다.

참고문헌

금한나, 이미지와 국제매너, 한올출판사, 2011.
김덕경・조인순 공저, 직장인의 예절, 형설출판사, 2007.
박소연・변풍식・유은경, 서비스리더십과 커뮤니케이션, 한올출판사, 2011.
박한표, 글로벌문화와 매너, 한올출판사, 2009.
서갑성・이성민・김종득 공저, 중국비즈니스문화론, 도서출판, 대진, 2008.
손일락・김영식, 비즈니스 매너의 이해, 한올출판사, 2012.
손일락・이채안・홍미선 공저, 국제매너의 이해, 한올출판사, 2010.
신강현, 글로벌 매너 테크, 형설출판사, 2005.
신혜경・조문회・윤병남・혼다 도모쿠니・최은희・김기서・오병우・다테 구미코・김상은・송현아・전창수・김상수, 일본학개론, 지식과 교양, 2011.
오성환, 글로벌커리어・리더십 개발 가이드 직장예절, 형설출판사, 2008.
오홍철・함성필・Dury Chung・곽병휴・윤승자・유나연・박소영 공저, 제2판 글로벌 매너 완전정복, 2010.
원융희, 국제비즈니스맨을 위한 에티켓, 비즈프라임, 2007.
이기홍・이경미, 글로벌문화와 매너, 한올출판사, 2011.
이동희, 매너와 이미지 메이킹, 형설출판사, 2010.
이정우 외 공저, 개정판 글로벌리더를 위한 국제매너와 생활문화, 양서원, 2008.
이정우・이계순・오연옥・이애련・이명숙・김연화・김경아 공저, 고품격 현대생활매너, 양서원, 2008.
한국무역협회 편저, 세계비즈니스 문화기행, 두남, 2002.
http://wiseschool.tistory.com/13
네이버지식
http://navercast.naver.com/contents.nhn?rid=112&contents_id=3567
http://kimhy1029.tistory.com/2
박준형 문화간 훈련전문가info@culturecom.co.kr
http://cafe.daum.net/yongamcho24/BWJS
http://blog.naver.com/ukskyangel?Redirect=Log&logNo=220308530799

Chapter 7

한식 · 일식 · 중식 매너

식사를 함께한다는 것은 여러 가지 의미가 있다. 식사에는 엄격한 예절이 있기 마련이다. 무엇보다 식사에서는 누구랑 함께하느냐가 중요하다. 여기에서 '누구는' 직책의 높고 낮음, 재력이 많고 적음이 아닐 것이다. 함께 즐겁게 식사를 할 수 있는 사람, 즉 식사예절이 갖추어진 사람과 함께 하는 식사는 먹는 것에 대한 즐거움을 배가시켜 줄 것이다. 동양과 서양을 막론하고 식사에도 국가별 예절에 차이가 있다. 이러한 다른 나라의 식사예법을 익혀서 사용하게 된다면 비즈니스에서 조금 더 나은 결과를 가져오게 될 것이다.

우선 동양의 3국으로 쌀을 주식으로 하는 한국, 중국, 일본의 식사예법을 익혀보고자 한다.

1. 식사 매너

식사는 우리 생활에 없어서는 안 될 '의 · 식 · 주'의 한 부분으로 옛말에도 "먹는 것이 남는 것이다"라는 말이 있듯이 생활의 일부분인 식사는 음식으로 인한 기쁨을 누리고자 하는 과정에서 누구와 함께 식사 하느냐는 참으로 중요하다. 식사를 할 때 일어나는 행동들로 그 사람의 많은 것들을 평가할 수 있기 때문이다. 더 나아가 중요한 미팅자리에도 이와 같은 영향력은 충분히 발휘될 것이다.

식사예절은 성인이 되어 가면서 조금씩 변하지만 남이 보기에 절도있고 예의바른 것만을 좋은 식사예절이라고는 하지 않는다. 매너와 품성이 곁들여지면서 대화의 소재와 음식의 자연스러운 조절, 그리고 맛을 음미하면서 얻어낸 기쁨을 표현할 줄 아는 것도 예절에 속한다.

식사예절이 몸에 정착되어 자연스러워질 때까지는 보통 6개월에서 1년 이상의 시간이 걸린다. 이렇게 되면 자기만의 식사예절이 만들어 진다고 한다.

중국 고전의 '예기'에는 "예의 시초는 음식에서 시작된다"고 했으며 우리 조상은 밥상에서 자녀에게 기본예절을 가르쳤다.

미국의 케네디 대통령은 국가의 미래는 자녀들이 국가의 장래를 생각하도록 훈련시키는데 달려있다고 생각해 식사시간을 활용해 자녀교육을 하도록 권했다고 한다.

식사란 이처럼 오래전부터 지금까지 인간의 필수적인 행위이지만 그만큼 인간관계에서 중요한 역할을 해오고 있다.

한식 · 중식 · 일식 · 양식 등 세계 각국의 식사예절은 조금씩 방법이 다르지만, 기본적인 것들은 비슷하다고 볼 수 있다. 올림픽 경기를 보면 세계 각국 사람들이 한자리에 모여 금메달을 위해 임하는 자세는 같지만 연습해온 과정은 나라별로 다르듯이, 결국은 나라별로 격식에 맞춰서 식사하기 위해 나라만의 독특한 식사법을 가지게 된다.

동양의 한국, 중국, 일본 3국은 식사 시에 공통으로 젓가락을 사용한다. 이 중에서 젓가락질이 가장 서툰 것이 한국인이다. 이는 일본인은 처음부터 숟가락이 없기 때문이며, 중국인도 숟가락이 있긴 하지만 생김새가 국자처럼 생긴 사기(沙器)이고 우리의 숟가락과는 다르며, 필요한 경우만 왼손으로 쓰기 때문에 자연히 우리보다 젓가락질하는 횟수가 많기 때문이다. 이렇듯 같은 듯 다른 한국, 일본, 중국의 식사예절에 대하여 살펴보기로 한다.

1) 한식

한식은 사계절의 변화가 뚜렷한 기후 조건 때문에 계절마다 식재료가 다르므로 계절음식이 발달하였다. 곡물 중심의 식문화이며 고추장, 된장, 청국장, 김치 등 발효식품 등이 다양하다.

(1) 상차림

우리나라 음식의 상차림에는 일상생활 속의 상차림과 통과의례와 같은 특별상 차림 등이 있다. 목적에 따라서는 반상, 면상, 주안상, 교자상, 돌상, 큰상, 제상 등이 있다.

(가) 반상(飯床)

반상은 격식을 갖추어 차린 밥상을 말한다.

어른들이 먹는 진지 상으로 반찬의 가지 수에 따라 3첩 반상, 5첩 반상, 7첩 반상, 9첩 반상 등이 있다. 3첩 반상과 5첩 반상 등은 일반 서민용 밥상이고, 7첩과 9첩 반상은 양반집 밥상이다. 임금님의 수라상은 12첩 반상이다. 첩 수에 들어가지 않는 음식은 밥, 국, 김치, 장, 찌개, 찜이나 전골 등이며, 첩 수에 들어가는 음식은 생채, 숙채, 구이, 조림, 전, 마른 반찬 또는 젓갈, 회 또는 편육 등이 있다. 전통 반상의 종류 및 메뉴는 〈표 7-1〉과 같다.

〈표 7-1〉 전통 반상의 종류 및 메뉴

<table>
<tr><th>구성</th><th colspan="7">기본음식</th><th colspan="10">반찬</th></tr>
<tr><th>종류</th><th>밥</th><th>국</th><th>찌개</th><th>찜</th><th>전골</th><th>김치</th><th>장류</th><th>생채</th><th>숙채</th><th>구이</th><th>조림</th><th>전</th><th>장아찌</th><th>마른반찬</th><th>젓갈</th><th>회</th><th>편육</th></tr>
<tr><td>3첩</td><td>1</td><td>1</td><td>X</td><td>X</td><td>X</td><td>1</td><td>1</td><td colspan="2">택일</td><td colspan="2">택일</td><td>X</td><td colspan="3">택일</td><td>X</td><td>X</td></tr>
<tr><td>5첩</td><td>1</td><td>1</td><td colspan="3">택일</td><td>2</td><td>2</td><td colspan="2">택일</td><td>1</td><td>1</td><td>1</td><td colspan="3">택일</td><td>X</td><td>X</td></tr>
<tr><td>7첩</td><td>1</td><td>1</td><td>1</td><td colspan="2">택일</td><td>2</td><td>2~3</td><td>1</td><td>1</td><td>1</td><td>1</td><td>1</td><td colspan="3">택일</td><td colspan="2">택일</td></tr>
<tr><td>9첩</td><td>1</td><td>1</td><td>2</td><td>1</td><td>1</td><td>3</td><td>2~3</td><td>1</td><td>1</td><td>1</td><td>1</td><td>1</td><td>1</td><td>1</td><td>1</td><td colspan="2">택일</td></tr>
</table>

자료 : 한국 식생활 개발연구소, 왕춘련 회장의 한국요리

(나) 면상(麪床)

면상은 점심 때 간단하게 별식(국수류)을 차리는 상으로 주식으로 밥 대신 국수나 냉면, 떡국, 만두국 등을 차리는 상차림이다. 면류와 함께 부식으로 젓갈, 찌개, 국, 장류 등을 제외한 반찬류가 함께 곁들여진다.

(다) 주안상(酒案床)

주안상은 술을 대접하기 위해 차리는 상을 말한다. 특별히 정해진 원칙은 없으며 손님의 기호에 따라 술의 종류와 안주를 선택하는 것이 중요하다.

안주는 계절에 맞게 일반적으로 술과 어울리는 음식을 한 번에 집어먹기 쉽게 차려내는 것이 바람직하다.

(라) 교자상(交子床)

교자상은 명절, 축하연, 회식 등 많은 사람이 함께 모여 식사를 할 때 사용하는 직사각형으로 된 큰상을 말한다. 교자상에는 술과 안주를 주로 하는 건교자상과 여러 가지 반찬과 면, 떡, 과일 등을 골고루 차린 식교자상, 식교자와 건교자를 섞어서 차린 얼교자상이 있다.

(2) 좌석 배치

한식에 있어서도 좌석의 배치는 중요하다. 일반적으로 좌석의 상석은 입구인 문에서 먼 쪽인 아랫목이며 하석은 문에서 가장 가까운 쪽이 된다.

일반적인 좌석 배치의 요령을 살펴보면 다음과 같다.

① 좌석 배치는 여성이나 윗사람일수록 아랫목이나 문에서 먼 쪽으로 앉는다.

② 입구에서 가장 가까운 곳이 주인의 자리이다.

③ 일반적으로 입구의 반대쪽인 벽 쪽이 상석이다.

④ 그 외에 좌석은 들어오는 순서대로 안쪽부터 앉아 다른 손님이 불편하지 않도록 한다.

(3) 상차림 예절

한식 상차림을 할 때에는 우선 밥과 국 및 반찬이 놓이는 위치에 대하여 알고 있어야 한다. 일본, 중국과 달리 숟가락과 젓가락을 다 사용하는 우리나라의 상차림의 예절을 살펴보면 다음과 같다.

① 밥그릇은 먹는 사람이 왼쪽에, 국그릇은 오른쪽에 놓도록 한다.

② 숟가락은 국그릇 오른쪽에, 젓가락은 숟가락 오른쪽에 놓는다.

③ 국물이 있는 음식은 먹는 사람 가까이에 놓고, 국물이 없는 음식은 멀리 둬도 무방하다.

④ 식어도 관계가 없는 음식을 먼저 차리고, 뜨겁게 먹는 음식은 식사 직전에 차린다.

그림 7-1 한식 상차림

식탁에 반찬을 놓는 순서를 살펴보면 차가운 반찬, 마른 반찬, 국물이 없는 더운 요리, 국물이 있는 더운 요리의 순이다.

(4) 식사 전 예절

① 식사의 복장은 단정해야 하며 자세를 바르게 해야 한다.

② 식사 전에는 위생상의 이유뿐만 아니라 경건한 마음과 올바른 태도를 보이기 위해서 손을 씻는 것이 좋다.

③ 물수건을 사용할 경우에는 손만 닦아야 한다.

④ 웃어른이 수저를 든 다음에 들어야 하며, 식사를 할 때도 보조를 맞추는 것이 예의이다.

(5) 식사 할 때의 예절

① 한꺼번에 여러 가지 음식을 뒤섞어 먹어서는 안 된다.

② 맛있는 음식만을 골라 먹거나, 뒤적거리며 집었다 놓았다 하는 것은 남에게 불쾌감을 주기 때문에 피해야 한다.

③ 음식 먹는 소리를 내거나 입안이 다른 사람에게 보이지 않도록 한다.

④ 수저가 그릇에 부딪치는 소리나 후루룩 소리를 내거나 뜨거운 음식을 불어대는 것도 실례이다.

⑤ 대화 시 입 안에 있는 음식을 삼키고 수저를 놓고 해야 한다.

⑥ 밥은 한쪽부터 먹기 시작하고, 국은 그릇째 들고 마시지 않는다.

⑦ 음식은 남기지 않을 정도로 주문하거나 덜어 먹는다.

(6) 식사 후 예절

① 식사를 다 했다고 하더라도 웃어른이 식사 중일 때에는 자리에서 일어나서는 안 되며, 수저를 식탁 위에 내려놓지 않고 국그릇에 걸쳐 놓았다가 웃어른이 식사를 마친 후에 수저를 내려놓는다.

② 식사를 마쳤을 때에는 '잘 먹었습니다.' 하고 인사하는 것이 예의이다.

③ 식당별로 정해진 규칙을 따른다.

④ 식사 후에는 화장실에서 이쑤시개를 사용하거나 화장을 고치는 등 옷매무새를 가다듬는다.

2) 일식

일본요리는 음식의 외관이 품질과 맛만큼이나 중요시되어 맛과 시각적인 아름다움의 조화를 중시한다.

일본 음식의 특징은 해산물과 제철의 맛을 살린 산나물 요리가 많으며, 혀로 느끼는 맛과 더불어 눈으로 느끼는 시각적인 맛을 중시한다. 그리고 요리의 양을 적게 하고 향료의 사용이 적으며, 맛과 함께 모양 · 색깔 · 장식에 이르기까지 전체적인 조화에 신경을 쓴다. 그러면서 식사법은 세계 어느 나라보다도 엄격하고 복잡하다. 숟가락을 사용하지 않고 젓가락만으로 식사를 하고, 먹기 전에는 항상 잘 먹겠다는 인사를 해야 한다.

식사시간 전반에 걸쳐 자세를 바르게 해야 하는 것은 물론이며 음식 먹는 소리도 내지 않아야 하고 음식은 밥그릇을 들어서 입 가까이 대고 먹어야 한다.

일식에 있어 주의할 점은 다음과 같다.

① 식사 도중 어느 기물이든 사용한 후에는 반드시 제 자리에 돌려놓는다.

② 일본 테이블 세팅에는 숟가락이 없고 젓가락을 사용하며 젓가락을 두는 위치가 우리와 다르다. 식사하는 사람을 기준으로 자기 몸과 같은 방향으로 길게 둔다. 젓가락을 사용할 때는 두 손으로 길이를 맞추고 사용 후에는 젓가락 받침대에 걸쳐 놓는다.

그림 7-2 일본 젓가락 식사매너의 주의사항

* 握り箸 니기리바시 : 2개의 젓가락을 꼭 쥐고 먹는 것
* 突き箸·刺し箸 츠키바시·사시바시 : 음식을 젓가락으로 찍어 먹는 것
* 合わせ箸 아와세바시 : 젓가락끼리 음식이나 요리를 건네주는 것
* 迷箸 마요이바시 : 어느 요리를 먹을지 망설여 요리 위에서 젓가락을 여기저기 움직이는 것
* 寄箸 요세바시 : 젓가락으로 멀리있는 접시를 가까이에 끌어당기는 것
* 立箸 다테바시 : 음식에 젓가락을 꽂아 놓는 것

자료 : http://waseda-blog.com/220309701756

③ 일본인들은 식사를 할 때는 그 주체 및 장소에 관계없이 식사에 대한 예를 갖추고 시작한다.

식사를 할 때는 '이타다기마스(잘 먹겠습니다)'라고 하며 식사를 시작하고, 식사를 마칠 때는 '고치소사마데시다(잘 먹었습니다.)'라고 하여 준비한 사람에 대한 예를 갖춘다.

(1) 좌석 배치

① 일본에서는 일식 벽장 앞 중앙이 상석이다. 밥상 앞에서는 언제나 똑바른 자세로 앉아야 한다. 웃어른이나 주인보다 먼저 자리에 앉아 있어야 하며 물러날 때는 웃어른이나 주인이 일어서면 이에 따른다.

② 좌석의 상석은 문의 반대쪽 안쪽이다. 주빈이 상석에 앉고 수빈을 중심으로 윗사람이 좌우에 앉으며, 주인은 주빈의 반대쪽인 문 쪽에 앉는다. 앉을 때는 주빈이 앉기 전에 다른 사람이 먼저 앉으며, 일어설 때는 주빈이 먼저 일어선다. 방석을 깔고 꿇어앉는 것이 원칙이다.

그림 7-3 일식 요리

혼젠(本膳)요리

카이세키(會席)요리(일본식 정찬)

쇼징요리

〈표 7-2〉 일본 요리의 종류별 특징

혼젠(本膳)요리	의례 때 나오는 일본의 전통요리 국과 반찬에 따라 1즙 1채, 1즙 2채, 1즙 3채, 2즙 5채, 3즙 7채 등으로 구분(즙: 국이나 찌개, 채: 반찬)
가이세키 요리	차 마시기 전에 나오는 요리로 적은 양의 음식이 차려짐
가이세키(會席)요리	혼젠요리의 복잡함과 호화스러움을 간소화 한 것으로 일반적으로 가장 많이 차려지는 연회요리
쇼징(精進)요리	사원에서 전해 내려오는 상차림 채소, 곡류 등의 식물성 식품을 재료로 하여 차려짐

자료 : 주영인 외 3인 '매너와 이미지메이킹, 도서출판, 북카페, 2006.

(2) 일본식 테이블 매너

① 웃어른이나 주인이 자리에 오기 전에 자리에 앉아 있어야 하며, 물러날 때는 웃어른이나 주인이 일어선 뒤에 따라 일어난다. 식사 중에는 자리를 뜨는 것이 실례지만 부득이한 경우에는 눈에 띄지 않게 한다.

② 한 접시에 한 가지 요리만을 담으며 반드시 개인접시를 사용하여 자기가 먹을 양만큼만 덜어 먹는다. "접시의 수를 보고 배를 반쯤 채워라"는 속담이 있듯이 양보다는 장식적이고 시각적이다.

③ 젓가락과 젓가락으로 음식을 건네주거나 받지 않는다. 이는 죽은 이를 연상시키는 부정적인 행위로 여겨지기 때문이다. 젓가락은 식사 중이거나 끝난 후에도 받침 위에 올려놓으면 된다. 식사 후에 젓가락을 차에 씻어서 깨끗이 한 뒤 제 자리에 가로로 놓아주어야 한다. 젓가락으로 그릇을 당기거나 음식을 주고받거나 개인 젓가락으로 공동의 음식을 집지 않는다. 또한 젓가락으로 음식을 찢어서 나누거나 찔러서 먹는 것도 예의에 어긋나며 젓가락으로 그릇을 빙빙 돌리는 행위도 대단한 실례이다.

④ 젓가락은 받침대 위에 가지런히 올려놓는다. 사용할 때는 두 손을 이용하여 길이를 맞추어 사용하고 다시 받침대에 올려놓는다. 식사가 끝나면 젓가락은 젓가락 싸개에 처음과 같은 상태로 넣으며 포장된 일회용 젓가락을

주로 사용한다. 숟가락은 쓰지 않으며 국물을 먹을 때에는 그릇에 직접 입을 대고 마신다.

⑤ 밥그릇, 국그릇, 조림 그릇의 순서로 뚜껑을 오른손으로 벗기고, 작은 뚜껑은 큰 뚜껑 위에 겹쳐 내려놓는다.

⑥ 밥을 먹을 때에는 밥공기를 왼손 위에 들고 입에 가까이 가져간 후 밥 한 젓가락을 먹은 다음 밥공기를 상위에 놓고 국그릇을 들고서 한 모금 마신다. 이때 젓가락은 국그릇 안에 넣어 적당히 세워서 들고 먹는다. 이것은 국건더기가 자연적으로 입에 들어가는 것을 막기 위함이다.

⑦ 밥그릇에 한 숟가락 남겨야 밥을 더 달라는 의미이다. 그릇의 뚜껑은 상 아래에 놓고 식시를 끝낸 후엔 다시 닫아두는 것이 예의이다.

⑧ 국(맑은 된장국)을 먹을 때는 식기 전에 마셔야 한다.

국물을 마실 때는 먼저 양손으로 그릇을 들고 마시고, 다음에 건더기를 먹는데 건더기는 국그릇을 다시 상위에 놓았다가 젓가락을 오른손으로 고쳐 잡은 다음 조심스럽게 먹는다. 이때 소리가 나지 않도록 조용히 마신다. 국물에 밥을 말아 먹어서는 안 된다.

⑨ 조림은 그릇을 들고 먹어도 되고, 국물이 없을 때에는 뚜껑에 덜어 먹는다.

⑩ 생선초밥을 먹을 때는 물수건으로 손을 깨끗이 하고 직접 손으로 먹는다.

⑪ 생선회는 나눔 젓가락으로 접시 가장자리 것부터 작은 접시로 덜어와 겨자를 곁들인 간장에 찍어 먹는다. 겨자와 간장을 살짝 찍어서 먹는 것이 신선한 맛을 살리는 방법이며, 작은 접시를 손에 들고 간장이 떨어지지 않게 입으로 가져간다. 같이 나온 채소나 해조를 생선회와 함께 먹는 것이 좋다.

⑫ 생선을 먹을 때는 머리 쪽에서 꼬리 쪽으로 먹는다.

⑬ 튀김을 먹을 때는 찍어먹는 국물을 상 위에 놓고 먹어도 되고 국물이 떨어지지 않게 손에 들고 먹어도 된다.

⑭ 국수는 장수를 상징하는 것으로 면 요리를 먹을 때는 중간에 면발을 끊지 않고 후루룩 소리를 내며 마시듯 먹는 것이 일본식 예절이다. 면을 먹을 때 소리를 많이 내도 예의에 벗어나지 않는다.

⑮ 물수건은 사용 후에 물수건이 놓여졌던 그릇에 다시 놓아두는 것이 일반적 예절이다.

⑯ 차를 마실 때는 찻잔을 두 손으로 들어 왼손으로 찻잔 밑에 받치고 오른손으로는 찻잔을 쥔다. 차를 마신 후에는 다시 뚜껑을 덮어 놓는다.

그림 7-4 일본 수저 놓는 법과 밥공기 사용법

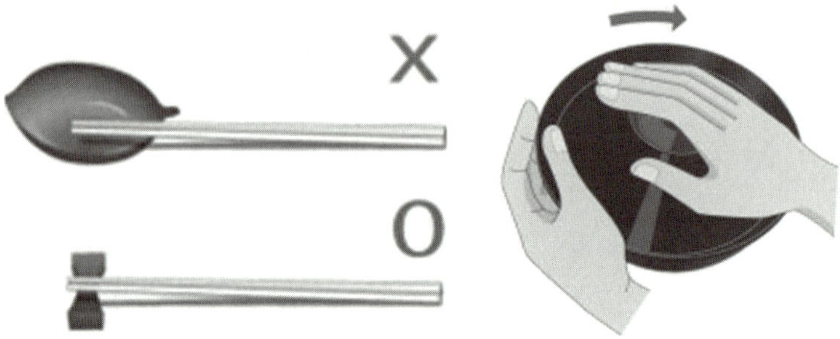

그림 7-5 일본식 테이블 셋팅

3) 중식

중국은 넓고 큰 나라, 역사만큼이나 지역별로 다양한 요리를 개발 · 발전시켜 오늘날 세계적인 요리로 명성을 쌓고 있다.

중국 음식을 주문할 때는 짝수로 요리를 주문하는 것이 통례이며 손님도 대개 짝수로 초대한다.

중국인의 식사순서는 우선 밥과 요리, 그다음으로 국물이 나온다. 밥으로는 북방에서는 아무것도 들어있지 않은 밀가루 덩어리인 만두를 먹으면서 동시에 반찬을 같이 먹으며 남방에서는 주로 쌀밥을 먹는다. 국물은 소화에 도움이 된다고 여기기 때문에 중국인의 식사에서는 매우 중요한 역할을 한다. 국물이 나왔다면 모든 요리가 나왔다고 생각하면 된다. 일반적으로 식사하면서 물은 잘 마시지 않는데 특히 찬물은 마시지 않는다.

(1) 식사예절

비즈니스에서는 주최자가 식사나 술을 먼저 시작한 후 나머지 참석자들이 진행할 수 있으며 식사 시간에는 사업 이야기는 하지 않는 것이 상례이다.

일반적으로 연회는 오후 7시 무렵에 시작되어 약 2시간 동안 진행된다. 연회는 20가지 이상의 다양한 음식이 제공되기 때문에 한꺼번에 많이 먹지 말고 음식마다 조금씩 맛보는 것이 좋다. 음식을 남김없이 다 먹는 것은 접대가 소홀한 것으로 오인할 수 있으며 전혀 손대지 않는 음식은 초청자에 대한 결례이기 때문에 아주 작은 양이라도 조금씩 맛을 보는 것이 좋다.

식사 도중 손을 사용하여 먹는 음식이 나올 때는 손가락을 씻을 수 있는 또 다른 찻잔이 나온다.

(2) 좌석 배치

① 좌석은 입구에서 먼 쪽이 상석이고 주빈석이 된다.

② 원형 탁자가 놓인 자리에서는 안쪽의 중앙이 상석이고 입구가 말석이다. 주인은 입구의 가까운 쪽에서 주빈을 마주 보고 앉는다. 초대한 손님이 많을 때는 6~8인용으로 나누어 따로 식탁을 준비하여 식탁마다 주인 격인 사람이 한 사람씩 앉아서 손님 접대를 하도록 배석한다.

③ 주빈의 왼쪽 자리가 차석, 오른쪽이 3석이다. 단, 집으로 손님을 초대할 때는 1번이 주인자리이고 3번이 주빈자리가 된다([그림 7-6] 참조).

그림 7-6 원형테이블의 회전방향과 상석

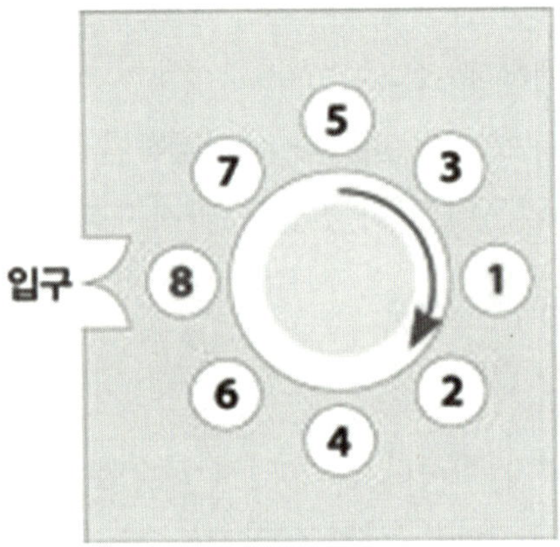

(3) 중국식 테이블 매너

① 식탁은 원형이고 중심은 한층 높은 부분이고, 회전식으로 되어 있어서 요리와 조미료를 놓아 각자가 먹을 만큼 덜어 먹는다.

② 회전식탁의 회전방향은 시계방향으로만 천천히 돌리며 찬 음식부터 더운 음식순서로 먹는데 음식은 다 먹지 않고 조금 남기는 것이 예의이다.

③ 식탁에는 한 사람씩의 식기가 놓이며, 젓가락은 접시의 우측 옆에 세로로 받침 위에 놓는 것이 정식이다.

④ 요리는 중앙에 놓고 젓가락, 사기 숟가락, 개인 접시, 뼈 담을 접시, 국 공기, 술잔, 찻잔, 냅킨 등을 각각 준비해 놓는다. 이외의 필요한 식기는

요리를 먹을 때마다 가져온다. 냅킨은 사용하지 않고 식사 후에 뜨거운 물수건을 내는 것이 관습이지만 근래에는 양식을 본받아서 냅킨을 내기도 한다.

⑤ 새로운 요리가 나오면 접시를 교체해서 먹는다.

⑥ 한 접시에 두서너 가지 요리를 먹어도 되며, 덜어낼 때의 분량은 소량으로 하여 나중에 나오는 요리도 맛있게 먹을 수 있도록 양을 조절한다.

⑦ 생선, 닭 등이 통 채로 나왔을 때는 주인이 먼저 들어서 먹는다.

⑧ 젓가락을 사용하지 않을 때는 개인접시 끝에 걸쳐놓고 식사가 끝난 다음에는 받침대에 올려둔다.

⑨ 젓가락을 밥공기 위에 나란히 놓거나 밥그릇에 수직선으로 꽂아 넣지 않도록 한다.

⑩ 젓가락의 끝을 입에 넣어서는 안 되며, 젓가락을 떨어뜨리지 않도록 조심한다.

⑪ 국물요리는 그릇을 손에 들고 먹어도 무방하다.

⑫ 쌀밥을 먹을 때는 밥공기를 입가에 가까이 대서 먹는 중국인의 관습을 따르도록 한다.

(4) 중국의 차 문화

중국은 차 문화가 발달하여 식사자리에서 차를 마시는 것이 일반적이다. 4천년 이상의 역사를 가지며, 어느 공공장소에 가더라도 차 잎만 있으면 차를 언제든지 마실 수 있도록 끓는 물이 준비되어 있다. 중국에서의 차를 따를 때의 독특한 문화로는 상대방이 차를 따라주면 검지와 중지로 탁자를 가볍게 두드리는 행위가 있는데 이것은 '차를 따라주어 고맙다는'의미의 제스쳐이다. 이 두드리는 문화는 후에 술자리에서의 건배 시에 잔을 식탁 위에 살짝 치기도 하는 테이블에서의 두드리는 문화로 이어진다.

중국에서는 차를 잔에 가득 채우면 업신여김의 의미가 되므로 찻잔의 반만 채운다.

찻주전자에 물을 더 넣고 싶을 때는 뚜껑을 들어 찻주전자 입구에 얹어두거나 비스듬히 걸쳐두면 종업원이 다가와 뜨거운 물을 채워준다.

(5) 중국음식의 금기문화

중국 음식의 금기문화는 단순히 영양소적인 측면이 아니라 음양의 배합과 관계가 깊다. 이는 음식물의 재료 자체가 지닌 계절별 독성과도 관계가 있다고 한다.

봄 붕어는 봄철에는 먹지 않는데 이는 봄 붕어의 머리에 벌레가 있어 각기병을 악화시키기 때문이라고 하며, 우리와는 달리 닭은 여름에 독이 많은 지네를 너무 많이 먹어 독이 체내에 쌓여 있는 것을 경계하여 여름에는 먹지 않는다. 또한, 곰의 심장과 표범의 담을 먹으면 용맹해지고 늙은 암탉을 먹으면 피부가 거칠어진다는 등의 자연의 속성이 그대로 전해져 온 속설이 있다.

(6) 식사 시의 금기사항

중국인들은 일반적으로 손님 접대하기를 좋아하여 집에서 손님을 위해 풍부한 요리를 만들기도 한다. 그러나 식사 시에는 지켜야 할 금기사항이 있다.

접대에 관한 것으로는 손님의 금기와 주인의 금기로 나눌 수 있으며 기본적으로 식사 전에 따뜻한 수건은 내놓아서 손님이 얼굴과 손을 씻게 한다. 앞서 살펴본 바와 같이 항상 손님은 상석에 앉힌다.

(가) 손님의 금기

손님은 식탁에서 일어나 먼 쪽의 음식을 집지 않으며, 요리 접시를 깨끗이 비우지 않고, 생선을 먹을 때 뒤집지 않으며 음식찌꺼기를 개에게 던지지 않고, 먼저 식탁을 일어나지 않는다.[1]

---

1) 음식접시를 깨끗이 비우는 것은 음식이 모자란다는 의미이며, 생선을 뒤집는 등은 어선이 뒤집힌다는 연상 때문에 특히 어촌에서 금기시한다.

또 손님은 요리를 푸는 국자나 주걱 등을 뒤로 젖혀 놓지 않는데, 이는 재물복이 밖으로 나간다고 믿기 때문이다.

고개를 숙여 식사하는 것은 돼지라고 여기기 때문에 중국에서는 식사를 할 때 고개를 숙여 먹지 않고 필요하면 그릇을 받쳐 들고 먹는다.

아이들이 젓가락을 잡을 때 통상 젓가락의 중앙 부분을 잡도록 한다. 너무 윗부분을 잡으면 아이가 자라서 결혼할 때 집에서 먼 곳에서 배우자를 구하고, 너무 아래를 잡게 되면 집에서 가까운 데서 구한다고 여기기 때문이다.

(나) 주인의 금기

산동지역에서는 찾아온 손님을 접대할 때 처음 음식으로 물만두를 내놓지 않는다고 한다. 이는 물만두가 사람을 전송할 때 대접하는 송별의 음식이기 때문인데 산동지역에서는 곤단포로 부르기도 하기 때문이다. 여기서 곤단이란 '꺼져'라는 욕으로 사용된다. 중국 북방지역에서는 '영객면 송객교자(迎客麵 送客餃子)'라는 말이 있듯이 손님을 맞이할 때는 국수를 접대하고 손님을 환송할 때에는 교자(만두)를 접대한다. 주인은 손님보다 먼저 일어나지 않으며 빈 접시를 치우거나 행주질을 하지 않는다. 달걀은 두 개만을 내지 않는데, 이는 '이단'이란 말은 '바보(얼간이)'라는 욕의 의미가 있기 때문이다.

그림 7-7 그림으로 보는 중국의 식문화

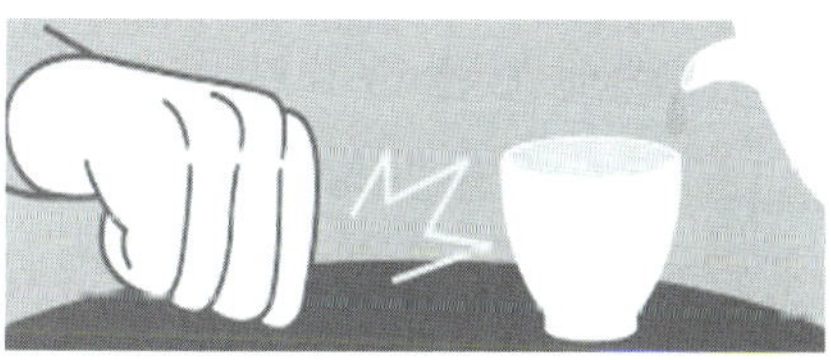

중국의 차 문화(두드리는 문화)

중국의 차 및 음주 문화

중국의 음주문화

중국의 식문화(생선요리)

자료 : 지구촌 스마트여행, http://www.smartoutbound.or.kr/main/main.do.

손님 접대 시 술 주전자나 찻주전자의 입 부분을 손님에게 향하지 않고 손잡이가 향하게 하는데, 이는 주전자의 입 부분이 향한 사람이 구설에 오른다는 속설 때문이다. 또 두 사람이 하나의 배를 나누어 먹도록 하지 않는데 이는 배(이(梨))가 중국어로 (Li)를 나눈다(分, Fen)는 어휘가 분리(分離, 중국어로 FenLi)와 같기 때문이다.

(7) 중국의 지역별 음식의 특징

중국의 요리는 풍부한 가짓수와 그 종류로 정평이 나 있다.

수많은 중국요리 가운데서 비교적 공인되고 분류되는 것으로 중국의 8대 요리가 있다. 8대 요리로는 북방요리를 대표하는 산둥요리, 매운맛으로 유명한 사천요리, 담백한 맛을 주로 하는 강소요리, 항주의 최고요리인 절강요리, 진한 맛에 큰 접시에 푸짐한 요리가 특징인 안휘요리, 매운요리가 많은 호남요리, 맛이 담백하고 해산물 요리가 대표적인 복건요리, 비행기와 책상 및 의자를 제외하고는 다 요리로 만든다는 광둥요리 등이 있다. 중국의 8대 요리 중에서 우리가 익히 알고 있는 대표적인 4대 요리는 다음과 같다.

(가) 북경요리

북경요리는 황하강 유역 및 북방지역인 중국 북부지방의 요리로 중국 청나라의 수도인 북경으로 인하여 청요리의 유래가 된다. 우리나라에서 만드는 요리는 북경요리로 보면 된다. 한랭한 기후 탓에 높은 열량이 요구되어 강한 불로 짧은 시간에 만들어내는 튀김요리가 특징이며, 생선보다 육류가 많다.

(나) 사천요리

사천요리는 양쯔강의 중상류의 산악지대와 사천을 중심으로 한 윈난(운남), 귀주지방의 요리를 말한다. 중국 사람들 사이에는 '호남사람들은 매운 것을 두려워하지 않고, 귀주사람들은 매워도 겁내지 않지만, 사천사람들은 맵지 않는 것을 두려워한다'라는 이야기가 있을 정도로 색채와 맛이 매우 강한 편이다.

(다) 광둥요리

중국의 주강유역의 곡창지대로 어패류 등의 요리가 많은 광주를 중심으로 한 중국 남부지방의 요리이다. 광둥사람들은 어떠한 음식이든 뱃속 안에 들어가면 몸에 도움이 된다는 생각을 하는 것 같으며 특히, 국물을 중요시한다. 광둥요리에는 사용하지 않는 재료가 없을 정도로 그 종류가 다양할 뿐만 아니라, 요리의 명칭도 과대 포장되어 재미있는 요리도 있다.

(라) 상해요리

중국의 양쯔강 하류의 중부지방을 대표하는 요리이다.

난징요리 중 구미풍으로 국제적인 발전을 이룩한 요리를 말한다. 상하이의 따뜻한 기후와 풍부한 농산물인 상유를 써서 만드는 요리가 특징이다. 상하이 요리의 특징은 간장이나 설탕으로 달콤한 맛을 내며 기름이 많고 진하다. [그림 7-8]은 중국의 4대 요리로 유명한 지역을 나타낸 것이다.

그림 7-8 중국의 4대 성

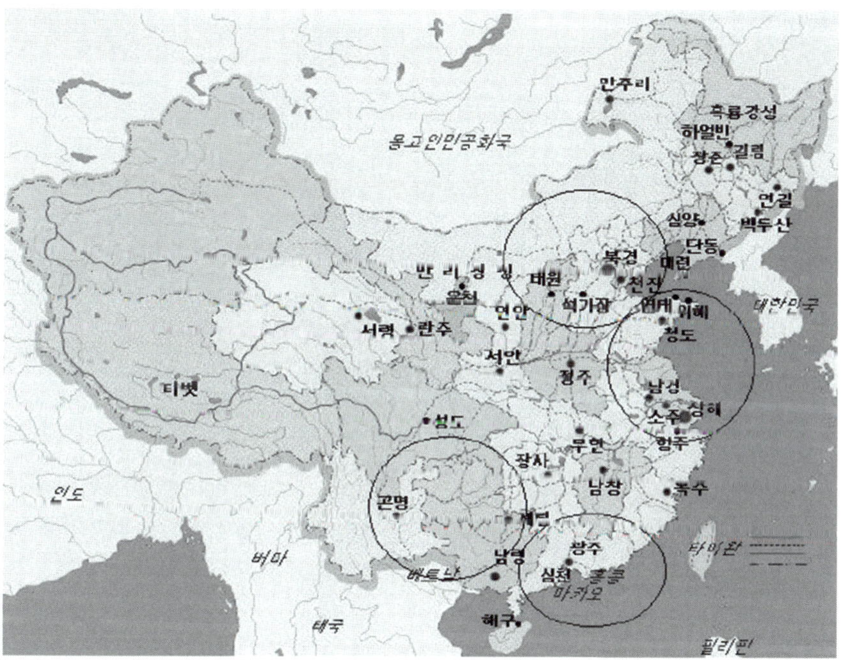

〈표 7-3〉 중국의 4대 요리의 종류

지역별 요리명	특 성
북경 요리	· 중국 북부지방의 요리 · 한랭한 기후 탓에 높은 칼로리가 요구되어 강한 불로 짧은 시간에 만들어 내는 튀김요리와 볶음요리가 특징이다. · 재료도 생선보다는 육류가 많으며 면, 만두, 병 등의 종류가 많다. · 대표적인 요리로는 북경요리, 양통구이, 물만두, 자장면 등이 있다.
사천 요리	· 양쯔강 상류의 산악지대와 사천을 중심으로 한 운암, 귀지지방의 요리 · 바다가 먼 분지여서 추위와 더위의 차가 심해, 악천후를 이겨내기 위해 향신료를 이용한 요리가 발달했으며, 마늘, 파, 고추 등을 넣어 만드는 매운 요리가 많다. · 신맛과 매운맛, 톡쏘는 자극적인 맛과 향기가 요리의 기본을 이룬다. · 대표적인 요리로는 마파두부, 새우 칠리소스 등이 유명하다.
광동 요리	· 광주를 중심으로 한 중국 남부지방의 요리 · 중국 남부연안의 풍부한 식품재료 덕분에 어패류를 이용한 요리가 많고, 아열대성 채소를 사용해 맛이 신선하고 담백하여 중국요리 최고로 평가받고 있다. · 대표적인 요리로는 광동식 탕수육, 상어지느러미 찜, 볶음밥 등이 유명하다.
상해 요리	· 중국의 중부지방을 대표하는 요리 · 풍부한 해산물과 쌀 덕분에 예로부터 식문화가 발달하였다. 특히 그 중에서 상해는 바다에 접해 있어 새우와 게를 이용한 요리가 많다. · 상해 게 요리는 세계적으로 명성이 높으며 간장과 설탕을 많이 사용하는 것이 특징이다. · 대표요리로는 오향우육, 홍소육 등이 유명하다.

자료 : 김덕경・조인순, 직장인의 예절, 형설출판사, 2005, pp.226-227.

그림 7-9 대표적인 중국의 4대 요리

북경요리 – 북경오리

사천요리 – 마파두부

광동요리 – 딤섬

상해요리 – 상해 게 요리

출처 : http://blog.naver.View.nhn?blogId=companyw&logNo=120171577767 외

연습문제

1. 다음 중 일반적인 좌석배치에 대한 설명이 잘못된 것은?
   ① 좌석배치는 여성이나 윗사람일수록 아랫목이나 문에서 먼 쪽으로 앉는다.
   ② 입구에서 가장 가까운 곳이 주인의 자리이다.
   ③ 일반적으로 입구의 반대쪽인 벽 쪽이 상석이다.
   ④ 그 외에 좌석은 들어오는 순서대로 자기가 편한 곳에 앉는다.

2. 한식 상차림 예절이 잘못된 것은?
   ① 밥그릇은 먹는 사람의 왼쪽에, 국그릇은 오른쪽에 놓도록 한다.
   ② 숟가락은 국그릇 왼쪽에, 젓가락은 숟가락 오른쪽에 놓는다.
   ③ 국물이 있는 음식은 먹는 사람 가까이에 놓고, 국물이 없는 음식은 멀리 둬도 무방하다.
   ④ 식어도 관계가 없는 음식을 먼저 차리고, 뜨겁게 먹는 음식은 식사 직전에 차린다.

3. 다음 중 한식 요리의 특징이 아닌 것은?
   ① 사계절의 뚜렷한 변화로 계절음식이 발달하였다.
   ② 곡물중심의 문화이며 발효식품 등이 다양하다.
   ③ 시각적인 맛을 중시하여 맛과 함께 모양・색깔・장식에 이르기까지 전체적인 조화에 신경을 쓴다.
   ④ 우리나라의 임금님의 수라상에는 12첩 반상이 있다.

4. 다음 중 일식 식사예절이 잘못된 하나는?
   ① 일본에서는 일식 벽장 앞 중앙이 상석이다.
   ② 젓가락과 젓가락으로 음식을 건네주거나 받거나 해도 괜찮다.
   ③ 면 요리를 먹을 때는 중간에 면발을 끊지 않고 후루룩 소리를 내며 마시듯 먹는 것이 일본식 예절이다.
   ④ 초밥은 물수건으로 먼저 손을 닦은 후라면 손으로 집어먹어도 된다.

5. 다음 중 일본요리의 종류별 특징이 잘못 설명된 것은?

① 혼젠(本膳)요리	의례 때 나오는 일본의 전통요리 국과 반찬에 따라 1즙 1채, 1즙 2채, 1즙 3채, 2즙 5채, 3즙 7채 등으로 구분(즙: 국이나 찌개, 채: 반찬)
② 가이세키 요리	차 마시기 전에 나오는 요리로 적은 양의 음식이 차려짐
③ 가이세키(會席)요리	혼젠요리의 복잡함과 호화스러움을 간소화한 것으로 일반적으로 가장 많이 차려지는 연회요리
④ 쇼징(精進)요리	일반 가정에서 먹는 일반식 채소, 곡류 등의 식물성 식품을 재료로 하여 차려짐

6. 다음 중 중국식 테이블 매너로 바르지 않는 것은?
① 원형탁자는 시계 반대방향으로만 돌리는 것이 원칙이다.
② 젓가락을 밥공기 위에 수직으로 꼽는 것은 무례한 행동이다.
③ 원형탁자가 놓인 자리에서는 안쪽 중앙이 상석이고 입구가 말석이다.
④ 식사 중 소리를 내어 마시거나 트림을 하는 것은 괜찮다.

7. 다음은 중국의 4대 요리 중 어느 지역 요리에 대한 설명인가?

> 중국의 중부지방의 대표하는 요리이다.
> 풍부한 해산물과 쌀 덕분에 예로부터 식문화가 발달하였다.
> 이곳의 게 요리는 세계적으로 명성이 높으며 간장과 설탕을 많이 사용하는 것이 특징이다.

① 북경요리 ② 사천요리 ③ 광둥요리 ④ 상해요리

8. 다음은 중국 음식의 금기 문화로 주인의 금기 사항이 아닌 것은?
① 달걀은 두 개만을 내놓지 않는다.
② 처음 음식으로 물만두를 끓여 내오지 않는다.
③ 차호의 주둥이를 손님 쪽으로 향하게 한다.
④ 두 사람이 하나의 배를 나누어 먹지 않도록 한다.

참고문헌

김덕경 · 조인순, 직장인의 예절, 형설출판사, 2005.
김미란 편저, 일본문화, 형설출판사, 2001.
김순전, 일본의 사회와 문화, 제이앤씨, 2007.
문승용, 중국 역사와 문화 들여다보기, 한국외국어 대학교 출판부, 2012.
서갑성 · 이성민 · 김종득 공저, 중국비즈니스 문화론, 대진, 2008.
원융희, 국제비즈니스맨을 위한 에티켓, 비즈프라임, 2007.
이기홍 · 이경미, 글로벌문화와 매너, 한올출판사, 2011.
이동희, 매너와 이미지 메이킹, 형설출판사, 2010.
이정우 외 공저, 개정판 글로벌리더를 위한 국제매너와 생활문화, 양서원, 2008.
이정우 · 이계순 · 오연옥 · 이애련 · 이명숙 · 김연화 · 김경아 공저, 고품격 현대생활매너, 양서원, 2008.
한국무역협회 편저, 세계비즈니스 문화기행, 두남, 2002.
주영인 외 3인, 매너와 이미지메이킹, 도서출판, 북카페, 2006.
장범성 · 고연결 공저, 중국학 개론, 한림대학교출판부, 2000.
중국학 연구회, 중국이 보인다. 도서출판 일빛, 1998.
한국무역협회 편저, 세계비즈니스 문화기행, 두남, 2002.
한국 식생활 개발연구소, 왕춘련 회장의 한국요리.
http://blog.naver.com/PostView.nhn?blogId=companyw&logNo=120171577767외
http://waseda-blog.com/220309701756
지구촌 스마트여행, http://www.smartoutbound.or.kr/main/main.do

Chapter 8
서양식 테이블 매너

서양식 테이블 매너가 완성된 것은 19세기 영국의 빅토리아 여왕시대라고 알려져 있다. 이 시대는 역사상 가장 형식을 중시하고, 도덕성을 까다롭게 논하던 시기로써 이때의 식사예법의 절차와 매너가 오늘날까지 이어져 내려오고 있다.

오늘날 테이블 매너의 기본은 요리를 맛있게 먹고 분위기를 즐기기 위한 일종의 사회적 약속으로 보아야 한다.

손님과 만남에 있어서 테이블은 비즈니스와 밀접한 관계가 있다. 차와 식사로 대접 되는 테이블 매너는 비즈니스의 시작과 끝을 항상 함께한다. 그러므로 우리와 다른 서양식 테이블 매너를 익혀서 글로벌 리더가 지녀야 할 자질을 갖추고 비즈니스에서 원하는 결과를 얻을 수 있을 것이다.

테이블 매너는 식당에 도착하기 전에 이미 시작된다고 할 수 있다. 즉 만나는 상대의 개인적인 취향을 미리 알아서 음식 주문 시에 활용하고, 식당별 드레스 코드에 맞는 복장을 준비하고 국가별로 다른 테이블 매너에 대한 사전조사가 필요하다.

1. 테이블 매너 일반

매너는 식사를 즐기기 위한 것이며 나름대로 공적이든 사적이든 이유가 있다. 식사는 사전예약을 하면 보다 나은 서비스를 받을 수 있다.

고급식당은 정장하여야 하며 약속시각보다 5~10분 정도 일찍 도착하도록 한다. 가방 등 휴대품은 식사하는 데 방해가 될 수 있으므로 클로크 룸(Cloak room/Check room)에 맡겨 두도록 하고 여성은 일반적으로 핸드백만 가지고 들어가도록 한다. 핸드백은 자신의 등 뒤에, 큰 것은 자기 자리의 오른쪽 테이블 밑이나 빈 옆 좌석에 놓는다.

식당에 입장할 때는 안내원의 안내를 받도록 하며 여성과 남성이 함께 있을 경우 여성이 안내원의 뒤를 따르도록 하고 안내원이 없는 경우에는 남성이 앞장서서 적당한 테이블로 찾아가도록 한다. 이때 주의할 것은 안내받은 자리가 마음에 들지 않는다고 하여 마음대로 자리를 옮기기보다는 안내원의 동의를 구하고 자리를 옮기는 것이 좋은 방법이다.

Tip "비즈니스 테이블은 예의의 척도"

▶ '명령어'로 보는 비즈니스 테이블 매너

"예약하라" 본인이 손님들을 초대할 경우 성명, 인원수, 일시, 금연석, 식사의 목적 등을 레스토랑 측에 정확히 알려줘야 한다.

"꼬지도 말고 괴지도 말라" 자리에 앉아서는 다리를 꼬거나 턱을 괴지 않는다.

"맡겨라" 모자나 가방, 외투 등은 코트 룸(Coat Room)에 맡겨라.

"사용하지 마라" 냅킨을 수건으로 사용하지 마라.

"줍지 마라" 바닥에 떨어진 나이프나 포크는 줍지 않는다.

"움직이지 마라" 식기는 움직여서는 안 된다.

자료: http://news.naver.com/main/read.nhn?mode=LSD&mid=sec&sid1=101&oid=093&aid=0000008151

Tip "비즈니스 테이블은 예의의 척도"

▶ 아침과 저녁, 그리고 저녁식사 시 달라지는 매너가 있나.

조찬 미팅 때는 누가 먼저 왔느냐가 별로 중요하지 않지만 저녁식사의 경우 반드시 시간을 지켜주는 것이 예의다. 내가 시간을 어겼을 경우 상대방이 비행기 시간을 놓칠 수도 있고, 다음 스케줄을 석찡해 급히게 식사를 하게 하는 결례를 범할 수 있기 때문이다. 그리고 아침식사의 경우에는 가능하다면 프라이버시가 침해되지 않는 조용한 별실을 이용하는 편이 좋다.

▶ 테이블 매너와 관련해 기억에 남는 에피소드가 있다면.

세일즈와 관련한 저녁식사 자리였다. 여러 명이 한 테이블에 둘러앉아 식사를 하는데 서로 계속 얘기만 하나 보니 아무도 선뜻 음식을 먹지 못하는 것이었다. 음식보다는 대화가 중요한 상황이었고 그러다 보니 어느 한 사람이 식사를 하다가도 그 사이에 다른 사람이 얘기를 꺼내면 입으로 가져갔던 포크를 다시 내려놓기도 했다. 이런 상황이 여러 번 반복됐고 요리 세팅이 다 끝났는데도 몇 십 분을 얘기만 하는 것을 보았다. 그분들은 식사를 마친 후 계산하는 자리에서도(한국인들처럼) 먼저 계산하겠다고 또 다시 시간을 끌었다.(웃음)

▶ 비즈니스맨들에 있어 '테이블에서의 식사'가 의미하는 바는

'비즈니스 테이블(업무상 같이 식사하는 것)'은 해당 업무를 성공시키기 위한 도구가 되지만 달리 생각하면 비즈니스 상대자를 배려하는 것이 되기도 한다. 때문에 비즈니스 상 '내가 당신을 이렇게 대우 하겠다'는 의미를 담고 있다고 봐야 한다.

어떤 레벨의 레스토랑에서 어떤 수준의 식사를 대접할 것인가가 중요한 것도 이 때문이다.

자료 : http://news.naver.com/main/read.nhn?mode=LSD&mid=sec&sid1=101&oid=093&aid=0000008151- ■헤럴드 레인프로이 인터컨티넨탈 호텔 이사

1) 자리에 앉을 때

① 남자는 의자 뒤에 서 있다가 오른쪽 좌석에 여자 일행이 앉도록 의자를 뒤로 빼주고 모든 여자 손님이 다 앉은 다음에 앉는다.

② 손목을 식탁에 가볍게 놓은 것은 상관없으나, 팔꿈치를 식탁 위에 올려놓아서는 안 된다. 멕시코는 식사 중에는 항상 양손이 보이도록 하고, 포크와 나이프를 사용하지 않을 때는 손목을 식탁의 가장자리에 가볍게 올려두는 것이 식탁에서의 매너이다.

③ 팔짱을 끼거나 머리칼을 만지지 않는다.

④ 식탁에서 지루하다고 몸을 비틀거나 자주 시계를 들여다보는 것도 실례이다.

2) 식사자리에서의 대화 및 태도

① 옆 사람과 자연스럽게 대화하되 옆 사람 너머로 멀리 있는 사람과 큰 소리로 이야기 하는 것은 금물이다. 독일인들은 식사를 조용히 하는 것이 예의라고 생각한다.

② 혼자서만 대화를 독점하는 것도 좋지 않지만 반대로 침묵만을 지키는 것도 실례이다.

③ 한국이나 서양에서나 식사 중에 트림하는 것은 가장 예의 없는 행동

중 하나이다.

④ 실수로 재채기나 하품을 했을 경우, 옆 사람에게 간단하게 사과해야 한다.

⑤ 이쑤시개가 준비되어 있어도 식탁에서는 쓰지 않는 것이 예의이다.

2. 식전 기본 매너

1) 사전예약과 복장

(1) 사전예약

사전예약도 식사 매너 중의 한 부분이다.

예약할 때는 예약자의 성명, 일행의 인원수, 도착일자, 시간 등을 알려주어야 한다. 약속시각보다 5~10분 정도 일찍 도착하여 상대방을 기다리겠다는 마음을 가지는 것이 필요하다.

(2) 식사복장

모임의 성격에 맞추어 적절한 옷을 입음으로써 최소한 다른 사람에게 불쾌감을 주지 않도록 한다.

남자의 경우에는 보통 검은색이나 감정색 계통의 상하 한 벌의 정장을 입고 여자의 경우는 원피스나 검은 상하 한 벌 슈트가 적당하다. 또한, 모자를 쓰고 식당에 들어가지 않도록 한다.

2) 좌석 배치

동서양을 막론하고 손님을 초대하거나 방문 시에 중요한 것이 좌석의 배치이다. 좌석을 정할 때는 손님 중에서 누가 제일 중요한가를 고려해야 한다.

초대를 받았을 때는 반드시 주인이 정해준 자리에 앉도록 한다. 의자에 앉을 때는 의자의 왼쪽에서 오른편으로 들어가 앉도록 한다.

식탁에서의 좌석 배치는 서열에 따라 하도록 하며 주의사항을 보면 다음과 같다.

① 일반적으로 상석은 문에서 먼 곳, 창가가 보이는 곳, 아늑한 곳이다.

② 부부가 나란히 앉거나 정면으로 바라보지 않도록 자리를 배치한다.

③ 가장 중요한 여자 주빈은 호스트의 우측에 앉고, 그 다음 중요한 여자 손님은 호스트의 좌측에 앉도록 한다.

④ 가장 중요한 남자 주빈은 여자 주인의 우측에, 다음 남자 주빈은 호스티스의 좌측에 앉도록 한다.

⑤ 세 번째로 중요한 여자는 주빈 남자의 우측, 세 번째 남자는 주빈 여성의 우측에 앉도록 한다.

⑥ 공식서열과 관례상 서열을 충분히 고려한 후에 신중히 좌석 배치를 한다.

3) 음식주문

음식을 주문할 때는 메뉴 내용을 처음부터 끝까지 천천히 훑어보는 것이 예의이다. 두리번거리며 옆 좌석의 손님들이 먹고 있는 음식을 손가락으로 가리키며 주문하는 것은 바람직하지 못하다. 어떤 요리를 시켜야 할지 결정하기가 힘들 경우 웨이터에게 오늘의 특선요리나 가장 인기가 많은 메뉴를 추천받도록 한다.

웨이터를 부를 때는 큰 소리로 부르거나 손뼉을 치는 행위 등은 점잖은 행동이 아니므로 고개를 돌려 웨이터의 눈과 마주치던지 손을 어깨높이 정도로 들면 된다.

4) 냅킨 및 테이블 세팅 기물의 사용

(1) 냅킨

냅킨은 옷에 음식물을 떨어뜨리지 않기 위해서 사용하거나, 그 밖에 가볍게 입을 닦거나 핑거보울(Finger Bowl)을 사용한 후 물기를 닦을 때도 사용한다. 입을 닦을 때는 겉이 보이지 않는 안쪽으로 조심스럽게 닦도록 한다.

냅킨의 유래는 로마시대로부터 시작되었다. 당시 평민들은 앉아서 식사했던 반면, 귀족들은 침대처럼 생긴 소파 위에서 옆으로 누워서 식사했는데, 누워서 식사하다 보니 음식이 떨어지고 소파도 더러워지기 일쑤여서 사용한 것이 바로 냅킨이다.

냅킨은 초대한 주인 또는 그 날의 주빈이 펴면 뒤따라 펴면 된다. 냅킨은 전원이 착석한 상태에서 첫 요리가 나오기 직전 펴서 반으로 접은 뒤 접힌 쪽이 안쪽으로 놓이도록 무릎 위에 올려둔다. 특히 식사 전에 소개나 인사, 건배, 기도 연설 등이 있을 때는 끝날 때까지 냅킨을 펴지 않는 것이 매너이다. 냅킨을 활짝 편 뒤 무릎에 올리거나 가슴에 대는 것은 매너에 어긋난다.

냅킨은 자리를 비울 때는 의자 위에 올려두고 식사가 끝나면 테이블 위에 올려둔다. 사용한 냅킨을 너무 깨끗하게 접어놓으면 사용하지 않은 냅킨과 혼동할 수 있으므로 식사가 끝나면 대충 테이블 위에 접어놓는다.

프랑스에서는 식사가 맘에 들지 않으면 사용한 냅킨을 테이블이 아닌 의자 위에 올려놓고 떠나는 때도 있다.

그림 8-1 냅킨

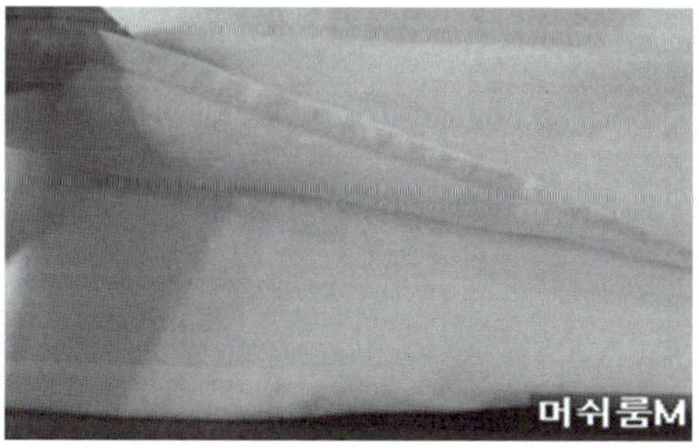

그림 8-2 냅킨의 올바른 위치

잠시 자리 비움

식후의 냅킨

자료 : http://blog.naver.com/PostView.nhn?blogId=lhjimp&logNo=30092523401테이블 상석 (2004, 동아일보)

(2) 자신의 테이블 세팅 기물

서양식 테이블에 세팅된 식기는 식사하기 가장 편한 자리에 놓여있으므로 임의로 식기를 옮기지 않도록 해야 한다. 특히, 여러 명의 식사가 한 테이블 위에 세팅될 경우 자신이 먹어야 할 빵과 물 잔 및 술 잔의 위치와 나이프와 포크의 사용 등에 신경을 써야 한다.

① 테이블 위에 준비된 빵과 물의 위치

그림 8-3 좌빵우물

서양식 테이블 매너에서 식탁 위에 준비된 빵과 물의 위치를 먼저 파악하도록 한다. 물 또는 와인의 잔은 자신의 오른쪽에 놓인 것을 이용하도록 하고, 특히 빵의 경우 동양적 습관과는 달리 자신의 왼쪽에 놓인 빵이 자기의 것이다. 즉 자신의 빵과 물이 어느 쪽의 것인지 모르겠다면 자신의 앞에 놓인 가장 큰 접시를 기준으로 왼쪽의 빵과 오른쪽의 물이 자신의 것이다. 또한, 와인도 물과 같이 오른쪽에 놓인 것이 자신의 것이다. 그리고 빵 바구니에 빵이 담겨 나오면 빵을 왼쪽 접시에 덜고 바구니를 왼쪽으로 전달해 주면 된다.

② 나이프와 포크

나이프와 포크는 밖에 놓은 것부터 안쪽으로 하나씩 사용하면 된다.

중앙의 접시를 중심으로 나이프와 포크는 각각 오른쪽과 왼쪽에 놓여 있다. 오른쪽에는 전채요리가 있는 경우 수프용 스푼, 전채용 나이프, 생선용 나이프, 고기용 나이프의 순으로 세팅된다. 왼쪽에는 전채용 포크, 생선용 포크, 고기용 포크가 차례로 놓인다. 그러므로 식탁 위의 포크와 나이프는 있는 그대로 바깥쪽부터 나이프는 오른쪽 포크는 왼손에 잡으면 된다. 나이프와 포크 위치는 중세시대 이탈리아의 한 귀족이 식사 도중 신에게 감사를 표하는 마음에서 십자가를 표현한 것에서 유래됐다는 설이 있다.

식사 도중에 잠시 포크와 나이프를 내려놓을 때는 시계의 '8시 20분' 모양으로 놓으면 '식사 중'이라는 의미이며 '4시 20분' 모양으로 놓으면 식사를 마쳤다는 의미이다. 나이프의 날은 포크를 향하도록 해야 하며 사용 후 반드시 칼날이 자기 쪽을 향하도록 놓는다.

고기를 자를 때는 나이프와 포크를 동시에 사용하여 끝이 서로 직각이 되게 하여 팔꿈치를 옆으로 벌리지 말고 팔목 부분을 움직여 나이프의 앞부분으로 자르는 것이 좋다. 식사 중 왼손의 포크는 오른손으로 잡아도 무방하다.

그림 8-4 나이프와 포크의 위치

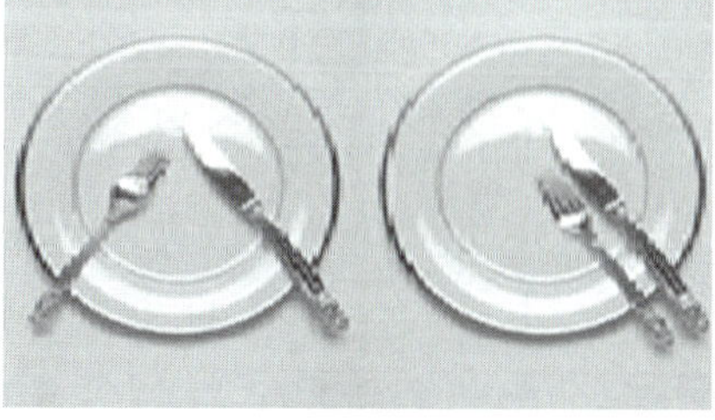

식사 시작은 '8시 20분', 식사 끝은 '4시 20분'

식사 중

식사 도중 나이프나 포크가 떨어졌을 때는 본인이 줍지 않고 웨이터에게 새것을 요청하여 사용하도록 하며, 여성이 떨어뜨렸을 때는 여성을 대신하여 남성이 새것을 가져달라고 부탁하도록 한다.

5) 식사 매너

(1) 생선요리

생선은 뼈를 발라 먹어야 하며 뒤집지 않는다.

생선요리는 소스가 나오면 먹기 시작하는데 묽은 소스는 직접 요리에 뿌리고, 진한 소스는 접시 한쪽에 덜어 먹도록 한다. 생선요리를 먹을 때는 뒤집어 먹지 않는다. 나이프를 사용하여 뼈를 따라 오른쪽으로 위쪽의 살만 발라내어 접시 앞쪽으로 옮겨서 먹고 뼈를 발라낸 뒤 다시 아랫부분을 먹어야 한다. 뼈가 없는 생선요리일 경우에는 그대로 생선의 왼쪽부터 먹으면 된다. 대체로 생선요리는 살이 무른 편이기 때문에 살을 떼어낼 때 이외에는 포크만을 사용해도 괜찮다.

생선에 레몬을 뿌릴 때는 한 손으로 짜되 옆 사람에게 튀지 않도록 가리거나, 생선 위에 놓고 한쪽 끝을 포크로 고정해 나이프로 가볍게 눌러 즙을 낸다. 입속에 들어간 가시를 발라낼 때는 손으로 집어내지 말고 포크에 살짝 뱉어 접시 한쪽에 놓거나 냅킨으로 가리고 뱉는다.

(2) 빵

빵을 먹을 때에는 칼을 대지 않는다.

빵은 요리와 함께 시작해서 디저트를 들기 전에 끝내는 것으로 처음부터 먹는 것도 수프와 함께 먹는 것도 아니다.

빵은 입맛을 정돈하기 위해 먹는 것이므로 미리 수프 등을 찍어 많이 먹게 되면 메인 음식의 맛을 제대로 음미할 수 없으므로 적게 먹는 것이 좋다. 빵은 반드시 빵 접시 위에서 한 조각씩 손으로 잘라 먹는다. 기독교적 관점에서 포도주와 빵은 '예수의 피와 몸을 상징'한다는 믿음 때문에 빵은 손으로 뜯으며, 칼을 대지 않는 것이 테이블 매너이다.

토스트의 경우는 버터나 잼이 발라져 있으므로 오른손에 나이프를 들고 잘라도 된다.

(3) 스테이크

스테이크는 잘라가며 먹도록 한다.

스테이크를 먹을 때는 미리 잘라 놓으면 식어서 고기 자체의 맛이 많이 감소하기 때문에 잘라가면서 먹도록 한다. 이때 세로로 잘라서 먹으면 더욱 맛있다. 스테이크는 익힘 정도에 따라 맛이 달라지므로 취향대로 부탁한다. 스테이크의 참맛은 붉은 육즙에 있으므로 대개 적게 구울수록 고기의 참맛을 즐길 수 있다. 처음 주문한 스테이크가 덜 익어서 먹기 곤란할 때는 안내원을 불러서 더 익혀달라고 하면 된다.

(가) 익힘 정도

① 블루 레어(blue rare)

레어보다 덜 익힌 상태로 살짝 익힌 상태를 말한다.

② 레어(rare)

스테이크를 약간 구운 것으로, 즉 표면만 구워 중간을 붉은 날고기 상태 그대로 지르면 육즙이 나온다.

③ 미디엄 레어(medium rare)

레어보다 좀 더 구운 것으로 중심부의 색갈이 핑크인 부분과 붉은 부분이 섞어져 있는 상태를 말한다.

④ 미디엄medium)

중간정도 구운 것으로 중심부가 모두 핑크빛을 띄는 정도이다.

⑤ 웰던(well done)

완전히 구운 것으로 표면뿐만 아니라 중심부도 충분히 구워져 갈색을 띤 상태이다.

그림 8-5 스테이크의 익힘 정도

자료 : http://blog.naver.com/PostView.nhn?blogId=damookja&logNo=130127928859

(4) 수프

수프를 먹을 때 가슴 앞쪽에서 바깥쪽으로 떠먹는 것은 미국식이고, 바깥쪽에서 안쪽으로 먹는 것은 유럽식이다. 하지만 요즘은 굳이 방식을 따르기보다 자신이 편한 방법으로 먹는 것이 대세이다.

뜨거운 수프가 나왔을 때는 스푼을 이용해서 저어 식히도록 하며 입으로 후후 불어가며 식혀 먹거나 차를 마시듯 소리를 내어 먹는 것도 옳지 않다. 손잡이가 달린 그릇에 담긴 수프는 손으로 그릇을 들고 마셔도 실례가 되지 않는다. 수프를 다 먹으면 접시에 스푼을 그대로 올려놓으면 된다.

(5) 조미료나 소스의 사용

조미료나 소스를 사용할 때는 먼저 요리의 맛을 보도록 한다. 식사 시 맛도 보기 전에 조미료를 사용하게 되면 정성 들여 음식을 만들어낸 요리사에 대한 실례가 된다. 또한 요리 자체의 고유한 맛과 향을 잃어버리거나 음식이 너무 짜게 되어 먹지 못하는 경우도 발생할 수 있으므로 일단 맛을 본 후 자신의 입맛에 맞도록 적당량의 조미료나 소스를 사용하도록 한다.

식탁 위에 놓인 조미료 등을 사용할 때에는 상대방에게 양해를 구하고 전달받아서 사용하도록 하며 사용 후에는 반드시 상대방이 사용하기에 편한 위치에 누노록 한다. 최근에는 소금이나 후춧가루는 앉은 채로 손이 닿을 수 있으면 스스로 가져오는 것도 매너이다. 이딜리아에시는 식탁 위에 놓여 있는 소금, 후추통을 다른 사람에게 건네 받으면 안좋은 일이 생긴다고 믿기 때문에 직접 가져다 먹는 것이 예의라고 한다.

6) 식사속도 및 대화

(1) 식사속도

식사는 일행의 속도와 맞춘다.

나라마다 식사 속도가 다르므로 서두르지 말고 천천히 맛을 음미하며 대화를 즐기며 식사를 해야 한다. 상대방보다 식사를 빨리 마치게 되면 상대방이 서둘러 식사를 마쳐야 한다는 부담감을 느끼게 된다.

(2) 식사 중의 대화

식사 중의 대화는 선별하여 나누어야 한다.

식사 시에 대화를 위해서는 조심하여 한입에 먹는 양을 평소보다 조금씩 먹는 것이 좋다. 또한, 상대방에게 말을 걸 때는 상대방이 음식을 먹고 있을 때는 피하는 것이 좋다.

분위기에 맞는 적절한 대화를 나눌 수 있도록 여행 경험담, 스포츠, 유머 등을 항상 준비하여 적절히 사용하여야 한다. 대화는 가까운 사람들을 상대로 조용하게 이야기한다. 먼 곳에 있는 사람과 큰소리로 대화를 나누는 것은 옆 사람에게 실례가 된다.

(3) 식사 중의 상대방의 실수

식사 중에 상대방의 실수를 보면 모르는 체한다.

서로 다른 나라의 테이블 매너로 인하여 실수할 수도 있으나 이때는 상대방의 실수를 모른 채 넘어가는 것이 매너이다.

일례로 영국 여왕이 한번은 아시아 국가의 원수와 만나게 되었을 때 오른쪽의 빵에 손을 대는 것을 보고 자기도 똑같이 오른쪽의 빵을 먹고 왼쪽의 물을 마셨다는 일화도 있다.

3. 식사 후 매너

맛있는 식사를 매너에 맞게 마쳤다 하더라도 식사 후 태도가 좋지 못하다면 그날의 식사는 좋지 않은 결과를 가져오게 된다.

식사가 끝난 후 테이블에서 화장을 고치거나 사람들 앞에서 바지를 추켜올리지 않는다. 또한, 치아 사이에 음식이 끼여 거북한 경우도 식탁에서가 아닌 화장실로 가서 처리하여 식사 전과 같은 모습을 유지한다.

계산은 웨이터를 불러 식탁에서 하는 것이 정식이다.

4. 각 코스별 매너

서양식 요리는 뜨겁든지 차가운 요리든지 가장 먹기 좋은 온도일 때 제공되기 때문에 음식이 나올 때마다 다른 사람들을 기다리지 않고 바로 먹기 시작해도 예의에 어긋나지 않는다.

코스요리는 손님을 초대해서 접대할 때 또는 행사가 있을 때 차리는 성찬인데, 점심때 차리는 것을 오찬, 저녁때 차리는 것을 만찬이라 한다.

서양요리는 크게 전채요리, 주요리(메인 디쉬), 디저트의 세 코스로 이루어진다.

1) 식전주(Aperitif : 에프리티프)

식사 전에 식욕을 돋우고 타액과 위액의 분비가 활발해지도록 식전에 먹는 것으로 식전주 또는 칵테일이라고 총칭한다.

① 식전주로는 스페인산의 백포도주인 셰리(Sherry)와 화이트와인에 약초를 가미하여 만든 버무스(Vermouth)가 대표적이다.

글라스를 잡을 때는 반드시 잔의 잔대(stem)를 잡아 술 온도와 맛이 그대로 유지되도록 한다.

② 칵테일로는 남성이 즐겨 마시는 마티니(Martini)와 여성용 맨해튼(Manhattan)이 대표적인 식전주이다.

③ 샴페인이나 화이트 와인도 식전주로 적당하며, 술을 마시지 못하는 사람은 오렌지 주스도 적당하다.

2) 전채요리(Appetizer, hors-d'œuvres)

전채요리는 식욕을 촉진하기 위하여 식사 전에 가볍게 먹는 요리를 말하는 것으로 수프가 나오는 것이 일반적이다. 프랑스어로는 '오르되브르(Hors-doeuvres)'라고 하며 영어로는 '애피타이저(appetizer)'라고 한다.

3대 유명 전채요리는 찬 요리의 대표적인 캐비어(Caviar, 철갑상어알)와 푸아그라(Foie Gras, 거위 간), 더운 요리인 에스카르고(Escargot, 달팽이 요리)가 있으며, 새우 칵테일(Shrimp Cocktail), 생굴요리(Oyster), 훈제연어(Smoked Salmon) 등도 있다. 전채요리는 식욕을 돋울 수 있는 적은 양이면 무슨 요리든지 될 수 있다.

3) 수프(Soup, consommé: 콩소메)

수프는 감자, 옥수수, 아스파라거스, 브로콜리 등의 채소로 진하게 만들어 담백한 요리에 어울리는 포타주(potage)와 코스가 많은 정찬 요리에 적합한 쇠고기, 생선, 닭고기를 삶은 국물로 만든 맑은 수프인 콩소메(consomme)가 있다.

"수프는 마시는 것이 아니고 먹는 것이다"라는 말이 있듯이 고개를 숙여 마시듯이 먹지 말고 스푼을 입 높이까지 올려서 먹는다. 수프를 다 먹으면 스푼 손잡이를 오른쪽으로 하여 그릇 안에 둔다.

4) 빵(bread)

빵은 앞서 살펴본 바와 같이 메인 디쉬와 함께 시작해서 디저트를 들기 전에 끝내는 것이다. 식탁에서 빵 접시는 자신의 왼쪽에 놓인 것이 자신의 것이므로 자신의 오른쪽 빵 접시를 잘못 사용하지 않도록 한다.

빵을 먹을 때는 손을 사용하며 포크와 나이프를 사용하지 않는다.

5) 샐러드(salad)

샐러드는 여러 가지 채소로 만들며 주로 육류인 메인 요리와 곁들여 균형을 맞출 수 있도록 제공된다. 샐러드는 나라별로 먹는 순서가 다를 수가 있다. 영국인과 미국인은 샐러드가 주요리 전에 서비스되지만, 프랑스인들은 주요리가 끝난 다음에 먹는다. 이탈리아에서는 샐러드는 반드시 각자의 접시에 덜어서 소스를 첨가하여 먹는다. 연회에 있어서 샐러드는 빵과 같이 자신의 왼쪽에 놓인다. 샐러드는 포크와 나이프가 제공되지만, 포크만 사용하여도 되며 육류를 먹는 사이사이에 먹는다.

6) 셔벗(Sherbet)

풀코스의 경우 주 요리 전에 입안을 깔끔하게 하여 식사의 맛을 제대로 느낄 수 있도록 입안을 산뜻하게 하려고 먹는다. 셔벗은 과즙에 설탕, 향이 좋은 양주, 난백, 젤라틴 등을 넣고 잘 섞어서 얼려서 만든다.

7) 주요리(main dish)

주요리는 육류나 어류요리와 샐러드로 이루어진다.

(1) 생선요리

주로 생선을 찌거나 버터구이 한 것으로 조개류도 포함되며 맛은 담백하다. 생선요리의 주류는 백포도주로 섭씨 5도에서 10도로 차게 하여 마신다.

(2) 앙트레(entrée)

부드러운 쇠고기, 닭, 오리고기 또는 양고기 요리 등이 이에 해당한다.

실온의 적포도주를 함께 마신다. 익힌 채소도 함께 곁은 접시에 담아 제공된다.

(3) 새우요리

새우는 머리 부분을 포크로 고정하고 새우 살과 껍질 사이에 나이프를 넣어 살을 벗겨내듯 하면서 꼬리 쪽까지 옮겨간다. 이렇게 양쪽으로 반복하다 보면 껍질이 쉽게 벗겨진다. 그 다음 왼손의 포크로 꼬리 부분을 등에 올리고, 오른손의 나이프로 껍질 부뷰을 누른 후 다시 포크로 살 부분을 당기면 그 부분만 쉽게 빠져나온다.

껍질은 한곳에 두고 살 부분 왼쪽부터 잘라가며 마요네즈나 크림소스와 함께 먹는다.

(4) 소스

요리에 나오는 소스는 무조건 뿌리지 않는다.

고기 위에 뿌려진 것 같은 묽은 소스는 직접 요리에 얹어 먹도록 한다.

오리고기에는 오렌지소스, 돼지고기에는 파인애플소스, 양고기에는 민트 소스 등이 잘 어울린다.

8) 와인(wine)

알칼리성 음료인 와인은 육식이 주 요리인 서양 식탁에서 빠져서는 안 될 중요한 존재이다. 와인은 요리와 함께 시작해 요리와 함께 끝나는 것으로 디저트가 나오기 전까지 마신다. 와인 테스트는 남성이 맛을 보며, 호스트가 여성이면 동석한 남성에게 부탁한다. 프랑스에서는 여자는 남자가 와인을 따라 줄 때까지 기다리는 것이 예의이다.

와인을 마실 때는 다음의 같은 점에 유의하도록 한다.

그림 8-6 와인 매너

자료 : http://terms.naver.com/entry.nhn?docId=1048700&cid=42813&categoryId=42813

① 와인이나 주류를 마시지 않는 사람이라면 글라스 가장자리에 가볍게 손을 올려서 '그만 되었다'라는 표현으로 사양의 뜻을 전하면 된다. 서양식 테이블 매너에서는 글라스를 엎는 것은 금기시되고 있으므로 주의하도록 한다.

② 글라스에 담긴 와인을 남기지 않고 다 마시는 것이 예의이다.

③ 와인을 마시기 전에 입에 있는 음식물을 다 삼키고 먹어야 하며 입가를 닦는다.

④ 식사와 함께 마시는 와인은 글라스를 잡을 때 유리잔의 받침대(stem)를 잡고 마신다.

⑤ 술을 받을 때는 식탁으로부터 술잔을 들어 올리지 않는다.

⑥ 와인은 먼저 눈으로 색을 확인하고 그다음 코로 향기를 음미하고 마지막으로 목젖을 타고 넘어 들어가는 와인의 맛을 즐긴다. 즉 눈으로 색상을, 코로 와인의 향기를 입으로 와인의 맛을 천천히 음미한다.

⑦ 와인은 글라스의 6~7부[1]만 따르도록 한다. 이는 잔의 남은 공간에 향이 머무를 수 있도록 하기 위함이다.

⑧ 와인은 씹어 마시듯 입안 가득히 머금어 향이 퍼지게 한 다음 입속에서 굴려서 음미한다.

⑨ 여성들은 될 수 있으면 자작하지 않으며 남성은 자신의 오른쪽에 앉은 여성의 포도주잔을 항상 채워주어야 할 의무가 있다.[2]

⑩ 건배 시 잔을 부딪칠 때는 잔의 끝부분이 아닌 볼 부분끼리 한다.

9) 후식(dessert)

식사를 마치고 단맛을 내는 과자, 파이, 아이스크림, 젤리 등을 먹는다.

서양요리에서는 설탕을 거의 사용치 않으며, 전분도 적게 사용하므로 식후의 디저트는 달콤하고 부드러운 것이 일반적이다. 식후의 음료로는 진한 커피, 홍차, 식후주 등을 마신다. 풀코스의 마지막은 데미다스[3] 커피(demi-tasse coffee)로 이루어지는데 에스프레소나 카푸치노 등을 작은 컵에 낸다.

---

1) 화이트와인은 글라스의 1/2, 레드와인은 글라스의 1/3, 스파클링은 글라스의 3/4 정도

2) 금한나, 이미지와 국제매너, 한올출판사, p.162.

3) 1/2이라는 의미이다.

5. 국가별 테이블 매너

1) 영국

냅킨은 기저귀를 의미하므로 서비어트(serviette)라고 해야 한다.
영국인은 샐러드를 메인디쉬와 함께 먹거나 그 전에 먹는다.
영국에는 Afternoon Tea와 High Tea라는 Tea타입이 있다.

(가) Afternoon Tea

늦은 오후에 가볍게 작은 샌드위치나 과자를 홍차와 함께 먹는 것을 말한다.

(나) High Tea

저녁 식사를 대신해서 달걀이나 훈제 고기를 곁들여 마시는 것을 말한다.

2) 프랑스

① 세계적인 미식가로 알려져 있으며 돼지고기에 국한되는 독일요리를 깔보는 경향이 있다.

② 아침 식사 때 사업에 관한 이야기를 나누는 것은 별로 좋아하지 않으며 레스토랑에도 개를 데리고 들어가 식사를 부탁하는 것이 흉이 되지 않는다.

③ 샐러드는 메인디쉬 후에 제공된다.

④ 식탁에 손을 올려도 된다.

⑤ 식사에는 와인 반주가 관례적이므로, 이를 거절하지 말고 조금씩 마시도록 한다.

⑥ 접시에 있는 음식은 남김없이 먹고, 와인은 주인이 줄 때까지 기다리는 것이 예의이다.

3) 독일

독일에서는 부드러운 음식을 자르는 데 포크를 이용한다.

일반적으로 칼은 포크로 자를 수 없는 경우에만 사용한다.

① 독일인은 아침 식사에 꿀을 가장 즐기는 민족으로 아침에 꿀을 대접받으면 특별한 것으로 간주한다.

② 식사 중에 음식을 먹고 있지 않을 때는 손을 항상 테이블 위에 올려놓아야 한다.

③ 독일의 음식은 서민적이나 식기는 디자인을 돋보이는 것들이 많이 발달하여 세계적으로 큰 인기를 누리고 있다.

④ 식당에 손님이 많으면 테이블 빈자리에 모르는 사람이 앉는 것이 일상적인 일이다.

⑤ 테이블의 상석은 테이블 머리이며, 그 왼쪽이 두 번째, 오른쪽이 그다음 상석이 된다.

⑥ 건배할 때는 테이블을 돌아가면서 사람들과 눈을 마주치도록 한다.

⑦ 부드러운 음식을 자를 때는 포크를 사용하며, 샐러드에 들어 있는 상추는 자르지 않고 칼과 포크로 접어서 포크로 찍어 먹어야 한다.

4) 미국

① 미국사람은 말고기를 먹지 않는다.

② 식사 중에 음식을 먹고 있지 않을 때는 손을 무릎 위에 올려놓아야 한다.

③ 대체로 아침, 점심은 간단하게 저녁은 풍성하게 먹는다. 아침에는 햄과 달걀에 페이스트리를 먹으며, 저녁 식사를 주로 7시부터 한 시간 전후에 한다.

④ 식사를 시작할 때 커피를 제공한다.

⑤ 식사 전 약 1시간 동안 술을 즐기는 '칵테일 아워'가 있다.

⑥ 상대방이 음식이나 음료를 권할 때 소신껏 거절해도 예의에 어긋나지 않는다.

5) 이슬람

빵과 더불어 주요한 음식으로 양고기, 닭고기, 쇠고기, 낙타고기 등의 육식을 먹는다.

① 회교도들은 돼지고기, 짐승의 피를 재료로 한 음식, 돼지고기를 가공한 음식물 및 이슬람식으로 도살되지 않은 고기는 먹지 않는다.
② 두 개의 발톱을 가진 동물이나 이러한 동물의 고기를 기름에 요리한 음식도 금지되어 있다.
③ 알코올을 마시지 않는다.

6) 핀란드

소금을 건넬 때는 상대 앞에 놓아두어야 한다.

연습문제

1. 다음 중 올바른 식탁 매너에 해당되는 것은?
   ① 식탁에 앉을 때는 의자의 왼편으로 들어가 앉도록 한다.
   ② 식사 후 그릇을 웨이터가 치우기 전에 치우는 것이다.
   ③ 음식이 반쯤 남아 있는 스푼이나 포크를 들고 이야기 하는 것은 괜찮다.
   ④ 식사가 끝났을 때는 포크와 나이프를 八자로 놓는다.

2. 서양식 요리에 따른 테이블 매너로 잘못된 것은?
   ① 수프는 마시는 것이 아니라 먹는 것이므로 고개를 숙여 마시듯이 먹지 말고 스푼을 입 높이까지 올려서 먹는다.
   ② 빵 접시는 오른쪽에 있는 것이 본인의 것이며, 한 조각씩 손으로 잘라 먹는다.
   ③ 통째로 나온 생선은 절대로 뒤집어 먹지 않는다.
   ④ 핑거보울은 손가락을 씻는 물그릇이다.

3. 서양식 테이블 매너에서 기물 사용법으로 잘못된 것은?
   ① 식탁 위의 나이프와 포크는 바깥쪽에서 안쪽으로 순서대로 사용한다.
   ② 식사 중 와인을 마실 경우 나이프와 포크는 접시 위에 八자로 교차해 놓는다.
   ③ 나이프는 사용 후 반드시 칼날이 자기 쪽을 향하도록 놓는다.
   ④ 여러 사람이 식사를 할 경우 물 잔은 왼쪽에 있는 것이 자신의 것이다.

4. 서양식 테이블 매너로 적합한 것은?
   ① 식탁 위에 나이프와 포크는 안쪽에서 바깥쪽 순으로 사용한다.
   ② 통째로 나온 생선은 뒤집지 말고 윗부분을 먹고 난 뒤에 가시를 추려내서 아랫 부분을 먹는다.
   ③ 스테이크는 한꺼번에 썰어 놓고 먹는다.
   ④ 핑거보울에 담겨 나오는 물은 마시는 물이다.

5. 서양식 테이블 매너로서 옳지 않는 것은?
① 가장 중요한 여자 주빈은 호스트의 우측, 그 다음 중요한 여자 손님은 호스트의 좌측에 앉는다.
② 가장 중요한 남자 주빈은 여자 주인의 우측에, 다음 남자 주빈은 호스테스의 좌측에 앉도록 한다.
③ 세 번째로 중요한 여자는 주빈 남자의 우측, 세 번째 남자는 주빈 여성의 우측에 앉도록 한다.
④ 부부가 초대 받았을 경우에는 반드시 마주보고 앉는다.

6. 식탁에서 주의해야 할 행동이 아닌 것은?
① 상대방이 음식을 씹고 있을 때 말을 건네는 것
② 음식이 반쯤 남아 있는 스푼이나 포크를 들고 이야기 하는 것
③ 대화내용으로 예술, 취미, 여행에 대한 화제를 선택하는 것
④ 팔꿈치를 테이블 위에 세우거나 턱을 괴는 것

7. 육류요리에 대한 설명으로 잘못된 것은?
① 스테이크는 고기의 왼쪽에서 잘라가며 먹는다.
② well-done으로 주문하면 표면과 중심부가 충분히 구워진 상태로 나온다.
③ 육류요리에는 백포도주를 마신다.
④ 고기를 한꺼번에 썰어 놓고 먹으면 육즙이 접시로 흘러내려 맛이 떨어진다.

8. 다음은 고급식당을 이용하는 매너에 관한 내용이다. 적합하지 않은 것은?
① 고급 식당에서는 그날 모임의 취지에 맞게 의복을 갖춰 입어야 한다.
② 고급 식당을 예약할 때는 성명, 인원, 메뉴만 알려주면 된다.
③ 식당 이용 시 큰 짐, 우산, 코트 등은 클럭크-룸에 보관한다.
④ 좌석에 앉을 때는 의자의 왼편으로 들어가 앉도록 한다.

9. 서양식 테이블 매너에서 수프에 대한 설명으로 잘못된 것은?
① 수프는 다른 요리와 같이 손님의 왼쪽에서 서브된다.
② 수프는 오른편 바깥에 놓인 수프 스푼으로 먹는다.
③ 손잡이가 달려 있는 수프 컵의 경우 손으로 들고 마셔도 된다.
④ 수프가 나오면 맛을 보기 전에 소금이나 후추가루를 뿌린다.

10. 다음 중 올바른 냅킨 사용법에 해당하는 것은?
① 식사가 끝난 후에는 냅킨을 의자 위에 둔다.
② 냅킨은 모두가 자리에 앉은 것을 확인한 후 무릎 위에 펼친다.
③ 냅킨은 양복조끼 단추에 걸거나 드레스셔츠 목 부분에 걸친다.
④ 콧물이 날 경우 냅킨을 사용하여 코를 푼다.

11. 메인디쉬의 익힘 정도에 대한 설명이 잘못된 것은?
① 블루 레어(blue rare) : 레어보다 덜 익힌 상태이다.
② 레어(rare) : 스테이크를 약간 구운 것으로 즉 표면만 구워 중간을 붉은 날고기 상태이다.
③ 미디엄 레어(medium rare) : 중간정도 구운 것으로 중심부가 모두 핑크빛을 띠는 정도를 말한다.
④ 웰던(well done) : 완전히 구운 것으로 표면분만 아니라 중심부도 충분히 구워져 갈색을 띤 상태를 말한다.

12. 서양식에서는 빵이나 과일 등 손으로 먹는 음식을 위해 손가락을 씻는 물그릇이 나오기도 하는데 이것을 무엇이라 하는가?
① 메인-디쉬 ② 핑거보울
③ 워터-볼 ④ 보울

13. 식탁에서의 대화 매너로 적합한 것은?
① 대화는 건너편과 양편 가까운 사람들을 상대로 조용히 한다.
② 대화의 내용은 결혼 유·무, 전문가적인 화제, 금전문제 등이 적절하다.
③ 먼 곳에 앉은 사람과는 큰소리로 말한다.
④ 식사 시 대화를 할 때는 음식을 전혀 먹지 않는다.

14. 생선요리 먹는 매너로 잘못된 것은?
① 통째로 나온 생선은 윗 부분을 먹고 난 뒤 뒤집어서 먹는다.
② 생선요리에는 포도주는 백포도주가 좋다.
③ 반달모양의 레몬 조각이 나오면 상대에게 튀지 않도록 한쪽 손으로 가려서 즙을 낸다.
④ 묽은 소스는 생선에 직접 뿌려서 먹지만, 진한 소스는 접시에 덜어서 찍어 먹는다.

15. 식사와 함께할 때 와인매너로 적절한 것은?
① 입안에 음식물을 넣은 채 마셔도 된다.
② 와인을 따를 때 글라스를 들지 않으며, 첨잔하는 것이 보편적이다.
③ 더 마시고 싶지 않을 때는 글라스를 거꾸로 엎어 둔다.
④ 통상적으로 육류요리에는 화이트와인이 잘 어울린다.

16. 다음 정식코스의 빈 칸을 채우시오.
전채요리 - (　　) - 메인요리 - 디저트 - 음료

참고문헌

금한나, 이미지와 국제매너, 한올출판사, 2011.
김덕경 · 조인순, 직장인의 예절, 형설출판사, 2005.
김미란 편저, 일본문화, 형설출판사, 2001.
김순전, 일본의 사회와 문화, 제이앤씨, 2007.
서갑성 · 이성민 · 김종득 공저, 중국비즈니스 문화론, 대진, 2008.
원융희, 국제비즈니스맨을 위한 에티켓, 비즈프라임, 2007.
이기홍 · 이경미, 글로벌문화와 매너, 한올출판사, 2011.
이동희, 매너와 이미지 메이킹, 형설출판사, 2010.
이정우 외 공저, 개정판 글로벌리더를 위한 국제매너와 생활문화, 양서원, 2008.
이정우 · 이계순 · 오연옥 · 이애련 · 이명숙 · 심연화 · 김경아 공저, 고품격 현대생활매너, 양서원, 2008.
주영인 외 3인, 매너와 이미지메이킹, 도서출판, 북카페, 2006.
장범성 · 고연결 공저, 중국학 개론, 한림대학교출판부, 2000.
중국학 연구회, 중국이 보인다. 도서출판 일빛, 1998.
한국무역협회 편저, 세계비즈니스 문화기행, 두남, 2002.
http://news.naver.com/main/read.nhn?mode=LSD&mid=sec&sid1=101&oid=093&aid=0000008151- 헤럴드 레인프로이 인터컨티넨탈 호텔 이사
http://blog.naver.com/PostView.nhn?blogId=lhjimp&logNo=30092523401테이블 상석(2004, 동아일보)
http://blog.naver.com/PostView.nhn?blogId=damookja&logNo=130127928859
지구촌스마트여행, http://www.smartoutbound.or.kr/main/main.do
http://terms.naver.com/entry.nhn?docId=1048700&cId=42813&categoryid=42813

Chapter 9
음주 매너

문화는 서로 다른 차이가 있는데 음주문화 또한 동·서양, 그리고 나라마다 큰 차이가 있어 각국의 문화를 엿볼 수 있는 흥미로운 지표가 된다.

사회생활을 하면서 직장회식, 사교모임, 비즈니스파티 등 여러 형태로 본인의 의사 또는 음주 여부와 관계없이 음주하게 된다. 음주 매너 또한 식사 매너 못지않게 그 중요성이 강조되고 있다. 음주 매너는 문화권별 또는 국가별로 약간씩 차이가 있으므로 이에 대한 철저한 이해와 지식의 습득을 소홀히 할 때에는 의도하지 않은 결례와 이미지 실추를 일으킬 수 있으며 이는 비즈니스의 성과에도 영향을 미칠 수 있다. 따라서 음주 매너에 대한 철저한 이해와 지식의 습득은 필수적이다.

1. 술에 대한 이해

술이란 원래는 사람의 병을 고치는 약이다.

의(醫)자와 주(酒)자에 공통으로 쓰인 유(酉)자는 항아리 모양으로 약병이라고도 하고 술병이라고도 한다. 유(酉)자는 십이지(十二支) 간에서는 열 번째 순서이고 유시(酉時)는 해가 서산으로 넘어가고 하루가 마감되는 오후 5시에서 7시까지인 것이다. 따라서 술은 저녁에 마셔야 한다.

유(酉)자의 훈칭은 "익을 酉", "성숙할 酉"인 것이다. 결국, 술이란 항아리 속에서 오랫동안 익힌 액체이므로 수(水)와 주(酉)를 합하여 주(酒)자가 된 것이다. 술은 재료에 따라 독특한 향내와 함께 그 맛이 쓰다.

옛날 중국에서 술을 제조한다는 것은 의술(醫術), 축술(祝術)과 밀접한 관계를 맺고 있었다. 중국에 의하면 하(夏)나라 때 의적이 술을 만들기 시작하였다고도 하고, 주나라 때 두강이 시조라고도 한다. 이집트에서는 농경의 신인 오리시스가 맥주 제조법을 가르쳤다고 하며, 그리스에서는 보통 바코스라 불리는 디오니소스가 포도주 제조법을 가르쳤다고 전한다.

1) 술의 기원

술의 기원은 떨어진 과일로부터 시작이 되었다고 한다.

탈무드에서는 술을 '악마의 선물'로 지칭하고 있다. 세상이 생긴 지 얼마 되지 않았을 때 인간이 포도나무를 심고 있는데 악마가 찾아와 물었다고 한다. "처음 보는 식물인데 무엇을 하고 있는가?" 이 말을 들은 인간이 악마에게 "이 식물이 자라면 맛좋은 열매가 열리는데, 그 즙을 마시면 아주 행복해진다"라고 설명해 주며 함께 할 것인지를 물었고 악마도 함께 거들기로 했다.

악마는 양과 원숭이, 사자, 돼지를 끌고 와서 죽인 다음 그 피를 거름으로 쏟아부었다. 그렇게 하여 포도주가 생겨났다고 한다.

포도주는 처음 마셨을 때는 양처럼 순하지만 좀 더 마시면 사자처럼 난폭해지게 만든다. 그보나 더 마시면 돼지처럼 추해지게 된다. 그리고 너무 지나치게 미시면 원숭이처럼 춤을 추거나 노래를 부르게 만든다. 이것은 바로 악마가 인간에게 준 선물이다.

이렇게 탈무드에 나와 있는 술에 관한 내용뿐만 아니라 술은 선과 악의 두 얼굴을 지닌 야누스이다.

술의 재료인 주정(酒精)과 정신(精神)의 한자표기에 모두 정(精)자가 들어 있는 데서도 술의 기원을 찾을 수 있다.

술의 표기가 동양권에서만 정신과 연결된 것이 아니다.

로마 문자 권에서는 스피릿(Spirit)이 정신과 술을 함께 뜻한다.

13세기 프랑스 몽펠리 대학의 빌뇌브 교수는 술의 주요 성분인 알고올의 정체를 밝혀내고 만병통치의 생명수(아쿠아비테, Aqua-vitae)라고 이름을 붙였다. 빌뇌브는 알코올에 내해 "이것은 실로 불후 불멸의 좋은 물이기 때문에 생명수라는 이름이 아주 적절하다. 이 물은 생명을 연장해주고 모든 불쾌감을 깨끗이 제거하며 마음을 소생시키고 젊음을 지켜준다."라고 말했다.

예전 유럽에서는 의사가 환자에게 술을 마시도록 권장하고 '모든 의약의 여왕'이라고 극찬했다고 한다. 한방에서 '술을 백약의 으뜸'으로 친 것과 맥이 통한다. 최근의 연구결과도 술의 치료 효과를 증명한다. 미국의 아더 클라스티 박사는 심장 전문의 회의에서 "10만을 대상으로 조사한 결과 알코올은 관상동맥에서 발생하는 심장병 예방 효과를 갖고 있다."라는 연구를 발표했다.

알코올은 노화의 원인이 되는 유해산소를 제거하는 능력이 있어서 젊음을 지켜준다는 말도 전혀 터무니없는 것도 아니다.

실제로 술은 민간요법으로 폭넓게 이용됐다. 빈혈에는 철분이 풍부한 포도주가 쓰이며, 담석증이 있다면 이뇨제 대신 맥주를 마시게 한다. 위스키는 오래전부터 응급처치용으로 활용됐다.

그러나 지나친 음주는 중요한 자아를 마취시켜 심각한 정신적·신체적 장애를 나타낼 뿐 아니라 우울증을 유발한다. 또한, 술은 면역반응과 생체의 방어기능에 중요한 백혈구 수를 감소시키기 때문에 각종 감염성 질환이 높게 발생한다. 따라서 감기에 걸렸을 때 술을 마시는 것은 저항력이 감소하기 때문에 현명한 일이 못 된다.

2) 세계의 대표적인 술

음료는 크게 비알코올성 음료와 알코올성 음료로 나눌 수 있다.
알코올성 음료의 종류에 대하여 간략히 살펴보면 크게 다음과 같다.

첫째, 양조주로는 와인, 맥주, 청주, 탁주 등을 들 수 있다.
둘째, 증류주로는 위스키, 브랜디, 진, 보드카, 럼, 데킬라 등을 들 수 있다.
셋째, 혼성주로는 리큐르와 베르뮤 등을 들 수 있다.

일반적으로 맥주를 증류한 것이 위스키이다. 위스키 대부분이 스코틀랜드산 스카치위스키이다. 브랜디는 와인을 증류한 것이다.

(1) 진(gin)

진은 영국 진과 네덜란드 진으로 나누는데 네덜란드가 전통적인 생산국이다. '왕이 부럽지 않은 가난'이란 별명을 지닌 서민의 술이다.

진의 원료인 두송나무 열매가 상처 부위를 쉽게 아물게 하는 성질이 있어 소독약으로 개발되었던 것을 술로 제조하였다.

진은 무색투명하여 저장을 필요치 않고 대량생산이 가능하여 값이 싼 것이 장점이다. 특히 느끼한 음식을 먹은 후 산뜻한 입맛을 유지하며 식사 전이나 중에는 식욕을 돋우는 역할을 한다.

진으로 만들 수 있는 대표적인 칵테일은 탐칼린스와 진토닉 등으로 가정에서 여는 파티에 부담 없이 사용할 수 있다.

(2) 럼(rum)

럼은 당밀이 함유된 화학주로서 자메이카와 쿠바, 푸에로토리카가 주 원산지이다.

일명 '해적의 술'이라고도 하는 럼은 서인도제도에서 사탕수수를 원료로 만든 술이다.

럼은 골드와 실버로 나뉘는데 골드는 일 년 정도 포도주를 담았던 오크통 속에 럼을 저장하여 포도주 향은 물론 오크 특유의 냄새가 배어 스트레이트로 적합하다.

실버는 무색으로 칵테일에 사용하며, 대표적인 칵테일은 바카리와 데이큐리를 들을 수 있다.

럼은 '해적의 술'답게 사나이의 뜨거운 가슴에 불을 지피는 술로서 우정을 나누는 모임이나 직장의 송년회 등에서 마시면 좋다.

(3) 포도주(wine)

포도주는 순수 포도만을 발효하여 만든 술이기 때문에 도수가 낮고 향과 맛이 좋아 옛날부터 유럽에서는 식사 도중이나 애경사, 제사 때 많이 마셨다. 귀한 손님을 접대할 때 사용하였으며 현재까지도 전 세계적으로 매우 인기 있는 술로 인정받고 있다. 전통 포도주 생산국인 프랑스, 독일, 스페인, 영국, 이탈리아 등에서는 식탁에 반드시 포도주를 곁들인다. 프랑스에서는 "와인이 없는 식탁은 태양이 없는 하루이다"라고 할 만큼 절대적 음료이며, 기원전 4천 년의 역사를 가지고 있다.

포도주는 체온에 의해 맛이 변할 만큼 섬세한 술이기 때문에 마실 때는 기둥이 있는 잔을 사용하는 것이 좋다. 또한, 잔에 가득 부으면 공기와 접촉하는 면이 많아 향기가 금방 달아나기에 반 정도만 채운다.

포도주를 마실 때는 눈으로 색을 감상하고, 코로 향기를 음미하고, 입술로 맛을 느끼며 목젖으로는 포도주 특유의 맛을 즐긴다. 마시기 전에 향기를 맡아봐야 하는 포도주는 레드와인이며 10년 이상 된 것에만 해당하며, 화이트와인은 향기를 맡을 필요가 없다.

(가) 레드와인

레드와인은 붉은색 또는 푸른색의 포도를 주원료로 한다. 레드와인의 맛을 내는 중요한 요인은 탄닌으로 레드와인에 있는 탄닌은 화이트와인과의 가장 중요한 차이점이다. 일반적으로 레드와인은 모든 종류의 음식, 와인을 마시고 싶은 어떤 경우에나 어울린다.

(나) 화이트와인

화이트와인은 흰색이 아닌 노란색을 띠고 있으며 약간의 붉은빛도 띠지 않는 와인이다. 화이트와인의 주원료는 흰 포도로 만들어지는 경우와 붉은 포도의 즙이다. 화이트와인이 쓰고 깊은 맛이 있는 것은 오크의 특성을 함께 가지고 있기 때문이다.

그림 9-1 와인의 라벨읽기

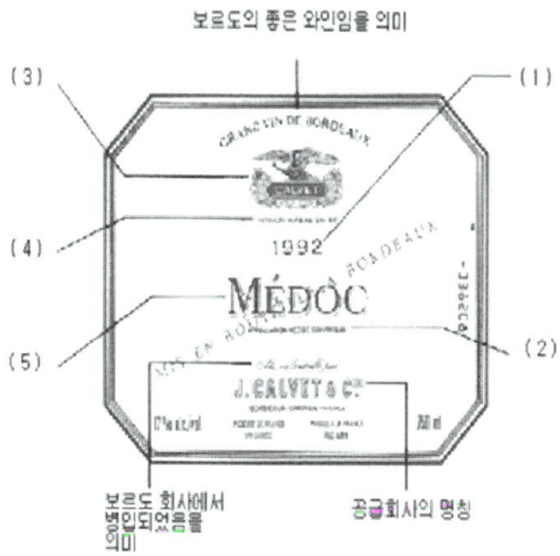

(1) 포도수확년도(Vintage : 빈티지)
(2) Appellation MEDOC Controlee
(보르도의 메독지구에서 양조된 와인으로 프랑스 A.O.C에 따라 일정한 기준에 달하지 않은 와인은 비록 이 지구에서 생산되더라도 메독이름을 붙이지 못함.)
(3) 회사로고
(4) 설립년도
(5) 와인명(와인이 제도된 지역)

그림 9-2 다양한 와인 잔 알아보기

(4) 위스키(whiskey)

위스키는 곡식을 발효, 증류, 저장하여 만든 술로 어원은 '생명의 물'이다. 저장 연수는 5년, 10년, 30년 등으로 스카치가 유명하다. 위스키는 전통적인 생산지를 기준으로 구분하는데 세계적인 위스키 생산 국가는 영국과 미국이다.

위스키는 칵테일로 마실 수 있다. 위스키에 와인, 주스 등을 첨가하거나 알코올 도수를 낮게 하여 색, 맛을 변화시켜 마신다.

온더락(on-the rock)은 어느 정도 술을 마실 줄 아는 사람들이 즐기는 것으로 잔에 얼음 4~5개와 위스키 1온스(소주 한 컵)를 넣어 마신다.

스트레이트는 소주 마시듯 마시는 것이나 위스키는 독한 술이기 때문에 많이 마시면 해롭다.

(5) 브랜디(brandy)

과일을 발효한 후 증류하여 만든 술이다.

브랜디의 의미는 네덜란드어 '불에 태운 술'로 일반적으로 포도주를 증류한 것으로 포도 이외의 과일을 주원료로 한 것은 특정 과일 이름이 붙는다.

브랜디의 대표적인 술은 코냑으로 프랑스 파리 남쪽 샤란트 지방의 코냑 지방에서 생산된 브랜디만 코냑이라고 한다.

코냑의 특징은 저장연도가 길다는 것인데 코냑의 연도는 네 가지로 구분된다. 즉 VSOP는 25~30년, XO는 50년, EXTRA는 70년, Napoleon은 100년을 의미한다. 그러나 시중에 판매되는 XO나 EXTRA 등은 실제로 사람이 쉽게 구할 수 없으므로 VSOP에 XO, EXTRA의 맛과 향기를 가장 비슷하게 혼합하여 판매하고 있다.

코냑은 그 향기, 그 맛을 즐기는 술이기 때문에 순수한 스트레이트가 좋다.

(6) 보드카(vodka)

러시아 전통주로 시베리아의 혹독한 추위를 견디기 위해 만든 술이다.

보드카는 4세기경 러시아에서 최초로 제조된 후 북유럽을 거쳐, 미국으로 전파되었다.

우리나라의 소주를 40도 이상 높게 한 것이라고 할 수 있다. 보드카는 감자가 주원료로 발효과정 중 감자 특유의 썩는 냄새가 배어 있어 자작나무 활성탄에 알코올을 여과하여 불순물과 썩는 냄새를 제거하여, 무미 · 무취 · 무색으로 제조한다.

보드카는 스트레이트로 마실 때 체내에서 점점 뜨거워지는 느낌이 중요하기 때문에 차게 마시는 것이 좋다.

보드카로 만들 수 있는 대표적인 칵테일은 스크루드라이버로 맥주잔에 얼음 4~5개, 보드카 1온스, 레몬 주스를 혼합한 것이다. 특히 스크루드라이버는 부드러운 주황색이라 멋모르고 과음하면 보드카의 강력한 알코올이 체내에 스며들어 자신도 모르게 술에 취하게 된다. 따라서 스크루 드라이버는 '우먼킬러', '플레이보이'라고도 한다.

(7) 테킬라(tequila)

멕시코산 특산주로서 선인장(용설란)의 즙을 이용하여 발효 · 증류하여 만든 멕시코 특산 술로서 발효하였을 때를 펄크(pulque)라 하며 펄크를 증류하면 테킬라가 된다. 테킬라는 스페인어로 '격찬 · 감탄'의 뜻이다.

무색, 독특한 향이 특색이며, 스트레이트로 마신다.

테킬라는 마시는 방법이 특이하기로 유명한데 우선 주먹을 쥔 뒤 손에 레몬즙을 문지르고 그 자리에 소금을 뿌린다. 그리고 술을 마신 즉시 레몬이나 라임 조각을 깨문다. 어떤 종류의 테킬라에는 벌레(maguey)가 들어 있는데 이것을 먹으면 행운이 온다 하여 매우 좋아한다.

(8) 칵테일(cocktail)

'칵테일'이라는 말은 적어도 두 가지 이상의 재료가 혼합된 음료수를 총칭

한다.

혼합된 음료의 기원은 아주 오래되었다. 기원전부터 이집트에서는 맥주에 꿀을 섞어서 마셨고, 로마에서는 와인을 생수에 섞어 마시기도 했다.

1658년 인도 주재 영국인은 펀치(Punch)를 고안해 냈다. 이 '펀치'는 인도어로 '다섯을 의미'하며 재료는 술, 주스, 설탕, 라임, 스파이스 등 다섯 가지를 사용한다. 이 혼합된 음료를 칵테일이라고 부른 것은 18세기 중엽쯤으로 1748년 영국의 책자에 'The Squire Recipes Cocktail'이라는 단어가 나온다. 1870년대에 제빙기가 개발되어 근대적인 칵테일이 등장하게 되었고 20세기에 이르러 미국에서 발달하여 현대적인 칵테일이 출현, 세계적으로 선풍적인 인기를 얻고 있다.

(9) 중국의 8대 명주

중국의 8대 명주라 하면 1953년 제1회 평주회(評酒會)의 품평회에서 선발된 여덟 가지 술을 말한다. 이는 빼갈(백주, 고량주, 빠이지우 등)로 불리는 독주 중에서 선택된 것이다.

(가) 마오타이(茅臺酒, mao tai)

알콜도수는 53도이며, 마오타이 촌의 물로 생산된 것이다.

(나) 분주(汾酒, fen jiu)

1500년 역사를 자랑하며 색, 향, 맛 모두가 뛰어나 삼절로 불리는데 알코올도수는 40~65도로 매우 독하며 청향형의 대표 백주이다.

(다) 오량액(五粮液, wu liang ye)

백주의 일종이다. 수수, 쌀, 찹쌀, 옥수수, 밀 등 5가지 곡물을 재료로 한 곡주로 색깔은 맑고 투명하고 향기가 오래 지속한다. 알코올도수는 60도 정도로 매우 독하지만, 맛이 부드럽다.

(라) **죽엽청주**(竹葉青酒)

고량(수수)을 주 원료로 10여 가지 천연 약재를 첨가하여 양조한 술이다.

(마) **양하대곡**(洋河大曲, yang he da qu)

증류주이자 백주로 알코올도수는 48도이다.

(바) **노주특곡**(蘆酒特曲, lu zhou lao jiao)

쓰촨성에서 생산되는 증류주이며 백주로 400여 년의 역사가 있으며 알코올 농도는 45도이다.

(사) **고정공주**(古井貢酒, gu jing gong jiu)

주액이 수정처럼 맑고 향기가 청이해 중국의 명주로써 손꼽히고 있다. 알코올도수는 45도로 마신 후 느껴지는 그윽하고 진한 향기가 일품이다.

(아) **동주**(董酒, dong jiu)

양질의 고량(수수)을 주 원료로 산속의 순수한 산천 수를 사용하고 여기에 약 1백 20종의 유명 약재를 첨가하여 제조한다.

2. 우리나라의 음주 매너

1) 향음주례

술은 인류의 역사와 함께 남녀노소 모든 사람의 슬픔을 덜어 주거나 기쁨을 더해주는 동반자의 역할을 해왔다. 술을 마시면 신선이 되는 사람이 있는가 하면 평소에는 말 한마디를 꺼리던 온순한 사람이 막무가내 무법사가 되기도 하는 것이 술이다.

우리 조상들의 음주예절은 두 가지가 있다. 첫째가 향음주례(鄕飮酒禮)이며, 둘째는 군음(群飮)이다. 향음주례는 세종대왕이 주나라 예법을 바탕으로 그 절도를 가다듬어 향교나 서원에서 학생들에게 교과목으로 가르치게 했던 6禮(冠·婚·喪·祭·相見·鄕飮酒) 가운데 하나로 어른에게 음식을 공양하는 예의 절차를 밝히면서 술을 마시는 것이다. 이에 반해 군음에는 일정한 절차도 없이 자유롭게 즐기는 것으로 예절을 논할 것이 없다.

예절이란 본래 숭고한 정신과 깨끗한 물질이 한데 어우러진 것이다. 옛사람이 향음주례를 행함에 있어 경건하고도 신중하였던 까닭은 바로 이와 같은 예절의 엄숙성으로 인하여 자기의 모든 인격이 술자리에서 드러나기 때문이다.

(1) 향음주례

향음주례는 조선 시대 향촌의 유생들이 학교, 서원 등에 모여서 나이 많고 덕 있는 사람들을 주빈으로 모시고 술을 마시며 잔치를 하던 의식이다. 그 내용을 살펴보면 다음과 같다.

첫째, 의복을 단정히 입고 끝까지 자세를 흐트러뜨리지 말 것
둘째, 음식을 정결하게 요리하고 그릇을 깨끗이 할 것
셋째, 행동이 분명하여 활발하게 걷고, 의젓하게 서고, 또렷하게 말하고, 조용히 침묵하는 절도가 있을 것
넷째, 존경하거나 감사할 때마다 즉시 행동으로 표현하여 절을 하거나 말을 할 것 등이다.

술자리에서의 태도를 보고 개인의 성품을 판단할 수 있다는 것은 옛날 성현들도 지적하고 있는 바이다. 조선 후기 실학자 이덕무는 "훌륭한 사람은 술에 취하면 착한 마음을 드러내고, 조급한 사람은 술에 취하면 사나운 기운을 드러낸다."라고 그의 저서 「사소절」에서 말하고 있다. 또한, 중국의 제갈량은 "그 사람의 성품을 알고자 한다면 술을 권해 보라"고 했다. 그래서 사람들은 친구를 사귈 때 술을 마셔서 그 사람의 태도를 보고 진짜 사귀어도 될 사람인가를 판단하곤 했다. 사위를 얻을 때도 장인이 사위될 사람을 불러

대작하게 하여 그 사람의 음주습관을 통해 사람 됨됨이를 알아보기도 했다.

한국인의 술자리에 가면 언제든지 시비가 붙거나 목청을 높이는 사람, 횡설수설하는 사람, 무례한 행동을 서슴지 않는 사람을 쉽게 보게 된다.

"술 먹고 말 없는 사람이 진짜 군자(酒中 不言眞君者)"라는 옛 성인들의 말을 생각하면 이는 소인배나 할 행동이다. 우리나라 사람들은 술만 먹으면 꼭 술자리 뒤가 좋지 않은 경우가 많다.

좋지 못한 음주습관은 그동안 쌓아 놓은 신뢰가 한꺼번에 무너지고 마는 결과를 초래함으로 당장 고쳐야 하며 술은 만취하지 않도록 그 양을 조절해야 한다. 특히 마시기를 꺼리는 사람에게 억지로 권하는 건 큰 결례이다.

(가) 술자리의 좌석

술자리에서도 좌석의 배치는 중요한데 어느 자리에서나 상석의 위치는 비슷하다. 대부분 방 아랫목이나 벽을 등지고 앉아 출입문을 바라볼 수 있는 자리의 중앙좌석이 상석이다. 차석은 상석의 맞은편 좌석이 된다. 사회생활에서 특히 술자리 모임에 연하인 사람이 상석에 미리 앉아 있으면 모임의 분위기가 이상해질 것이고 몰상식한 사람으로 인격에 손상을 받으므로 주의해야 한다. 상석은 연장자, 직장 상사, 또는 모임의 주체자를 상석에 모신 다음 다른 사람들이 앉아야 한다. 술자리는 조금 친근한 자리이므로 그 자리를 갖게 된 목적과 배경을 생각해서 꼭 연장자가 아니라도 그 모임의 중심인물이 상석에 앉게 할 수 있다.

(나) 부모나 윗사람과의 술자리

상대방을 존경하는 마음으로 주법에 어긋나는 행동을 하지 않도록 술자리 예절을 알아두고 세심한 주의를 기울여야 한다.

우리나라의 음주예절은 아랫사람이 어른이나 윗사람에게 먼저 잔을 올리는 헌주(獻酒)가 예의이다. 이는 어른을 공경하는 의미에서 먼저 잔을 드리고 빈 잔에 술을 기울이는 것이다. 일본에서는 반대로 윗사람이 아랫사람에게 먼저 잔을 내려준다. 또는 윗사람에게 가서 잔을 청하여 잔을 내리고 그

빈 잔에 술을 붓는데 이것을 사배(賜杯)라 한다. 이러한 관습의 차이로 인해 일본인을 초대한 자리에서 헌주의 예를 갖추어 잔을 먼저 권하면 실례를 범하게 된다.

어른이 술을 따를 때는 반드시 두 무릎을 꿇고 앉거나 오른쪽 무릎을 꿇고 왼쪽 무릎을 세운 자세에서 양손으로 술을 받아야 한다. 손의 위치는 오른손은 잔을 잡고 왼손으로 오른손 손목을 가볍게 받치면 된다. 술을 마시고 나서는 반드시 '감사합니다.'라는 인사를 올린 다음 어른이 술을 마시길 기다려 비로써 잔을 비워야 한다. 이때 조심할 행동으로는 어른을 정면으로 두고 술을 마시는 것은 예의가 아니므로 돌아앉거나 상체와 고개를 돌려 소리가 나지 않도록 마셔야 한다.

(다) 동년배와의 술자리

동년배일지라도 초면에 술자리를 함께할 때는 서로 간에 깍듯이 예의로 임해야 한다. 구면이라도 자칫 오해를 유발할 수 있는 언행은 삼가야 하고 서로 공손한 태도로 술자리를 부드럽게 해야 한다. 허물이 없는 친구 사이에도 정중한 태도는 중요하다. 동년배에게 술을 권할 때는 오른손으로 술병의 목을 잡고 왼손바닥을 가슴 위에 가볍게 대고 술이 넘치지 않게 따르도록 한다.

(라) 연하인 사람과의 술자리

술자리는 노소가 동락이라지만 어른이라고 예의를 갖추지 않으면 술자리가 어색해지고 어른 대접을 받지 못하게 된다. 예의를 다하여 손해인 법은 없으므로 정중한 언행이 중요하다. 연하의 사람이 예를 갖추어 술잔을 권하거나 술을 따를 때는 윗사람은 왼손바닥을 가슴에 가볍게 대고 정중하게 술잔을 받아야 한다. 연하가 주는 술잔을 받을 때는 왼손으로 받거나 한 손으로 턱을 받치고 술잔을 받는 것은 예의에 어긋나는 행위로서 아래 사람에게 가볍게 보여 체신이 떨어지는 결과를 초래하므로 주의를 해야 한다.

(마) 술잔을 권할 때

술자리에서는 '장유유서(長幼有序)'가 무엇보다 우선하므로 가장 나이가 많은 어른이나 직위가 높은 사람에게 먼저 잔을 권하고 술을 따라야 한다.

잔을 올릴 때는 왼손바닥으로 오른손 손목을 가볍게 받쳐 든 다음 오른손으로 술잔을 공손하게 받쳐 들어 잔을 올려야 한다. 권하는 잔은 반드시 오른손으로 잡아야 한다. 왼손으로 술잔을 주는 건 술자리에서 사람을 쫓는다는 의미로써 금기시하고 있다.

예로부터 술을 권할 때는 "세 번을 요청한다."라고 하였다.

처음 요청하는 것을 예청(禮請)이라고 하고 이에 대하여 사양하는 것을 예사(禮辭)라 한다. 두 번째 청하는 것을 고청(固請)이라고 하고 이에 대하여 거듭 사양하는 것을 고사(固辭)라 하며 세 번째 청하는 것을 강청(强請)이라고 하며 끝까지 사양하는 것을 종사(終辭)라고 하여 여기에 이르면 더 권하거나 요청하지 않는 것이 예의이다.

〈표 9-1〉 술을 청하는 예

횟 수	청 함	사 양	비 고
첫 번째	예청(禮請)	예사(禮辭)	처음 권하고 사양할 때
두 번째	고청(固請)	고사(固辭)	두 번째 권하고 사양할 때
세 번째	강청(强請)	종사(終辭)	더 권하거나 요청하지 않는 것이 예의

(바) 술잔 받기

술자리에서 술을 마시지 못한다 하여 첫 잔도 받지 않는 건 예의가 아니다. 감사하다고 인사를 올리며 받은 뒤 여러 사람이 첫 잔을 들 때 술잔에 입술을 대는 정도로 예를 표하면 된다.

술잔을 받을 때는 반드시 오른손으로 받아야 하며 술잔을 받은 후 바로 술잔을 내려놓으면 달갑지 않다는 뜻으로 비치므로 일단 입에 대어 조금 마신 후에 내려놓아야 함을 잊어서는 안 된다.

예로부터 술은 홀수 잔 단위로 마시는 게 관습이다. 술은 일불(一不), 삼소(三小), 오의(五宜), 칠과(七過)라 하였다. 이는 술을 마시기 시작했으면 한 잔으로 끝나는 법은 없고, 석 잔으로는 부족하며, 다섯 잔이 적당하고, 일곱 잔부터는 과음을 하니 먹지 말라는 의미이다. 상대방의 주량을 배려해 가면서 기분이 좋을 만큼만 마시고 자중하는 것이 바람직하다.

(사) 술자리에서의 대화

술자리에서는 되도록 즐겁고 기쁜 이야기를 하도록 노력한다.

술자리에서의 매너는 그 사람의 사람됨과 본질을 그대로 보여주므로 되도록 남의 말을 조용하게 경청하는 것이 좋다. 술자리의 대화는 즐겁고 유쾌한 대화를 선택하도록 하며 자신의 가정사나 상사의 험담을 서슴지 않는 사람이 있는 데 큰 잘못이다. 술을 많이 먹다 보면 자기도 모르게 대담해져 남의 험담, 신세 한탄 등 책임지지 못할 말을 마구 늘어놓게 된다. 술에 취했다고 다른 사람들이 이해하고 덮어 주리라는 기대를 해서는 안 된다.

(아) 술 따르기

① 온돌방일 때 : 두 무릎을 꿇거나 왼쪽 무릎을 꿇고 오른쪽 무릎을 세운 자세에서 따른다.

② 테이블 의자일 때 : 선 자세에서 따른다.

③ 술병일 때 : 오른손으로 병의 목을 쥐고 왼손 손바닥이나 검지를 오른손 손목에 가볍게 받쳐 들고 따르면 된다. 술병이 무거우면 술병의 몸통 아래를 왼손으로 받치고 따른다.

④ 주전자일 때 : 오른손으로 주전자를 들고 왼손으로 주전자의 뚜껑을 가볍게 누른 자세로 따른다. 이때 주의할 점은 주전자나 술병의 바닥이 자신의 몸쪽으로 향하게 하여야 하며 술잔에 너무 가득 부어 넘치면 경솔하게 보이거나 불경에 해당하고 부족하면 서운하게 생각할 수 있으므로 술잔의 약 90% 정도 적당히 정성스럽게 따라야 한다.

술을 따를 때의 정확한 자세는 왼손의 위치가 좌우하는 것으로 옷차림에 따라 다르다. 소맷자락이 긴 한복에서는 왼손으로 겨드랑이를 끌어 올리듯

하여야 하고 양복을 입었을 때는 술병을 받쳐 드는 것이 바른 자세이다.

(자) 술잔 돌리기

우리나라에서는 술을 마실 때 술잔을 주거니 받거니 하며 술잔을 돌리는 풍습이 있다. 이는 자기가 받은 잔을 비우고 원래의 잔 임자에게 고마움의 표시로 잔을 돌리는 것이다.

남・녀 간에 술을 권할 때는 남자가 먼저 여자에게 권하며 여자가 사양하면 그만두어야 하며 강요하는 일이 없도록 한다.

예로부터 예법이 무너지는 것은 절을 하지 않음으로부터 비롯된다고 하였다. 따라서 술잔을 주고받을 때 또한 반드시 절로써 예를 다한다면 과도한 음주로 인한 여러 가지 문제점들을 일으키지 않을 수 있다.

3. 음주문화

음주문화는 술 마시는 방법에 따라 각기 다르게 나타난다.

우리나라 사람들처럼 술잔을 주고받으며 마시는 음주문화를 '수작문화(酬酌文化)'라 하고, 서양 사람들처럼 자기의 잔에 본인의 술을 따라 마시는 문화를 '자작문화(自酌文化)'라 하며, 중국이나 러시아 동구 사람들처럼 잔을 맞대고 마시는 것을 '대작문화(對酌文化)'라 한다.

또한, 우리나라는 아랫사람이 윗사람에게 먼저 술잔을 올리는 헌수의 문화이고 일본은 윗사람이 아랫사람에게 먼저 술을 내리는 사배의 문화가 있다.

1) 수작문화(酬酌文化)

수작은 마시는 사람끼리 술잔을 주고받거나 술잔을 돌려 마시는 문화이다. 수작문화는 술 마시는 양이나 시간을 자의대로 조절할 수 없는 타의성 문화로 우리나라가 그 대표적인 문화권으로 같이 둘러앉아 잔을 돌려 마시는 순배(巡杯)도 수작문화의 한 양식이다.

일본에도 옛날 한때 수작하는 문화가 있었다고 하나 현재 수작문화에 속하는 나라는 한국밖에 없다. 우리나라에서 수작문화가 발달한 이유는 '친족공동체의 유대관계'에서 비롯된 것이라 할 수 있다. 음주를 동질감 형성과 결속의 매체로 삼았기 때문이다. 한 잔 술을 마심으로써 한마음을 갖는 '일미동심(一味同心)'을 꾀하는 전통이다.

2) 자작문화(自酌文化)

자작은 자음자작의 준말로서 서양인 중 구미인들의 문화로서 술의 분량이나 속도를 자의대로 할 수 있는 주체적인 음주법이다. 그들은 상대방이 좋아하는 종류의 술을 선택하여 각자가 원하는 양을 잔에 채워 대접하고 술을 받은 사람은 자신의 양과 시간을 조절하여 마신다. 자작문화에서는 술잔은 교환하지 않는다.

3) 대작문화(對酌文化)

대작은 마주 보고 술을 마시는 것으로 각자 술을 따라 건배를 하거나 같이 마시는 절차를 거치지만 양은 스스로 결정하는 음주법이다. 대작은 마시는 시간에 의해 지배를 받기는 하지만 마시는 분량은 자의대로 할 수 있는 '자의 반 타의 반' 음주문화이다. 마시기 전에 건배하는 음전대작은 주로 러시아 사람들이 즐기며, 마신 후에 건배하는 음후대작은 중국 사람들이 즐겨온 문화이다.

국제화가 진행되면서 자작문화가 건배문화에 침투하고 또 건배문화가 수작문화에 침투하고 있지만 수작문화가 대작문화나 자작문화에 침투하고 있지는 않다.

4. 각 나라의 음주 매너

1) 미국

미국인들은 저녁 식사 전에 약 한 시간 동안 칵테일 시간을 갖는다. 1920년대 미국에 금주령이 내려졌을 때 술을 마실 수 있는 유일한 장소가 집이었기 때문에 미국의 칵테일 시간은 사람들이 집에서 술을 마시던 그 시기에 생겼다. 그 당시 손님이 집에 도착해서 저녁을 먹기 전까지의 시간에 '칵테일'이라는 명칭이 붙여졌다. 금주령이 폐지된 후에도 칵테일 시간의 관습은 그대로 이어졌다. 그 결과 칵테일 라운지와 일종의 독자적인 오락 형태로 식사는 하지 않고 칵테일을 즐기는 파티가 탄생하였다.[1)]

미국인들은 술잔에 얼음을 많이 넣어 먹는데 포도주에도 얼음을 띄워 마시는 것이 특이한 점이다.

건배를 할 때는 술을 마시지 못하는 사람도 술잔을 채워야 하며, 주스나 콜라로도 건배할 수 있다. 건배를 할 때는 잔을 눈높이에 오도록 들고 상대의 시선을 바라본다.

미국인과 함께할 때는 몸을 가누지 못할 정도로 술을 마시는 일이 없도록 주의해야 한다.

미국에서도 우리나라와 같이 음주운전에 대해서는 'don't drink and drive' 등 주의를 촉구하고 있다. 미국은 주마다 법이 다른데 특히 워싱턴주는 음주운전에 대한 처벌이 아주 세다. 예전과 달리 미국에서도 DUI[2)]로 있으면 비자가 취소된다. 음주는 만 21세부터라고 법률로 정해져 있으며 ID 등으로 나이를 확인하는 절차가 있으므로 반드시 ID카드를 소지해야 한다.

---

1) 진세서, 한국무역협회 편저, p.32.

2) Driving Under Influence, 음주운전, drunken driving.

2) 프랑스

프랑스인들은 식사 중에는 와인 반주가 관례적이므로, 와인을 거절하지 말고 조금씩 마시도록 한다. 보통 식사 전에는 혼합주가 제공되지 않지만 샴페인이나 키르는 제공된다.[3] 주인은 손님에게 잔을 채워주고 남성은 여성에게 잔을 채워주어야 한다. 포도주를 따를 때는 상대방에게 상표를 먼저 보여주고 잔의 1/4 정도만 따른다. 술을 따를 때는 잔을 받는 사람의 오른쪽에서 한 손으로 따라야 하고, 술을 받는 사람은 술잔에 손을 대지 않아야 한다. 또한, 술을 따를 때는 술병을 술잔에 대지 않도록 한다.

프랑스에서는 와인을 음식에 맞게 신중하게 고르기 때문에 코스마다 달라질 수도 있다. 일반적으로 백포도주는 애피타이저와 생선과 같이 먹고, 적포도주는 애피타이저와 고기와 같이 마신다. 디저트에는 디저트 와인을 곁들이기도 한다. 건배는 생일과 같은 특별한 날에만 하고 일상적인 대화나 식사 중에는 하지 않는다.

입술에 음식물이 묻어 있는 경우에는 포도주의 맛을 느끼지 못하게 되므로 닦고 마셔야 하고, 여성의 경우에는 잔에 립스틱이 묻었을 때는 이를 닦아내고 마시도록 한다.

그림 9-3 프랑스의 와인매너

와인이 나오기 전에 잔은 자신의 오른쪽에 두며, 와인을 따를 때는 잔을 들지 않는다.

남자가 와인을 따라 줄 때까지 여자는 기다리는 것이 예의이며, 만약 그만 마시고 싶을 때는 절반 정도 채워진 잔을 그냥 두면 된다.

---

3) 키르는 건포도주에 백포도주를 혼합한 것이고, 키르 로얄은 건포도주에 샴페인을 혼합한 것이다.

3) 독일

독일의 파티에는 기본적으로 술이 나오게 되어 있다.

술은 주인이 먼저 들기 전까지 누구도 들어서는 안 된다. 주인은 자신의 오른편에 항상 여자 손님이 앉으며, 여자 주인의 왼편에는 남자 손님이 앉는 것이 원칙이다.

독일인은 상대방에게 술을 권하거나 따라주지 않으며 술잔을 주고받지 않는다. 독일인은 즐기기 위해서 술을 마시므로 대부분 안주가 없으며 술을 마시는 시간이 길고, 음주량을 스스로 조절하고 각자 계산을 한다.

독일은 집 주변에서 마시는 경우가 많으며 상대방에게 부담을 주거나 무언가를 기대하지도 않고 평안한 분위기에서 이루어진다.

건배할 때는 윗부분을 잡으면 소리가 나지 않기 때문에 잔의 받침과 줄기 부분을 손가락으로 가볍게 잡고 잔을 부딪치도록 하는데 이러한 식의 건배는 와인이나 샴페인만을 주로 사용한다. 건배할 때는 테이블을 돌아가면서 사람들과 눈을 마주치도록 한다.

음주 시 행동은 다음과 같다.

① 가장 많이 사용하는 건배라는 말로는 와인일 때는 “Zum Wohl!”, 맥주의 경우에는 “Prost!”라고 외친다.

② 건배를 할 때는 서로의 눈을 보는 것이 중요하다.

③ 와인의 경우 술을 더할 것인지 손님에게 물어보고 따라준다.

④ 큰 테이블의 경우 술병을 전달하는 것이 일반적이며 자기가 따라 마신다.

4) 중국

중국은 비즈니스 자리에서 술 마시기를 피하는 파트너는 신뢰하지 않는 경향이 있다. 맥주를 마실 때 외치는 건배 또한 중국인이 비즈니스 예절에서 중요한 부분이다.

중국의 주도는 상대편에게 술을 권하면 실례를 범하는 것이 된다. 술자리에 앉아 있어도 각자의 잔에 술을 가득 부어 마시고 '건배'하면서 술잔을 비워야 한다. 공적이건 사적이건 간에 술자리에서 일이 결정되는 경우가 많으며 사업상 책임자가 술이 약하면 우리의 술 상무라고 할 만한 사람을 동반하는 때도 허다하다. 식사 시에 술은 반드시 반주형식으로 곁들이고 손님 접대 시는 물론 친구들과 어울릴 때도 빠져서는 안 된다.

중국에서 잔에 술을 가득 따르는 것은 상대방에 대해 애정과 존중을 뜻하므로 술잔에 술이 조금만 비어도 계속 첨잔을 하는 이유이다. 술을 재차 따르더라도 남아있는 술을 서둘러 비울 필요는 없다.

중국인은 술에 취해 실수하는 것을 몹시 싫어하므로 주의해야 한다. 중국인들은 이처럼 수시로 잔을 채워주지만, 잔을 돌리지는 않는다. 그리고 식사자리에서 혼자 잔을 들어 마시기보다는 서로 전하며 마신다. 이는 음주를 강권한다기보다는 상대에 대해 배려 차원일 것이다.[4)]

5) 일본

일본은 가까운 동료들끼리 술잔을 기울이기는 하지만 술을 강요하는 모습을 찾아볼 수 없으며 일행끼리 각각 다른 술은 놓고 마시곤 한다.

일본은 손님의 술잔이 비기 전에 따라야 하는 첨잔문화인데 비하여, 한국은 술잔이 빈 후에 따르는 문화이다. 또한, 한국과 달리 술을 권할 때 한 손으로 따라도 되며 또한 한 손으로 받아도 실례가 되지 않는다.

그림 9-4 일본의 음주매너

잔에 술이 남아있을 때 첨잔하는 문화로써 상대의 잔이 1/3 이하로 남아있는데 권하지 않는 것은 술자리를 끝내자는 의사표현이다.

4) 음주매너. 예절, 음주문화, 올바른 음주 법, 술 이야기 (나눔 사랑 6959) 작성자 독고 중

남녀가 함께 술을 마실 때는 여자가 상대 남자에게 첨잔하며 이는 미덕으로 통한다. 술잔이 조금만 비어도 계속 따라 주며 마시라고 권하는 습관이 있으며, 손위가 손아랫에게 먼저 따라 권하는 것도 우리와는 다르다.

술잔이 1/3 이하로 줄었는데도 주인이 술을 권하지 않는 것은 술자리를 끝내자는 의사표시로 이해하기 때문에 초대받으면 수시로 권유받을 것이다. 아주 친한 사이가 아니면 잔을 돌리는 법이 없고 또 억지로 권하지 않는다. 술잔이 가득 찬 채 그냥 두고 있으면 더 못 마신다는 의사표시로 이해하면 된다. 또한, 술을 마시고 밥을 먹으므로 밥이 나오면 술자리의 마무리를 의미한다.

6) 러시아

러시아는 한국인과 비슷한 음주문화를 가지고 있으며, 주로 코냑이나 위스키와 같은 유럽 스타일의 술을 좋아한다. 잔을 채운 다음에는 건배하여 한 번에 마시며, 한꺼번에 많이 마시는 폭주문화가 있다.

비즈니스에서 좋은 인상을 줄 수 있는 가장 쉬운 방법은 러시아인 상대와 술자리를 함께 하는 것이다. 음주를 매우 즐기므로 특별히 건강상 또는 종교적인 이유가 없는 이상 술을 거부하지 않는 것이 좋으며, 얼굴에 항상 미소를 머금고 계속 술을 마시는 모습을 보여주는 것이 예의이다. 또한, 서로가 취한 상태에서 사업에 대해 논의를 하는 것을 선호한다.

7) 인도

인도는 대부분 그들의 시민국가에서 유래한 것으로 스카치와 진이 유명하다. 불교는 개인적인 선택에 기반을 둔 종교이기 때문에 술을 마시는 것을 금지하지 않는다. 따라서 불교도들은 자신의 선택에 따라 술을 마시기도 한다.

대부분의 힌두교인 및 이슬람교도들을 술을 마시지 않으며, 마신다고 하더라도 위스키나 진과 같은 독한 술을 즐긴다. 일반적으로 건배는 하지 않는다.

8) 이슬람

회교권에서는 술을 마시는 것을 허용하지 않기 때문에 아랍인들에게는 과일 주스나 콜라, 물을 대접하는 것이 좋다.

사우디아라비아에서는 술 수입이 금지되어 있다. 그런데도 많은 중동인이 서양 술을 마시는 것을 흔히 볼 수 있다. 따라서 접대 시에는 탄산음료와 주스를 충분히 준비해 두어야 하겠지만 술도 있다고 미리 말해두는 것이 좋다.

연습문제

1. 와인 테이블 매너로 적절하지 않은 것은?
   ① 와인을 따를 때 글라스를 들지 않으며 첨잔해 주는 것이 예의이다.
   ② 와인이 채워지면 마시기전 향을 맡고, 색을 보고, 맛을 봐야 한다.
   ③ 더 마시고 싶지 않을 때는 글라스 가장자리에 손가락을 올려놓아 거절한다.
   ④ 와인을 마시다 남으면 마개를 막은 상태로 장기간 보관해도 무방하다.

2. 와인 테이블 매너에 대한 설명으로 잘못된 것은?
   ① 와인 시음은 시각 → 후각 → 미각의 순으로 한다.
   ② 와인은 입안에 음식물을 넣은 채 마시지 않는다.
   ③ 와인을 마시면서 담배를 피우지 않는다.
   ④ 와인은 한 모금씩 마시지 않고, 한 번에 마시고 잔을 비운다.

3. 와인에 대한 시음(wine tasting) 순서가 바른 것은?
   ① 후각 → 시각 → 미각　　② 미각 → 후각 → 시각
   ③ 시각 → 후각 → 미각　　④ 후각 → 미각 → 시각

4. 와인 선택 시 고려하지 않아도 되는 사항은?
   ① 수확연도　② 산지　③ 병 모양　④ 브랜드명

5. 와인 테이블 매너에 대한 설명으로 적절한 것은?
   ① 입안에 음식물을 넣은 채 마셔도 무방하다.
   ② 와인을 따를 때 글라스를 들지 않는다.
   ③ 와인을 마실 때 흡연을 해도 실례가 되지 않는다.
   ④ 와인은 한 번에 마셔서 잔을 비워야 한다.

6. 세계의 대표적인 술에 대한 설명이 잘못된 것은?
   ① 진 : 전통적인 생산국인 네덜란드이다.
   ② 위스키 : 맥주를 증류한 것이다.

③ 럼(Rum) : 서인도제도에서 만든 술로 일명 해적의 술이라고 한다.
④ 브랜드의 대표적인 술인 코냑 : 영국과 미국이 세계적인 생산국이다.

7. 다음 중 우리나라의 술을 권할 때의 예절이 잘못 설명된 것은?
① 예로부터 술을 권할 때는 세 번을 요청한다.
② 처음 요청하는 것 : 예청
③ 두 번째 거듭 사양하는 것 : 고사
④ 끝까지 사양하는 것 : 강청

8. 다음 중 술 마시는 방법에 따른 음주문화에 대한 설명이 잘못된 것은?
① 수작문화 : 우리나라 등 술잔을 주고 받으며 마시는 음주 문화이다.
② 자작문화 : 서양인들이 자의대로 술의 분량이나 속도를 조절할 수 있는 주체적인 음주법이다.
③ 대작문화 : 마시는 시간에 의해 지배를 받기는 하지만 마시는 양은 자의대로 조절할 수 있다.
④ 수작문화 : 국제화가 진행되면서 대작문화나 자작문화에 침투해 들고 있는 음주법이다.

9. 다음 중 각 국의 음주 매너가 잘못 설명된 것은?
① 회교권에서는 술을 마시는 것을 허용하지 않기 때문에 아랍인들에게는 무조건 과일 주스나 콜라, 물을 대접하는 것이 좋다.
② 러시아에서는 잔을 채운 다음에는 건배를 하여 한꺼번에 마시며, 한꺼번에 많이 마시는 폭주문화가 있다.
③ 일본에서는 술잔이 가득 찬 채 그냥 두고 있을 경우 더 이상 못 마신다는 의사표시로 이해하면 된다.
④ 중국에서 잔에 술을 가득 따르는 것은 상대방에 대한 애정과 존중을 뜻한다.

연습문제

김덕경 · 조인순, 직장인의 예절, 형설출판사, 2005.
김미란 편저, 일본문화, 형설출판사, 2001.
김순전, 일본의 사회와 문화, 제이앤씨, 2007.
서갑성 · 이성민 · 김종득 공저, 중국비즈니스 문화론, 대진, 2008.
원융희, 국제비즈니스맨을 위한 에티켓, 비즈프라임, 2007.
이기홍 · 이경미, 글로벌문화와 매너, 한올출판사, 2011.
이동희, 매너와 이미지 메이킹, 형설출판사, 2010.
이정우 외 공저, 개정판 글로벌리더를 위한 국제매너와 생활문화, 양서원, 2008.
이정우 · 이계순 · 오연옥 · 이애련 · 이명숙 · 김연화 · 김성아 공저, 고품격 현대생활매너, 양서원, 2008.
장범성 · 고연결 공저, 중국학 개론, 한림대학교출판부, 2000.
주영인 외 3인, 매너와 이미지메이킹, 도서출판, 북카페, 2006.
홍두표, 글로벌 비즈니스 매너, 한올출판사, 2009.
엠토케이너, 김민욱 번역, 탈무드, 대영, 2006.
중국학 연구회, 구양근, 중국이 보인다, 도서출판 일빛, 1998.
한국무역협회 편저, 세계비즈니스 문화기행, 두남, 2002.
음주매너. 예절, 음주문화, 올바른 음주 법, 술 이야기 (나눔 사랑 6959) 작성자 독고.
www. jeakunb:, tistory.com.35.

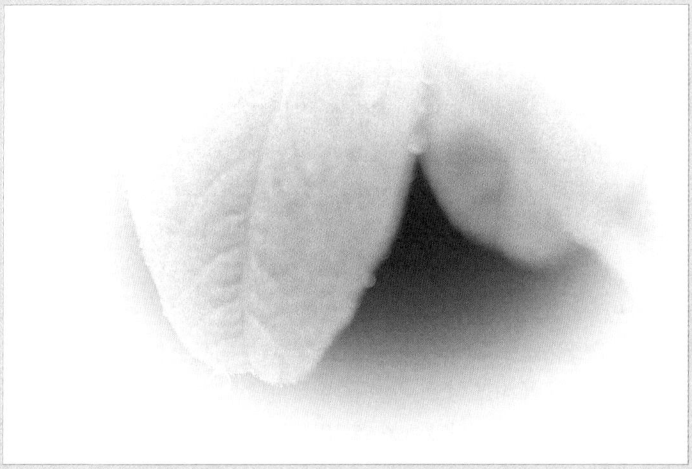

Chapter 10
방문 · 초대 매너

사회생활을 하다 보면 우리는 거래업체, 타인의 가정 등 기타 타인의 장소에 초대되어 방문하게 되거나 상대방을 초대하게 되는 일이 빈번히 발생한다. 국경 없는 세계가 하나가 되고 있다. 서로 다른 문화의 차이는 방문 및 초대 매너에 있어서도 실수를 하는 경우가 많다.

이러한 방문 및 초대에도 기본 매너 및 에티켓이 있으니 이를 익히고 실천하여 상대방과의 돈독하고 우호적인 관계를 지속해서 유지하도록 한다.

1. 방문 매너

방문은 서로 간의 교제를 깊게 하고 상대방에게 친밀감을 느낄 수 있는 좋은 계기가 된다. 즉 방문은 상대방과의 경계를 없애고 상호 간의 우의를 돈독히 하는 데 큰 역할을 한다.

1) 방문시간

동서양을 막론하고 사전에 약속도 없이 상대방을 방문하는 것은 실례가 된다. 통상적으로 사전에 통신수단을 이용하여 대강의 약속을 정한 후 상대방에게 방문 가능한 시간을 구체적으로 정하는 것이 예의이다.

서양에서는 사교 방문에 적당한 시간을 대개 점심 식사 후부터 저녁식사 전까지로 생각하는데, 가장 바람직한 시간은 오후 4시~6시 사이이다.

그러나 사전에 상대방의 편리한 시간을 알아보고 방문시간을 정하는 것이 예의이며 아무리 친한 친구라 하더라도 오전 방문은 실례가 된다.

나라별 방문시간에 대한 에티켓은 다음과 같다.

(1) 아시아지역

① 마얀마는 반드시 약속 7~8일 전에 서면으로 면담신청을 해야 하며, 약속시간에 늦는 것을 큰 실례로 여김으로 약속시간에 조금 일찍 도착하는 것이 좋다.

② 스리랑카는 상담 시에는 사전약속이 필수적이며 보통 전화로 직접하는 것이 매너이다.

③ 싱가포르는 상담을 위해서는 사전에 약속시간을 정해야 하며 시간관념이 철저하므로 약속시간에 늦는 것을 모욕적이고 무례한 것으로 여기므로 약속시간 엄수는 필수적이다.

④ 중국은 비즈니스뿐만 아니라 사교모임에서도 시간 엄수가 매우 중요하므로 늦는나거나 약속을 취소하는 것은 매우 모욕적인 일이다. 정오에서 2시 사이에는 모든 사람이 휴식을 취하므로 될 수 있으면 방문약속을 하지 않는다.

⑤ 사우디아라비아는 라마단 달 전체에 단식하는 시간 중 첫 번째 예배시간부터 네 번째 예배시간까지는 남의 집을 방문하지 않는다. 초대는 주로 호텔이나 식당으로 하며 저녁초대에는 여성을 제외하며, 주인의 아내는 다른 곳에서 따로 식사한다. 저녁을 다 마치면 지체 말고 떠나야 한다.

(2) 유럽지역

① 그리스의 경우 오후 4시~6시가 낮잠 자는 시간으로 이 시간대에 남의 집을 방문하거나 전화하는 것은 실례가 된다.

② 네덜란드는 반드시 사전에 연락하고 가야 할 정도로 예약이 관행화되어 있다. 방문 시에는 절대로 고가의 선물을 들고 가서는 안 되며 가장 일반적인 선물은 우리나라 돈으로 5000원 정도의 꽃 한 다발과 와인정도이여야 한다. 이는 성의는 표시하되 받는 이가 부담을 갖지 않게 하기 위함이다.

③ 독일은 시간 엄수가 매우 중요하므로 2~3분 늦는 것도 모욕삼을 줄 수 있으니 주의하도록 한다.

④ 이탈리아는 주말 및 중식 시간 전후 방문을 될 수 있는대로 지양하도록 한다.

일반 직원의 경우 출퇴근 시간 준수 관념이 높으므로 퇴근 시간 이후까지 상담을 지연시키지 않도록 하는 것이 바람직하다.

⑤ 프랑스는 사전에 꼭 약속하고 방문한다. 약속시간보다 일찍 가지 않으며 저녁 식사 등에 초대를 받았을 때는 약 10분 정도 늦게 도착하고 선물은 부담이 되지 않는 범위 내에서 꽃이나 초콜릿 등을 가지고 간다. 초대받은 다음 날에는 감사카드를 보낸다.

⑥ 스페인은 오후 1시부터 4시까지 낮잠을 자기 때문에 이 시간은 피하도록 한다.

⑦ 러시아에서 약속이 정해진다면 절대 취소하지 않도록 한다. 이는 약속시간을 러시아에서 받아내기란 아주 힘들기 때문이다. 약속은 가능한 미리 미리 정해야 하며, 약속기일이 다가오면 여러 번 확인을 하는 것이 좋다.

(3) 미주지역

① 미국은 시간 엄수는 필수적이며 반드시 사전약속이 필요하며, 최소한 1주일 전에 약속해야 한다. 사생활을 침해받는 것을 싫어함으로 금요일이나 주말, 휴가철은 피하도록 하며, 일단 약속이 되어 있더라도 하루 전에 확인을 해보도록 한다.

② 캐나다인들은 시간관념이 철저하고 시간을 효율적으로 활용하는 것을 중요시함으로 특히 시간 준수가 매우 중요하다. 토·일요일, 공휴일, 휴가철에는 시간약속을 안 하는 것이 예의이다.

③ 멕시코의 점심 식사는 오후 2시부터 5시 사이에 하며 집으로 초대받았을 때는 안주인을 위해 꽃을 선물하는 것이 좋다. 저녁 식사는 8시 반이나 9시쯤에 시작하는데 약속시간보다 일찍 가면 오히려 실례이다. 비즈니스 면담은 사전에 약속을 정한 후 이루어지는 것이 통례이며, 불시방문은 실례가 되므로 면담이 어려울 확률이 높다.

④ 브라질은 시간을 정확히 지키는 것이 오히려 예의에 어긋난다고 관습적으로 받아들여지고 있는데 이는 정확한 약속시간에서 약 10~20분 정도

여유를 두고 도착하는 것이 오히려 일반적이라는 뜻이다. 이는 초대를 받은 경우에도 해당하는데 예를 들어 오후 7시 30분부터 8시 사이라고 하면 적어도 7시 50분까지는 도착해야 함을 의미한다.

2) 방문 시 에티켓

그림 10-1 응접실 상석 순위

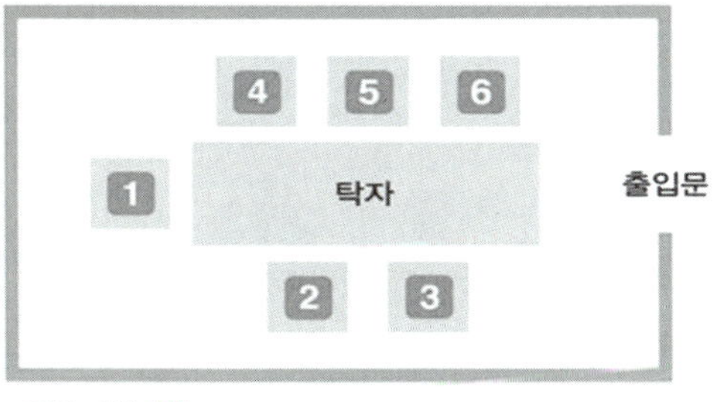

* 번호는 상석 순위

자료 : http://media.daum.net/culture/book/newsview?newsid=20071214092214602

타인의 사무실이나 집을 방문할 시에는 현관에서 인사를 하고 일단 집안으로 들어서면 모자나 코트 등을 벗어야 한다. 우리나라 사람들은 현관에 들어서기 전에 미리 외투를 벗는 습관이 있지만, 서양에서는 구태여 그럴 필요가 없다. 방문 시에는 보통 차나 커피를 마시는 경우가 많으므로 그때 급히 벗는 것보다는 객실에 들어서면서 외투나 장갑을 벗는 것이 좋다.

실내에 들어서면 이곳저곳 기웃거리는 일은 삼가고, 주인이 권하는 자리에 앉도록 한다. 먼저 온 여자 손님이 있으면 남자 손님은 여주인이 앉기를 권할 때까지 서 있는 것이 에티켓이다.

응접실 소파에 앉을 때는 그 크기에 따라 긴 소파와 1인용 의자가 있는 경우에는 소파가 손님용으로 상석이다. 상석은 손윗사람이 앉는 자리이므로 권하지 않는 한 먼저 앉지 않는다.

3) 비즈니스 상의 방문

(1) 사전 약속

약속시간을 정할 때는 전화나 팩스, 이메일 등을 이용하여 방문용건과 희망하는 날짜를 먼저 제시한 뒤 서로 협의해서 결정한다.

약속은 점심 직전이나 퇴근 무렵, 주말 등 상대방의 개인생활에 지장을 줄 수 있는 시간대를 피해서 오후 3~4시경으로 정하는 것이 적절하다. 만약 오래전에 이뤄진 약속이라면 약속 하루 전에 다시 한번 확인할 필요가 있다. 업무상 방문이므로 서류, 자료, 목적 등을 미리 문서로 정리해 두는 것이 좋으며 반드시 여벌의 명함을 챙기도록 한다.

방문 시에는 약속시간 보다 약 10여 분 정도 먼저 도착하여 옷맵시 등을 관리하도록 한다. 부득이한 사정으로 약속시간을 지키지 못할 때는 상대방에게 미리 양해를 구하고 도착 가능한 시간을 통보해 주도록 한다.

(2) 업체 방문

방문할 때의 복장은 정장차림으로 하며 회사 내에서는 외투를 벗는다.

약속장소에 들어서면 선 채로 명함을 교환하고 권하는 자리에 앉는데, 명함을 건넬 때 방문목적과 이름을 밝히는 것이 예의이다.

방문시간은 15~20분 내외가 적당하다.

비즈니스상의 이야기는 본론보다는 스몰 톡(small-talk)으로 첫 대면을 부드럽게 하는 것이 원칙이다. 최근의 관심사가 되는 이슈들에 대하여 충분한 사전정보를 가지고 회의 장소에 들어가는 것이 도움이 된다. 불가피하게 대화가 길어지면 상대의 일정을 정중하게 확인하는 절차를 밟는 것이 좋으며 업무가 끝났을 때도 정중하게 긍정적인 인사말을 하고 다음 만남을 대비한다.

방문을 마치고 돌아오면 반드시 3일 이내에 감사하다는 내용의 메일을 보내는 것이 좋다. 최근에는 휴대전화의 문자 서비스를 이용하기도 한다.

2. 경조사

예로부터 관혼상제[1](冠婚喪祭)라 하여 우리나라에서는 결혼식과 상을 당

1) 갓을 쓰는 성인식을 관(冠)례, 결혼식을 올리는 하는 혼(婚)례, 장례 절차를 상(喪)례, 제사

하였을 때 축하나 조문 등의 경조사 자리는 특히 격식이 중요하다.

경사는 좋은 일을 뜻하는 것으로 일반적으로 생일, 입학, 졸업, 개업, 결혼 승진 등의 좋은 일을 기념하는 날에 함께 모여 축하를 주고받는 잔치이다. 조사(弔詞)는 죽은 사람을 기리고 조문하는 것을 말한다.

1) 신생아 탄생

전 세계적인 출생률의 저하로 인하여 신생아의 탄생은 그 가족뿐만 아니라 국가적으로도 축하하고 장려해야 할 일이다.

신생아의 출생은 예전에는 신생이나 산모의 산후조리 시기에 지켜야 할 금기사항이 많았으나 최근 들어 그 금기는 약화하는 추세이다. 즉 과거에는 3 칠일이라 하여 출생 21일 전에는 외부인의 방문을 꺼렸으나 최근에는 병원을 직접 방문하여 산모에게 위로와 축하의 말과 함께 아기용품이나 축의금을 건네는 경우가 늘고 있다.

이때의 선물은 될 수 있으면 사전에 물어보고 꼭 필요한 것을 하는 것이 좋다.

2) 결혼식

결혼식은 '인륜지대사'라고 할 만큼 본인과 그 가족에게는 큰 행사이다. 최근에는 예식장에서 결혼식을 하며 통상 30분에서 1시간 이내에 식이 끝나므로 결혼식에 참여하는 손님은 결혼식 10분 전에는 미리 식장에 도착해서 혼주와 인사 후 조용히 예식을 기다리는 것이 예의이다.

결혼식장에 갈 때의 의상은 결혼하는 신랑 · 신부를 고려하여 정장하되 흰색이나 검은색 또는 너무 일상복 차림은 삼가는 것을 원칙으로 한다.

우리나라에서는 두레나 향약과 같이 경조사에는 '십시일반'으로 부조를 하는 등 정성을 표시하는데 축의금을 주는 사람의 마음을 담아 성의껏 준비

지낼 때 제(祭)례 등을 일컬으며 일명 4례(四禮)라고 한다.

하여 축하의 문안과 함께 깨끗한 흰 종이에 싸서 축하 봉투에 넣어 보낸다. 최근에는 흰 봉투 대신에 금색, 붉은색 봉투를 이용하기도 한다.

축하 문구를 쓸 때는 축하의 봉투 앞쪽에는 축하 문구를 쓰고 뒷면의 왼쪽 아래쪽에는 보내는 사람의 이름을 적는다. 일반적으로 '축(祝) 혼인(婚姻), 축 화혼(華婚), 축 결혼(結婚), 축 성전(盛典)'이라고 많이 쓰며 여자의 경우에는 축 화혼(華婚)이라고 쓰고 나머지는 남녀 구분 없이 사용해도 된다. 축의금 봉투는 봉하지 않는 것이 기본예절이고 전할 때는 자신의 이름이 상대방 쪽으로 가게 해서 건넨다.

그림 10-2 결혼 축하봉투의 문안

축결혼 축화혼 축성전 축성혼

축의금 대신 선물로 축하의 마음을 전달하고 싶은 때에는 결혼 전에 미리 당사자와 상의하여 필요한 물건을 선택하는 것이 좋은 방법이다. 선물을 할 때는 반드시 포장하는 것이 기본 예의이다.

3) 생일(돌, 회갑, 진갑, 고희 등)

생일을 축하하는 관습은 4세기경 그리스도의 탄생일을 기념하게 되면서 생겨났다고 하는데, 12세기에 들어서면서 금기시되었던 여성이나 아이의 생일도 기록하여 축하하게 되면서 더욱 큰 의미를 지니게 되었다고 한다.

회갑, 진갑, 고희 등은 생일을 말하는 것으로 우리나라에는 전통적으로 이러한 생일을 크게 생각해 왔다. 최근에는 회갑(만 60세)을 크게 치진 않으나 자기가 태어난 날로부터 60세(회갑), 70세(고희), 88세(미수)에는 집안에서 특별한 생일상을 차리곤 한다. 60세의 경우 '축(祝) 환갑(還甲)', 70세의 경우 '축(祝) 고희(古稀)', 88세의 경우 '축(祝) 미수(米壽)'라고 하여 장수를 축하한다. 이런 자리에 초대받아서 방문하는 경우에는 봉투에 위의 글귀를 적고 성의를 표시하도록 하고 그 당사자에게는 '만수무강(萬壽無疆)'을 기원해 주고 그 자손들을 칭찬하도록 한다.

생일문화는 동서양 모두에서 중요시하고 있는데 몇몇 국가를 살펴보도록 하자.

(1) 중국

우리나라의 환갑과 같이 중국 사람에게 가장 중요한 생일은 '리우리우따슌'이라 하여 한평생 순조롭게 살았음을 축하하는 66번째 생일이다. 이날 자녀들은 0.6근의 고기를 사드리고 66개의 물만두를 만들어 생일을 축하하며, 생일에 초대받은 사람은 숫자 6에 관련된 선물을 준비하는 것이 예의이다. 또한, 중국에서는 50세 생일은 '소생일', 60세 생일은 '중생신', 80세에서 100세가 되면 '대생신'이라고 하여 60세가 넘어야 생신이란 말을 사용하므로 주의하여 사용해야 한다.

(2) 뉴질랜드

뉴질렌드의 부모들은 초등학교에 입학하는 만 5살, 어린이에서 청소년이 되는 13살, 법적으로 부모 없이 결혼할 수 있으며 운전면허증을 딸 수 있는 16살, 완전히 성인으로 인정받는 21살의 생일은 특별하게 치른다.

4) 병문안

병문안을 통하여 병원에 입원한 환자를 격려하고 기분을 전환하며 개인적으로 관심을 보인다는 것은 환자에게는 매우 중요한 시간이다. 특히 오랫동안 병상에 있는 환자의 경우 병문안이 환자의 지루한 시간을 짧게 해주며 병실의 분위기를 더욱 즐겁게 만들어 줄 수 있으므로 대부분 환자는 가족들이나 지인의 방문을 기다리며 기뻐한다.

우리나라의 경우 방문시간은 평일은 오후 6시부터 8시까지, 주말이나 공휴일은 오전 10시부터 정오, 오후 6시부터 8시까지다. 이는 의료진의 진료나 회진, 교대시간, 환자 식사시간 등을 피하려는 조치이다. 지인의 병문안을 원하는 사람은 누구나 이 시간대를 이용해야 한다.

(1) 병문안 할 때 알아두어야 할 사항

① 병문안은 빠를수록 좋으며 위문하기 전에는 사전에 연락하여야 하며 미리 병명과 환자의 상태를 알아두는 것도 방문 시에 중요하다.

② 문병시간은 20~30분 정도로 짧게 하는 것이 좋으며 환자 곁에 보호자가 있을 때는 보호자에게 먼저 위로의 말을 건넨다.

③ 다인실의 경우 다른 환자에게 양해를 구하고 잠깐 방문한 환자와의 관계를 인사말로 하는 것이 좋다.

④ 병원의 방문시간이 정해져 있는 경우 그것을 지켜야 한다. 일반적으로 병문안 시간은 환자의 식사시간과 치료시간은 피하는 것이 좋으므로 오후 2시부터 8시 사이가 적합하다.

⑤ 문병 시에는 주로 가벼운 읽을거리나 과일, 음료수 등을 가져가는 것이 적합하나 환자가 원하는 것을 물어보는 것도 무방하다. 꽃을 선물할 때는 꽃가루 때문에 병실에 두지 못하게 하는 곳도 있으므로 유의하도록 한다.

5) 조문

사람에 따라 죽음에 대한 인식과 받아들이는 자세가 다르듯이 세계의 장례문화는 각 문화권마다, 종교마다 다르다. 시대와 국가를 초월하여, 장례의식은 숭고하고 중요하게 다루어졌는데 나라별로 장례문화 또한 우리나라와는 많이 차이점이 있다.

우리나라의 전통적 장례문화는 유교적 사상에 바탕을 두었으며, 우리의 삶과 죽음이라는 애환이 고스란히 담긴 우리 조상들의 숨결이었다. 현대에 와서는 제도상으로 간략화하며 또한 대행화하여 점점 틀에 박힌 제도가 되어가는 점은 아쉬운 부문이다.

(1) 우리나라의 조문

우리나라에서는 가까운 친인척과 직장동료 혹은 지인에게 상(喪)이 발생하였다는 소식인 부고를 보낸다. 부고를 받았다면 문상을 가야 하는데 문상이란 타인의 죽음에 대해 애도의 뜻을 표하는 것으로 문상을 받는 시기는 유족들이 성복[2]을 끝내고 조문객을 맞을 준비가 된 후에 가는 것이 예의이다.

최근에는 삼일장을 치르므로 일반적으로 임종일 다음 날 또는 장지에 가기 전에 조문[3]을 간다고 생각하면 된다. 불가피한 사정으로 조문을 못하게 될 때에는 조의편지나 조의금이라도 보내어 유족을 위로하도록 한다. 부고를 보내는 쪽에서도 조문객의 입장을 고려하여 신중하여야 할 것이다.

조문절차는 [그림 10-3]과 같다.

---

2) 상례절차의 하나로 주인, 주부 이하 모든 상복을 입어야 할 가까운 친척이 처음으로 상복을 입는 일을 말한다. 고인과의 친소관계에 따라 상주 및 복인들이 상복으로 갈아입는 절차로 3일장이 보편화된 현내에 와서는 염습이 끝남과 동시에 성복을 한다.

3) 조문(弔問)은 조상(弔喪)과 문상(問喪)의 합성어이다. '조상'은 영정을 앞에 두고 절하는 것을 의미하며, '문상'은 상주에게 인사하는 것을 의미합니다. 따라서 상갓집에 방문할 경우는 '조문 간다'라고 표현하는 것이 정확한 표현이라고 할 수 있다.

그림 10-3 조문절차

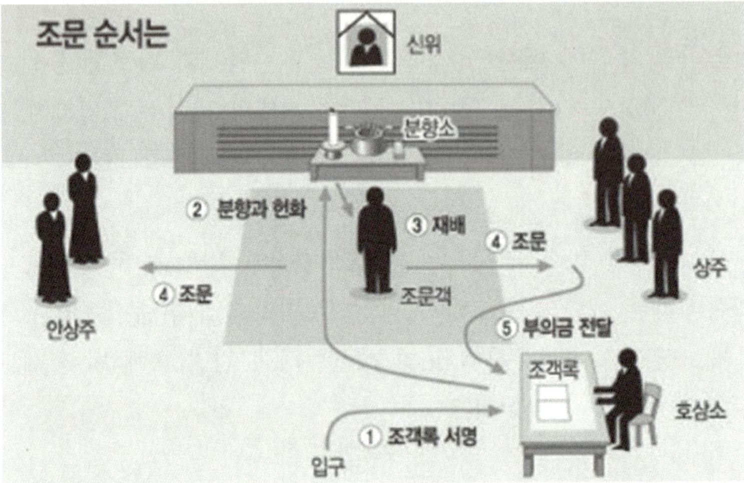

출처 : http://blog.naver.com/mokpo2083/60193637078

〈표 10-1〉 궁금한 상가에서의 예절

① 조의금은 언제, 어디에, 누구에게?

조의금은 문상을 마친 후 물러나올 때, 호상소에 접수시키거나 부의함에 직접 넣는다. 상주에게 직접 건네는 것은 결례이다.

② 조의금 봉투의 글귀는?

일반적으로 봉투의 앞면에 부의(賻儀), 근조(謹弔), 조의(弔意) 등을 쓰고 뒷면의 좌측하단에 자기 이름을 쓴다. 최근에는 '삼가 고인의 명복을 빕니다' 등 한글 문구를 넣기도 한다.

③ 영전에 분향하는 법은?

영전에 분향하는 법은 일반적으로 그 집안의 가풍이나 종교에 따라 다르다. 일반적으로 상주 측에서 자기들의 종교 등에 따라 분향하는 법을 알려주니 그대로 따르는 것이 무난하다. 유교식으로는 영전에 향을 올리고 때에 따라서는 술을 올린 후 두 번 절하고 상주와 맞절한다. 이때 상주에게 애도의 뜻을 전한다.[4] 기독교나 천주교식으로는 영전에 분향하고 기도형식의 묵념을 한 후 상주와 맞절한다. 기독교에서는 영전에 향을 피우지 않는 곳이 많다.

---

4) 이때 애도사로서 일반적으로 연세가 많으셔서 돌아가실 경우 호상이라고 하는데 상주에게 '호상입니다.' 등은 피하도록 한다.

④ 여자도 분향을 하나요?

예전에는 가풍에 따라 여자들은 상가에 분향을 하지 못하도록 하는 곳도 있었다. 최근에는 이에 관계없이 여자들도 분향을 하고 있다.

⑤ 분향을 마치고 갈 때에는 상주에게 인사를 해야 하나요?

상제[5]에게 따로 인사를 하지 않는 것이 예의이다.

⑥ 상가에서 술은 어떻게?

상가에 가게 되면 본의 아니게 오랫동안 만나지 못했던 친인척이나 친구 등을 만나게 된다. 이럴 경우 고인을 추모하다 보면 자연스럽게 음주를 하게 된다. 음주 시에는 '건배', '위하여' 등의 건배사를 하지 않는다.

⑦ 상가에서 밤샘을 해줘야 하나요?

과거에는 상가에서 유족과 함께 슬픔을 나누며 고인을 추모하기 위해 밤을 새우곤 했다. 최근에는 과거와 달리 상이 끝나면 모두 회사 등 일상의 생활선선으로 돌아가야 함으로 상주 가족들이 향후 장례일정 및 비용정산과 휴식을 위하여 가능하면 11시 전에 자리를 뜨는 것도 좋은 방법이다. 그러나 유족이나 친인척이 많지 않은 경우에는 함께 자리를 하는 것이 예의이다.

⑧ 조문 시 위로의 말은 어떻게?

"얼마나 애통하십니까?", "삼가 조의를 표합니다.", "고인의 명복을 빕니다.", "마음이 아프시겠습니다." 등이 무난하나 격식이나 형식을 차린 표현보다 따듯하고 진지한 위로 한 마디가 더 바람직하다. 장수하였다 하여 '호상입니다.'라는 말을 해서는 안 된다.

그림 10-4 조문시의 복장

5) 부모나 조부모가 세상을 떠나 상중에 있는 사람을 뜻한다.

그림 10-5 부의금 봉투 작성 법

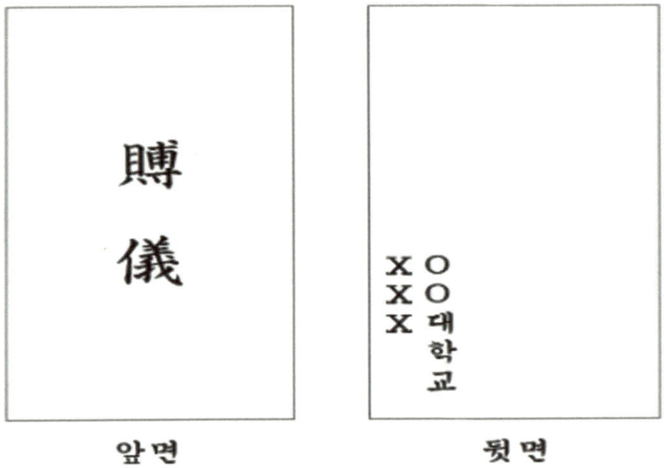

〈표 10-2〉 경조문구

경조사	문 구		비 고
축하	개업 등	축 발전(發展)	
	각종 시험에 합격	축 합격(合格)	
	각종 선거에 합격	축 당선(當選)	
생일	1세	축 첫돌	
	61세	축 환갑(祝 還甲)	만 60세
	62세	축 진갑(祝 進甲)	만 61세
	70세	축 고희(祝 古稀)	
	77세	축 희수(祝 喜壽)	
	88세	축 미수(祝米壽)	
	99세	축 백수(祝 白壽)	
혼인	축(祝) 혼인(婚姻)・화혼(華婚)・결혼(結婚)・성전(盛典)		화혼(華婚): 여성에게만
위로	위 수재(慰 水災), 위 도재, 기 재기(祈 再起)		
작별 및 퇴직	전별(餞別), 석별(惜別), 정의(情義)		
문병	기 쾌유(祈 快癒), 기 회춘(祈 回春)		
조문	부의(賻儀), 근조(謹弔), 조의(弔意), 전의(奠儀)		
연말년시	송구영신(送舊迎新), 세의(歲儀)		

(2) 서양인들의 조문

서구권에서는 신문광고 또는 인쇄물로 된 광고물 형식으로 사망 소식을 알린다. 사망일, 장례일, 장지 등이 언급된 부고는 검은 테두리 장식을 한다. 조문은 유족의 특별한 요청이 있을 때만 하는데 조문 시간은 15분에서 30분이 일반적이다. 우리와 달리 조문보다는 장례식 행사의 참석을 더 중요하게 여기기 때문에 장례식 후에 있을 식사 준비를 위하여 참석자의 숫자를 예상해 두어야 한다.

장례식에 참석하지 못하면 조문카드를 보내거나 조문편지 혹은 조의금을 유족에게 보내는데 검은 테두리 모양의 부고편지에 회답할 때는 하얀 편지지를 사용하되 검은 십자가나 그 밖의 표를 하면 안 된다.

기독교 장례식은 관이 교회 안으로 옮겨진 후 시작되고, 예배가 끝난 후 주로 교회 옆에 있는 공동묘지로 장례행렬이 시작된다.

행렬의 선두에는 목사나 신부, 가장 가까운 유족, 친인척 순으로 이동한다. 간단한 예식 후에 남자 유족은 각기 세 삽씩 흙을 관 위로 던지고 여자들은 꽃과 작은 꽃다발을 던진다.

미국의 장례문화를 살펴보면 미국의 장례문화는 남아 있는 사람들이 너무 슬퍼하면 고인이 마음이 무거워 좋은 곳으로 떠나지 못한다고 생각하기 때문에 장례식장에서 슬픔을 드러내지 않고 가능하면 많은 대화와 미소로 우울하지 않은 경건한 환경을 조성하는 것이 우리 문화와의 차이이다.

또한, 미국에서는 시신 방부처리와 화장을 해서 조문객들에게 시신을 보여주는 뷰잉(viewing)이라는 장례문화가 있다. 고인이 안치된 곳은 가까운 친지 외에는 방문하지 않고 영결시에만 참석하여 명복을 빌어주고, 한국처럼 따로 부의금을 전달하는 관습은 없지만, 고인의 이름으로 기금을 조성해 기부금으로 좋은 곳에 쓰곤 한다.[6]

---

6) http://preedlife.tistory.com/45, 해외장례문화 함께 보기.

(3) 조문 시의 옷차림

(가) 남성

동서양을 막론하고 조문 시 복장은 검은색 복장을 하는 것이 원칙이지만 부득이한 경우에는 밝지 않은 감색이나 회색 양복도 무방하나 붉은색 계열은 피해야 한다. 사정상 정장을 하지 못할 때 단정한 복장을 하되 화려한 무늬의 원색 옷차림을 피하고 치장도 삼간다.

서구권 나라에서는 주로 morning coat를 입으며, 흰색 와이셔츠에 넥타이, 양말, 구두는 검은색으로 통일한다. 그러나 미국과 영국에서는 검은 장갑 대신 회색이나 흰 장갑을 낀다. 직장 남성의 경우 만약을 대비하여 검은색 넥타이를 사무실에 비치해 두면 갑작스러운 부고 시에 유용하게 활용할 수 있다.

(나) 여성

여성은 검은색 상의에 검은색 스커트를 입는 것이 가장 무난하며 일체를 검은색으로 통일하는 것이 바람직하다. 최근에는 바쁜 일상사로 인하여 이러한 격식을 많이 탈피하였으나 색채 화장 및 화려한 장신구 등은 피하는 것이 좋다.

3. 초대 매너

1) 선물 매너

선물교환은 자발적인 개개인의 교제에서 사랑, 감사 등의 의사전달을 돕는 조력자의 역할, 체면유지를 위한 의례적이고 다소 의무화된 역할, 원활한 비즈니스를 돕는 가교의 역할 등 다양한 범위에 걸쳐 일상생활에 깊이 자리한 행동양식이다.

선물교환은 상품화된 '물질'이 특정 교환의 형식을 빌려, 포장, 전달방법 등의 과정을 거치면서 물질의 기능을 초월하는 새로운 의미를 내포하는 상징의 전환과정을 맞게 되면서, 궁극적으로는 인간 대 인간의 유대를 강화해 주는 기능을 하게 된다.

'Belk(1979)'는 "선물교환에는 사회적 교환기능, 경제적 교환기능, 사회화 기능 등이 내포되어 있는바, 선물하는 또는 받는 단순한 동작 안에는 언제, 어떻게 주어야 하는지, 어떻게 받아야 하는지, 답례는 어떻게 해야 하는지 등에 관한 묵시적인 규칙의 굴레가 포함되어 있으며 그 규칙은 시대와 장소에 따라 다르다"라고 말했다.

범 세계화의 추세에 따라 선물의 교류기회가 전 세계적으로 확산하면서 문화 내(within a culture)뿐만 아니라 문화 간의 선물교류 기회가 증대되고 있는바, 각 문화 간 차이에서 발생하는 선물개념과 선물의 주고받는 방식에 의한 차이로 인하여 발생하는 오해를 줄이기 위해서는 각 문화의 선물 습관과 그 차이를 올바르게 이해하는 것이 매우 중요하다. 특히 세계화 시대에 나라별로 금기시하는 선물이나 선물예절에는 다음과 같은 많은 주의가 필요하다.

① 상대방 문화에 맞는 선물을 고르도록 하며 가격표는 포장 전 반드시 제거하도록 하며 포장은 성의있게 카드를 봉투에 넣어 함께 전달하도록 한다.

② 받는 이의 취향을 고려하고 받는 이가 부담스러운 고가 품목은 삼가도록 한다.

③ 선물을 받았을 경우 곧바로 감사의 인사를 하고 즉석에서 풀어보아야 한다. 그러나 나라의 관습에 따라 각기 다르므로 주의해야 할 부분이기도 하다.

④ 다음번 만남에 있어서 받은 선물에 대해 감사를 표하고, 잘 사용하고 있다는 것을 간접적으로 언급하도록 한다.

⑤ 자신이 선물로 받은 것을 타인에게 선물해서는 안 된다.

⑥ 상대방의 취향이나 기호를 모르면 넥타이나 향수는 무석질하다.

⑦ 외국인에게 선물할 때는 일반적으로 전통적인 선물이 바람직하다.

선물은 마음속 깊이 느끼고 있는 고마움이나 그리움의 표시로 상대방에게 주는 물건이다. 동시에 작고 하찮은 것이라도 남에게 준다는 데에서 보람과 행복을 느끼게 하는 공통된 감정이 있는 것이다.

2) 비즈니스상의 선물 매너

어느 나라든 서로의 관계를 긍정적인 방향으로 향상하기 위한 방편으로 선물을 주고받는 것이 보편화하여 있다.

비즈니스 문제로 선물을 주고받는 것이 보편화한 우리나라 및 아시아권 국가들보다 북유럽 국가나 미국 등은 이 관습을 부정적으로 보는 경향이 지배적이다. 프랑스에서는 사업 파트너끼리 감사의 표시로서 선물을 주는 것이 일반적이지 않음에 주의해야 한다. 이처럼 선물을 주는 일은 신중해야 하는데 선물을 교환하는 데 있어서 상대 국가의 비즈니스 문화와 선물 관행을 잘 이해하고 그 형식이나 방법까지도 세심한 주의를 기울여야 한다. 일반적으로 상대방이 거부감을 가지지 않는 선에서 자신의 성의와 관심을 알리는 선물을 준비하는 것이 바람직하다.

직위나 신분을 중요시하는 우리나라나 중국, 일본과 더불어 일반적으로 상대방의 신분이나 직급에 따라 선물의 품질이나 내용물을 달리하고 있다. 추천할 만한 기본적인 비즈니스 선물용으로는 우리나라의 전통예술품, 인삼 등이 좋으며 우리나라를 소개할 수 있는 역사 화보, 기념 우표나 화폐 등도 무난하다.

선물을 주는 시기도 중요한데 선물을 주는 시기는 디너파티 초대 후 감사 표시로 선물을 하는 것은 좋다. 즉 협상이나 방문의 마지막 단계에서 주는 것이 바람직하다. 그러나 선물은 사전에 상대 국가에서 금기시하는 선물이나 포장이 무엇인지를 현지인으로부터 알아두어야 한다. 그렇지 못하면 선물은 주지 아니한 것보다 못한 결과를 초래할 수도 있다.

〈표 10-3〉 주요 국가별 선물 매너

국가	구분	내용
중국	금기품목	-죽음과 관련된 것(짚신과 괘종시계, 황새와 두루미, 흰색, 검은색, 파란색이 많이 들어간 물건) -우산은 이별이라는 말과 발음이 비슷 -슬픔과 눈물을 상징하는 것(손수건) -꽃다발은 생명의 짧음을 의미, 장례용 -거북은 욕을 의미 -배는 이별을 의미
	유의사항	-선물을 받기 전에 세 번 정도 거절하므로 계속 권한다. -저녁식사나 파티에 초대를 받은 경우 먹을 것을 선물로 가져가지 않는다. -현금을 줄 때 : 축의금은 짝수로, 부의금은 홀수의 금액으로 준다. -외국 화폐나 기념주화는 사용하지 않는다.
일본	금기품목	-흰색 꽃, 4자와 관련된 선물, 칼(단절을 의미)
	유의사항	-방문할 때 반드시 가벼운 선물을 준비한다. 선물 이외에 카드도 보낸다(연초 : 연하장, 여름 : 간단 식료품) -식사 초대를 받았을 경우 수입 스카치나 코냑을 선물하는 것이 좋다. -짝수 개의 꽃 선물은 피한다.
대만	금기품목	-손수건과 탁상시계(불운을 의미), 손목시계는 예외
	유의사항	-선물을 준 사람 앞에서 직접 열어 보지 않아야 한다.
인도	금기품목	-자스민(장례식과 연관)
	유의사항	-소를 이용하여 만든 상품은 선물하지 않는다.(힌두교)
말레이시아	금기품목	-이슬람교도들에게 돼지고기와 술은 선물하지 않는다. -돼지가죽으로 된 물건이나 알코올이 첨가된 향수, 장난감 강아지, 개 그림이 들어간 것(개를 부정한 것으로 여김)
	유의사항	-선물보다 정성이 담긴 카드를 값지게 여기므로 카드를 선물과 함께 주는 것이 좋다. -반드시 오른손으로 선물을 주고받아야 한다. -선물을 준 사람 앞에서 열어보는 것은 예의에 어긋난다.

국가	구분	내용
쿠웨이트	금기품목	-무조건 술과 돼지고기를 피해야 한다.
	유의사항	-여주인이나 여자 식구를 위해 선물을 사오거나, 여주인의 안부를 물어서는 안 된다.
사우디 아라비아	금기품목	-술
	유의사항	-애완동물은 격이 낮은 선물로 취급받는다. -손수건은 눈물, 이별을 상징하므로 여성에게 줄 때는 잘 고려해야 한다. -선물을 주고받을 때는 왼손이 아닌 오른손으로 해야 한다.
미국	금기품목	-백합(죽음을 의미)
	유의사항	-선물은 받은 자리에서 바로 풀어보는 것이 예의이다. -대체로 선물을 잘 하지 않는 편이므로 비즈니스와 관련된 선물은 작고 부담이 없어야 한다. -축의금을 주는 경우는 거의 드물고 살림에 필요한 물건을 선물로 준다. -향수나 옷과 같은 개인적 취향이 고려되는 선물은 삼가는 편이 좋다.
캐나다	금기품목	-백합(죽음을 의미)
영국	금기품목	-국화, 백합, 붉은 장미, 홀수의 꽃
	유의사항	-가정집에 초대하게 되면 여주인은 반드시 케이크를 만들어 대접하게 되므로 케이크를 선물로 가져가지 않아야 한다. -특별한 관계가 아닌 이상 지나치게 값진 선물은 상대방을 당황하게 하므로 부담을 주지 않는 저렴하면서도 실용적인 것을 선물한다.
독일	금기품목	-13송이의 꽃, 포장한 꽃, 흰 꽃, 백합
	유의사항	-선물을 포장할 때 흰색, 검은색, 갈색의 포장지와 리본을 사용하지 않는다. -꽃은 포장하지 않고 주며 홀수로 선물한다. -독일 비즈니스맨은 선물을 주고받지 않는다. 즉, 특별한 날이나 의미 있는 날이 아니면 선물은 피하는 것이 좋다. -고가의 선물이라 판단될 때는 받은 선물을 되돌려 줄때도 있다.
프랑스	금기품목	-빨간 장미(연인 사이만), 빨간 카네이션(장례식용, 불길한 꽃이라 생각), 국화, 흰색 백합(장례식용), 꽃은 유럽의 전통에 따라 홀수로 준비한다.
	유의사항	-와인은 흔하므로, 향수는 기호품이라 선물하지 않는 편이 낫다. -프랑스에서는 선물에는 명함을 넣지 않는 것이 비즈니스 에티켓이다.

국가	구분	내용
헝가리	금기품목	-붉은 장미, 백합(불길함을 의미)
	유의사항	-와인에 대한 자부심이 강하므로 와인을 선물하지 않는다. -꽃은 반드시 포장하여 선물한다.
멕시코	금기품목	-노란색과 보라색(죽음을 의미), 칼(인간관계의 단절을 의미)
	유의사항	-은으로 만들어진 선물은 피한다.
브라질	금기품목	-검은색이나 자주색으로 된 것(죽음을 의미) -칼(인간관계의 단절을 의미)
	유의사항	-첫만남에서는 선물을 주지 않는 편이 낫고, 점심이나 저녁을 대접하고 나서 선물에 대한 취향을 생각해 본다. -일반적으로 계산기, CD 플레이어 등과 같은 소형전자제품이 좋다.
아르헨티나	금기품목	-칼(인관 관계의 단절을 의미)
	유의사항	-술을 선물하면 좋아한다.(스카치와 프랑스 샴페인) 좋은 와인이 풍부하므로 와인은 선물하지 않는다. -가죽제품은 흔하므로 선물하지 않는다.
러시아	금기품목	-선물을 무척 좋아하여 금기품목은 별로 없다.
	유의사항	-선물이나 뇌물을 좋아하므로 가능하면 많은 기회를 만들어 자주 선물한다. -향수, 라이터, 계산기, 명함, 지갑, 카메라 등이 좋다. -짝수의 선물은 부정적 의미 -축하의 꽃은 홀수, 애도의 꽃은 짝수
폴란드	금기품목	-짝수의 꽃
	유의사항	-꽃을 좋아하므로, 초대를 받은 경우 꽃을 선물하는 것은 필수적이며, 주요 거래처에는 간단한 선물을 준비하는 것이 상담에 도움을 준다. -민속제품, 라이터, 필기구 등 부피가 크지 않고 소박하면서도 부담 없는 선물이 무난하다.
이집트	금기품목	
	유의사항	-입찰이나 정부공사 수주 시, 이집트 정부 관리들이 뇌물성격에 가까운 선물을 공공연히 요구하는 경우를 흔히 볼 수 있다. -보석류 등 화려한 것을 좋아하며, 일부 상류층에서는 인삼의 우수성을 알기 때문에 인삼차 등을 좋아한다. -선물을 받거나 줄때는 오른손을 사용한다.

자료 : 박준형, '볼프강의 글로벌 비즈니스 에티켓 Ⅰ', 김영사, 2000, pp.155-156.

그림 10-6 금기시 되는 꽃 선물

미국, 캐나다, 영국, 프랑스 : 백합

백합은 죽음을 상징

이집트 : 꽃 선물

병문안이나 결혼식에만 꽃을 선물

독일 : 13송이의 꽃, 장미

불길함을 상징

장미는 구애의 의미

프랑스 : 짝수의 꽃과 국화, 흰색 백합, 붉은 카네이션

유럽의 전통(홀수의 꽃), 국화, 흰색 백화 = 죽음을 상징
붉은 카네이션 = 불운

4. 파티 매너

1) 파티의 기원

사교를 목적으로 한 파티의 기원은 16세기 프랑스 국왕 앙리 2세 때의 카트린 드 메디치에서 찾을 수 있다. 카트린은 그때까지 공개 석상에서 음식을 먹지 않던 귀부인들을 불러 모아 즐겁게 식사함으로써 서양식 파티의 출발을 알렸다. 그 후 파티 문화는 영국과 프랑스를 중심으로 유럽 전역에 전파되었으며, 그들의 모임 자체가 쾌락과 특권의식을 바탕으로 했기에 파티는 갈수록 성대해졌다.

그림 10-7 앙리2세와 카드린 드 메디치

앙리 2세

카드린 드 메디치

http://machapuchare.tistory.com/1249
http://blog.daum.net/1js2000y/15966061

2) 우리나라와 서양의 파티 문화

(1) 우리나라

우리나라는 '잔치'라 하여 풍성하게 차려진 음식과 함께 즐거움을 나누는 데 초점을 두었다. 우리나라의 잔치는 지인과 친분의 교류 위주로 이루어진다. 우리에게 있어 그것은 이웃과 서로 협동하고 결과물을 함께 나누며, 서로의 기쁨과 슬픔을 나의 기쁨과 슬픔으로 여기고, 함께 먹고 즐기면서 정을 나누는 데 목적과 의미가 있다.

잔치의 종류로는 돌잔치, 환갑잔치, 결혼식 등이 있다.

(2) 서양

서양인들의 개방적이고 사교적인 성향은 파티라는 문화가 뿌리내리고 발전하는 데 적잖은 영향을 끼쳤다. 그들에게 있어 파티는 사교의 공간인 동시에 쾌락을 추구하는 곳이기도 하고, 비즈니스에 이용되는 곳인 한편 '짝'을 찾는 기회의 장이기도 하다. 스타일링에 더욱 많이 신경을 쓰며 사람들과의 '사교'와 '비즈니스'가 강조되었다.

3) 파티 종류별 매너

(1) 초대장 매너

초대장를 보낼 때는 용지 카드형이 좋다.

대개 4.5 × 6inch 정도의 크기에 흰색이나 노란색이 좋고 봉투는 이에 맞춘다. 주소는 특별히 적을 필요는 없으나 이름은 반드시 3인칭으로 쓴다. 구두점(마침표나 쉼표)은 같은 줄에서 구별해 주어야 할 곳과 약어 뒤에만 쓴다.

초대장은 다음과 같은 내용에 주의하여 작성한다.

① 초대의 글 전체 모양이 예쁜 물병이 되도록 가운데 정렬한다.

② 인쇄할 경우라도 수신인은 반드시 손으로 적는다.

③ 글씨체는 특별한 규정이 없지만 너무 요란하거나 복잡하면 안 된다.

④ 초대장의 '일시' 표기는 영국에서는 아라비아숫자로 하나 미국에서는 보통 풀어서 쓴다.

⑤ 초대장에 기재할 사항으로는 기업 또는 가문의 로고, 초대자의 이름, 초대문구, 파티종류, 파티목적, 날짜, 시간, 장소(주소), 회신, special instruction 등이 있다.

(2) 디너파티 매너

디너파티는 파티 중에서 가장 비중이 있고 그 격식과 절차가 엄격한 사교행사이다. 의식적인 연회로서, 풀코스의 만찬을 내용으로 하는 가장 정중하고 격식 있는 파티라고 할 수 있다. 디너파티에 초대되었다면, 어느 정도 격식을 차린 옷차림을 하고 가는 것이 좋다. 사교 상 어떤 중요한 목적이 있을 때 개최하는 것이 일반적이며 만찬은 공식, 비공식, 약식으로 나뉘며, 그에 따른 드레스코드가 표기된다.

① 공식: 초대장 초청, 연미복, 턱시도

② 비공식: 평상복을 착용하여도 무방

③ 약식: 구두로 초청, 복장의 지정하지 않음

파티의 종류와 식순이 정해지고 참석자가 많을 경우는 파티장 입구에 테이블 플랜(배치도)을 놓아 참석자의 혼란을 피하도록 한다.

디너파티는 손님으로 마중하는 '리시빙 라인'(Receiving line)을 이루어 초청자와 주빈이 입구 쪽에 일렬로 서서 손님을 맞이한다.

식사 전에 리셉션 칵테일을 나눈다. 식당의 입장순서는 호스트가 주빈 부인을 에스코트하여 선도하고 다음으로 주빈이 호스티스를, 그 이하는 남성이 여성에게 오른팔을 내어 잡도록 하여 좌석 순에 따라 착석하도록 한다.

디너파티의 주의사항을 살펴보면 다음과 같다.

① 사람의 수가 많을 경우는 뷔페 스타일의 입식형 디너파티가 적당하다.

② 부인을 위주로 하며 대체로 그 방의 상석은 입구에서 가장 먼 쪽이 상석이 된다.

③ 초청장에 대한 회답은 가능한 빨리해야 하며 번복해서는 안 된다.

④ 부부 초대 시 둘 중 일인이 참석할 수 없을 때는 모두 불참하는 것이 예의이다.

⑤ 도착시간은 초대장의 지정시간보다 5~7분 전이 이상적이다.

⑥ 대규모가 아니라면 식사 전 서로에 대한 소개를 끝낸다.

(3) 오찬과 조찬 매너

점심식사를 이르는 오찬은 그 예법은 만찬과 같으나 만찬보다 훨씬 약식이 된다. 오찬과 소찬은 집으로 초대하는 것이 매너이다.

오찬 때 주의사항은 다음과 같다.

① 오찬 때 여주인은 손님을 맞이하기 위하여 굳이 입구에 서 있지 않아도 되며, 특별한 경우가 아니면 샴페인은 내지 않는다.

② 오찬 장소에는 정해진 시간보다 15분 정도 일찍 도착하는 것이 좋다.

③ 저녁 때와 다르게 시간적 여유가 없으므로 음식도 정확한 시간에 나오며 늦었을 때에는 그때 제공되는 음식부터 먹는다.

조찬은 사교적 성격을 띤 아침시간에 식사를 하는 것으로 조찬 시간은 나라에 따라서 약간씩 다른데 영국은 8시경, 미국은 7시 30분경, 프랑스는 8시 전후라고 한다. 프랑스식 조찬은 커피에 밀크를 탄 '카페오레(Café au Lait)'와 빵, 달걀에 과일 정도로 가볍게 나오고, 미국식은 오렌지 주스, 오트밀, 콘플레이크, 햄, 베이컨, 토스트, 커피와 달걀이 나온다. 영국식은 미국식에 대구나 훈제, 청어 등 생선이 더 나오고, 커피 외에 홍차도 나와 푸짐하다.

(4) 뷔페 파티(Buffet Party) 매너

뷔페의 역사를 살펴보면 8세기경 스칸디나비아반도의 해적인 바이킹들이 많은 음식을 테이블에 늘어놓은 뒤 자신의 개인접시를 들고 먹고 싶은 만큼만 덜어서 먹으며 자축하는 데에서 유래되었다고 한다. 현대식 뷔페문화가 시작된 것 프랑스라고 하는데, Buffet는 프랑스어로 '찬장', '선반'이라는 뜻에서 유래되었다. 이는 장소와 크기에 비해 많은 손님을 대접할 때의 식사형식이다.

뷔페는 격식을 차리지 않고 자유롭게 움직이며 손님이 직접 요리를 덜어 먹으므로 간편하게 많은 손님을 접대할 수 있어 편리하게 많이 이용하는 파티 형식이다.

뷔페의 종류: 형식에 따른 분류

ⓐ 시팅뷔페(Sitting Buffet): 테이블에 앉아서 식사

손님이 앉을만한 테이블과 의자를 갖추어야 하고 접시와 잔, 포크와 나이프 등을 갖추어 테이블 위에 정돈하여 놓아야 한다. 요리는 전채요리, 수프, 생선, 육류, 채소, 디저트 등 다양하게 차려 놓아야 한다.

ⓑ 스탠딩뷔페(Standing Buffet): 선 채로 식사

식사적 요소가 가미된 요리중심의 파티로, 한 손에 접시를 들고 다른 한 손은 포크를 집어 들고 서서 하는 식사라 할 수 있다.

요리는 카레 요리, 꼬챙이 요리, 굴라쉬, 카세롤 등 포션사이즈를 작게 해야 한다.

(5) 티파티 매너

티파티는 주로 비공식적인 손님 초대에 이용하는 것으로 어떤 연회보다도 친밀감을 느낄 수 있다.

티파티는 식사를 하지 않고 차와 간단한 과자, 케이크, 과일 등을 준비하므로 상당히 편리하나 차를 따라주는 역할이 매우 중요함으로 초대 주인의 여주인이 맡는다. 티파티 시간은 보통 오전 10~11시경과 오후 2~4시경으로 많은 사람이 파티에 참석한다면 간단하게 마시고 30분 안에 자리를 떠난다.

(6) 칵테일파티 매너

가장 많이 행해지는 파티로서 형식에 얽매이지 않고 부담 없는 파티이다.

칵테일을 주로 하고 손으로 집어 먹을 수 있도록 작게 만든 카나페를 곁들여 내는 파티로 저녁 식사 전인 5~8시 사이에 실내나 실외에서 2시간 정도 진행된다. '지위고하'를 막론하고 자유로이 이동하면서 자연스럽게 담소할 수 있고 참석자의 복장이나 시간도 별로 제약을 받지 않기 때문에 현대인의 편리한 사교모임 파티이다.

칵테일파티에서 주의할 점은 돌아가는 시간은 언제라도 상관없으나 정해진 시간 전에 도착하는 것은 피하도록 하며, 친한 사람들끼리만 모여 있는 것은 보기 좋지 않다.

① 저녁 식사를 생각하여 너무 많이 먹으면 안 된다.

② 파티준비를 함에 있어 예산과 정확한 초대인원, 메뉴의 구성, 파티의

성격 등을 파악하여야 한다. 특히 소요되는 주류를 얼마나 준비하여야 하는가 하는 문제는 매우 중요하다. 보통 한 사람당 3잔 정도 마시는 것으로 추정하는 것이 합리적이다.

(7) 리셉션파티(Reception) 매너

리셉션파티는 외교관이나 정부의 고위 공직자들이 공식적으로 개최하는 칵테일파티 형식을 의미하였으나 요즈음에 와서는 특정인이나 중요한 일에 대한 기념 및 축하를 위하여 개최하는 공식적인 모임을 말한다.

손님을 맞이할 때는 '리셉션라인'(Reception Line) 또는 '리시빙라인'(Receiving Line)에서 주빈과 주최자가 한 줄로 서서 손님을 맞이 하도록 한다.

리셉션장에 도착했을 때는 안내자에게 자신의 직책과 이름, 신분을 정확히 밝히면 안내자는 주최자에게 안내한다. 이때 복장은 반드시 정장을 입도록 한다.

리셉션은 저녁으로 들어가기 전에 식사의 한 과정으로 베푸는 리셉션과 그 자체만으로 한 행사인 리셉션으로 나눈다.

(가) 식사 전 리셉션

식사에 앞서 리셉션을 가지는 목적은 일정시간에 이르기까지 손님들이 서로서로 모여서 어울려 교제할 수 있도록 선처하고, 손님의 식욕을 돋우는 간단한 음식물을 제공하는 것이 통례이다. 장소는 한 바퀴 돌 수 있을 만한 충분한 공간이 있어야 한다.

주류의 종류는 주인이 내주고자 하는 것에 따라 다르겠지만, 대체로 영국은 쉐리주, 위스키, 소다(Whisky and Soda), 진토닉(Gin and Tonic) 등이 통상적이다.

(나) 풀 리셉션(Full Reception)

풀 리셉셥은 문자 그대로 리셉션만 베풀어지는 행사로, 한번 제공된 음식들로만 채워지고 더 따라 나오거나 이어지는 음식이나 주류는 없고, 보통 한 시간이나 두 시간 정도 진행된다.

음식은 카나페, 샌드위치, 타틀렛, 치즈, 작은 패티, 칵테일, 세이보리 등을 준비하여 내며 식사 전 리셉션에 내는 음식보다는 그 내용이 좀 더 실속이 있어야 하고, 더운 음식품목과 차가운 음식품목으로 다양하게 내용을 구성해야 한다. 주류는 와인류를 내어도 되는데 적포도주, 드라이 백포도주와 로제 포도주류 등을 손님이 택일하여 마실 수 있도록 준비하며 만일 포도주만을 준비하였다면 훌륭한 잔을 사용하도록 한다.

(8) 댄스파티와 무도회 매너

우리나라에서는 무도회와 댄스파티를 분명히 구별하지 않는 경향이 있으나 영어로는 이 양자를 구별한다. 즉 댄스는 일정한 나이에 달한 사람을 초대하지만, 무도회에의 초대자는 나이에 관계없이 호스티스와 친한 관계인사는 누구나 초대될 수 있다는 점이 차이이다. 다시 말하면 무도회는 댄스파티보다 많은 사람이 출석하여 큰 규모의 댄스파티를 이룬다는 의미이다.

〈표 10－4〉 파티의 종류

파티명	내 용
리셉션	국빈의 환영회, 신제품 발표회와 같은 공식적인 연회
디너 파티	만찬회, 예의바른 연회
티 파티	홍차, 커피, 케이크를 주제로 한 모임
칵테일 파티	술을 주제로 솔직 담백하게 대화를 나누는 모임
런천 파티	오찬회 같은 것으로 점심을 드는 모임
블랙퍼스트 파티	조찬회로서 비즈니스맨 등이 개최하는 모임
애프터 디너 파티	저녁식사 후 가벼운 음료와 더불어 카드 등 게임을 즐기는 모임
디저트 파티	각자가 저녁 식사 후 과자, 과일, 커피 등을 들면서 한담하는 모임
댄스파티	댄스를 즐기면서 이야기를 나누는 모임
가든파티	정원에서 즐기는 모임
샤워 파티	가지가지 선물을 가지고 와서 나누는 모임
포트럭 파티	손님이 각자 자랑하는 요리를 가지고 와서 여는 모임

댄스파티의 주요 매너를 보면 남성은 소개받은 여성에게 한번은 댄스를 프러포즈하는 것이 에티켓이며, 첫 춤과 마지막 춤은 동행한 상대와 추는 것이 관습이다.

4) 파티용 복장 매너

파티용 복장은 남성과 여성에 따라 또한 시간과 격식에 따라서도 달라진다. 남성의 예복은 모임이 열리는 시간과 격식에 따라 4h로 나뉜다.

① 낮의 정식 예복인 모닝코트(Morning Coat, Cutaway),
② 낮의 약식 예복인 색코트(Sack Coat),
③ 밤의 정식 예복인 연미복(Tail Coat),
④ 밤의 약식 예복인 턱시도(Tuxedo, Smoking Jacket)이다.

서양에서는 정식이든 약식이든 모임을 개최하게 되면 사전에 초대장을 보내는 것이 예의로 되어 있는데 초대장에는 반드시 복장에 대해 표시를 한다.

이때 'White Tie', 'Black Tie', 'Morning Coat'의 3가지가 주로 적혀 있는데 White Tie는 연미복을, Black Tie는 턱시도를 각각 의미한다.

(1) 주간 예복

(가) 모닝코트(Morning Coat)

그림 10-8 모닝코트

아침부터 저녁 전까지의 공식적인 오전 행사, 야유회, 정식오찬, 교회의식, 승마 시에 착용하는 정식 예복이다.

가장 정중하고 격식을 차린 모임에서 입는 예장으로 프록코트의 앞부분을 경사지게 도려내어 '컷 어웨이'(Cutaway)라고도 한다.

재킷에 스트라이프 팬츠를 입는 것이 일반적이며, 이때 베스트는 재킷과 같은 소재, 같은 색상이어야 한다.

(나) 쌕 코트(Sack Coat)

낮에 입는 준예복으로 모닝코트와 평상복의 중간 형태로 오늘날에는 검은색 계통의 정장으로 대체되고 있다.

원래 쌕코트(Sack Coat)는 주로 외교 관계의 특수한 신분의 사람들이 공적인 방문, 회의, 오찬, 다과회 등 주로 오전의 행사에 착용하는 옷차림이었다.

그림 10-9 쌕 코트

(다) 애프터 눈 드레스(Afternoon dress)

오후의 연회나 결혼식 등에 입는 의복으로 산뜻한 분위기를 나타내면 되고, 이브닝드레스와 같은 특별한 격식은 필요 없다.

소재는 실크가 많고 액세서리도 옷에 적합한 격조 있는 것을 쓴다.

그림 10-10 애프터 눈 드레스

(2) 야간 예복

(가) 연미복(Tail Coat)

'이브닝드레스 코트'라고 부르며, 깃 어웨이의 앞자락이 없어지고 뒷자락만 남은 형태로 흰 가라 셔츠에 화이트 보타이, 화이트 베스트와 입는 것을 원칙으로 하고 있다.

그림 10-11 연미복

테일러 코트는 재킷의 뒷자락이 제비꼬리를 닮았다고 하여 연미복이라고도 하며, 야간의 정장 예복으로 백색 타이, 백색 조끼, 백색 장갑을 착용하는 것이 특징이다. 일반적으로 공식만찬회, 무도회, 공식야간 리셉션, 오페라, 음악회, 이브닝결혼식 등에 입으며, 주간 예복으로 입는 경우는 검은색 조끼를 입는다.

파티의 초대장에 'White Tie'라고 적혀 있는 경우에는 반드시 연미복 차림을 하라는 뜻이므로 유의한다.

(나) 턱시도(Tuxedo, Smoking Jacket)

턱시도는 원래 유럽의 고급 도박장에 온 상류 인사들이 휴게실에서 담배를 피우며 쉬기 위해 입었던 카지노용 실내복에서 유래되었으며 그 후 재킷이 신사복으로 변모한 것은 1870년대부터이다. '턱시도'라는 이름이 붙은 것은 19세기에 영국의 디너 재킷을 뉴욕의 턱시도 클럽에서 연미복 대용으로 입기 시작한데서 비롯되었으며, 오후 6시 이후에 입는 정장이라는 뜻에서 'After Six'라고도 부른다. 턱시도는 공식적 만찬 재킷으로 미국에서 부르는 명칭이며 유럽에서는 '스모킹 재킷', 영국에서는 '디너 재킷'이라고 칭한다.

파티의 초대장에 'Black Tie'라는 글귀가 있으면 이는 곧 턱시도 차림을 하라는 의미이다. 저녁 시간의 공식적인 모임, 만찬회 등에 입는 의상으로 우리나라의 경우 대표적인 신랑의 결혼예복으로 이용되며 모닝코트보다는 한 단계 아래 격인 준 예장이다.

그림 10-12 턱시도

야간의 각종 파티, 극장이나 콘서트, 호텔, 클럽, 유람선에서의 만찬(연미복은 배 위에서는 입지 않게 되어 있다) 등에 입는 편리한 복장이다.

서양에서는 사교 상 필수품으로 대중화되어 있으므로 외국인과의 교제가 잦으면 준비해 두어야 할 복장으로 특별한 이유가 없는 한 오후 6시 이전에는 입지 않는다. 턱시도는 조끼 대신에 검은색 커머밴드(Cummerband : 장식용 넓은 허리띠)를 착용한다.

동남아시아나 기타 열대국가, 혹은 여름철에는 때에 따라 흰색 상의를 입는데 싱글, 더블은 취향대로 한다. 싱글의 경우는 조끼 대신 커머밴드를 반드시 하게 되어 있다. 그러나 유럽이나 남미에서는 피서지 이외는 비록 여름이라 해도 검은색 상의를 입는다.

(다) 이브닝 드레스(Evening dress)

야간의 정식 예복으로 주로 디자인과 장식이 화려한 소재가 특징이다.

연극, 음악회, 무도회, 만찬회 등에서 입으며, 가슴과 등을 많이 드러나게 한 것이 많고 바닥까지 끌리며 민소매인 원피스로 하는 것이 일반적이다.

(라) 디너 드레스(Dinner dress)

저녁 시간에 입는 약식예복으로 길이는 긴 것이 보통이나 짧은 것도 있다.

그림 10-13 드레스

이브닝드레스

디너드레스

〈표 10-5〉 체형별 턱시도 스타일

체형	스타일
키가 크고 마른 체형	-비교적 옷 입기가 쉬운 편이다. 단, 허전하고 초라해 보이기 쉬운 느낌을 커버해 주는 것이 포인트다. -베이지나 그레이 등 밝은 색을 선택하고, 소재는 자카드나 프린트 등 가능한한 부피감이 있고 화려한 디자인을 선택한다. -가장 잘 어울리는 의상은 모닝코트로 재킷의 카라는 길어 보이는 숄 카라보다 피크 카라가 체격이 있어 보인다. -싱글 스타일보다는 더블 스타일 재킷을 고른다.

키가 크고 뚱뚱한 체형	-자칫 둔해 보이기 쉬운 단점이 있으므로 블랙, 네이비 등의 어둡고 축소되어 보이며 슬림해 보이는 효과를 노린다. -세로 스트라이프 무늬로 시선을 분산시키는 것도 좋은 방법이다. 단, 무늬의 간격이 너무 넓으면 오히려 더 뚱뚱해 보일 수가 있으니 주의하며 공단이나 자카드 소재도 피해야 할 아이템이다. -허리에만 하는 커머밴드는 배가 나와 보일 우려가 있으므로, 바지나 재킷과 같은 짙은 색의 베스트로 보디 부분을 커버해 준다. -숄 카라의 짙은 색 싱글 재킷이 가장 말라 보인다.
키가 작고 마른 체형	-상하가 다른 세퍼레이츠 스타일보다는 수트 스타일이 키가 커 보인다. -아스코트 타이와 행커치프에 포인트를 두어 시선을 위로 끌어 올린다. -키가 작은 사람은 모닝 코트를 입으면 전체적인 밸런스가 맞지 않으므로 팬시 턱시도나 다크수트 쪽을 선택하는 것이 낫다. -앞자락이 짧고 뒷자락이 긴 더블 브레스티드의 연미복은 다리선을 단절하는 느낌이 적어 추천할 만하다.
키가 작고 뚱뚱한 체형	-우선 고려해야 할 것은 소재로써 너무 얇거나 두껍지 않고 적당히 힘 있게 흐르는 듯한 소재를 고르고 색상은 블루, 네이비 등의 수축색으로, 화려한 날염이나 자카드, 광택 있는 공단은 단연코 멀리해야 한다. -상하 같은 색상, 소재인 수트 스타일이 어울리며 더블보다는 싱글 브레스티드로, 카라는 세로선의 느낌이 강조되는 숄 카라를 선택한다.

자료 : iwedding.co.kr.

연습문제

1. 다음에 제시된 각 나라별 비즈니스 선물 매너에서 금기사항이 아닌 것은?
   ① 프랑스 - 향수 ② 중국 - 괘종시계
   ③ 독일 - 포장하지 않은 꽃 ④ 멕시코 - 자주빛 꽃

2. 선물 매너로서 올바르지 않는 것은?
   ① 상대방 문화에 맞는 선물을 고르도록 하며 가격표는 포장 전 반드시 제거하도록 하고 포장은 성의 있게 카드를 봉투에 넣어 함께 전달하도록 한다.
   ② 받는 이의 취향을 고려하고 최대한 고가 품목을 하도록 한다.
   ③ 선물을 받았을 경우 곧바로 감사의 인사를 하고 즉석에서 풀어보아야 한다. 그러나 나라와 관습에 따라 각기 다르므로 주의해야 할 부분이기도 하다.
   ④ 자신이 선물로 받은 것을 타인에게 선물해서는 안 된다.

3. 문병예절로 적합하지 않은 것은?
   ① 입원 직후나 수술 직후 환자가 고통이 심할 때는 문병을 피한다.
   ② 음식물에 제한을 받는 환자에게 먹을 것을 사가지고 가는 것은 현명하지 못하다.
   ③ 환자를 위로하기 위해서는 최소한 몇 시간씩 머문다.
   ④ 유아 병동에 면회를 갈 경우 재미있는 구연동화 CD나 아트풍선이 적합하다.

4. 다음 중 생일 때의 축하문구가 잘못된 것은?
   ① 61세 : 축(祝) 환갑(還甲) ② 70세 : 축(祝) 고희(古稀)
   ③ 88세 : 축(祝) 미수(米壽) ④ 80세 : 축(祝) 성전(盛典)

5. 조문 예절로 적합한 것은?
   ① 조문 시간은 고인 및 고인의 가족과의 친분을 고려하여 장시간 있는 것이 예의다.

② 유족에게 고인의 사망원인과 경위를 물어서 위로해 준다.
③ 조문 시 여성의 공수 법은 오른손이 위로 왼손이 아래로 가도록 한다.
④ 삼복더위라 할지라도 조문 시 남성은 상의나 하의는 긴 것이 원칙이다.

6. 다음 중 상가에서의 문상예절이 올바른 것은?
① 조문 시 위로의 말 : 장수하셨다니 '호상입니다.'
② 상가에서 술 : 고인을 추모하다 보면 자연스럽게 음주를 하게 된다. 음주 시에는 '건배', '위하여' 등의 건배사를 해도 무방하다.
③ 분향을 마치고 갈 때에는 상주에게 인사 : 상제에게 따로 인사를 하지 않는 것이 예의이다.
④ 조의금 : 상주에게 직접 건네는 것이 예의이다.

7. 다음 중 방문 매너로서 올바른 것은?
① 친한 사이인 경우에는 사전약속 없이 아무 시간이나 방문해도 무방하다.
② 서양에서는 사교 방문에 적당한 시간은 대개 점심 이전까지로 생각한다.
③ 방문 시에는 모자나 코트 등은 벗지 않고 반드시 입고 있어야 한다.
④ 응접실의 긴 소파와 1인용 의자 중 손님용의 상석은 소파이다.

8. 다음 중 비즈니스 상의 방문 매너로 올바르지 않는 것은?
① 방문 시에는 약속시간 보다 약 10여 분 정도 먼저 도착한다.
② 부득이한 사정으로 약속시간을 지키지 못할 경우에는 상대방에게 미리 양해를 구한다.
③ 방문시간은 3~4시간 내외가 적당하다.
④ 약속장소에 들어서면 선채로 방문목적과 이름을 말하며 명함을 교환한다.

9. 다음 중 파티의 종류의 설명이 잘못된 것은?
① 리셉션 : 국빈의 환영회 등과 같은 공식적인 연회
② 디너파티 : 만찬회로 예의바른 연회
③ 포트럭파티 : 손님이 각자 자랑하는 요리를 가지고 와서 여는 모임
④ 애프터 디너파티 : 오찬회 같은 것으로 점심을 드는 모임

10. 다음 중 남성의 파티용 복장예복에 대한 설명이 잘못된 하나는?
① 낮의 정식 예복 : 모닝 코트(Morning Coat, Cutaway)
② 낮의 약식 예복 : 색 코트(Sack Coat)
③ 밤의 정식 예복 : 연미복(Tail Coat)
④ 밤의 약식 예복 : 테일러 코트(Tail Coat)

11. 다음에 제시된 각 나라별 비즈니스 선물 매너에서의 금기사항은?
① 일본 - 방문 시 가벼운 선물을 준비
② 중국 - 현금을 줄 때 축의금은 짝수로
③ 미국 - 방문 시 백합꽃을 준비
④ 헝가리 - 꽃은 반드시 포장하여 선물

12. 다음 중 방문 시 응접실 상석 순위가 올바르지 않는 것은?
① 긴 소파와 1인용 의자가 있는 경우에는 1인용이 손님용으로 상석이다.
② 탁자를 사이에 두고 정면의 1인용 의자가 있는 경우 1인용 의자의 왼쪽에 있는 쪽이 두 번째 상석이다.
③ 응접실에서의 말석은 출입문에서 가장 가까운 쪽이다.
④ 다인용 소파의 경우 출입문에서 먼 쪽으로 갈수록 상석이다.

13. 다음 중 경조문구가 잘못 표시된 것은?
① 조문 : 부의(賻儀), 근조(謹弔), 조의(弔意), 전의(奠儀)
② 결혼 : 축(祝) 혼인(婚姻) · 화혼(華婚) · 결혼(結婚) · 성전(盛典)
③ 문병 : 위 수재(慰 水災), 위 도재, 기 재기(祈 再起)
④ 연말연시 : 송구영신(送舊迎新), 세의(歲儀)

14. 다음 유럽국가의 방문 매너에 대한 설명이 잘못된 것은?
① 그리스 : 오후 4시~6시가 낮잠 자는 시간으로 이 시간대에 남의 집을 방문하거나 전화하는 것은 실례가 된다.
② 네널란느 : 반드시 사전에 연락을 하고 가야 할 정도로 예약이 관행화되어 있다.
③ 독일 : 시간엄수가 매우 중요하나 2~3분 늦는 것은 괜찮다.
④ 이탈리아 : 주말 및 중식시간 전후 방문을 될 수 있으면 지양하도록 한다.

15. 다음 중 방문 매너에 대한 설명이 다른 하나는?

① 미국 : 시간 엄수는 필수적이며 반드시 사전약속이 필요하며, 최소한 1주일 전에 약속해야 한다.

② 캐나다 : 특히 시간 준수가 매우 중요하다. 토·일요일, 공휴일, 휴가철에는 시간약속을 안하는 것이 예의로 되고 있다.

③ 멕시코 : 집으로 초대받았을 때는 안주인을 위해 꽃을 선물하는 것이 좋다. 저녁 식사는 8시 반이나 9시쯤에 시작하는데 약속시간보다 일찍 가면 오히려 실례이다.

④ 사우디아라비아 : 초대는 주로 호텔이나 식당으로 하며 저녁초대에는 여성도 포함시키나, 주인의 아내는 다른 곳에서 따로 식사한다.

참고문헌

금한나, 이미지와 국제매너, 한올출판사, 2011.

김덕경 · 조인순, 직장인의 예절, 형설출판사, 2005.

박준형, 볼프강의 글로벌 비즈니스 에티켓 Ⅰ, 김영사, 2000.

서갑성 · 이성미 · 김종득 공저, 중국비즈니스 문화론, 대진, 2008.

손일락 · 김영식, 비즈니스 매너의 이해, 한올출판사, 2010.

손일락 · 이채안 · 홍미선 공저, 국제 매너의 이해, 한올출판사, 2010.

원융희, 국제비즈니스맨을 위한 에티켓, 비즈프라임, 2007.

이기홍 · 이경미, 글로벌문화와 매너, 한올출판사, 2011.

이동희, 매너와 이미지 메이킹, 형설출판사. 2010.

이정우 외 공저, 개정판 글로벌리더를 위한 국제매너와 생활문화, 양서원, 2008.

이정우 · 이계순 · 오연옥 · 이애련 · 이명숙 · 김연화 · 김경아 공저, 고품격 현대생활 매너, 양서원, 2008.

장범성 · 고연결 공저, 중국학 개론, 한림대학교출판부, 2000.

주영인 외 3인, 매너와 이미지메이킹, 도서출판, 북카페, 2006.

홍두표, 글로벌 비즈니스 매너, 한올출판사, 2009.

중국학 연구회 · 구양근, 중국이 보인다 도서출판 일빛, 1998.

한국무역협회 편저, 세계비즈니스 문화기행, 두남, 2002.

한국관광공사.

www.jeakunb:, tistory.com.35.

http://media.daum.net/culture/book/newsview?newsid=20071214092214602

iwedding.co.kr

http://preedlife.tistory.com/45, 해외장례문화 함께 보기.

Chapter 11

공공장소에서의 생활 매너와 통신 매너

공공장소에서의 국제 매너를 살펴보면 문을 열고 들어갈 때 뒷사람을 위해서 문을 붙잡고 있는 것이 일반적이며, 고맙다고 말하는 것도 잊지 말아야 한다.

줄 서는 것을 큐잉(queuing)이라고 하는데 식당, 학교, 관공서, 대중교통, 화장실 등을 이용할 때 한 줄을 서 있다가 자신의 순서를 기다려야 하며, 새치기하면 안 된다.

대중교통, 건물 출입, 공공장소에서의 매너에 대하여 살펴보기로 한다.

1. 대중교통수단 이용 매너

1) 지하철, 버스 등 대중교통 매너

최근 환경에 대한 전 세계적인 관심사가 대두되고 있다. 교통·환경 문제는 개인 자가용의 사용을 줄이는 대신 대중교통수단을 이용하는 것 또한 한 방법이다. 대중교통수단은 여러 사람이 이용하는 수단으로서 쾌적하고 편안하게 서로에게 불쾌감을 주지 않도록 해야 한다.

대중교통수단의 주요한 비중을 차지하는 지하철과 버스 및 고속도로 등의 이용에 따른 유의사항은 다음과 같다.

(1) 지하철·버스

① 남녀가 함께 대중교통 수단을 이용할 때에는 여성이 먼저 타며, 내릴 때는 남성이 먼저 내려 여성이 내리는 것을 도와준다.

② 휴대전화기의 벨 소리를 최소로 해 놓는다.

③ 승차하고 하차할 때 동승자가 짐을 나르는 것을 거들어 준다.

④ 좌석에 앉을 때는 다리를 앞 좌석의 의자 위에 올려놓거나 별도의 자

리를 차지하지 않도록 다리를 벌리고 앉지 않는다.

⑤ 노약자·임산부 등의 좌석은 비워둔다.

⑥ 승하차 시에는 먼저 내린 후 타도록 한다.

⑦ 내릴 곳이 다가오면 미리 스위치를 눌러 하차 의사를 밝히고 문 앞으로 나와 앉는다.

⑧ 자리를 양보하지 않겠다는 생각으로 조는 척하거나 요령을 부리지 않는다.

⑨ 정거해도 다른 사람 위로 넘어지지 않도록 꼭 붙든다.

스위스에서는 버스가 들어오면 줄을 서지 않고 버스를 타고 내리는데 이는 버스와 같은 공간을 휴식처라고 생각하고 먼저 들어가 쉬고 싶어 하는 버릇에서 비롯되었다고 한다.

(2) 열차

① 대형 열차로 여행할 때 짐을 열차 칸의 맨 뒷줄에 있는 짐 두는 곳에 둘 수 있다.

② 열차 칸에서 장거리 여행에 다리를 높이 들어 쭉 뻗고 싶다면 신문지나 덮개를 깔고 그렇게 할 수는 있으나 절대 신발을 벗지 말자.

③ 식당차에서 낯선 사람이 앉아 있는 식탁에 앉아 있을 수 있다. 앉기 전에 자리가 비어있는지를 물어보자.

④ 금연 차량에서는 흡연을 삼간다.

⑤ 기차에서의 상석은 전망이 좋은 창가의 좌석이고 사람들이 다니는 통로 쪽이 말석이다. 마주 보고 갈 때에는 기차의 진행 방향을 바라보는 좌석이 상석이다.

⑥ 휴대전화는 진동상태로 하고 가능하면 실내에서 통화를 하지 않도록 한다.

⑦ 차내에서는 사람이 많이 다니는 출입구나 통로에 기대어 서 있거나, 통

로에 짐을 놓는다거나 혼자 자리를 독차지하지 않도록 한다.

⑧ 함부로 구두를 벗지 않는다.

⑨ 자리가 비었다고 아무 자리에나 앉지 않고 지정된 좌석에 앉도록 한다.

⑩ 침대에서는 특히 다른 사람의 수면을 방해하지 않도록 한다.

⑪ 아이들과 함께 탔을 때에는 주위 사람들에게 폐가 되지 않도록 사전에 주의를 시키고 신경 쓴다.

(3) 승용차

승용차에는 차종에 따라 상석이 달라진다. 일반 문이 4개인 승용차의 상석은 운전석 뒷자리의 우측이 일등석, 좌측이 이등석 다음이 운전석 옆자리 순이다.

자가용의 경우 차주가 직접 운전할 때에는 운전자의 오른 좌석에 나란히 앉아 주는 것이 예의이며 운전자의 부인이 타면 운전석 옆자리는 부인석이다. 문이 2개인 승용차와 군용차는 운전석의 옆 좌석이 상석이 되며 버스는 운전기사의 창문 쪽이 상석이다.

승용차의 승·하차시의 주의 사항은 다음과 같다.

① 승차 시에는 윗사람이 먼저 타고 아랫사람이 나중에 타야한다.

② 아랫사람은 윗사람의 승차를 도와준 후 반대편 문을 이용한다.

③ 하차할 때에는 아랫사람이 먼저 내린 후 윗사람의 하차를 도와줄 수 있도록 한다.

④ 치마를 입은 여성의 경우 뒷좌석 가운데 앉지 않도록 한다.

⑤ 하차 시 여러 사람이 승차했을 경우 뒷사람이 내리는지를 확인하고 차 문을 닫도록 한다.

그림 11-1 승용차의 상석 위치

승용차의 상석 - 운전사가 있는 경우

승용차의 상석 - 자가운전

승용차나 개방 지프차의 경우 상석

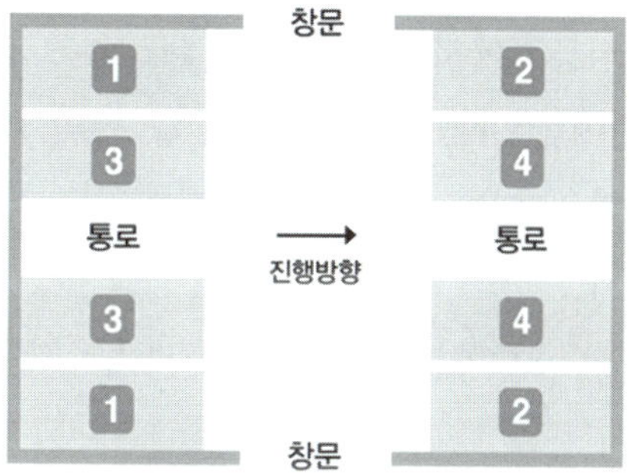

기차의 상석(번호는 상석순위)

자료 : http://media.daum.net/culture/book/newsview?newsid=20071214092214602 외

(4) 택시

공공운송수단인 택시를 이용하는 데도 승하차 방법, 좌석의 이용, 팁의 지급 등이 나라마다 조금씩 차이가 있다.

① 일본의 택시는 문이 자동으로 열리고 닫히므로 우리나라와 같이 택시를 탈 때 문을 스스로 열지 않고 내릴 때도 기사가 문을 열어 주므로 문이 열릴 때까지 기다리도록 한다. 팁을 지급하지 않는다.

② 미국에서 택시를 이용하려면 전화로 불러야 하며, 내릴 때는 요금의 10~15%의 팁을 주는 것이 기본 매너이다.

손님이 운전석 옆에 앉는 것을 피하므로 될 수 있으면 뒷좌석에 앉도록 하며, 운전자 옆 좌석에 앉을 때는 미리 양해를 구하는 것이 좋다.

③ 영국에서 택시를 탈 때는 운전사에게 먼저 목적지를 말하고 동의하면 그때 타도록 한다. 즉 영국은 택시기사 판단으로 승차시킨다. 조수석이 없으므로 고객은 뒷좌석에 앉아야 한다.

④ 프랑스 파리의 택시는 운전석 옆에 손님이 앉지 않는 것이 예의이다. 통상적으로 3명까지만 탑승하고 운전사가 허락한다면 탑승할 수 있지만 추가요금이 청구된다.

⑤ 독일에서의 택시 승차는 우리나라와 유사한 면이 많다. 기본적으로 택시정류장에서 탑승해야 하며, 탑승 시에는 우리나라와 같이 손님이 직접 문을 여닫는다. 또한, 손님이 한 명일 때는 조수석에 앉는 것이 매너이다. 우리나라와 다른 점은 운전자에게는 택시요금의 10~15% 정도의 팁을 지급해야 한다.

⑥ 호주에서는 택시를 혼자 탈 때는 운전사 옆자리에 앉는 것이 예의이다.

그림 11-2 택시 탑승 매너

프랑스 : 운전석 옆에 앉지 않는 것이 예의, 운전사가 허락한 경우 추가요금 청구

미국 : 앞좌석은 운전자만의 공간, 비워 둠

호주 : 혼자 탑승 시 운전사의 옆 자리에 앉는 것이 예의

일본 : 택시는 자동문, 열고 닫으려 하지 않기

(5) 고속도로

① 고속도로에서는 반드시 차선별 제한속도 및 최고속도를 지킨다.

② 고속도로를 주행 중 차창 밖으로 휴지나 이물질을 버리지 않는다.

③ 졸음이 오거나 비상시에는 갓길에 세우지 말고 반드시 졸음쉼터나 휴게소를 이용하도록 한다.

④ 고속도로 주행 중 졸음운전을 하는 차가 보일 때는 경적을 울려준다.

⑤ 고속도로에서는 반드시 차선별 용도를 확인하고 주행한다. 1차선 추월차로, 2차선 주행차로, 3, 4차선 버스 및 대형차선이다. 즉 1차선은 추월선이므로 추월이 끝나면 주행선으로 이동하여 저속으로 1차선을 점령하여 교통체증을 일으키지 않도록 한다.

그림 11-3 고속도로 지정차로 통행요령

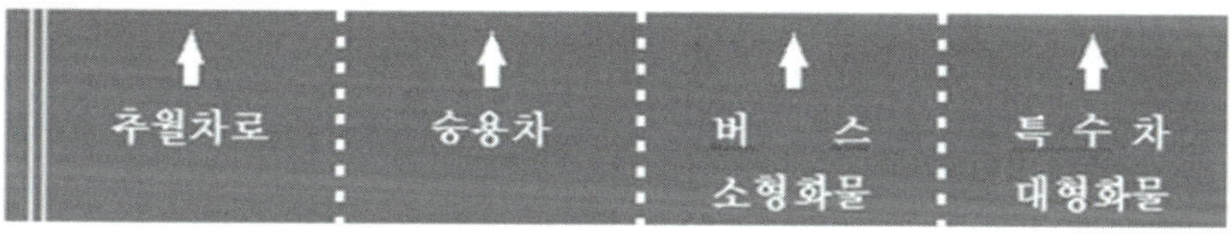

자료 : 고속도로 지정차로 통행요령, ⓒ 경찰청.

〈표 11-1〉 고속도로 차종별 주행차로

도로		차로 구분	통행할 수 있는 차종
고속도로 외의 도로		왼쪽 차로	승용자동차 및 경형·소형·중형 승합자동차
		오른쪽 차로	대형승합자동차, 화물자동차, 특수자동차, 법 제2조제18호나목에 따른 건설기계, 이륜자동차, 원동기장치자전거
고속도로	편도 2차로	1차로	앞지르기를 하려는 모든 자동차. 다만, 차량통행량 증가 등 도로상황으로 인하여 부득이하게 시속 80킬로미터 미만으로 통행할 수밖에 없는 경우에는 앞지르기를 하는 경우가 아니라도 통행할 수 있다.
		2차로	모든 자동차
	편도 3차로 이상	1차로	앞지르기를 하려는 승용자동차 및 앞지르기를 하려는 경형·소형·중형 승용자동차. 다만, 차량통행량 증가 등 도로상황으로 인하여 부득이하게 시속 80킬로미터 미만으로 통행할 수 밖에 없는 경우에는 앞지르기를 하는 경우가 아니라도 통행할 수 있다.
		왼쪽 차로	승용자동차 및 경형·소형·중형 승용자동차
		오른쪽 차로	대형 승합자동차, 화물자동차, 특수자동차, 법 제2조제18호나목에 따른 건설기계

자료 : 국가법령정보센터 도로교통법 시행규칙 [별표9], 개정, 2017. 12.18, 차로에 따른 통행차의 기준(제16조1항 및 제39조1항 관련).

2. 공공장소에서의 생활 매너

1) 건물 출입 매너

(1) 출입문

① 문을 열닫을 때는 뒷사람을 위해 문을 잡아준다.

② 여성이 먼저 지나가도록 남성이 문을 열어주고 그다음 문을 닫고 따라 나온다.

③ 회전문은 남성이 먼저 밀면서 나가 여성이 나오는 것을 도와준다.

④ 먼저 나갔을 때는 뒷사람이 없는지 확인하고 문을 닫는다.

⑤ 문을 여닫을 때 '꽝 소리'가 나지 않도록 조심한다.

(2) 엘리베이터

① 엘리베이터에도 상석이 있다. 들어서서 왼쪽 안쪽, 즉 버튼이 있는 대각선 안쪽이 상석이다.

② 엘리베이터 안에서는 절대 금연이다.

③ 엘리베이터의 닫힘 버튼은 사용하지 않고 기다린다.

스위스에서는 엘리베이터의 출입문을 기다리지 않고 닫는데 이는 엘리베이터의 공간을 휴식처라고 생각하고 먼저 들어가 쉬고 싶어 하는 것에서 비롯되었다고 한다.

④ 엘리베이터 안에서의 시선 처리는 개개인의 눈높이와 이마를 보는 기분으로 향하면 된다.

⑤ 좁은 공간에서 시선이 마주치지 않도록 탑승한 후 문 쪽을 향하여 서 주어야 한다.

⑥ 엘리베이터의 비상호출 벨을 호기심이나 장난으로 누르지 않도록 한다.

⑦ 손님, 상사, 연장자 등을 먼저 타거나 내리게 한다.

그림 11-4 엘리베이터의 상석위치(번호는 상석 순위)

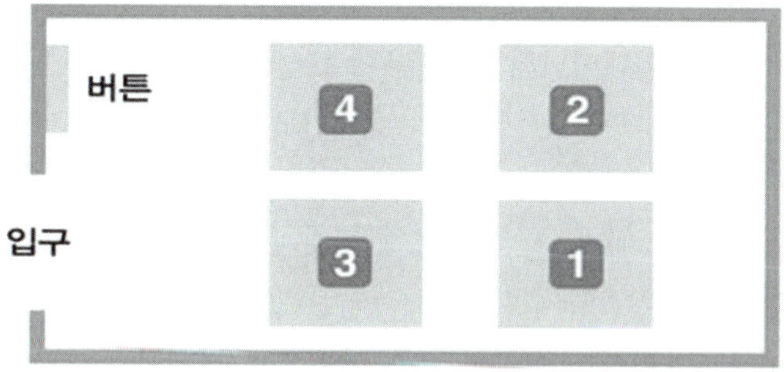

그림 11-5 엘리베이터의 안전수칙

(3) 에스컬레이터

우리나라의 에스컬레이터의 예절은 주요 선진국처럼 바쁜 현대인을 배려하여 한쪽은 비워두자는 '한 줄서기' 캠페인으로 1998년경부터 시작되었다. 그 후 2007년 시민단체의 '한 줄서기'의 위험성 지적으로 '서울도시공사'에 의해 '두 줄서기' 캠페인을 시작하여 시행해 왔다. 하지만 2015년 10월부터 국민안전처가 새로운 안전수칙을 만들어 한 줄 서기와 두 줄서기의 혼란을 없애도록 했다. [그림 11-6]에서 보는 바와 같이 '한 줄서기' 또는 '두 줄서기'에 대한 내용은 삭제되어 보이지 않는다.

그림 11-6 에스컬레이터의 안전수칙

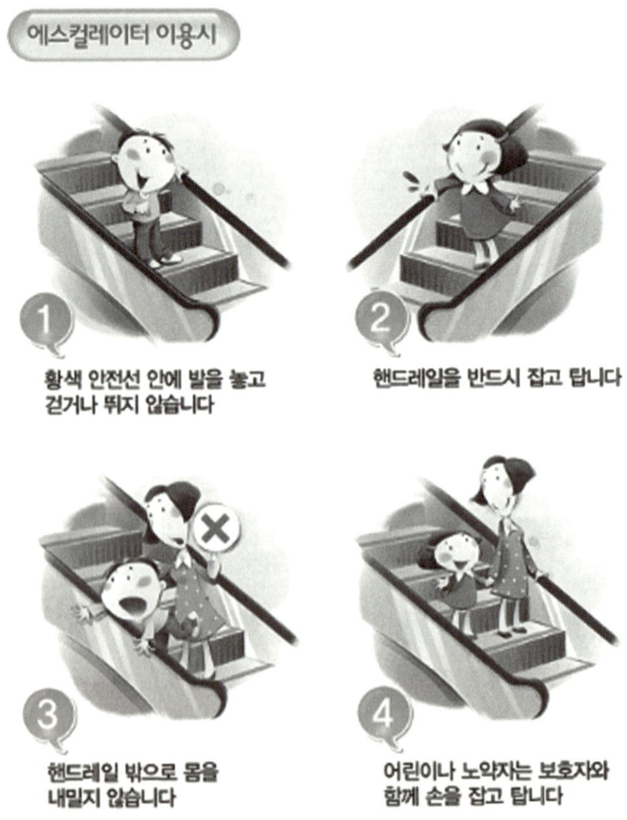

외국의 경우를 살펴보면 영국에서는 에스컬레이터 이용 시 왼쪽은 바쁜 사람들을 위해 항상 비워두고 오른쪽에 서야 한다.

그림 11-7 영국과 일본의 에스컬레이트 이용 매너

일본은 좌측통행이므로 에스컬레이터를 탈 때 오른쪽을 비워놓아야 한다. 단 오사카 지역은 반대로 왼쪽을 비워놓아야 한다.

우리나라의 에스컬레이터 이용법은 다음과 같다.

① 여성은 남성 앞으로 올라가고 내려갈 때는 남성이 먼저 내려간다. 단, 여성이 치마를 입었을 경우 남성이 여성 앞으로 올라간다.

② 에스컬레이터 이용 시에는 '손잡이 잡기', '걷거나 뛰지 않기', '안전선 안에 탑승하기' 등의 안전이용 수칙을 지키자.

③ 에스컬레이터에서 거꾸로 내려오거나 하는 장난을 하지 않도록 한다.

2) 공공장소에서의 생활 매너

공공장소에서의 생활 매너에서는 우리가 일상생활에서 부딪칠 수 있는 공중화장실, 공중목욕탕, 공원 및 놀이터, 도서관 매너 등에 대해서 간략히 살펴본다.

호주에서는 공공장소에서 음주, 욕설, 불건전한 언어, 방뇨는 법으로 금지되어 있으며 거리에 침을 뱉는 행동은 철저히 규제되고 있다. 특히 거리에서 술병을 보이도록 들고 다니면 벌금을 물 수 있으니 수건, 가방, 종이 등으로 가리고 다녀야 한다.

이집트에서는 라마단 기간에는 공공장소에서의 음식, 술, 담배를 금지한다. 라마단 기간[1]에 이집트인들 앞에서 음식을 먹거나 술을 마시거나 담배를 피우는 것은 큰 결례라는 점에 주의해야 한다.

미국에서는 공공기관을 이용하거나 주차장에서 장애인 구역에 정상인이 이용하면 법률상 제재를 받을 수도 있다.

(1) 공중화장실

화장실 사용은 실내에서부터 한 줄로 서서 기다리다가 순서대로 화장실을 이용한다. 밖에서 사람이 기다리고 있는데, 안으로 밀고 들어가는 일이 없도록 주의하자. 나라마다 다른 화장실 문화를 미리 알아두도록 한다.

지역에 따라서 다르나 중국 등지에서는 식당이나, 상점을 제외하고는 유료인 경우에는 다음과 같은 점을 유의하자.

① 각 화장실 문 앞에서 기다리지 않고 화장실 밖 대기 줄에서 기다리며, 화장실 문을 열기 전에 노크한다.

미국의 경우는 화장실 문 아래쪽이 뚫려 있어서 안에 사람이 있는지 없는지 확인이 가능하기 때문에 노크하지 않는다. 노크하는 것은 빨리 나오라고 재촉하는 것으로 상대에게 실례가 된다.[2] 프랑스에서도 노크는 금물이며 대부분의 화장실은 유료로 사용한다.

그림 11-8 미국의 화장실 매너

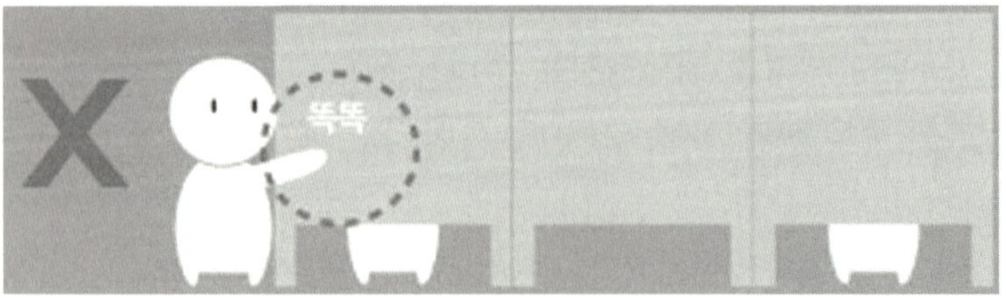

출처 : 지구촌 스마트여행

1) 라마단은 1년을 345일 이슬람력의 9번째 달 첫째 날에 시작된다. 따라서 라마단 기간은 해마다 열흘씩 빨라진다.

2) 지구촌스마트 여행, http://www.smartoutbound.or.kr/campaign/html/globalEtiquetteInfo2.do?menu_code=0000000047

② 외국 여행 시 유료 화장실도 많으니 잔돈을 준비한다.

독일에서는 개방된 화장실이 별로 없으며, 공공화장실은 대부분 유료이므로 잔돈을 미리 준비해야 한다. 태국 또한 공공화장실은 대부분 유료이다.

③ 용변 후 화장실 내에서 반드시 옷매무새를 정리 정돈하고 나온다.

④ 급하다고 장애인이나 임산부용 화장실에 들어가지 않는다.

⑤ 다른 사람들을 위하여 항상 청결히 사용한다.

⑥ 수세식 화장실은 전용 화장지만 사용해야 한다. 특히 일본에서는 화장지를 사용한 후, 꼭 변기에 넣어 흘려보내야 한다.

(2) 공중목욕탕

우리나라의 목욕 시초는 신라의 시조인 박혁거세와 왕비 알영이 동천과 북천에서 각각 목욕한 것이라고 한다. 그 당시 목욕은 몸과 마음을 청결하게 하는 것이었다. 목욕문화는 특히 그 나라의 기후환경 등에 따라 차이가 크게 남을 알 수 있다.

우리나라에는 대중목욕탕이 발달해 있는데 이는 공공장소로서 주의해야 할 점은 다음과 같다.

① 먼저 몸을 깨끗이 씻고 머리를 감은 후 탕에 들어간다.

② 탕 안에서는 때를 밀거나 마사지 등을 하지 않는다.

③ 탕 안에서 큰 소리를 내거나 물장난을 하지 않는다.

④ 물을 끼얹을 때 옆 사람에게 물이 튀지 않도록 조심한다.

⑤ 탈의실로 가거나 욕탕 밖으로 나올 때는 물기를 닦는다.

⑥ 옷장에서 옷을 꺼내어 입을 때 옷을 털어 먼지를 내지 않는다.

⑦ 목욕탕에서 무료로 제공되는 비품을 가져오거나 함부로 사용하지 않으며 사용하고 나면 반드시 제자리에 둔다.

⑧ 목욕탕에서는 기본적으로 세탁 및 염색이나 팩 등을 하지 않는다.

⑨ 어린아이를 동반하였을 때는 뛰어다니거나 소리를 지르는 등 소란스럽

지 않도록 주의를 시킨다.

몇몇 국가의 목욕 시의 주의사항을 살펴보면 다음과 같다.

(가) 일본

일본의 목욕탕은 우리나라와 같이 욕조에서 몸을 씻는 것이 아니라 천천히 몸을 따뜻하게 하여 심신의 피로를 풀 수 있는 장소이다. 즉 일본인들은 목욕을 우리와 같이 '더러운 몸을 씻으러 간다.'라는 개념보다는 '따뜻한 물에 몸을 담그러 간다.'라는 의식이 강하기 때문에 대중목욕탕(せんとう)에서 때를 미는 일본인은 없다. 비누로 몸을 씻고 탕에 들어가 있다가, 탕 밖으로 나와 머리를 감으면 목욕이 끝나기 때문에 목욕시간도 한국인보다 훨씬 짧다. 또 다른 사람에게 폐를 끼쳐서는 안 된다는 철저한 교육으로 목욕탕에서도 조심조심 행동한다. 물이 옆 사람에게 튀지 않도록 항상 신경을 쓰며, 모르는 사람에게 등을 밀어 달라고 하지 않는다.

그림 11-9 일본의 온천욕 매너

일본에서는 온천욕은 하기 전에 몸을 깨끗이 씻고 머리카락은 단정하게 묶고, 때를 밀거나 수건을 탕 안에 넣지 않는다.

(나) 영국

샤워만 하는 것이 익숙한 영국인들은 일반 욕실에서 오랜 시간 지체하는 것을 좋아하지 않을뿐더러 공동생활을 할 때 예의에 어긋나는 행동으로 생각하니 우리나라와 같이 오랜 시간 욕실을 차지하지 않도록 한다.

샤워기 바로 앞 외에는 배수로가 없는 경우가 많아 물이 튀지 않도록 조심하며, 다른 사람을 위해 샤워기나 세면대를 깨끗이 정리하도록 한다. 일반 영국 가정에서는 목욕을 즐기지 않지만, 영국 역시 스파 문화가 발달해 있다.

(다) 터키

터키에는 하맘이라는 공중목욕탕이 있다. '하맘(HAMMAM)'이란 이슬람 국가에서 흔히 볼 수 있는 습식 공중목욕탕으로 뜨거운 대리석에 눕거나 앉아서 땀을 빼는 형식이다. 이곳의 주의사항은 반드시 옷을 입어야 한다는 것이다. 하맘에 들어가기 위해선 꼭 속옷을 입거나 수건으로 몸을 가려야만 한다.

(라) 이탈리아

이탈리아 사람들은 미지근한 탕에서 뜨거운 탕으로 그다음 차가운 탕의 순서대로 들어가 목욕을 했다고 하나 오늘날 이탈리아 사람들은 목욕을 거의 즐기지 않는다고 한다. 대중목욕탕을 갈 때는 남탕과 여탕 모두 수영복을 착용해야 하며 탈의실도 엄격하게 구별되어 있다.

(3) 공원 및 놀이터

① 두 사람 이상이면 차례로 줄을 서서 기다린다.
② 놀이기구는 사용 규칙을 지켜 안전하게 이용하고 서로 양보해야 한다.
③ 꽃이나 나무를 꺾거나 금지구역에 들어가서 잔디를 밟지 말아야 한다.
④ 휴지나 쓰레기를 버리지 말고 떨어진 것이 있으면 줍는다.
⑤ 다른 사람에게 불쾌감을 주는 행동을 하지 말아야 한다.
⑥ 돌아올 때는 놀던 장소를 깨끗이 치우고 돌아온다.
⑦ 음식반입이 금지된 곳이나 취사가 금지된 곳에서는 음식을 가져가거나 취사를 해서는 안 된다.
⑧ 어린아이들과 함께 할 때는 다치지 않도록 주의한다.

(4) 도서관

도서관에서는 기본적으로 소곤거리는 대화를 금지하고 휴대전화의 벨소리와 진동소리를 금지하며 열람실에서의 음식섭취 및 노출을 삼가도록 하며 1인 1석을 실천하도록 하자.

① 아직 오지 않은 친구를 위해서 자리를 잡아 놓지 않는다.
② 도서실에 들어갈 때는 껌을 씹거나 신발 소리를 내지 말고 조용해야

한다.

③ 책을 읽을 때는 소리를 내지 않고 조용히 보며 책장을 찢거나 밑줄을 그어서는 안 된다.

④ 손에 침을 묻혀 책장을 넘기지 않는다.

⑤ 책상 위에 낙서하거나 시설물을 훼손해서는 안 된다.

⑥ 자주 자리를 떠나 옆 사람에게 방해를 주는 행동을 해서는 안 된다.

⑦ 대여받은 책은 반납기일을 준수한다.

3) 관람 매너

음악, 미술, 연극, 영화 등 문화공연은 언어의 장벽을 초월하여 그 나라의 문화를 이해하는 데 많은 도움을 준다. 이러한 문화에 대한 매너로서 음악회나 극장 등의 공공장소에서는 여러 사람이 함께 즐길 수 있도록 관람 매너를 지키도록 한다.

(1) 영화관

① 영화관에서는 가능하면 영화가 시작하기 전에 자기의 자리에 앉아야 한다.

② 다른 자리가 비었다고 해서 함부로 다른 사람의 좌석에 가서 앉지 않는다.

③ 발로 앞 좌석을 차거나 등판에 올리지 않는다.

④ 옆 사람과 지나치게 얘기하지 않도록 한다.

⑤ 휴대전화는 진동 또는 꺼놓도록 한다.

⑥ 영화 상영 중에는 될 수 있으면 음식물을 먹지 않도록 한다.

⑦ 사용한 음료수, 팝콘 통, 휴지 등은 반드시 지정된 장소에 버리도록 한다.

(2) 연극, 오페라, 음악회 등

연극, 오페라, 음악회 등에서는 박수를 언제 쳐야 하는지가 중요한 매너 중의 하나이며, 공연 감상능력이 없는 만 8세 이하의 어린이는 동반하지 않는 것이 원칙이다.

① 공연이 시작되기 10분 전쯤 도착한다.

② 음악회나 연주회 등에서는 노래나 연주가 끝나면 아낌없이 박수를 보내도록 하며 때에 따라 무리하지 않게 앵콜[3]을 청하는 것도 좋다. 즉 음악회에서는 음악이 완전히 끝날 때까지 박수를 치지 않는 것이 원칙이다.

③ 공연장에서도 '레이디 퍼스트'가 지켜져 좌석의 양 끝에는 여성을 앉히지 않으며 외국 '오페라 하우스'의 박스 석(특별석)에서는 앞줄에 여성이 뒷줄에 남성이 앉는다.

④ 남녀 동반일 때 좌석으로 갈 때는 여성을 앞세우는 것이 매너이다.

⑤ 초연에는 반드시 정식 예복을 입어야 하며 단정하고 깨끗한 옷차림이 바람직하다.

⑥ 외투나 모자 등은 클라크 룸에 보관시키거나 좌석 뒤쪽에 걸쳐 놓아 다른 사람의 관람에 방해가 되지 않도록 한다.

그림 11-10 뮤지컬 공연

3) 미국에서는 '앙코르', 러시아에서는 '브라보'라고 하며 기립박수를 친다. 커튼콜 때는 아주 크게 환호하되 배우의 이름을 부르거나 하는 행동은 매너에 어긋난다.

그림 11-11 오페라하우스 박스석

(가) 관람 시의 에티켓

① 관람 시에는 헛기침이나 팸플릿 등의 부스럭거리는 소리는 삼간다.

② 관중은 박수를 아끼지 말아야 하는데 박수는 함께 치며 혼자서 눈에 띄도록 치는 것을 자제하도록 한다. 단, 공연히 끝나면 앉아서 불이 켜질 때까지 박수를 친다.

③ 공연 중에는 사진촬영이나 휴대전화의 사용을 삼간다. 가능하면 휴대전화는 꺼둔다.

러시아에서는 콘서트에서 휘파람을 불면 연주에 만족했다는 표시가 아닌, 불만족의 의미이니 주의하도록 한다.

(나) 박수 치는 시기

연주회나 음악회에 가서 박수 치는 시기를 몰라서 당황해하는 경우가 많이 있다. 적절한 박수 치는 시기는 솔로 연주나 실내악, 오케스트라의 경우 연주가 끝나면서 연주자가 한숨 돌리는 부분, 또는 인사할 준비를 할 부분이 박수를 칠 때이다. 피아노 연주 소나타의 경우 악장과 악장 사이가 아닌 4악장이 모두 끝난 후에 박수를 친다. 곡을 잘 모를 때는 지휘자가 뒤를 돌아 인사하는 타이밍에 맞춰 박수를 친다.

① 일반적으로 오페라, 연극, 발레는 막이 내리면, 성악은 일반적으로 3곡마다 박수를 치는 것이 매너다. 기악곡은 마지막 악장 후에 힘차게 박수를 친다.

② 오페라의 아리아나 발레의 독무가 끝났을 때 박수를 친다.

③ 재즈콘서트의 경우에는 작품 내에서 솔로 공연 뒤에 박수를 친다.

④ 성악독창회는 일반적으로 3곡마다 또는 팸플릿의 곡 묶음을 끝날 때마다 박수와 환호를 보낸다.

⑤ 3~4악장으로 되어 있는 교향곡이나 협주곡의 경우는 모든 악장이 끝난 후에 박수를 쳐야 한다.

⑥ 클래식 음악 콘서트에서는 음악작품이 완전히 끝나면 박수를 친다.

⑦ 판소리나 마당놀이일 때 흥이 나면 수시로 박수를 친다.

⑧ 박수와 함께 남성의 경우 'Bravo', 여성의 경우 'Brava', 남녀가 함께 일 때 'Bravi'로 외친다.

⑨ 진심으로 감동했다면 공연 전체가 끝난 후에 기립박수를 한다.

(3) 전시관과 박물관

전시관과 박물관은 여러 사람이 다녀가는 곳으로 외국 방문 시 그 나라의 특성을 한눈에 볼 수 있는 곳이며, 규정대로 예의 있게 행동해야 하는 곳이다. 특히 해외여행 시에 우리가 방문하게 되는 박물관 및 미술관 등에서의 매너와 에티켓을 익혀 우리 스스로가 우리 국가의 격을 지킬 수 있도록 노력하자.

① 전시관에서는 새치기하지 않고 조용히 차례를 기다린다.

② 전시관과 박물관에서의 기본 매너는 전시된 물품이 그대로 보존될 수 있도록 손으로 만지지 않는다.

③ 한 곳에 지나치게 오래 머물거나 다른 사람을 밀치고 먼저 가려고 하지 않는다.

④ 전시품에 지나치게 근접하거나, 만지거나 파손해서는 안 된다.

⑤ 사진과 비디오 촬영은 반드시 허용된 곳에서 하거나 필요한 경우에는 사전에 협조를 구하도록 한다.

⑥ 큰소리로 웃거나 떠들지 않도록 한다.

⑦ 음식물을 가지고 가지 않도록 한다.

⑧ 특히 어린이의 경우 장난을 치거나 소란하지 않도록 주의를 시킨다.

⑨ 전시관이나 박물관의 관람 방향은 왼쪽에서 오른쪽으로 하는 것이므로 반대방향으로 움직여 타인의 감상을 방해하거나 부딪치지 않도록 한다.

⑩ 휴대전화의 매너모드와 정숙은 기본 매너이다.

⑪ 큰 가방은 안내데스크나 보관장소에 맡기고 관람할 수 있도록 한다.

(4) 스포츠

최근에는 각종 스포츠 마니아층이 많이 형성되어 있다. 다 함께 건강한 스포츠를 즐기고 관람할 수 있도록 한다.

① 운동경기장에서는 상대 선수나 심판에게 야유를 보내거나 구장 안으로 물건을 던지는 행위를 해서는 안 된다.

② 흥분하여 경기장 안으로 뛰어들어가지 않는다.

③ 경기장에서 지나친 음주를 하지 않는다.

④ 자기가 응원하는 편이 아닌 상대편 선수라도 훌륭한 플레이에는 박수를 아끼지 않는다.

⑤ 적절한 응원으로 경기에 활력을 주도록 노력한다.

⑥ 암표를 구매하거나 새치기를 하지 않도록 한다.

4) 흡연 매너

우리나라와 마찬가지로 외국에서도 기본적으로 실내에서 흡연은 금지되어 있다. 일부 국가는 보행 중 흡연할 경우 큰 금액의 벌금이 부과된다.

최근에는 거의 모든 건물은 금연구역으로 지정이 되어 있는 등 별도의 흡연 장소가 마련되는 추세이다. 또한 버스정류장, 해수욕장 등 공공장소에서의 흡연도 과태료가 부과되는 등 흡연하는 사람들에 대한 제재가 많으니 본인의 건강 및 간접흡연을 방지하기 위해서라도 가능하면 금연하도록 한다.[4] 흡연은 본인의 건강뿐만 아니라 주위의 다른 사람의 건강에도 좋지 않은 영향을 미친다.

흡연을 함에서의 주의사항은 다음과 같다.

① 담배꽁초는 재떨이에 버리도록 하며 함부로 아무 곳에나 버리지 않는다.
② 담배는 반드시 지정된 흡연 구역에서만 피우도록 한다.
③ 담배를 피울 때는 상대방에게 양해를 구하도록 한다.
④ 길거리에서 담배를 물고 다니지 않도록 한다.
⑤ 식탁에서는 담배를 피워서는 안 된다.
⑥ 항상 껌을 휴대하고 손을 규칙적으로 씻는다.
⑦ 담배나 궐련을 대접받으면 바로 피도록 한다.
⑧ 비흡연자의 집을 방문하게 되었을 때는 주인이 권할 때까지 기다리든지 아니면 피워도 되는지 물어보도록 한다.
⑨ 식사초대를 받았을 경우 아직 식사가 들어오지 않는 한 애피타이저를 먹을 때 담배를 피워도 된다.
⑩ 같은 식탁에 있는 모든 손님이 디저트를 끝낸 이후에야 담배를 피울 수 있다.

특히 앞서 3장에서 살펴본 바와 같이 해외로 나갈 때 반드시 이용하게 되는 비행기에서는 현재 거의 모든 항공사는 기내 흡연을 금시하고 있으며, 기

4) 2013년 6월부터 간접흡연 피해를 방지하고 청소년 흡연 유인을 효과적으로 차단하기 위해 PC방에서 흡연이 금지된다. 이전에는 PC방을 흡연이 금지된 구역과 가능한 구역으로 구분해서 금연구역을 운영하도록 했으나 6월부터는 종전 금연구역이 폐지되고 PC방 전체에서 흡연이 전면 금지된다. 이를 어길 시에는 업주는 최대 500만 원, 흡연구역이 아닌 곳에서 흡연한 손님도 10만 원의 과태료가 부과되므로 본인의 건강 및 절세를 위해서도 가능하면 금연하도록 한다.

내에서 흡연하는 것이 발각되면 항공법에 의거, 형사처분을 받게 되니 기내에서는 반드시 금연하자.

몇몇 국가의 금연에 관한 규제사항을 살펴보기로 하자.

(가) 미국

미국은 공공장소의 금연뿐만 아니라, 심지어 일부 시에서는 자택에서도 담배를 피우면 단속에 걸리는 때도 있다고 한다. 공동 주거 건물 입주자라면 담배를 피워서는 안 되며, 이미 입주한 주민은 흡연자로 등록해야지만 흡연이 허용되는 등 강력한 금연 정책은 계속해서 강화되는 추세라고 한다.

(나) 캐나다

캐나다도 흡연 규제가 엄격한 나라로, 모든 건물의 실내에서의 금연뿐만 아니라 카지노, PC방 같은 곳도 금연이다.

(다) 일본

일본은 자유롭게 흡연을 즐기는 것 같지만, 흡연자들은 휴대용재떨이를 가지고 다닐 정도로 흡연에 대한 에티켓을 철저하게 지킨다. 길거리에 담배꽁초를 버리거나 하는 모습은 찾아볼 수 없으며, 건물 내부나 식당 등 공공장소의 흡연석과 금연석이 확실하게 구분되어 있으므로 그렇지 않은 곳에서는 반드시 금연해야 한다.

도쿄에서 길거리 흡연 시 5만 엔의 벌금을 부과하므로 조심해야 한다.

그림 11-12 금연 국가

일본　　싱가포르　　스페인

(라) 싱가포르

싱가포르는 금연에 대한 법적인 제재가 매우 강한 나라이다.

금연장소에서 함부로 담배를 피우거나 담배꽁초를 버리다 적발되면 싱가포르 화폐로 $1,000(한화 약 65만 원)의 벌금을 물어야 한다.

(마) 스페인

2011년부터 건물 내 흡연이 전면 금지되었으며 술집에서도 금연이다.

그림 11-13 흡연의 피해에 관한 공익 광고

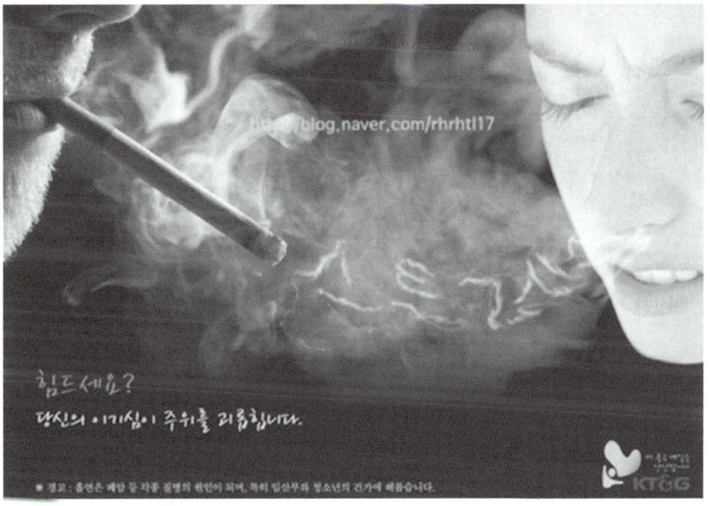

3. 통신 매너

예전에는 컴퓨터를 이용한 통신이 대부분 이었으나 스마트폰의 급속한 보급과 더불어 우리는 통신예절에 더욱더 관심을 가져야 한다.

컴퓨터와 스마트폰 등을 이용한 통신을 그 이용자 대부분이 학생층으로 통신 특수어휘를 만들어 사용하는 주된 사용자가 되고 있다.

1) 전화통화

전화는 제2의 협상라인으로 그 자체가 업무이며, 인간관계의 친분을 다지는 수단이 될 수도 있다. 전화는 상대방과 마주 보고 대화하는 것처럼 그 예의와 격식을 갖춰 매사에 정중하고 공손하게 사용할 필요가 있다.

전화를 걸 때는 긴급한 경우가 아니면 이른 아침이나 늦은 저녁은 피하는 것이 좋으며, 전화 예절의 기본은 신속·정확 그리고 정중하게 이다.

(1) 전화통화의 일반적 에티켓

직장에서의 전화통화의 일반적 에티켓은 다음과 같다.

① 전화벨이 세 번 울리기 전에 수화기를 든다.

② 수화기를 들고 분명한 목소리로 자신의 직장명 또는 부서명과 성명을 말하도록 한다.

③ 용건만 간단히 통화하도록 한다.

④ 전화를 잘못 걸었을 때는 그냥 끊지 말고 사과하도록 한다.

⑤ 다른 사람이나 부서로 연결해 줄 때는 그렇게 하겠다고 말하고 연결하도록 한다.

⑥ 연결할 수 없을 때는 연결할 수 없는 이유를 알려주도록 한다.

⑦ 얼굴이 보이지 않는다고 하여 함부로 말하지 않도록 한다.

⑧ 상대방의 말을 잘 경청한다.

⑨ 상대방의 말이 끝나기 전에 먼저 전화를 끊지 않도록 한다.

⑩ 부재중 업무 전화의 메모를 부탁받으면 반드시 당사자에게 전달하도록 한다.

(2) 각국의 통화 매너

국제 비즈니스에서도 나라마다 전화 예절이 다르니 학습을 통하여 전화통화에 대한 매너를 익혀 감각 있는 세계인이 되도록 준비하는 계기가 되자.

(가) 독일

독일에서는 사무실에서 전화를 받을 때 자신의 이름을 말하는데 이름을 말하지 않고 다른 방식으로 전화를 받는다면 그것은 관습에 어긋나는 것으로 받아들여진다.

(나) 미국

그림 11-14 전화통화

미국인들은 전화로 비즈니스 이야기를 하는 것을 아주 자연스럽게 여긴다.

해외출장을 갔을 때도 그들이 미국에서처럼 상대편에 전화로 업무 이야기를 하고 약속을 정하기도 한다.

(다) 유럽

유럽인들이 비즈니스상 전화통화를 다소 불편하게 여기며 상대방을 직접 만나 마주 보고 이야기하는 것을 자연스럽게 여긴다.

유럽인들은 비즈니스 약속은 미리 정하는 것이 좋다고 생각하고 지금까지 직접 만나보지 못한 사람들과 전화상으로 비즈니스 이야기를 하는 것을 꺼린다고 할 수 있다[5]

(라) 스위스

스위스인들은 오후 4~6시가 낮잠 자는 시간으로 이때 전화하는 것은 실례가 된다.

5) 전게서, 한국무역협회, p.25.

2) 공공장소에서의 휴대전화 이용 매너

우리는 사람이 있는 곳은 어디서나 때와 장소를 가리지 않고 울리는 휴대전화 벨 소리를 들을 수가 있다. 버스나 열차 등 대중교통수단에서, 학교의 강의실에서, 회의 중에, 강연 중에, 극장, 음악회, 교회에서 예배 중, 커피점, 레스토랑 등 장소를 가리지 않는다. 벨 소리만이 문제가 되는 것이 아니라 전화를 받는 사람의 매너도 문제가 된다.

휴대전화는 오늘날 가장 유용한 도구이자 남용되는 도구인데 그 이유는 너무나 많은 사람이 휴대전화의 노예가 되어 있기 때문이라고 포스트(Peter Post)는 지적한다.

휴대전화 사용에 있어서 통화 매너는 심각한 수준이다.

휴대전화를 빈번하게 사용하는 자가 아니라 오히려 그 반대로 휴대전화 사용을 절제할수록 우리의 품격은 높아진다.

(1) 휴대전화 사용 에티켓

휴대전화는 Cell-Phone이 정식명칭이며, 휴대전화의 사용에 있어서 아래의 사항을 유의하도록 하자.

① 공공장소에서는 휴대전화는 꼭 꺼두는 습관은 지닌다.

② 벨 소리 대신 진동으로 해 두는 습관을 지닌다.

③ 통화는 용건만 간단히 한다.

④ 통화하기 위해서는 제삼자가 있다면 그 공간을 떠난다.

⑤ 방문했거나 남의 집에 머물면서 휴대전화 통화를 하는 것은 공손하지 못하다.

⑥ 아침 9시 이전, 밤 9시 이후에는 전화하지 않도록 한다.

⑦ 평소 생활에서 휴대전화 사용 공간을 스스로 제약한다.

⑧ 타인의 휴대전화를 받아주는 것은 당사자가 부탁한 경우를 제외하고는

받지 않도록 하며, 부탁을 받고 받았을 때는 'OO의 전화입니다.'라고 말한다.

⑨ 휴대전화를 받으면 먼저 자신의 회사명(소속), 이름 등을 말한다.

⑩ 문자 메시지 등을 읽기 위해 타인과 하던 대화를 중단하지 않는다.

⑪ 문자 메시지를 보낼 때 소리가 나지 않도록 유의한다.

⑫ 운전하면서 휴대전화로 통화를 하거나 문자를 보내지 않는다.

⑬ 상대방과 대화를 나눌 때 휴대전화기를 가까운 곳에 놓아두고 자주 눈길을 보내는 것은 실례이므로 주의한다.

⑭ 카카오톡 등 SNS의 노예가 되지 않도록 한다. 수업이나 업무에 방해가 된다면 과감히 탈퇴하도록 한다.

(2) 휴대전화 사용제한 구역

우리의 일상생활에서 많이 사용하는 휴대전화를 아래의 장소에서는 그 사용을 자제하도록 한다.

① 운전 중 차내

② 극장, 오페라, 음악회, 박물관 등 관람 중 실내

③ 강의실, 강연, 세미나, 회의 중 실내

④ 교회나 성당 및 절 경내

⑤ 비행기 내

독일의 경우에는 독일 항공기 운항 중에 휴대폰을 사용 시에는 최고 2년의 금고형 또는 10만 마르크의 벌금을 물리고 있다.

⑥ 비즈니스 상담 중, 고객 상담 중, 면접 중 실내

⑦ 병원 내

⑧ 장례식장 등

3) 네티켓

통신망(network)과 예의범절(etiquette)의 합성어로, 네트워크를 사용하는 사용자(네티즌)들이 네트워크상(on-line)에서 지키고 갖추어야 하는 예절을 말한다. 좁은 의미로는 통신상에서 이용자 상호 간의 비공식적인 규칙을 일컬으며 넓은 의미로는 해로운 행동의 자제와 적극적인 정보의 공개도 포함된다.

그림 11-15 네티켓의 핵심

출처: http://100.daum.net/encyclopedia/view/24XXXXX80156.

네티켓의 핵심은 타인에게 불쾌감을 주지 않는다는 것이다. 타인을 비방하거나 중상모략하는 행위는 마땅히 중지되어야 한다. 개인용 컴퓨터(PC) 특유의 문자(예약어)를 사용하면 컴퓨터상에서 고장을 일으킬 수 있으므로 사용을 금지하고 있다. 또 의미가 없는 메시지는 쓰지 말아야 하고 동일 문장을 여러 뉴스그룹에 투고(multi post)하지 말아야 하며, 영문에서는 특히 강조하고자 하는 사항이 없으면 대문자를 사용하지 않는다는 규칙이 있다.[6)]

(1) SNS(Social Network Service; 소셜-네트워크서비스)

SNS란 사회 관계망을 구축해주는 온라인 서비스로 '소셜 네트워크 서비스(Social Network Service)'의 약자이다.

소통과 공유를 강조하는 '웹 2.0'시대의 철학을 기반으로 성장한 SNS는 이용자들이 SNS를 통해 인맥을 새롭게 쌓거나 기존 인맥과의 관계를 강화

6) 한국정보통신기술협회 용어사전

하게 하는 역할을 한다. 또한, 정보를 공유하는 핵심적인 수단이 되고 있으며 1인 미디어 기능을 하기도 한다.

대표적인 SNS는 블로그,[7] 인스타그램,[8] 한국의 '카카오스토리(Kakao story)' 세계적으로는 미국의 '트위터'(twitter)와 '페이스북'(Facebook)이 있다.

언제 어디서나 인터넷을 사용하게 되면서 사이버상에서 시공을 초월한 정보 접근이 가능하고 SNS(소셜네트워크서비스)의 성장은 소통의 장벽을 무너뜨렸다. 하지만 스마트폰 대중화에 따른 역기능도 커지고 있다.

최근 가상공간에서의 무차별적인 공격 등 가상공간에서 우리가 명심해야 할 가장 기본적인 태도는 보이지는 않아도 상대방도 나와 똑같은 인간이라는 점이다. 따라서 "통신상에서 글을 게재하거나 메일을 띄울 때, 나는 지금 사람의 얼굴을 마주하고 이야기하고 있는가?"라는 질문을 스스로 던져볼 필요가 있다. 다시 말해 본 원칙이 기본적으로 지향하는 바는 가상공간에는 보이지 않는 실제 사람들이 존재함을 명심해야 한다.

(2) e-mail 이용 매너

① 타인의 메일을 임의로 열람하거나 공개하지 않는다.

② 동시에 많은 이용자에게 홍보성이나 광고성 우편물을 발송하지 않는다.

③ 반드시 자신의 신분을 밝힌다.

④ 메시지는 가능한 한 짧게 요점만 작성한다.

⑤ 주요 요점을 나타날 때는 단어 주변에 *(asterisks)를 사용하고, 책 제목 등에는 _(underscore)을 사용한다.

7) 웹(web)과 로그(log)의 합성 조어로 자신의 일상이나 견해 등을 상시로 게시하는 개인 홈페이지, -광고사전-

8) 사진·동영상 기반의 모바일 SNS. 사진 기반 소셜네트워킹 서비스로 글보다는 태그를 통해 사진을 위주로 전 세계 사람들과 쉽게 소통할 수 있다.

(3) 공개자료실 이용 매너

① 음란물이나 상업용 소프트웨어를 올리지 않는다.

② 될 수 있으면 압축자료를 등록한다.

③ 메시지 발송 시 자신의 메일을 이용하도록 하고 조직 내 공통계정의 사용은 피한다.

④ 유익한 프로그램이나 자료를 얻으면 감사의 메일을 보내도록 한다.

(4) 게시판 및 대화방 매너

① 사실이 아닌 내용을 게제하지 않는다.

② 선정적이거나 폭력적인 내용은 삼간다.

③ 게시물의 내용과 제목이 일치하도록 한다.

④ 상대를 비방하거나 올바르지 못한 언어를 사용하지 않도록 한다.

⑤ 타인의 아이디는 절대 사용하지 않는다.

⑥ 사용자에게는 반드시 존칭을 사용한다.

연습문제

1. 공연장이나 음악회에서 지켜야 할 매너로 올바른 것은?
   ① 오페라하우스의 로얄 박스에서는 앞쪽이 여성석이다.
   ② 공연시작 뒤에 도착한 경우 조용히 자신의 자리를 찾아서 앉는다.
   ③ 슬리퍼나 편안한 복장차림으로 입장해도 무방하다.
   ④ 흥에 겨우면 언제든지 박수를 칠 수 있다.

2. 실내 · 외 출입, 길거리나 계단에서 지켜야 할 매너로 적합한 것은?
   ① 회전문의 경우 여성이 먼저 밀고 나가게 한다.
   ② 계단을 올라갈 때는 여성을 먼저 올라가게 한다.
   ③ 남녀가 함께 갈 경우 차도 옆 보도에서는 남성이 차도 쪽으로 걷도록 한다.
   ④ 길거리에서 부딪친 경우 잘못한 사람이 사과할 때까지 서 있는다.

3. 유적지나 공원에서 지켜야할 매너에 어긋나는 행동은?
   ① 사적 유원지 방문 시 지나치게 짧은 바지나 치마는 피한다.
   ② 이슬람 사원에서는 여성의 사진을 찍어서는 안 된다.
   ③ 라마단(단식월)기간에는 이슬람교도 앞에서 음주나 흡연을 해서는 안 된다.
   ④ 애완견을 데리고 산책할 경우 애완견의 배변은 잔디의 비료가 되게 방치한다.

4. 전시상 · 박물관에서 지켜야 할 매너로 볼 수 없는 것은?
   ① 작품에 대한 자신의 느낌을 큰 소리로 평하는 것은 삼간다.
   ② 소리가 나는 슬리퍼나 구두 굽 소리에 유의해서 걷도록 한다.
   ③ 독특한 미술 전시물은 플래시를 사용하여 사진촬영을 한다.
   ④ 줄을 지어 관람할 때는 한곳에 오래 머물러 뒷사람에게 불편을 주지 않는다.

5. 전화 받을 때의 기본적인 응대 서비스로 올바른 것은?
   ① 통화가 끝난 뒤 전화를 끊는 순서는 고객, 상사, 건 사람이 먼저 끊는다.
   ② 통화 중에 다른 전화가 걸려 왔을 때는 통화중인 전화를 중단한다.
   ③ 오른손잡이는 오른손으로 왼손잡이는 왼손으로 전화를 받는 것이 업무에 효율적이다.
   ④ 신속한 통화를 위해 가급적 생략어를 많이 사용한다.

6. 문화공연 관람을 위한 자리 배정으로 적절한 것은?
   ① 남녀 동반 두 쌍일 경우, 남 · 여 · 남 · 여 순으로 앉는다.
   ② 오페라하우스의 로열박스에서는 앞쪽이 남성석이다.
   ③ 남녀 동반인 경우 안내인이 인도해 주면 남성이 앞서간다.
   ④ 좌석의 양 끝에는 여성을 앉히지 않는다.

7. 공연 관람 중 박수에 관한 설명으로 적절한 것은?
   ① 오페라 - 흥에 겨우면 언제든지 박수를 칠 수 있다.
   ② 마당놀이 - 한 장이 끝날 때만 박수를 친다.
   ③ 음악회 - 지휘자나 연주자가 등단했을 때와 한 곡이 끝났을 때 친다.
   ④ 앙코르 - 한두 번 청하여 받아주지 않을 경우 휘파람과 환호를 보낸다.

8. 교통수단을 이용할 때 상석에 대한 설명으로 올바른 것은?
   ① 자가운전 시에는 운전석 뒷좌석 오른쪽이 최상석이다.
   ② 항공기 기내 3인용 좌석의 경우 가운데 좌석이 말석이 된다.
   ③ 일반버스의 경우 창 측이 말석이고 통로 쪽이 상석이다.
   ④ 지프차나 군용차는 운전석 뒷좌석이 최상석이다.

9. 다음은 고속도로에서의 매너이다. 잘못된 것은?
   ① 고속도로에서는 반드시 차선별 제한속도 및 최고속도를 지킨다.
   ② 고속도로를 주행 중 차창 밖으로 휴지나 이물질을 버리지 않는다.
   ③ 졸음이 오거나 비상시에는 반드시 갓길에 세우고 쉬도록 한다.
   ④ 고속도로에서는 반드시 차선별 용도를 확인하고 주행한다.

10. 휴대전화 사용 에티켓이 올바르지 못한 것은?
① 공공장소에서는 휴대전화를 꼭 꺼두는 습관을 가진다.
② 벨소리 대신 진동으로 해 두는 습관을 가진다.
③ 통화는 용건만 간단히 한다.
④ 타인의 휴대전화를 받아주는 것은 기본 매너이다.

11. 엘리베이터의 이용 매너가 올바르지 못한 것은?
① 엘리베이터에도 상석이 있다. 즉 버튼이 있는 쪽이 상석이다.
② 엘리베이터 안에서는 절대 금연이다.
③ 좁은 공간에서 시선이 마주치지 않도록 탑승한 후 문 쪽을 향하여서 주어야 한다.
④ 손님, 상사, 연장자 등을 먼저 타거나 내리게 한다.

12. 다음 중 관람 시의 박수치는 시기가 잘못 된 것은?
① 오페라, 연극, 발레 등은 막이 내린 후에 박수와 환호를 보낸다.
② 오페라의 아리아나 발레의 독무가 끝나면 완전히 막이 내릴 때까지 기다린 후에 박수와 환호를 보낸다.
③ 재즈콘서트의 경우에는 작품 내에서 솔로 공연 뒤에 박수를 친다.
④ 클래식음악 콘서트에서는 음악작품이 완전히 끝나면 박수를 친다.

13. 전시관과 박물관에서의 관람 매너가 잘못된 것은?
① 사람들이 많을 경우 새치기를 하거나 하지 않고 소용히 차례를 기다린다.
② 전시관과 박물관에서의 기본 매너는 전시된 물품이 그대로 보존될 수 있도록 관람하는 것이다.
③ 관람 시에는 기본적으로 전시관 입구에서 왼쪽으로 도는 것이 매너이다.
④ 사진촬영은 반드시 허용된 곳에서 하거나 필요한 경우에는 사전에 협조를 구하도록 한다.

14. 다음 중 국가별 승용구의 에티켓이 잘못 설명된 것은?
① 스위스에서는 버스가 들어오면 줄을 서지 않고 버스를 타고 내린다.
② 프랑스 파리의 택시는 운전석 옆에 손님이 앉지 않는 것이 예의이다.

③ 호주는 택시를 혼자 탈 때면 운전사의 옆자리에 앉는 것이 매너이다.
④ 스위스에서는 엘리베이터 출입문의 닫힘 버튼을 사용하지 않고 기다린다.

15. 다음 중 국가별 전화 매너를 잘못 설명한 것은?
① 독일에서는 사무실에서 전화를 받을 때 반드시 자신의 이름을 말하면서 전화를 받아야 한다.
② 미국인들은 전화로 비즈니스 이야기를 하는 것을 아주 자연스럽게 여긴다.
③ 유럽인들은 비즈니스 상 전화로 통화하는 것을 자연스럽게 여긴다.
④ 스위스인들은 오후 4~6시가 낮잠 자는 시간으로 이때에 전화하는 것은 실례가 된다.

16. 국가별 택시 이용 매너가 다르다. 다음의 국가 중 혼자 탈 때는 조수석에 앉는 것이 매너인 국가는?
① 프랑스　② 영국　③ 미국　④ 독일

참고문헌

금한나, 이미지와 국제매너, 한올출판사, 2011.
김덕경 · 조인순, 직장인의 예절, 형설출판사, 2005.
박소연 · 변풍식 · 유은경, 서비스리더십과 커뮤니케이션, 한올출판사, 2011.
박준형, 볼프강의 글로벌 비즈니스 에티켓 Ⅰ, 김영사, 2000.
손일락 · 김영식, 비즈니스 매너의 이해, 한올출판사, 2010.
손일락 · 이채안 · 홍미선 공저, 국제 매너의 이해, 한올출판사, 2010.
오흥철 · 함성필 · Dury Chung · 곽병휴 · 윤승자 · 유나연 · 박소영, 제2판 글로벌 매너 완전정복, 학현사, 2010.
원융희, 국제비즈니스맨을 위한 에티켓, 비즈프라임, 2007.
이기홍 · 이경미, 글로벌문화와 매너, 한올출판사, 2011.
이동희, 매너와 이미지 메이킹, 형설출판사, 2010.
이정우 외 공저, 개정판 글로벌리더를 위한 국제매너와 생활문화, 양서원, 2008.
이정우 · 이계순 · 오연옥 · 이애련 · 이명숙 · 김연화 · 김경아 공저, 고품격 현대생활매너, 양서원, 2008.
주영인 외 3인, 매너와 이미지메이킹, 도서출판, 북카페, 2006.
홍두표, 글로벌 비즈니스 매너, 한올출판사, 2009.
한국무역협회 편저, 세계비즈니스 문화기행, 두남, 2002.
강미선기자 river@ 저작권자 ⓒ '돈이 보이는 리얼타임 뉴스' 머니투데이, 2012.3.19.
한국관광공사.
한국경찰청.
http://media.daum.net/culture/book/newsview?newsid=20071214092214602
지구촌스마트 여행, http://www.smartoutbound.or.kr/campaign/html/globalEtiquetteInfo2.do?menu_code=0000000047
http://100.daum.net/encyclopedia/view/24XXXXX80156

Chapter 12
면접 매너와 프레젠테이션

사람은 살아가면서 여러 번의 면접을 볼 기회가 생기게 된다.

면접은 기업에서 원하는 지원자를 찾기 위하여 기본적인 자질 심사 후 최종 의사결정을 하기 위한 주요한 평가단계이다.

면접을 볼 때는 기본적인 자질도 중요하지만, 면접 당일 어떻게 행동하느냐? 또한, 중요하게 된다. 면접에 맞는 복장과 면접에 임하는 자세 등은 평상시에도 준비가 필요하다.

최근에는 면접의 유형도 다양해지고 있다. 자기가 원하는 직종에 따라서 취업하고자 하는 회사의 면접 유형을 미리 익혀서 준비해 둘 필요가 있다. 또한, 최근에는 프레젠테이션 면접을 보는 기업도 많아지고 있다. 면접의 종류 및 방법에 대하여 숙지하고 효과적인 면접의 유형과 자기소개서 작성 방법, 면접 복장 등을 미리 익히고 프레젠테이션 기법을 익혀서 성공하는 면접이 되도록 하는 것이 중요하다.

1. 면접 매너

기업의 신입사원 선발 과정에서 필수적으로 이루어지는 게 면접이다.

면접은 지원자가 제출한 이력서와 자기소개서 등 서류심사와 필기시험, 적성검사 등 기본적인 자질심사 후 최종의사결정을 하기 위한 가장 중요한 평가단계로서 자신을 보여주는 단계이다. 즉 짧은 순간에 자기 자신이 가지고 있는 최상의 모습을 연출하여 성공적으로 자신을 표현하는 중요한 순간으로 자신을 채용하게끔 만드는 단계, 서류와 일치되게 자신을 확인시키는 단계이다.

최근 기업들은 예전과는 달리 지원자들의 스펙보다 직무역량을 더 중요하게 평가하고 있다. 그러므로 면접자는 자신이 지원한 직무에 자신이 얼마나 적합한 인물이며, 회사 내에서 어떤 임무를 수행할 수 있는지를 잘 설명하는 것이 가장 중요하다고 할 수 있다. 오랫동안 많은 준비와 훈련을 해왔더라도 면접장에서는 누구나 긴장하기 마련이다. 그래서 할 말을 못 하고 초조해하며 떨게 되는 경우가 많은데 이는 절대적인 마이너스 요인이다. 모두가 같은 입장이라고 생각하고 평소에 준비해 온 생각이나 행동을 충분히 그리고 침착하게 표현할 수 있어야 한다.

무엇보다 면접에 임하는 자세는 예의가 바른 자세와 자신감 있는 태도가 중요하며 창의력과 적극성을 보여주는 당당한 모습이 필요하다.

먼저 면접에 임하기 위해 준비해야 할 것은 지원하고자 하는 업종에 대해 폭넓은 지식을 갖고 있어야 한다.

1) 면접의 종류 및 면접방법

우수인재채용이 기업경쟁력을 좌우하는 요인으로 인식되면서 최근 기업들은 다양한 면접방식을 통하여 입사지원자들을 제대로 평가하고자 한다.

면접의 유형도 과거와는 달리 두세 가지 방식을 채택해 두세 차례에 걸쳐 면접을 하고 있다.

면접의 종류에는 개별면접, 집단면접, 집단토론면접, 압박 면접, 프레젠테이션면접 등 정형면접이 있으며, 최근에는 블라인드면접, 다차원면접, 현장면접, 선배 직원면접, 전화면접, 시뮬레이션면접과 합숙면접, 술자리 면접 등의 비전형면접이 다양하게 이용되고 있다

(1) 개별면접

개별면접은 지원자 한 사람과 한 명 또는 여러 명의 면접관이 개별적으로 질의응답 하는 방법으로 지원자를 파악하기에 가장 좋은 방법이다.

단점으로는 시간이 많이 걸리고 면접관의 주관이 작용할 수 있으며, 지원자가 쉽게 긴장될 수 있다.

장점으로는 면접관은 각 분야의 해당 전문가로서 해당 분야만 질문하기 때문에 비교적 공정한 평가가 될 수 있다는 것이다.

(2) 집단면접

다수의 면접위원과 다수의 수험생이 질문과 응답을 하는 방식의 면접으로 시간을 줄이는데 편리한 방법이다.

일반 그룹사에서 가장 일반적으로 시행하고 있는 면접형태이다.

집단면접에서는 평소 다른 사람 앞에서 자신의 의견을 조리 있게 발표할 수 있는 능력을 갖춘 사람이 유리하다. 자신의 개성을 표현할 수 있도록 경험을 답변에 포함하면 유리하며 다른 수험생의 얘기를 잘 듣는 태도도 필요하다.

(3) 집단토론식 면접

면접관들이 여러 명의 지원자에게 특정한 주제를 주고 토론시켜 발언내용이나 토론자세 등을 평가하는 방식이다.

집단토론식 면접에서는 주제와 관련된 발언을 하고 요점을 명확히 하기 위해 결론부터 얘기하도록 한다.

답이 정해져 있는 것이 아니므로 자신의 의견을 지나치게 주장할 필요는 없다. 타인의 말을 막거나 심한 반박도 마이너스 요인이 될 수 있으며, 자신의 의견을 발언하는 것을 주저하거나 발언 횟수가 적어도 점수를 잃는다.

이때 간단한 필기도구를 준비하면 치밀하다는 인상을 줄 수 있으므로 주제를 잘 파악하여 자기 생각을 정리한 다음 메모를 한 후 적절한 시기를 맞춰 자신의 의견을 발표한다.

(4) 프레젠테이션면접

프레젠테이션면접은 회사 측에서 주제와 관련된 재료나 컴퓨터 등을 제공하면서 어느 정도 준비시간을 준 뒤 주제에 대하여 자신의 의견, 지식, 경험 등을 서론, 본론, 결론의 형식에 맞춰 발표하는 면접 방식이다.

프레젠테이션면접에서는 실례에 따라 논리적으로 발표한다. 추측이나 무리한 주장을 사용하지 말아야 하며 구체적인 예시를 통해 발표하는 것이 좋다.

(5) 블라인드(무자료)면접

면접관이 지원자에 대해 아무런 정보도 갖지 않은 상태에서 면접이 이루어짐으로 자신을 적극적으로 알리는 데 주력해야 한다.

(6) 다차원면접

면접관과 지원자가 회사 밖의 자유로운 공간에서 장시간 다양한 활동을 하는 가운데 평가가 이루어지는 방식으로 면접방법으로는 합숙면접, 회식자리 면접, 등산, 운동 및 놀이면접 등을 통하여 용모, 인성 및 태도, 표현능력, 사회성과 협동심, 리더십과 적극성, 잠재능력에 대한 평가가 이루어진다.

(7) 선배 직원면접

젊은 직원들이 자신들의 관점에서 서로 비슷한 사고를 하는 지원자들을 평가하는 것으로 응시자 10명이 한 조를 이루어 자유토론을 한 다음 함께 근무하고 싶은 지원자를 추천하는 방식이다.

(8) 전화면접

주로 외국계 기업에서 경력사원을 채용할 때 또는 중소기업에서 수시채용 시 서류전형을 통과한 지원자를 대상으로 전화면접을 하게 된다. 신입 지원자들의 경우 경험부족으로 인해 회사의 일반 직원이 전형 결과를 알려주기 위해 통례적으로 전화를 한 것으로 오해하고 준비되지 않은 답변을 하는 경우가 있다. 그러므로 지원한 기업에서 전화가 왔을 때는 실제 면접과 마찬가지로 성의 있는 답변이 필요하다.

(9) 업무 시뮬레이션면접(롤-플레이 면접)

지원자가 입사 후 업무 현장에서 실제로 담당할 업무나 특정 상황을 연출해서 제시한 후 지원자의 태도나 행동을 관찰하고 지원자와 기업의 현실적인 적합성 여부를 평가해 보는 면접 방식이다. 대개 업무 내용 중 지원자가 피할 만한 최악의 시나리오를 제공하는 경우가 많다.

〈표 12-1〉 면접의 종류 및 내용

면접종류	면접내용
토론면접	- 가장 많이 보는 면접방식 - 시사적인 주제를 놓고 5~6명이 찬반 토론을 벌이게 하고 5~6명의 면접관이 관찰
다대다면접	- 여러 명의 면접관이 여러 명의 지원자를 함께 평가하는 전통적 면접방식 - 면접시간의 단축, 지원자 간 비교가 용이
개별면접	- 면접관이 지원자를 한명씩 따로따로 평가 - 기업들이 실시 주제를 던져주고 발표를 하게 하는 방식
프레젠테이션 면접	- 주제 제시 후 일정시간 동안 파워포인트 자료를 만들고 10분 동안 발표와 질의응답
심층면접	- 면접관 몇 명이 한 명의 응시자에게 집중적으로 파고드는 방식
합숙면접	- 주로 은행권에서 하는 방식
블라인드 면접	- 응시자에 대한 사전정보 없이 면접을 보는 무자료 면접
현장체험면접	- 실제 근무현장에 투입시켜 실무능력 확인
압박면접	- 의도적으로 지원자를 스트레스와 긴장 상태로 몰아넣고 반응을 보는 방식
다차원면접	- 여러 상황을 통해 지원자의 다양한 면면을 평가 - 합숙, 회식, 등산 등
인성면접	- 자기소개서를 바탕으로 질문을 주고받음 - 키워더 : 충성도
케이스 면접, 시뮬레이션 면접	- 즉각 처리해야 할 문제들이 담긴 보고서·메일·메모·사내외공식문서·참고자료 등 서류를 주고 2~3 시간 내에 문제해결을 위해 주어진 내용검토 및 필요한 모의행동을 취하도록 하는 방식

면접종류	면접내용
영어면접	- 간결하면서도 명확함 - 영어로 의사소통이 가능한가?
선배 직원면접	- 젊은 직원들이 자신들의 관점에서 어느 정도 입사가 결정된 지원자를 대상으로 대인관계능력이나 조직성향을 알아볼 수 있는 방법 - 응시자 10명이 한 조를 이루어 자유토론을 한 다음 함께 근무하고 싶은 지원자를 추천하는 방식
전화면접	- 주로 외국계 기업에서 경력사원을 채용할 때 또는 중소기업에서 수시 채용 시 서류전형을 통과한 지원자를 대상으로 실시 - 준비된 성의 있는 답변이 필요하다.

2) 효과적인 면접의 유형

우리가 익히 들어서 알고 있는 효과적으로 자신의 매력을 보여주는 면접의 요령은 다음과 같다.

① 미리 준비하라.

② 지원 동기와 입사 후 포부를 명확히 하라.

③ 무엇을 요구하는지를 파악하라.

④ 간단명료, 천천히, 또박또박, 차분한 어조를 사용하며, 한 박자 쉬고 이야기하라.

⑤ 결론부터 이야기 한다.

⑥ 질문을 파악하지 못했을 때는 질문을 재확인하여 정확히 답변한다.

⑦ 질문자의 질문을 중간에 끊지 않는다.

⑧ 외래어, 반말, 속어, 은어 사용을 삼가고, 표준어를 사용한다.

⑨ 난처한 질문을 받았어도 긴장하지 않도록 한다.

⑩ 표정관리에 신경을 써야 한다.

⑪ 뒷모습도 중요하다.

(1) EOB전략[1)]

(가) Example

어떤 주장을 펼치던 간에 이 Example 없으면 설득력은 급감한다. 예를 들어 자신이 리더십이 있다고 말로만 강조하고, 그 리더십을 발휘한 예를 준비하지 않으면 말만 많은 리더십으로 평가받게 된다.

(나) Outline

이 전략은 광고와 개그에서 생각하면 이해가 쉽다.

개그맨들의 유행어는 웃음을 자아낼 수 있는 부분에 특정 언어나 행동을 넣고, 그때마다 의도적으로 반복시켜서 기억된 웃음을 유발하는 광고의 컨셉과 유사하다.

(다) Benefit

상대가 듣고 싶을 말을 찾아서 하되, 상대에게 이득이 될 수 있는 소재와 주제로 하라는 것이다.

(2) 1분 자기소개

이상적인 자기소개는 주어진 시간 안에 한 가지 내용에 집중함으로써 면접관의 호기심을 유발하도록 하며, 면접관의 질문에 대하여는 자신감 있는 태도가 중요하다.

자기소개 시 주의할 사항으로는 스토리의 흐름이 아닌 내용을 외우기만 하지 말도록 하며, 자신이 경험하지 않은 타인의 이야기를 나의 것처럼 얘기하지 않도록 한다. 또한, 자신을 동물에 빗대어 설명하거나 자신의 스토리와 연결이 되지 않는 명언을 사용하지 않는 것이 좋다. 마지막으로 면접관의 흥미를 유발할 수 있도록 말하는 순서를 정하여 준비하도록 하는 것이 필요하다.

---

1) 이우곤, 취업명강사 이우곤의 취업특강, 청년정신, pp.361~371.

1분 자기소개는 1분이라는 짧은 시간에 면접관들에게 자신의 매력을 보일 수 있는 최대 강점을 말함으로써 면접관들의 관심을 불러일으킬 수 있는 핵심적인 시간이다. 취업 관련 인크루트의 1분 자기소개 스킬에 의하면 "주어진 1분 중 50초 정도로, 즉 1분을 채우지 말기를 권고하고 있으며 이 1분을 다음의 6단계로 말하는 순서를 정하여 준비하라"라고 되어 있다.

① 처음 인사말에 5초 정도

② 자신의 신상에 10초 정도

③ 자신의 강점에 15초 정도, 이때 강점은 자신의 장점을 어떻게 업무와 잘 연결할 수 있는지를 간략히 얘기하는 것이 좋다고 한다.

④ win+win 전략에 15초 정도

⑤ 필살기에 10초 정도, 필살기는 없으면 일부러 만들어서 하지 않도록 한다.

⑥ 마무리 끝인사에 5초 정도를 할애하여 평소에도 수십 번 아니 백번 정도의 연습으로 자신감을 일체화하자.

3) 면접 시의 표정 및 복장관리

(1) 면접 시의 표정관리

누구나 긴장하고 초소해지는 면접에 대비하여 평상시에 자주 '김치', '치즈', '개구리 뒷다리' 등 입꼬리가 올라가는 자신만의 웃는 연습을 하도록 한다. 반복된 연습만으로도 표정이 밝아지고 자신감을 가지게 된다.

면접관과 마주했을 때는 자신감을 가지고 시선은 면접관을 향하도록 하고 면접관의 상체 아래로 시선이 떨어지지 않도록 유의한다.

면접관이 여럿이면 시선의 처리는 질문한 면접관을 주로 바라보도록 하고, 다른 면접관에게 시선이 천천히 갔다가 대답을 마칠 때는 다시 질문자에게로 시선을 두고 마무리하도록 한다. 면접관이 정면이 아닌 측면에 있다면 얼굴만이 아니라 상체를 돌려 상대를 바라보도록 한다.

평소에 상대의 미간을 쳐다보면서 말하는 습관을 길러두면 자연스럽게 상대방의 눈보다는 이마나 미간 쪽을 부드럽게 바라볼 수 있는데, 이는 상대에게 부드러운 인상을 심어 주는 방법이다.

(2) 면접 시의 복장관리

면접 시의 복장은 헤어스타일과 더불어 첫인상에 결정적인 영향을 주는 요소이다. 면접에 앞서 면접관의 눈에 가장 먼저 띌 수 밖에 없는 것은 지원자들이 옷차림이다. 예전에는 면접 시 기본 복장이 정장이었지만 최근 자율복장을 권하는 업체들도 늘고 있다. 삼성과 같이 정장 착용과 같은 명확한 면접 복장 지침이 있으면 최대한 격식을 갖추면서도 요란하지 않은 자신만의 개성을 나타낼 수 있을 정도면 좋다. 면접 복장으로 짙은 색 슈트에 밝은 색깔의 속옷을 입어 밝은 이미지를 연출 하도록 하자. 그러나 "현대차의 경우 2015년 말부터 면접에서 정장을 입지 말 것을 권고했으며, 한화케미칼, SK텔레콤, LG유플러스, NHN도 자율복장 면접을 진행하고 있다."라고 한다. 자율복장의 경우 면접자가 지원한 직무의 성격에 맞는 의상을 입는 것이 중요하다고 하며, 자율복장인데 정장을 고집하면 오히려 감점을 받을 수도 있다고 한다.

면접의 당락은 지원자 이미지의 55%~80%가 시각적인 요인에 의해 결정된다고 한다. 이처럼 첫인상을 좋게 하기 위해서는 면접 때 입을 의상에도 신경을 써야 한다.

(3) 남성

(가) 양복 및 드레스셔츠

면접 복장으로서는 일반적으로 짙은 색상의 정장을 입어 단정함과 안정감을 주는 것이 좋다. 또한, 면접 당일 새 옷을 입고 가는 것은 익숙지 않아서 여러모로 불편하므로 사전에 미리 면접용 정장을 준비하여 면접 당일에는 이미 두세 번 입어서 자기 몸에 익숙하게 하는 것이 좋다.

① 상하 한 벌로 된 슈트로 감청색계열이 다양한 색상의 셔츠와 넥타이가 무난하게 다 잘 어울린다.

② 검은색 슈트의 경우 면접 복장으로는 적절하지 않다. 검은색은 얼굴을 굳어 보이게 할 뿐 아니라 권위적으로 보이기 때문이다.

③ 셔츠는 슈트보다 밝은 색상을 선택하도록 한다. 흰색이 깔끔하지만, 요즘은 양복과 같은 색 계열이면서 톤이 밝은 유색 셔츠를 입는 것도 무난하다.

④ 신입사원 면접 시 복장은 3 버튼 슈트가 적절하다.

2 버튼은 나이 들어 보이고 융통성이 없어 보일 수 있고, 키가 큰 경우가 아니고는 4 버튼은 좁아진 V 존으로 답답한 느낌을 준다.

⑤ 넥타이를 맬 때는 선 자세에서 벨트를 살짝 가리는 정도의 길이로 하는 것이 좋다.

⑥ 넥타이는 양복 및 셔츠의 색상과 조화를 이루어야 하며 폭은 너무 넓거나 너무 좁은 것은 피한다.

⑦ 면접관에게 깔끔하고 좋은 이미지를 주고 싶다면 슈트와 선명하게 대비되는 색상의 타이를 매는 것도 한 방법이다. 넥타이의 색상으로는 정장 색상과 비슷한 색이 섞인 스트라이프(줄무늬)나 물방울무늬 등도 적당하다.

(나) 구두와 양말

① 기본적으로 검정구두가 무난하다. 감청색은 보수적인 회사에는 이상적이나, 양복이 갈색계열이면 갈색 구두가 보다 잘 어울린다.

② 양말은 바지와 같은 색상으로 하되 바지보다 약간 짙은 색도 무방하나, 옅은 색이나 흰색 양말은 피해야 한다.

③ 바지와 잘 연결되는 색의 양말이 없다면 검은색 양말을 신으면 검은색 구두와 잘 맞아 매우 세련되어 보인다.

(다) 헤어스타일

면접에 있어서 헤어스타일은 남녀를 막론하고 자신의 이마를 드러내는 것이 기본이다. 자연스럽게 정돈된 짧은 헤어스타일로 산뜻하고 지적인 인상을 주는 것이 좋다. 너무 과한 염색이나 스프레이 등은 사용하지 않도록 한다.

(4) 여성

(가) 의상

① 남성과 같이 여성의 옷차림도 감청색 투피스에 흰색 또는 밝은 색상의 블라우스를 받쳐 입는 것이 정석처럼 여겨지고 있다. 흰색 셔츠에 검은색 치마 정장차림이 가장 깔끔해 보이며 베이지색이나 회색도 무난하고 갈색 톤의 매치도 부드럽고 멋스럽다.

② 의상은 무릎길이의 치마 정장이나 투바지 정장이 무난하다. 단순한 라인으로 된 정장이 세련된 느낌을 준다.

(나) 핸드백과 구두

① 핸드백, 구두, 스타킹 등은 가능하면 같은 계열의 토털코디로 연출하는 것이 통일감이 있어 좋다.

② 구두는 검은색을 기본으로 굽이 너무 높지 않은 것으로 하고 깨끗하고 단정하게 신도록 한다.

② 핸드백은 어깨에서 내려와 겨드랑이에 닿는 스타일이 깔끔한 연출을 할 수 있다.

(다) 화장 및 헤어스타일

여성은 면접 시에 외모나 첫인상의 비중이 높으므로 지적이면서도 깔끔한 이미지로 보이는 헤어스타일이 좋은데 남성과 같이 이마를 드러내는 헤어스타일이 기본이다.

① 면접에 임하기 전에 자신의 얼굴형에 어울리는 최상의 헤어스타일을 미리 찾아두는 것이 좋다.

② 화장은 자신의 분위기에 맞게 자연스럽고 밝은 이미지를 표현하는 것이 중요하다. 짙은 화장이나 요란한 장신구, 매니큐어 등은 피하도록 한다.

4) 자기소개서 작성하기

자기소개서를 작성할 때 유의할 점으로는 남의 이야기가 아닌 자신의 이야기, 즉 자신의 경험을 바탕으로 업체의 형식에 맞도록 준비하여야 한다.

자기소개서를 작성할 때는 핵심을 정해놓고 문장을 간결하게 작성하되, 서술방법은 구체적으로 과장되지 않고 솔직하게 표현해야 한다.

자기소개서의 양은 지시된 양의 80% 정도 채우며, 글자의 크기는 일반적으로 10~11포인트가 적당하며, 서체는 굴림체, 신명조, 문어체가 무난하다.

문장의 반복, 같은 어휘의 중복사용은 피하고 맞춤법과 띄어쓰기에 신경을 쓰고 느낌표, 물음표, 인터넷 용어는 되도록 피하도록 한다.

'저', '제가', '저의', '귀사' 이런 말은 피하도록 하고 특히 '귀사' 대신 구체적인 '회사명'을 쓴다.[2)]

① 기업의 특성에 맞추어라.
② 이미지를 만들자, 단 자신을 동물에 비유한 이미지는 만들지 말자.
③ 헤드라인을 달아라.
④ 직무에 자신이 적임자임을 강조하라.
⑤ 구체적인 경험을 바탕으로 작성하라.
⑥ 참신한 문구로 시작하라
⑦ 입사지원 동기를 구체적으로 밝혀라.
⑧ 자신의 장점과 강점을 최대한 부각하라
⑨ 경력자면 자신의 수행업무를 강조하라.
⑩ 자신의 포부와 비전을 제시하라.

5) 면접 시 주의사항

지원자에게 면접매너는 필수로써 반드시 지켜야 할 사항은 면접시간을 절

---

2) 강나경, 품격 있는 삶을 위한 생활예절과 이미지 메이킹, 공동체, 2014, p.201.

대 지켜야 한다는 것이며, 일반적으로 취업 사이트 등에서 취합된 면접 매너는 다음과 같다.

① 전화대응을 잘 하는가?
② 기업에서 원하는 직무에 적합한 복장인가?
③ 건강한가?
④ 면접시간에 늦지 않고 왔는가?
⑤ 안내 데스크 및 대기실에서의 태도는 좋았는가?
⑥ 말투나 인상은 어떠한가?
⑦ 면접장에 입실할 때의 태도는 좋았는가?
⑧ 면접 시 자세 및 태도는 좋았는가?
⑨ 면접이 끝난 후에는 어떠했는가?

지각 · 삐딱한 자세 등 면접시 꼴불견 구직자, 대부분 '탈락'
기업 83% 이상, 면접 꼴불견 지원자 평가 결과와 관계없이 탈락시켜

서류전형은 쉽게 통과하는데 면접에서 계속 떨어진다면, 자신의 행동을 다시 한 번 돌아볼 필요가 있다. 인사담당자 10명 중 8명은 꼴불견 면접 지원자를 평가와 관계없이 탈락시킨 경험이 있는 것으로 나타났다.

온라인 취업포털 사람인이 기업 인사담당자 775명을 대상으로 '면접 꼴불견 지원자 평가'를 주제로 조사한 결과, 83.4%가 '다른 평가 결과와 관계 없이 탈락시킨 적이 있다'라고 답했다.

기업에 따라 살펴보면, '중소기업'(83.8%), '중견기업'(82.3%), '대기업'(76.7%) 순으로 탈락시킨 경험이 많았다.

꼴불견 지원자를 바로 탈락시킨 이유로는 '기본적인 자질을 갖추지 못한 것 같아서'(59.4%)를 첫 번째로 꼽았다. 계속해서 '업무능력보다 인성, 태도가 더 중요해서'(31%), '입사 후에도 문제를 일으킬 것 같아서'(30.8%), '입사의지가 부족해 보여서'(19.8%), '회사의 인재상과 맞지 않아서'(11.5%) 등의 응답이 이어졌다.

그렇다면, 면접 상황별 꼴불견 구직자 유형은 무엇일까?

먼저, 면접 대기실에서 가장 꼴불견인 지원자 유형은 '지각하는 지원자'(45.6%)였다. 다음은 '삐딱한 자세로 앉아 있는 지원자'(12.9%), '인상을 쓰고 한숨을 내쉬는 지원자' (10.3%), '휴대폰만 만지작거리는 지원자'(9.8%), '껌 등 음식물을 먹는 지원자'(5.2%) 등의 순이었다.

면접 중에는 '성의 없이 대답하는 지원자'(23%)가 꼴불견 1위를 차지했다. 이 밖에 '삐딱한 자세로 앉아 있는 지원자'(9.9%), '기업명 정보를 잘못 말하는 지원자'(9.8%), '복장이 불량한 지원자'(9%), '변명을 늘어놓는 지원자'(8%), '동문서답하는 지원자'(7%), '무례한 질문을 하는 지원자'(6.6%) 등이 있었다.

한편, 기업들은 가장 호감 가는 면접 지원자로 '질문에 대한 핵심을 정확히 답하는 지원자'(26.6%)를 선택했다. 다음으로 '일찍 도착해 차분히 준비하는 지원자'(20.1%), '모르는 질문에도 성실히 답하는 지원자'(17.9%), '인사 잘하는 예의 바른 지원자'(13.3%), '반듯한 자세의 지원자'(7.6%), '회사에 대한 애정을 뽐내는 지원자'(7.4%) 등을 들었다.

사람인의 임민욱 팀장은 "면접은 지원자와 면접관이 대면하기 때문에 직무역량만큼 태도가 중요하다. 머릿속으로 면접 당일 바른 태도로 자신 있게 답하는 자신의 모습을 그려보면서, 좋은 인상을 심어줄 수 있도록 이미지메이킹을 해보면 실제 면접을 볼 때 도움이 된다."라고 덧붙였다.

- 소비라이프, 류예나 기자, yenauie89@nate.com. 2015.7.27.-

2. 프레젠테이션

1) 프레젠테이션의 개념

'프레젠테이션'이란 한정된 시간 내에 발표자가 한 사람 또는 수백 명의 청중에게 어떤 메시지(사실, 정보, 자신의 의사) 등을 정확하게 제공·전달하는 커뮤니케이션의 한 형태를 말한다. 즉 자신이 전하고자 하는 메시지를 청중에게 전달함으로써 청중에게서 동의와 함께 합당한 행동을 끌어내는 작업이다. 결국 '전달하고자 하는 메시지'를 어떠한 방법으로든 잘 전달해서 청중이 충분히 공감하고 반응을 보인다면 바로 성공한 최고의 프레젠터인 것이다.

상업적으로는 주로 프레젠테이션은 광고대리업자가 예상 광고주를 대상으로 하여 광고계획을 제시하고 설명하는 행위를 말한다.

(1) 프레젠테이션의 어원

프레젠테이션의 어원은 다음과 같다.

Present ⇒ Presentare(라틴어) ⇒ Praesens(앞에 있는) + are

지금까지 알아본 Present 어원의 의미는 크게 두 가지로 정리할 수 있다. 첫 번째는 '앞에 있게 하다'는 의미고 두 번째는 '주다(상대방의 앞에 무엇인가 있게 하는 행위)'는 의미다. 그러므로 프레젠테이션은 설명, 발표회, 설득 등의 의미를 넘어서는 포괄적인 뜻이 있다고 할 수 있다. 무엇인가 구체적인 행위의 개념이 가미된 것으로 브리핑, 발표회, 설명회, 세미나 등에서 청중에게 발표하는 모든 행위이다.

(2) 프레젠테이션의 정의

프레젠테이션의 정의는 "프레젠테이션은 무대 앞에서 무엇인가 소개하는 것으로 때로는 구체적으로 보여주기도 하며, 공손하게 설명하기도 하고, 어떠한 가능성에 대해서 생각나게 하기도 한다. 설명만으로 끝나지 않으면 제출하기도 한다."는 것이다. 프레젠테이션은 많은 양의 정보를 알기 쉽게 정리하여 효율적으로 전달하므로 조직의 실적과 관계되는 업무에도 많이 이용되는 커뮤니케이션의 한 형태를 말한다.

(3) 프레젠테이션의 목적

프레젠테이션의 목적은 청중에게 자기의 생각과 의사를 효과적으로 전달하고 이해시켜 청중의 동의나 의사결정을 더욱 쉽게 끌어내게 하는 데 있다고 할 수 있다. 이 때문에 프레젠테이션에서는 "어떤 방법의 프레젠테이션을 하느냐도" 중요하지만 이보다 더 중요한 것은 "어떻게 더욱 더 효과적으로 정보를 전달할 수 있는가"하는, 즉 소통이다.

즉 프레젠테이션의 목적은 첫째, 문제를 제시한다. 둘째, 문제의 해결방법을 제시한다. 마지막으로 청중에게 그 해결법을 받아들이도록 설득한다.

(4) 프레젠테이션은 당당하게

프레젠테이션은 말뿐 아니라 몸짓, 표정이 삼위일체가 되어야 하는 종합 커뮤니케이션이다. 발표자가 미소를 띠면 청중도 괜히 기분이 좋아지는 거울효과가 나타난다.[3)]

시선은 좌중과 화면을 번갈아 향하고 중요한 내용에서는 다소 냉성한 표정을 짓는다. 또한, 긍정적인 대목에서는 강한 미소를 지으면 대비효과가 나타난다. 이렇게 말하고자 하는 상황에 따른 표정을 지음으로써 청중과 발표자의 프레젠테이션에 대한 몰입도가 높아지게 된다. 눈을 아래로 깔거나 화면만 보면서 긴장한 표시를 내지 않고 당당하게 준비한 바를 이행한다.

프레젠테이션 기획 노하우 11

① 지피지기(知彼知己)면 백전불태(百戰不殆)
② 논리가 완성되면 예술이 시작된다.
③ One Slide One Message
④ 숫자로 스토리를 브랜딩하라.
⑤ 청중의 공감대를 얻어라.
⑥ 강한 이슈로 이야기를 시작하라.
⑦ 첫째도, 둘째도 쉬워야 한다.
⑧ 사례를 통해 쉽게 이해하도록 구성하라.
⑨ 비교로 메시지를 강조하라.
⑩ 스토리텔링 이제는 비주얼이다
⑪ 못다한 이야기(스토리텔링)

출처 : 김민구, 프레젠테이션에 강한 스토리 만들기, PTerFan.

---

3) 오성환, 직장예절, 형설출판사, 2008, p.142.

나만의 프레젠테이션 비법으로 청중을 사로 잡아라

핵심을 전하라.
외국인 청중이 대상일 때는 연습과 자신감, 외국어, 문화와 요령 등이 필요하다.
처음 1분과 마지막 1분을 공략하라.
청중을 참여시켜라.
나만의 제스처를 만들어라.
청중의 반응을 살펴라.
무엇을 인용할 것인가?
대중공포증-'스스로 만든 굴레에서 스스로 벗어나라'.
Do it now.
자신감을 가져라.
우뇌를 공략하라.

프레젠테이션을 듣는 청중의 '미란다권리(Miranda Rule)'
청중은 가치 없는 프레젠테이션 진행시 잠에 빠질 수 있으며 강사를 새로 선임할 권리가 있다.

프레젠테이션의 7계명

① 청중을 분석하지 마라. 청중 속의 개인을 분석하라.
② 시대의 언어로 표현하라.
③ 읽지 말고 전달하라.
④ 비언어의 힘을 믿어라.
⑤ 청중은 예상외로 정보의 암흑상태에 있다.
⑥ 인용은 최대의 화법이다.
⑦ 설득력의 맨 끝엔 확인이 있다.

2) 프레젠테이션의 종류

(1) 목적에 의한 분류

프레젠테이션의 목적에 의한 분류는 발표의 목적에 따른 분류로서 일반적으로 제안형, 설명형, 동기부여형, 엔터테인먼트형 프레젠테이션으로 나눌 수 있다.

(가) 제안형

새로운 기획안이나 사업계획 등을 준비하여 관계자들에게 발표함으로써 청중의 동의와 지원을 얻어내도록 하는 것이 프레젠테이션의 목적이다.

(나) 설명형

어떤 정보를 제공하기 위한 것으로 기존의 정보와 비교하여 새로운 정보를 알려주고, 정보를 분석하여 쉽게 이해하기 위한 프레젠테이션이다.

일반적으로 시각화 자료를 많이 활용하며, 강조나 반복 등을 통하여 청중들에게 명확하게 이해시키고자 하는 것이 목적이다.

(다) 동기부여형

누군가에게 동기를 부여하는 것이 목적이다.

(라) 엔터테인먼트형 프레젠테이션

보여주고 즐거움을 얻는 것이 목적이다.

(2) 성격에 의한 분류

성격에 의한 분류는 프레젠테이션에 참여하는 청중에 관한 것으로 어떤 사람·경력·지역·성별·직종·인원 등에 대한 청중속성, 지식수준·금기사항·관심사 등의 청중수준, 발표자 제안 때 청중관심과 관련된 청중이익 등이 있다.

(3) 규모에 의한 분류

규모에 의한 분류는 참석하는 청중규모에 따른 좌석배치, 기자재, 주변환경 및 발표시간, 발표순서 등에 따른 분류이다.

3) 프레젠테이션의 준비

(1) 프레젠테이션 컨셉 정하기[4)]

컨셉(Concept)의 사전적 의미는 '개념, 관념, 사상, 생각, 발상, 착상' 등이다. 프레젠테이션의 컨셉을 정하는 것은 건물의 기초공사와 같이 프레젠테이션 디자인에서 매우 중요한 사항이다.

컨셉을 정하기 위해서는 준비하고자 하는 프레젠테이션의 내용을 정확하게 알고 있어야 할 것이다. 즉 프레젠테이션의 목적에 따라, 대중의 연령층에 따라 컨셉이 달라지기 때문이다. 이렇듯 내용을 정확히 숙지하고 컨셉을 정했다면 그에 따른 색채계획, 레이아웃계획(배치계획), 문자계획을 세운다.

(가) 프레젠테이션의 계획

프레젠테이션의 계획단계에는 프레젠테이션을 위한 사전분석 3P[5)]를 하여야 한다. 우선 목표 및 목적을 정한다.

목표로는 이 프레젠테이션이 무엇인가를 제안하는 제안형, 설명형, 누군가에게 동기를 부여하는 동기부여형, 누군가에게 보여주고 즐거움을 주는 엔터테인먼트형인지를 먼저 확인한다.

다음으로 청중을 분석한다.

첫째, 청중의 속성에 대한 것으로 청중의 나이, 경력, 지역, 성별, 직종, 인원에 대한 것이며, 둘째, 청중수준으로 지적수준, 금기사항, 관심사 등이며, 셋째, 청중이익으로 발표자 제안 대 청중관심을 들 수 있다. 마지막은 place(장소)로 청중규모 및 좌석배치, 기자재, 주변환경 등을 분석한다. 또한, 발표시간 및 발표순서 등을 사전에 확인한다.

---

4) 피피티코리아, 전상오, 김보성, 윤미자 공저, 실전 프로젝트로 배우는 프레젠테이션 기획+디자인, 한빛 미디어, pp.24~25, 2011.

5) 3P = purpose(목적), people(청중), place(장소)를 말한다.

(나) 프레젠테이션의 구성

일반적으로 글의 구성에는 서론, 본론, 결론의 순서로 구성되어 진다. 프레젠테이션은 시작과 끝이 중요하다. 프레젠테이션의 목적은 누군가를 설득하는 것이다. 그러므로 청중의 반응을 결정하는 것이 바로 최초의 1분의 시간이다. 그러기 위해서는 멋진 opening, 서론, 본론, 결론, 감동적 클로징으로 끝을 맺는다. 즉 프레젠테이션에 있어서는 마법의 구성인 magic3인 ①프롤로그, ② 서론-본론-결론, ③ Q&A으로 구성하도록 한다.

최고의 서론을 만들어 내는 것이 멋진 프레젠테이션을 완성하는 시작이다.

① 서론

프레젠테이션에 있어 가장 중요한 부분으로 첫 도입부라고 할 수 있다.

이때 청중들의 몰입도를 불러일으키기 위해 1~2분간의 간단한 준비를 한 다음, 내용을 요약적으로 설명하도록 해야 한다. 이를 위해 프롤로그를 준비하는 것도 좋은 방법이며 서론 부문에 결론을 한 번 짚어두고 시작하는 것도 몰입도를 높이기 위한 좋은 방편이다. 즉 결론 - 본론 - 결론으로 정리하여 연역적으로 표현하는 것을 말한다. 또한, 자기가 읽었던 책에 관한 이야기를 하거나, 그 책에 나오는 구절 하나를 인용하는 방법이다.

② 본론

프레젠테이션을 통해 전달하고자 하는 요점을 제시하고, 관련 자료를 제시하여 요점의 근거를 제공하는 것이 본론 부분이다.

본론은 프레젠테이션의 핵심 부분에 해당하는데, 서론이나 결론보다 상대적으로 많은 시간과 비중을 두어야 한다.

③ 결론

결론은 청중의 관심이 정점에 도달하는 부분으로, 서론과 같은 정도의 비중을 차지하는 시간이 적당하다.

서론 부문에서 먼저 간략히 제시한 결론에 대하여 본론에서의 핵심사항을 반복 진술하거나 요약·정리해 줌으로써 프레젠테이션의 효과를 극대화할 수 있는 부분이다. 결론 부분에서 질의응답 시간은 프레젠테이션을 보완하는 역할과 이제까지와는 달리 청중과 상호작용을 하므로 프레젠테이션 자체의 내용만큼 중요한 부분이다.

(다) 색채계획

색상마다 상징하는 의미가 달라서 프레젠테이션 내용에 맞는 색상을 선택해야 한다. 이는 프레젠테이션의 분위기를 주도하기 때문이다.

〈표 12-2〉 색상의 상징성

색상	의미 및 느낌	효과적인 사용
빨강	강렬한 메시지와 경고의 의미로 사용	위험을 상징하거나 강렬한 메시지를 전달할 때
주황	거부감 없이 호감을 갖게 하는 색	활동적인 분위기와 조용한 분위기를 모두 표현 가능
노랑	활동적인 색	명도가 낮은 색과 함께 사용 시 효과가 뚜렷해짐 파랑, 보라와 함께 사용하면 효과가 극대화 채도가 낮은 노랑은 우아한 분위기 연출
녹색	활동적인 색	밝은 녹색 : 스포츠 분야 등 활동적인 이미지를 강조할 때 채도가 낮고 진한 녹색 : 오랜 세월의 역사적인 이미지 표현
파랑	권력과 권위를 나타냄	여러 정부기관과 공기업 또는 일반 기업의 이미지로 널리 쓰이며, 프레젠테이션에 가장 많이 쓰는 색으로 신뢰감과 믿음직함이 배경에 깔려있음. 녹색에 치우친 파랑 : 가볍고 상쾌한 이미지 연출
보라	신비한 이미지	밝은 보라 : 회상 이미지, 추억이나 낭만
무채색	색상이 표현되지 않는 검은색, 회색, 흰색 차분하고 실용적인 느낌	전문지식이나 기술 분야 무채색만으로 구성하면 단조로울 수 있으므로 유채색을 사용하여 생기를 불어넣기도 함

(라) 레이아웃 계획

레이아웃의 사전적 의미는 "설정된 공간 속에 목적에 맞게 효과적으로 사물을 배치하는 일 또는 그 기술"이다. 즉 파워포인트를 작성하면서 제목,

회사의 로고와 심벌, 내용의 배치여부 등 여러 구성요소의 위치를 고려해서 계획을 세워야 한다.

레이아웃에서 가장 중요한 요소는 슬라이드마다 같은 규칙인 가이드라인을 만드는 것이다.

(마) 문자계획

컴퓨터에는 다양한 글꼴이 설치되어 있으나 프레젠테이션 작업에 사용하는 글꼴은 제한적이다. 간혹 발표 시에 보면 컴퓨터에 없는 특이한 글꼴을 사용해서 작업하는 때도 있는데 이는 바람직하지 않다. 자기 컴퓨터가 아닌 다른 컴퓨터로 파일을 열어야 할 경우 글꼴이 설치되어 있지 않으면 다른 글꼴로 대체되어 의도하지 않는 모양으로 바꾸기도 하고 문서가 열리지 않아서 당혹스러워하는 경우를 자주 접하곤 한다.

일반적으로 많이 사용하는 글꼴이나 윈도우 기본 글꼴인 굴림체, 돋움체, 바탕체 등을 사용한다.

4) 시간 맞추기

프레젠테이션을 할 때 중요한 것 중의 하나이며 또한 힘들어하는 것 중의 하나가 바로 주어진 시간 맞추기이다.

보통 20분에서 30분으로 주어지나 발표를 하다 보면 주어진 시간보다 일찍 끝내거나 시간을 많이 소요한 후 끝내는 경우가 많다. 우선 빨리 끝날 때의 보완책으로는 슬라이드를 예상치 보다 훨씬 많이 준비하거나 하이퍼링크를 몇 개 준비해 둔다. 이렇게 준비를 하여 일찍 발표가 끝났을 경우 이를 이용하면 발표할 양이 충분해지므로 시간이 남거나 부족하지 않게 프레젠테이션을 마칠 수 있다. 그러나 이 경우는 프레젠테이션을 준비하는데 너무 많은 시간과 노력이 들어서 비경제적인 일이다. 그러므로 시간을 맞추기 위해 양으로 시간을 조절하려고 하지 말고 중간마다 청중과 대화하는 것이다. 대화는 프레젠테이션 중간 중간에 하는 것으로 마지막에 하는 질의응답과는 분명히 다르다. 적절히 청중과 대화를 한다면 시간을 조절할 수 있어 주어진 시간을 맞추어야 한다는 강박관념에서 벗어날 수 있을 것이다. 프레젠테이션에서 시간을 맞추는 방법의 하나는 많은 연습을 하는 것이다.

5) 프레젠테이션 시의 복장

프레젠테이션은 한정된 시간 내에 자신이 전달하고자 하는 바를 정확하게 제공하는 형태로 효과적인 정보를 전달하기 위하여 프레젠테이션의 도입부가 가장 중요한 부분 중 하나이다.

프레젠테이션 자세, 눈 맞춤, 제스처, 대인 간의 거리나 공간 등이 중요하다.

프레젠테이션 할 때의 복장으로는 은회색의 양복이 강력함을 불러일으키는 효과가 있다. 기본적으로는 감색 양복이나 은회색 양복이 적당하며 넥타이는 짙은 재색의 넥타이가 적당하다.

6) 질의응답

질의응답 과정에서는 몇 가지 예상질문에 대하여 예측하고 보충설명용 슬라이드를 만들어 놓으면 훨씬 완성도 높은 프레젠테이션을 완성할 수 있다.

① 질문을 받았을 때는 끝까지 상대방의 질문을 주의 깊게 듣고 필요하다면 메모 등을 하여 질문의 의도와 성격을 충분히 파악하도록 한다.

② 질문내용에 대하여 답변하기 전에 한 번 더 요약해서 질문내용을 확인하도록 한다.

③ 질문에 대한 답변 시에는 3분을 초과하지 않는 시간 내에서 서론, 본론, 결론의 단계로 나누어 필요한 것만을 말하도록 한다.

④ 자기가 잘 모르는 질문이 나왔을 때는 얼버무리지 말고 추후 알려준다고 한다.

연습문제

1. 다음은 면접의 종류 중 어떤 형태의 면접인가?

면접관이 의도적으로 지원자를 스트레스와 긴장상태로 몰아넣고 반응을 보는 방식의 면접

① 심층면접 ② 시뮬레이션면접
③ 집단 토론면접 ④ 압박면접

2. 다음 설명하는 면접의 종류는?

최근에 많이 도입되고 있는 면접의 유형으로 회식자리, 등산 면접 등을 통하여 용모, 인성 및 태도, 표현능력, 사회성과 협동심, 리더십과 적극성, 잠재능력에 대한 평가가 이루어진다.

① 집단면접 ② 블라인드면접
③ 현장체험 면접 ④ 집단토론 면접

3. 다음 중 면접 시의 복장 매너로서 적당하지 않은 것은?
① 최대한 격식을 갖추면서도 요란하지 않는 자신만의 개성을 나타낼 수 있을 정도면 좋다.
② 검은색 슈트의 경우 면접복장으로는 적절하지 않다.
③ 신입사원 면접 시 복장은 2버튼 슈트가 적절하다.
④ 넥타이를 맬 때에는 선 자세에서 벨트를 살짝 가리는 정도의 길이로 하는 것이 좋다.

4. 면접 시의 표정관리 및 복장 매너에 대하여 잘못 설명한 것은?
① 면접관과 마주 했을 때는 자신감을 가지고 시선은 면접관을 향하도록 하고 면접관의 상체 아래로 시선이 떨어지지 않도록 유의한다.
② 질문한 면접관이 정면이 아닌 측면에 있다면 얼굴만이 아니라 상체를 돌려 상대를 바라보도록 한다.
③ 면접용 복장으로는 상하 한 벌로 된 슈트로 감청색계열이 다양한 색상의 셔츠와 넥타이가 무난하게 다 잘 어울린다.
④ 자율복장이더라도 반드시 정장을 입고 면접에 참가해야 한다.

5. 면접 시의 1분 자기소개에 관한 설명이 가장 잘못된 것은?
① 주어진 시간 안에 한 가지 내용에 집중함으로써 면접관의 호기심을 유발시키도록 한다.
② 성장과정은 직무에 대한 가치관과 연결이 될 수 있도록 말한다.
③ 주어진 1분은 시간이 부족하지 않도록 딱 맞추도록 한다.
④ 필살기 등을 주문할 때는 없는 것이라도 만들어서 해야 한다.

6. 자기소개서 작성할 때 유의사항이 아닌 것은?
① 기업의 특성에 맞춰 자신을 포장하라.
② 입사지원 동기를 구체적으로 밝혀라.
③ 경력자의 경의 자신의 수행업무를 강조하라
④ 타인의 자기소개서에 준하여 준비하라.

7. 다음 중 프레젠테이션의 개념이 잘못 설명된 것은?
① 한정된 시간 내에 발표자가 청중에게 어떤 메시지 등을 정확하게 제공 및 전달하는 커뮤니케이션의 한 형태이다
② 프레젠테이션을 잘 한다는 것은 많은 양의 정보 전달에만 있다.
③ 프레젠테이션의 목적은 프레젠터가 청중에게 자신의 생각과 의사를 효과적으로 전달하여 이해시켜 청중의 동의나 의사결정을 쉽게 하는데 있다.
④ '프레젠테이션을 잘한다'는 것은 프레젠터와 청중간의 '쌍방향 커뮤니케이션'이 효율적으로 이루어진다는 것을 말한다.

8. 다음 중 프레젠테이션의 3P 중 성격에 의한 분류가 아닌 것은?
① 청중의 속성 - 청중의 연령, 경력, 지역, 성별, 직종, 인원에 대한 것
② 청중수준 - 지적 수준, 금기 사항, 관심사 등
③ 청중이익 - 발표자 제안 대 청중관심
④ place(장소) - 청중규모 및 좌석배치, 기자재, 주변 환경 등의 분석과 발표시간 및 발표순서 등

9. 다음 중 프레젠테이션의 구성에 대하여 올바르지 못한 것은?
① 서론부분에 결론은 한 번 짚어두는 결론 - 본론 - 결론의 연역법적으로 표현한다.
② 본론부분에서 질의응답 시간은 프레젠테이션의 자체의 내용만큼 중요하다.

③ 결론 부분은 서론과 같은 정도의 비중을 차지하는 시간이 적당하다.
④ 결론 부분에서 서론에 제시한 결론에 대하여 본론에서의 반복진술 및 요약정리는 효과의 극대화를 볼 수 있다.

10. 프레젠테이션의 질의응답에 대한 올바른 설명이 아닌 것은?
① 몇 가지 예상질문에 대하여 보충설명용 슬라이드를 만들어 놓으면 훨씬 완성도 높은 프레젠테이션을 완성할 수 있다.
② 질문을 받았을 때는 끝까지 상대방의 질문을 주의깊게 듣고 필요하다면 메모 등을 한다.
③ 질문내용에 대하여 답변하기 전에 한 번 더 요약해서 질문내용을 확인하도록 한다.
④ 자기가 잘 모르는 질문이 나왔을 때는 얼버무리며 간단히 답변한다.

11. 프레젠테이션의 준비 시 색상의 상징성을 잘못 설명된 것은?

① 빨강	강렬한 메시지와 경고의 의미로 사용	위험을 상징하거나 강렬한 메시지를 전달할 때
② 주황	거부감 없이 호감을 갖게 하는 색	활동적인 분위기와 조용한 분위기를 모두 표현 가능
③ 녹색	활동적인 색	밝은 녹색은 스포츠 분야 등 활동적인 이미지를 강조할 때, 채도가 낮고 진한 녹색은 오랜 세월의 역사적인 이미지 표현
④ 남색	권력과 권위를 나타냄	여러 정부기관과 공기업 또는 일반 기업의 이미지로 널리 쓰이며, 프레젠테이션에 가장 많이 쓰는 색으로 신뢰감과 믿음직함이 배경에 깔려있음.

참고문헌

강나경, 품격 있는 삶을 위한 생활예절과 이미지 메이킹, 공동체, 2014.
금한나, 이미지와 국제매너, 한올출판사, 2011.
김민구, 프레젠테이션에 강한 스토리 만들기, PTerFan.
손일락·김영식, 성공적인 면접과 취업의 길라잡이, 한올출판사, 2010.
송승우, 말하는 기술, 이기는 감성 프레젠테이션, 소담, 2003.
송균석·신정수 공저, 기업체 취업맞춤 전략, 무한, 2000.
최종선, 교수에게 배우는 필살 프레젠테이션, 비전코리아, 2012.
오성환, 직장예절, 형설출판사, 2008.
오흥철·함성필·Dury Chung·곽병휴·윤승자·유나연·박소영, 제2판 글로벌 매너 완전정복, 학현사, 2010.
이동희, 매너와 이미지메이킹, 형설출판사, 2010.
이우곤, 취업명강사 이우곤의 취업특강, 청년정신, 2008.
피피티코리아·전상오·김보성·윤미자 공저, 실전 프로젝트로 배우는 프레젠테이션 기회+디자인, 한빛 미디어, 2011.
인크루트(www.incruit.com)
리크루팅 업체 잡코리아
http://www.sobilife.com/news/articleView.html?idxno=8313

Chapter 13

보디랭귀지

서로 간에 의사소통에는 언어적인 요소뿐만 아니라 몸짓언어라고 하는 비언어적인 요소도 있다. 의사소통에는 언어적인 요소보다는 비언어적인 요소가 더 큰 효과를 낸다고 한다.

시각적 요소, 청각적 요소, 언어적 요소 등 3가지에 의해서 의사소통이 된다고 하는데 그 중 언어적인 요소가 차지하는 비율은 7% 정도이고 비언어적인 요소가 전체 메시지의 93%를 차지한다고 한다.

나라별로 다른 언어처럼 이러한 비언어적인 요소는 문화적 차이에 따라 서로 다르게 인식되고 전달될 수 있다. 비즈니스에 있어서 다른 나라 문화에 대한 이해를 바탕으로 보디랭귀지의 중요성을 인식하고 이들에 대한 학습이 필요한 이유이다. 보디랭귀지의 필요성, 보디랭귀지의 어원, 국가별 보디랭귀지를 익혀서 성공적인 비즈니스를 끌어내도록 해야 한다.

1. 메러비안의 법칙

자신의 의사를 타인에게 전달하는 요소는 언어적인 부분뿐만 아니라 비언어적인 부분으로 구성된다. 언어를 통해서는 자신이 전달하고자 하는 의사의 극히 일부분만 전달되며 더 큰 효과를 내는 것은 신체 언어인 비언어적인(Non-Verbal) 메시지이다. 이는 말이나 그것이 의미하는 것을 제외하고는 모든 형태의 커뮤니케이션이 해당하는데 비언어적 커뮤니케이션 중 가장 중요한 것인 보디랭귀지(시각)와 목소리(청각)이다.

의사소통은 첫째, 말하는 사람의 옷차림, 눈 맞춤, 자세, 제스처, 표정 등의 시각적 요소 둘째, 말하는 사람의 목소리, 어조나 볼륨 등의 청각적 요소 셋째, 말하는 사람의 말 그 자체적인 언어적 요소 등 이 3가지에 의해 이루어진다고 볼 수 있다. 그중 시각적 요소가 차지하는 비중이 가장 큰 55%이며, 청각적 요소가 38%를 차지하여 비언어적 요소에 의한 의소사통의 비중이

전체 메시지의 93%를 차지하는 것으로 나타났다.[1)]

[그림 13-1]의 메러비안의 법칙에서 알 수 있는 바와 같이 커뮤니케이션에 영향을 주는 요소는 우리가 중요하다고 생각하는 말이나 글은 7% 정도이며, 목소리의 크기나 높낮이 등이 38%, 그리고 표정, 몸짓, 자세 등의 바디랭귀지가 55%를 차지하고 있다. 즉 타인과의 의사전달에 있어 언어적인 요소(말과 글, 7%)보다 비언어적인 요소(93%)가 더 크게 작용함을 볼 수 있다.

이를 보면 일상 대화 속의 상대 보디랭귀지를 이해함으로써 대화에서 우위를 차지할 수 있을 뿐만 아니라 다른 사람의 마음을 움직일 수도 있으며 본인이 원하는 방향대로 대화를 풀어나갈 수도 있다는 것이다.

우리는 언어의 중요성은 인식하고 외국어를 배우는데 열의를 다하고 있으나 이러한 비언어적인 분야에 대해서는 문외한이라고도 할 수 있다. 우리가 간과하고 있는 이러한 비언어적인 요소는 문화적 배경이 달라 서로 다르게 인식되고 전달됨으로써 비즈니스상에서 오해가 발생하는 것이다. 그러므로 언어적인 측면에서 외국어를 잘 한다는 것도 세계인으로서 중요한 요소이지만 타국의 문화에 대한 올바른 이해를 통한 비언어적인 요소 없이는 정확한

그림 13-1 매러비안의 법칙

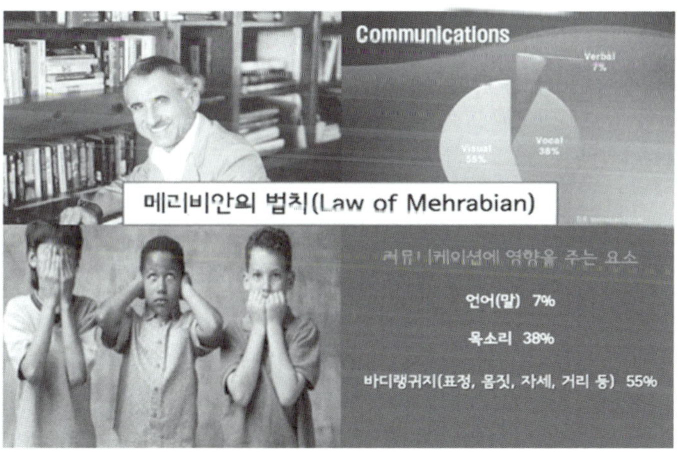

1) 미국의 Albert Mehrabion 교수의 '언어나 비언어적인 요소들이 의사소통에 미치는 영향'이란 연구, 전게서, 이동희, p.295.

의사전달이 이루어질 수 없고 오해의 소지가 생기기 마련이다. 그래서 타국문화에 대한 이해를 바탕으로 한 보디랭귀지의 중요성을 인식할 수 있어야 한다.

일반적으로 보디랭귀지에는 우리의 일상생활에서 나타나는 움직임, 포즈, 앉은 자세, 팔의 사용, 표정, 동공의 크기, 눈의 움직임, 악수, 걷는 자세, 타인과의 거리유지(영역확보), 복장 등이 포함된다.

그림 13-2 인간관계 = 대화의 거리

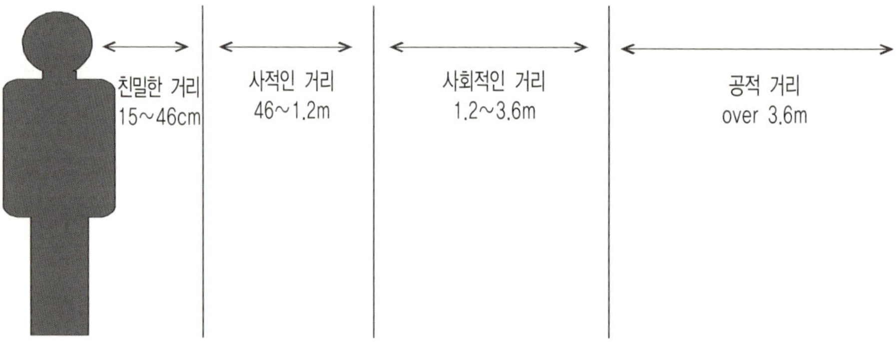

자료 : 에드워드 홀(Edward T. Hall)의 근접학(Proxemics)

2. 보디랭귀지(Body Language)의 어원

보디랭귀지의 어원을 살펴보면 그리스어의 미모스(mimos)에서 유래하며 '흉내'를 뜻한다. 육체언어 · 신체언어 · 사일런트 랭귀지(침묵의 언어)라고도 하며, 학문적으로는 '키니식스'(kinesics)라고 한다. 또한, 보디랭귀지는 제스처라고도 하며 어느 나라에서나 통용될 수 있는 '만국 공용어'라고 할 수 있지만, 때로는 각국의 문화와 관습의 차이로 인해 오해를 불러일으킬 수도 있다.

미국의 인류학자 버드위스텔에 의하면 '키니식스'(kinesics)는 "사람과 사람 사이의 비언어적 커뮤니케이션의 시각적 측면에 관하여 연구하는 학문"

이라고 정의하였다.

비언어적 커뮤니케이션은 그것이 의미하는 독특한 신호패턴이 있으며 많은 학자에 의해 조사되고 관찰된 신호패턴의 의미를 음미해 본다는 것은 오해 없는 대인관계를 영위해 나가는 데 많은 도움이 될 것이다.

3. 국가별 보디랭귀지

보디랭귀지는 우리에게 많은 것을 드러내 주지만 이것을 이해하는 데 있어 올바른 해답은 없다.

우리가 일상생활에서 실제 전체 커뮤니케이션의 93%는 말의 내용이 아니라 비언어적 형태, 즉 말이 아닌 신체언어인 보디랭귀지를 통해 전달되며 오히려 언어로 의사를 전달하기보다 이런 제스처나 신호로 의사를 소통하는 것이 전달하고자 하는 뜻을 더 빠르고 손쉽게 전달할 수 있다.

보디랭귀지는 '세계 공통어'라는 말이 있다. 말이 통하지 않으면 몸짓, 발짓, 손짓 등으로 의사가 통한다는 의미이다. 그러나 다른 사고방식과 생활습관을 가지고 있는 외국인과 만남에서는 우리가 미처 생각지도 못한 여러 소소한 문제들이 발생할 수도 있고 또 생각지도 않은 실수로 인해 이러한 문제들이 의외로 해결될 수도 있을 것이다.

자국문화에 심취되어 자기 것만을 주장할 것이 아니라 "로마에 가면 로마의 법을 따르라"라는 말이 있듯이 우리는 반드시 그 나라로 출국하기 전에 미리 그 국가의 기본적인 제스처를 익혀 국제 비즈니스맨답게 행동해야 할 것이다. 그러나 이를 모두 파악하는 일은 그리 쉽지 않을 것이다. 특히 기본적인 규칙을 잘 지켜서 행동하는 것이 꼭 필요하다고 하겠다. 〈표 13-1〉의 2017년 한국관광공사 관광조사연구센터의 자료에 따르면 한국인이 자주 가는 국가별 선호도에서 일본이 압도적 우위에 있는 것을 알 수 있다.

이 표를 보면 여행을 선호하는 10위 안의 국가가 미국을 제외한 아시아 국가가 대부분인 이유는 우리나라의 휴가문화와 지리적으로 접근이 쉽고, 비용이 저렴하기 때문일 것이다. 이러한 표를 토대로 상기 아시아의 주요 국가와 미국 및 이 표의 순위에는 들지 않은 주요 유럽 몇몇 국가의 제스처 문화를 살펴보면서 서로 다른 의미로 사용되는 보디랭귀지에 대하여 국가별로 다른 의미로 받아들일 수 있음을 상기하고 이러한 표현에 주의해야 한다.

〈표 13-1〉 한국인이 자주 가는 국가별 선호도

2016년		
순위	국가	방문객(명)
1	일본	5,090,302
2	중국	4,762,200
3	미국	1,973,882
4	베트남	1,543,883
5	필리핀	1,475,081
6	태국	1,464,218
7	홍콩	1,392,367
8	대만	884,397
9	마카오	662,263
10	싱가포르	566,503

자료: 한국관광공사, 주요국 한국인 출국 통계, 관광시장분석팀, 2017.10.31. 자료발췌 정리

1) 아시아

(1) 중국

중국의 독특한 제스처로는 '두드리는' 제스처[2]를 들 수 있다.

① 중국에서는 라이터를 빌리면 직접 불을 붙여주는 경우가 비교적 많은데, 이때 중국인들이 불을 붙이고 난 다음 손을 가볍게 두 번 두드리는 것을

2) 중국 청나라 건륭황제 재임 시에 황제가 평복을 입고 민생시찰을 하다 찻집에서 차를 마시게 되었고 황제는 찻주전자를 들어 신하들에게 직접 따라주었다. 보통 황제가 어떤 것을 하사할 때는 무릎을 꿇고 예의를 갖추는 것이 맞지만, 황제의 신분을 노출할 수 없기에 한 대신이 기지를 발휘하여 손가락 두 개를 이용해 무릎을 꿇는 모양을 만들었다. 이 이야기가 유래되면서 차를 따라주는 이에게 감사하다는 의미로 테이블을 두드리는 풍습이 전해져 오고 있다.

볼 수 있다. 이는 다름 아닌 불을 붙여줌에 대한 고마움의 표현으로 중국식 '두드리기 제스처'이다.

② 식당에서 식사하면서 종업원이 차를 따라 주거나 어지러워진 테이블을 정리해 줄 때 종업원에 대해 고마움을 테이블을 두 번 가볍게 두드리면서 표현하기도 한다.

③ 술자리에서 두드리는 제스처는 원탁이 커질수록 여러 사람이 함께 술잔을 부딪치며 건배를 하기가 쉽지 않은 일이기 때문에 다 같이 술잔을 테이블에 올려 두세 번 두드리는 것으로 중국의 독특한 건배가 이뤄진다.[3)]

(2) 일본

일본인은 어깨를 움츠리거나 친구끼리 윙크를 하는 행동은 보기 드문 행동이다.

손가락질하지 말아야 하며 손바닥을 위쪽으로 하여 대상물을 가리킨다.

일본인은 뒤에서 손뼉을 치지 않는다.

또한, 예절의 나라 일본은 정말 감사할 때나 간곡히 부탁할 때, 정말 미안할 때 양손을 모아 합장[4)]하고는 손을 올린다. 손 높이는 대부분 눈높이 밑이다.

(가) 죽은 사람을 애도할 때

양손을 모아 합장하고는 양손 집세손가락을 이마 근처에 갔다 대다.

(나) 실례(excuse me), 감사 - 가볍게 할 때

오른손만 합장하듯이 펴서 올리며, 허리를 굽힌다.

(다) '잘 먹겠습니다!'(이타다키마스)

합장하듯 양손을 모은 상태에서 젓가락을 양손 엄지와 검지 사이에 끼우고, 손을 들어 올리며 목을 약간 굽힌다.

---

3) 한국무역협회, 격월간 한중무역, 2006. 9.

4) 두 손바닥을 마주 합침, 『불』 두 손바닥을 마주 합쳐서 하는 인사.

(라) 야쿠자

집게손가락으로 뺨을 긋는 듯한 행동을 취한다.

(마) 아부 떨다

한쪽 손바닥을 바짝 펴고는 하늘을 향하게 한 뒤, 다른 한 손은 주먹 쥐고는 주먹바닥 부분을 펴놓은 손바닥 위에 얹은 후 맷돌 돌리듯 빙빙 돌린다. 일본에서는 아부를 '고마스리'(깨를 가는 행동)이라 불렀는데 이 모습에서 연유된 듯하다.

(바) 거절

양손의 집게손가락만 펴서 크로스 시킨다. 때로는 팔로 할 때도 있지만, 상대방과의 거리, 자신의 의지 강도 등에 따라 적절히 사용한다.

(사) 강한 거절의사 또는 부정

손을 옆으로 흔들며, 머리까지 옆으로 젓는다.

(아) 식당에서 계산서를 부탁할 때

거절을 뜻할 때와 같이 양손의 집게손가락만 펴서 X자로 크로스 시킨다.

(3) 말레이시아

사람이나 사물을 가리킬 때 일반적으로 엄지를 쓴다.

먼저 오른손 주먹을 가볍게 쥔 다음 엄지손가락을 주먹 위 중앙 부분에 올려놓고 사물을 가리킨다. 왼손은 전통적으로 용변 습관에서 비롯된 것으로 부정한 손으로 취급하므로 사용하지 않도록 해야 한다. 악수나 손 흔들기, 식사, 사물을 가리키는 모든 행동은 반드시 오른손을 사용한다.

(4) 대만

대만인들도 일본인들과 같이 상대의 등 뒤에서는 손뼉을 치지 않는다.

눈을 깜박이는 것은 예의가 없음을 나타낸다.

(5) 인도

인도인들은 상대방의 이야기에 귀를 기울일 때 고개를 좌우로 흔드는 습관이 있는데 절대로 부정의 뜻은 아니다.

그림 13-3 그림으로 보는 나라별 보디랭귀지

2) 아메리카

(1) 미국

동양 문화권과 달리 손가락을 몸쪽으로 향하여 상대방을 오도록 표현하는 것을 미국에서는 자연스러운 행동으로 받아들인다. 대화 중에 고개를 끄덕이며 '으흠' 하면서 말내꾸를 하는 것은 상대방이 전달하려고 하는 내용을 모두 이해했다는 뜻이다. 손가락으로 하는 '링' 사인은 미국이나 서유럽에서는 OK의 의미로 받아들인다.

① 엄지손가락을 위로 향하게 세우는 것은 '좋다, 최고, 우두머리'라는 뜻이다.
② 손가락을 뻗는 것은 '최고'를 뜻한다.

③ 주먹으로 나무를 가볍게 치는 것은 '나쁜 운이 떨어져 나가기를 바라는 뜻이다.'

④ 검지를 세워서 이마 사이에 세우는 것 '바보 또는 멍청이'라는 뜻이다.

⑤ 코에다 엄지손가락을 대고 나머지 네 손가락을 펴 보이는 것 '업신여김 또는 경멸'의 의미이다.

⑥ 좌우 검지 두 개씩을 사용해 단어를 이야기할 때는 '인용'을 의미한다.

⑦ Come on의 의미는 손바닥을 위로 향하게 하고, Go away의 의미는 손등을 위로 향하게 한다. 우리의 관점에서 보고 오해하지 않도록 한다.

⑧ 미국에서 휘파람을 부는 것은 '찬사'의 의미이다. 그러나 유럽에서 휘파람을 부는 것은 '조롱'의 의미이다.

(2) 브라질

① 오케이 사인의 손동작은 상대방을 비난하는 표시이므로 조심하도록 한다.

② 상대의 어깨나 팔꿈치를 치며 이야기하는 것은 친근감을 표시하는 것으로 한국인보다 개인의 사적공간을 훨씬 가깝게 인정한다.

3) 유럽

(1) 영국

① 검지로 코를 두드리는 것은 '비밀'을 의미한다.

② 이야기할 때 상대방을 쳐다보며 눈을 깜박거리는 것은 이야기를 들을 때 재미있게 잘 듣고 있다는 표시이다.

③ 손등을 보이며 검지와 중지를 보이는 제스처는 상대를 조롱하는 사인으로 인식된다. 이는 백년전쟁 때 영국의 궁수를 막으려고 프랑스군이 포로인 영국군의 검지와 중지를 잘라 내는 역사적 아픔이 있기 때문이다.

(2) 프랑스

① 엄지와 검지로 동그라미를 만들고 코 위에 올려놓고 비틀면, '완전히 술 취했다'라는 의미이다.

② 대화도중 플루트를 연주하는 시늉을 '지루하다'라는 의미이다. 또한, 그 사람의 말이 진실인지 확신할 수 없다는 의미이기도 하다. 공식 석상에서는 이런 제스처를 하지 않는 것이 좋다.

③ 눈을 가리키면 '나를 속일 수 없어'라는 의미이다.

④ 검지와 중지로 코를 위로 밀면 '이렇게 손가락으로 코를 밀기와 같이 매우 쉽다'라는 뜻이다.

⑤ 손바닥을 펴고 어깨를 으쓱해 보이면, '걱정할 것 없어'라는 뜻이다. 하지만 손바닥을 가슴 높이까지 올리면, '내가 어떻게 하면 좋겠냐?'는 식의 감정적인 제스처가 된다.

⑥ '링' 사인은 한국과 일본 등지에서는 '돈'을 의미하지만, 프랑스에서는 '무가치함'을 의미한다.

(3) 독일

① 독일에서는 상대방을 멸시하는 부정적인 의미로 손가락을 머리에 대고 빙빙 돌리기도 한다.

② 대화하는 도중 무의식적으로 주머니에 손을 넣는 것을 무례한 행동이라 생각한다.

(4) 이탈리아

이탈리아에서는 손을 이용한 제스처가 많다.

① 뺨에 손가락을 누르는 것은 칭찬을 뜻하지만, 손끝으로 코를 두드리는 것은 '주의하라'라는 의미이다. 코를 때리는 행동은 '다정한 충고'를 의미한다.

② 중지는 염치없는 손가락으로 여기므로 중지를 내미는 행동은 부정적인 의미라고 할 수 있다.[5)]

③ 주먹을 살짝 때리는 것은 '당신'을 의미하는 것이며 볼을 쓰다듬는 것은 '매력적이다.'라는 의미이다.

④ 머리를 위로 올리는 것은 남부인들에게는 '싫다'라는 의미이고, 한 손가락을 볼에 대고 돌리는 시늉은 '칭찬'의 뜻이다.

⑤ 귀를 한 손가락으로 가볍게 때리는 것은 '남자답지 못하며 연약하다'라는 뜻이다.

⑥ 턱을 위로 제치고 손가락으로 가볍게 때리는 것은 '관심 없다'라든가 '따분하다'라는 의미이다. 상대가 무시한 채 그대로 있으면 "너를 세게 때리고 싶다"라는 의미로 주먹을 쥔다.

⑦ 대답이 듣고 싶을 때는 다섯 손가락을 가지런히 모으고 손을 움츠리면 'Yes or No'의 의미의 손짓이다.[6)]

⑧ 손가락을 턱에 댔다 떼었다 하면 '귀찮다'라는 의미이고, 자신의 귀를 만지는 것은 '상대를 모욕하는 사인'이므로 삼가야 한다.

(5) 네덜란드

네덜란드 사람들은 말을 할 때 손 제스처를 잘 쓰지 않는 편이라고 한다. 하지만 손을 잘 쓰지 않는다고 해서 대화 중 손을 주머니에 넣거나 팔짱을 끼면 상대가 대화에 흥미가 없다는 것으로 받아들이며, 누군가와 말을 할 때 눈을 쳐다보는 것(eye contact)을 매우 중요시한다. 다른 곳을 쳐다보거나 땅을 쳐다보는 것은 무례하고 거짓말을 하고 있다고 생각한다. 그러므로 조금 어색하더라도 똑바로 눈을 쳐다보고 이야기하는 것이 네덜란드 사람들에게 신뢰를 얻는 방법이다.

모르는 사람에게 윙크하는 것은 네덜란드에서 성적인 작업으로 받아들이

---

5) 대부분의 서부 유럽 국가에서는 중지를 내미는 행동을 무례하다고 받아들인다.

6) 홍두표, 글로벌 비즈니스 매너, 한올출판사. 2009, pp.99-100.

며 대부분 좋아하지 않는다.

① 집게손가락으로 이마 중앙을 두드리면 누군가가 미쳤다는 사인이다. 이 동작은 무례한 동작이니 가능하면 하지 않는 것이 좋다.

② 반대로 누군가가 똑똑하거나 비상하다는 것을 알리기 위해서는 귀 바로 위에 있는 관자놀이 뼈를 집게손가락으로 두드리는 행위를 한다고 한다.

③ 귀 둘레에 손가락으로 원을 그리는 행동은 지금 누군가가 전화를 하고 있다는 의미이다.

(6) 호주

① 주먹을 쥔 채 엄지손가락만을 위로 올리는 행동은 무례함을 나타낸다.

② 승리의 상징인 V자를 상대방에게 손등을 보이는 방향으로 하게 되면 상대에 대한 욕이 된다.

③ 윙크는 우정을 나타내지만, 여성에게 하는 것은 실례가 된다.

④ 머리를 끄덕이는 행위는 동성애 등의 외설적 표현이다.

(7) 기타

기타의 국가로는 대부분 나라는 머리를 끄덕이면 YES의 의미이지만 터키, 불가리아, 그리스 같은 국가에서는 NO를 뜻한다. 또한, 머리를 끄덕이는 행위는 호주뿐만 아니라 중동, 아프리카, 러시아, 브라질 등의 국가에서는 동성애 등의 외설적 표현이니 주의하도록 하자. 이집트에서는 양 검지를 마주치는 행위는 동침을 의미하므로 모르는 사람이 이런 제스처를 했을 경우 동의하지 않도록 한다. 브라질은 엄지와 중지 사이로 내미는 행위는 욕이 아니라 “Lucky”라는 의미로 통한다. 그리스와 터키에서는 손바닥을 보이는 행위는 상대방에게 저주를 내리는 행위로 여겨지고 있으므로 물건을 받거나 집을 때도 손바닥이 바닥을 향하게 하는 것이 좋다고 한다.

그림 13-4 링 사인, 손등이 보이는 V, 주먹을 쥔 채 엄지손가락 올리기

손가락의 표시	국가별	의미
	한국, 일본	'돈'을 의미, OK
	프랑스남부	'아무것도 없음'을 의미, '무가치'
	터키, 중동, 아프리카, 독일, 러시아, 브라질, 그리스, 남미국가	'동성애'등 '외설적인 표현'
	대부분의 나라	'승인'이나 '긍정'의 의미를 뜻함
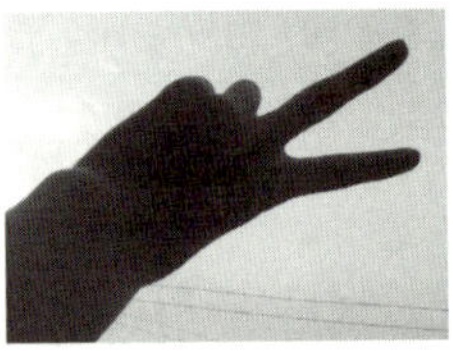	네덜란드, 호주, 미국	손등이 상대를 향하면 심한 욕설이 됨
	그리스	손바닥이 보이는 V자 동작은 상대방에 대한 보복을 의미
	영국	무례하다고 여김
	유럽, 캐나다	'승리'
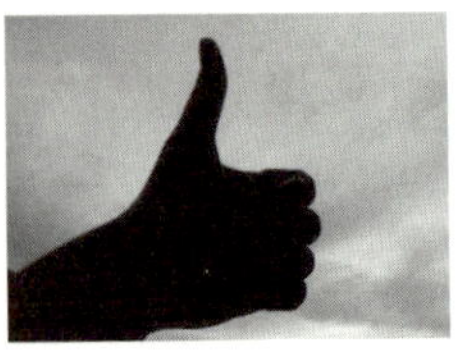	대부분의 나라	'최고'를 의미
	독일	'숫자 1'을 의미
	일본	'숫자 5'를 의미
	오스트레일리아	'거절', '무례함'의 표시
	중동	'음란한 행위'를 의미
	러시아	'동성애자'
	태국, 방글라데시, 필리핀	'심한 욕설'
	호주	'무례하다' 또는 '거절'의 의미
	미국, 유럽	'행운을 빈다'(Good Luck) 멋지고, 예쁜 이성을 봤을 때
	파라과이	'무례한 행동임'
	일본, 오스트레일리아	'외설적인 행위'

〈표 13-2〉 국가별 보디랭귀지

SIGN	국 가	의 미
V자 사인	영국	손등이 상대를 향하면 '심한 욕설'이 됨
OK 사인	한국, 일본	'돈'을 의미
	대부분의 나라	'승인'이나 '긍정'의 의미를 뜻함
	프랑스 남부	'아무것도 없음'을 의미
	터키, 중동, 아프리카, 러시아, 브라질	'동성애' 등 '외설적인 표현'을 의미
엄지세우기	대부분의 나라	'최고'를 의미
	중동	'음란한 행위'를 의미
	독일	숫자 '1'을 의미
	일본	숫자 '5'를 의미
	오스트레일리아	'거절', '무례함'의 표시
엄지와 중지 사이로 내밀기	브라질	'Lucky'라는 의미
검지 구부리기	일본, 오스트레일리아	'외설적 행위'를 의미
윙크	인도, 오스트레일리아	'모욕을 주는 것'으로 이해함
머리 끄덕이기	대부분의 나라	'긍정'의 의미인 'YES'를 의미
	터키	'NO'의 의미
귀 잡기	인도	'후회', '실수'에 대한 사과를 의미
	브라질	'이해한다', '잘 먹었다'는 의미
	이탈리아	'상대를 모욕'하는 싸인
검지로 코 때리기	영국	'비밀'을 의미
	이탈리아	'우정의 충고'라는 의미
턱 두드리기	이탈리아	'흥미 없다', '귀찮다'라는 의미
	브라질	'모르겠다'라는 의미
손으로 입술 당겨 휘 바람 불기	유럽	'조롱'의 의미
	미국	'찬사'의 의미
주먹 흔들기	러시아	'외설스러운' 의미
허리에 손 올리기	인도네시아	'화가 났다'는 의미
윙크	인도	'모욕하는' 싸인
하품	사우디아라비아	'사탄이 자극해서 하는 행동'

자료 : 한국관광공사, 글로벌에티켓, 보디랭귀지.

연습문제

1. 다음 중 의사소통에 영향을 미치는 요인이 잘못 설명된 것은?
   ① 말하는 사람의 시각적 요소 : 옷차림, 눈 맞춤, 자세 등
   ② 말하는 사람의 청각적 요소 : 목소리, 어조나 볼륨 등
   ③ 말하는 사람의 언어적 요소 : 말 그 자체
   ④ 말하는 사람의 비언어적 요소 : 말이나 그것이 의미하는 것

2. 다음 중 '메러비안의 법칙'에 대한 설명이 다른 하나는?
   ① 언어 : 7%　② 목소리 : 38%
   ③ 보디랭귀지 : 55%　④ 복장 및 얼굴표정 : 7%

3. 다음의 표는 어느 나라의 보디랭귀지에 대한 설명인가?

인사를 할 때, 친구, 가족, 젊은 사람들끼리는 뺨에 키스를 한다. '링'사인은 무가치함을 의미한다. 눈을 가리키면 '나를 속일 수 없어'라는 의미이다.

   ① 영국　② 프랑스　③ 이탈리아　④ 미국

4. 다음 중 엄지손가락을 위로 향하게 세우는 것이 '음란한 행위'를 의미하는 국가 또는 지역은?
   ① 영국　② 오스트레일리아　③ 중동　④ 독일

5. 다음 중 대부분의 나라에서 최고를 의미하는 손가락 표시는?
   ① 검지와 중지 손가락을 꼬기　② 손등이 보이는
   ③ 주먹을 쥔 채 엄지손가락 올리기　④ 링 사인

6. 다음 중 OK 사인에 대한 국가별 의미가 다른 하나는?
   ① 한국 : 돈을 의미
   ② 대부분의 나라 : 승인 또는 긍정의 의미
   ③ 프랑스 남부 : 아무것도 없음을 의미
   ④ 일본 : 동성애 등

7. 손가락으로 엄지세우기가 '거절', '무례함'을 표시하는 국가는 어디인가?
① 중동 ② 독일 ③ 일본 ④ 오스트레일리아

8. 손가락으로 V자 사인을 할 때 손등이 상대를 향하면 심한 욕설이 되는 국가가 아닌 곳은 ?
① 영국 ② 네덜란드 ③ 호주 ④ 캐나다.

9. 국제비즈니스 상에서 보디랭귀지가 중요한 이유를 가장 적절하게 설명한 것은?
① 세계 공통어이기 때문이다.
② 의사소통하는데 있어서 언어외적인 중요한 요소이기 때문이다.
③ 각국의 다양한 문화의 차이로 항상 같은 행동이 서로 다른 의미로 전달되기 때문이다.
④ 말을 하지 않아도 몸 짓, 발 짓, 손 짓 등 신체언어로 의사전달이 가능하기 때문이다.

10. 다음은 어느 나라의 보디랭귀지를 설명한 것인가?

양 검지를 마주치는 행위는 동침을 의미한다.

① 일본 ② 이스라엘 ③ 이집트 ④ 사우디아라비아

11. 다음은 어느 나라의 보디랭귀지를 설명한 것인가?

-대화를 하는 도중에 무의식적으로 주머니에 손을 넣은 것은 무례한 행동이라고 생각한다. -상대방을 멸시하는 부정적인 의미로 손가락을 머리에 대고 빙빙 돌리기도 한다.

① 독일 ② 네덜란드 ③ 미국 ④ 영국

12. 상대방의 코를 검지로 두드리면서 자기는 우정어린 충고를 하고 있다고 합니다. 이 나라는?
① 독일 ② 네덜란드 ③ 이탈리아 ④ 영국

참고문헌

김덕경·조인순 공저, 직장인의 예절, 형설출판사, 2007.

오성환·김금수, e-비즈니스 시대의 비즈니스 커뮤니케이션, 무역경영사, 2009.

오흥철·함성필·Dury Chung·곽병휴·윤승자·유나연·박소영, 제2판 글로벌 매너 완전정복, 학현사, 2010.

윤대혁, 인간관계와 커뮤니케이션, 탑북스, 2010.

이동희, 매너와 이미지 메이킹, 형설출판사, 2010.

이우곤, 취업 명강사 이우곤의 취업특강, 청년정신, 2006.

이정우·이계순·오연옥·이애련·이명숙·김연화·김경아 공저, 고품격 현대생활 매너, 양서원, 2008.

이정우 외 공저, 글로벌 리더를 위한 국제매너와 생활문화, 양서원, 2008.

최광선, 몸짓 속에 숨겨진 마음의 비밀, 2004.

홍두표, 글로벌 비즈니스 매너, 한올출판사, 2009.

새미몰효, 성공의 보디랭귀지, 사람과 책, 2007.

피터 어스밴더 & 로버트 A, 『말 잘하는 사람 말 못하는 사람』, 아디디북, 2001.

한국무역협회, 격월간 한중무역, 2006.9.

한국관광공사, 글로벌에티켓, 보디랭귀지.

보디랭귀지의 힘, http://blog.naver.com/ena_core/90076467573

신경언어 해킹, http://cafe.naver.com/nlhack/948

보디랭귀지 문화와 손동작, http://blog.naver.com/onlywldbs/100100287135

알아두면 좋은 네덜란드 보디랭귀지

http://en.wikipedia.org/wiki/Dutch_customs_and_etiquette

국가별 보디랭귀지, http://blog.naver.com/love791223/45393537

지구촌 보디랭귀지, http://blog.daum.net/choihakjoon/15707796, 세계인의 유의해야 할 제스처

지구촌스마트 여행, http://www.smartoutbound.or.kr/main/main.do

한국관광공사

Chapter 14

비즈니스 영문서식 규칙과 매너

동양과 서양을 막론하고 서신에는 그 작성법이 있다. 특히 영문으로 작성되는 비즈니스 메일에서는 언어뿐만 아니라 서양의 서신 작성법에도 유의해야만 한다.

비즈니스 메일은 서신 내용뿐만 아니라 겉봉투를 작성하는 방법도 언어의 형식적인 차이로 인하여 다르므로 반드시 익혀야 할 부분이다.

국제 비즈니스는 원거리의 특성상 대면을 하는 일보다는 서신을 통해서 많은 일이 성사되므로 국제 비즈니스 메일의 작성과 관련하여서는 주의를 다 하여 익혀야 할 것이다.

무역서신의 구성요소와 구성요소별 작성방법, 우리와는 다른 일자와 주소의 표기법 등에 특히 주의하여야 한다. 처음은 어렵지만 익숙하다 보면 이 또한 사용이 편리하게 될 것이다. 연습하고 또 연습하자. 잘 다듬어진 짧은 편지 한 장이 비즈니스를 성공으로 이끄는 열쇠가 될 것이다.

1. 비즈니스 메일의 구성 및 작성방법

우리나라 편지에 일정한 서식이 있는 것과 같이 영문편지에도 일정한 서식이 있다. 즉 문장의 구성요소인 발신인에 대한 것, 발신일, 수신인, 본문, 서명, 동봉서류, 추신, 날짜 등의 내용으로 구성되어 진다. 최근의 비즈니스 메일은 손으로 쓰는 것은 드물고 컴퓨터를 이용하여 작성한다.

1) 무역서신의 구성요소

무역서신의 구성요소는 다음 두 가지로 나눌 수 있다. 첫째는 서한에서 반드시 존재해야 하는 기본요소와 둘째는 필요에 따라 임의로 부가하는 보조요소가 있다. 따라서 무역서신은 이 두 요소를 일정한 서식에 따라 적절히 배열함으로써 작성된다.

(1) 기본요소(basic parts)

① 서두(letterhead)
② 발신 일자(date)
③ 수신자명 및 수신인 주소(inside address)
④ 시두 인사(salutation)
⑤ 본문(body of the letter)
⑥ 결미사(complimentary close)
⑦ 서명(signature)

(2) 보조요소(additional parts)

① 관련자 약호(identification marks)
② 우편물 지정(mailing direction)
③ 동봉물 지시(enclosure direction)
④ 사본 배부처(carbon copy notation)
⑤ 추신(postscript)
⑥ 참조번호(reference no.)
⑦ 참조인(attention)
⑧ 표제 건명(subject)

무역서신의 구성은 기업의 이미지를 나타내기 때문에 호감이 가는 디자인으로 구성하여 외관과 일정한 조화가 필요하다.

〈표 14-1〉 무역서신의 구성요소

A. 기본요소

① 서 두
② 발 신 일 자
③ 수 신 자 명 주 소
④ 서 두 인 사
⑤ 본 문
⑥ 결 미 사
⑦ 서 명

B. 보조요소

⑧ 관련자 약호
⑨ 우편물 지정
⑩ 동봉물 지시
⑪ 사본 배부처
⑫ 추 신
⑬ 참 조 번 호
⑭ 참 조 인
⑮ 표 제 건 명

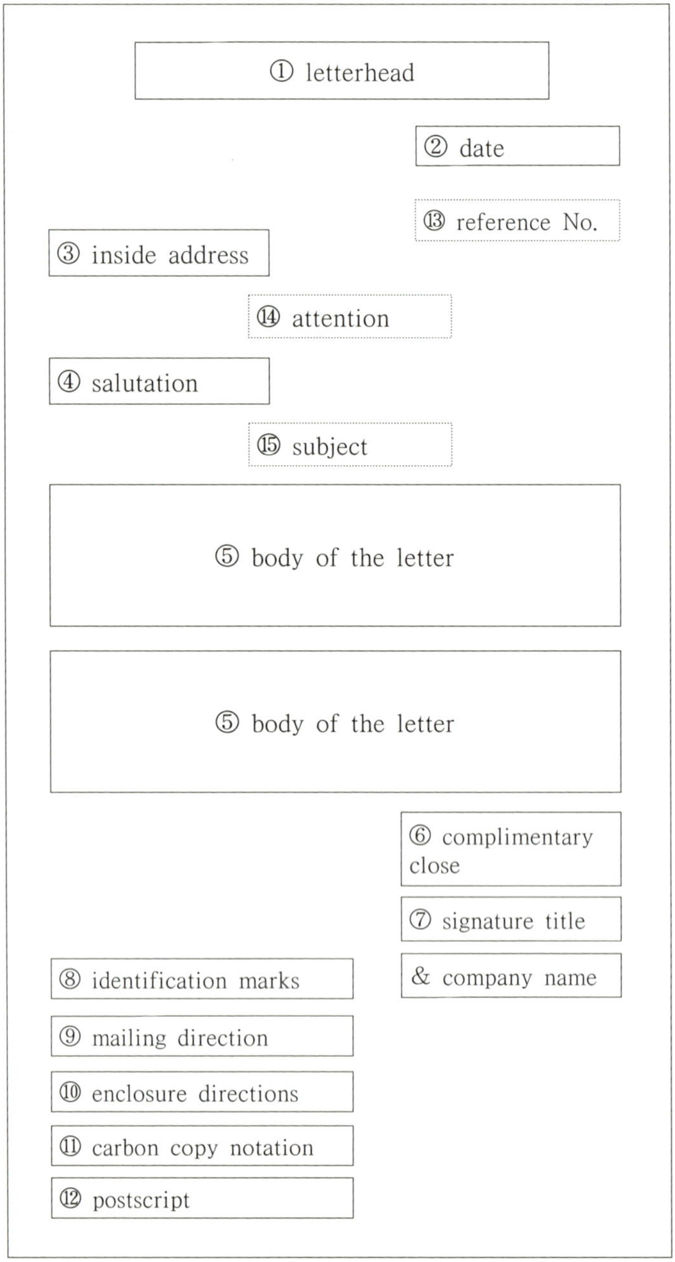

2) 구성요소별 작성방법

(1) 서두(letterhead)

회사의 letterhead는 품위 있고 아름답게 인쇄되어 있는 것이 보통이다. 이 letterhead에는 회사명, 지사 소재지, 영업종목, 전신약호, e-mail, 팩스 번호, 전화번호, 우편 사서함 번호 그리고 창립연도 등이 기록된 회사의 표상이다.

이 letterhead에 수록된 항목은 보통 다음과 같다.

ⓐ 회사명(company name)
ⓑ 소재지(address)
ⓒ 영업 종목(line of business)
ⓓ 전신약호(cable address)
ⓔ 전화번호(telephone number)
ⓕ e-mail 주소 또는 팩스 번호(e-mail address or fax number)
ⓖ 우편 사서함번호(p.o. box number)
ⓗ 지사 소재지(branches)

(2) 발신 일자(date)

letterhead로 부터 2~4행 아래의 용지 상부 우측에 기재하며 미국식과 영국식이 있다. 미국식의 경우 월, 일, 년도의 순서로 쓰며, 월의 이름을 축약하거나 숫자로 표기하지 않는다.

(가) 일자의 표시

미국식	April 15, 2017	4/ 15/ 2017
	July 9, 2017	7/ 4/ 2017
영국식	15 April, 2017	15/ 4/ 2017
	2nd June, 2017	2/ 6/ 2017

영국식은 1st, 2nd, 15th 등의 서수로 나타내지만, 미국식은 서수를 별로 쓰지 않는다. 4/ 15/ 2017, 15/ 4/ 2017 과 같이 아라비아숫자로 쓰는 것은 혼란을 일으키기 때문에 월은 April과 같이 문자로 표현하는 것이 좋다.

(나) 월은 생략하여 사용할 수 있다.

January	: Jan.	February	: Feb.	March	: Mar.
April	: Apr.	May	: May	June	: Jun.
July	: Jul.	August	: Aug.	September	: Sept.
October	: Oct.	November	: Nov.	December	: Dec.

(3) 수신자명 및 주소(inside address)

수신자의 이름과 주소가 기재된다. 주소가 긴 경우에는 생략해도 되나 겉봉투의 주소는 생략하면 안 된다.

① 수신자명과 주소는 일반적으로 첫 행은 수신자의 성명과 직책, 둘째 행은 회사명, 셋째 행은 번지와 동, 가 등이 표시되고 넷째 행은 시와 주명, Zip Code 그리고 마지막 행에 국명이 표시된다.

② 수신인을 작성할 중요한 것은 받는 사람의 직책과 성명이 다르지 않도록 주의해야 한다.

성명은 경칭, 성, 콜론(:, 미국식) 또는 콤마(, 영국식)를 붙인다.

Mr. John Smith, President
Johnson & Co., Inc.
210th S. Liberty Street
New York, N.Y. 10006
U.S.A.

Messrs. E. Samuel & Co.,
15, Farringdon Road,
London, E. C. 1,
England.

③ 수신자에 대한 경칭으로 기업명에 인명이 들어 있지 않을 때는 The를 붙이며 경칭이 없어도 된다.

The Pacific Trading Co.,
20 Bonham, Stand West,
HONG KONG

④ 기업명에 인명이 들어 있을 때는 복수인이므로 경칭은 Mr.의 복수형인 Messrs.가 된다. 그 기업명이 사람의 이름과 관련되지 아니한 경우에는 Messrs.를 쓰지 아니한다.

Messrs. Brown Co., (O)
Messrs. Korea First Bank (X)

외국과의 거래에서 비즈니스 메일을 작성할 때에는 기본적이고 상식적인 메일의 작성법과 주의해야 할 매너가 있다. 특히 남·녀 직원의 호칭 사용에서는 될 수 있으면 남성, 여성의 구분을 두지 않는 중립적인 명칭을 사용하는 것이 좋다.[1)]

〈표 14-2〉 명칭의 종류

성별을 구분한 명칭	중립적인 명칭
salesman	sales representative
stewardess	flight attendant
businessman executive	business executive
policeman	police office

(4) 서두 인사(salutation)

영문 서신의 서두 인사의 위치는 inside address의 2~3행 바로 밑이다.

1) politically correct(PC)의 영향에 따른 것으로 PC는 1980년대부터 쓰이기 시작한 용어로 복잡한 다문화 사회에서 특히 인종 문제, 성 문제와 관련하여 타인에게 모욕감을 주는 언어나 행동에서 벗어난 편견이 없는 사고와 태도를 의미하는 말이다. 원래는 정치적으로 진보적인 태도를 말할 때 쓰였는데, 미국인들의 언어생활 내에서도 정치적으로 항상 바르게 말하는 것(politically correct)이 강조되어 Mrs.나 Miss 대신 Ms.를 쓴다거나 Indian 대신 Native American으로 말하게 된 것 등이 그 예이다.

(가) 회사의 경우

미국식(남성)	Gentlemen:
영국식(남성)	Dear Sirs, Gentlemen,

(나) 개인의 경우

수신자		존 칭	예 시	salutation
남성	단수	Mr.(Mister) Esq.(Esquire) Dr.(Doctor)	Mr. John D. Evans T. Clark, Esq. Dr. Brown J. Mattew	Dear Sir
	복수	Messrs. (Messieurs)	Messrs. James E. Jones and Martin E. Daniel	Dear Sirs
미혼여성	단수	Miss	Miss Dorthy Maggy	Dear Madam
	복수	Misses	Misses Jay Lucy and Sharon Kieth	Dear Ladies 또는 Dear Mesdames
기혼여성	단수	Mrs. (Mistress)	Mrs. Mary Jones (남편의 이름을 붙인다.) Mrs. Christine Kennedy (미망인의 경우)	Dear Madam
	복수	Mmes. (Mesdames)	Mmes. Litha Walter and Anna King	Dear Ladies 또는 Dear Mesdames

☞ **친한 경우에는 My dear Mary, Dear Mary와 같이 쓸 수 있다.**

(5) 본문(body of letter)

본문의 위치는 salutation보다 2행 아래에 작성된다. 구성은 일반적으로 3단계로 나눌 수 있다. 첫째 부분은 도입 단락으로 간결한 어귀로 서신의 주제를 제시하는 부분이다. 둘째 부분은 중간단락으로 서신의 주요 내용을 구체적으로 설명하는 부분이다. 셋째 부분은 종결단락으로 서신의 전체 내용을 요약, 강조하여 상대방에게 강한 인상을 줄 수 있도록 한다.

따라서 상대방에게 좋은 인상과 호감을 줄 수 있도록, 용어의 선택에 유의하여야 할 뿐만 아니라 서식 배열의 형태에도 주의를 기울여야 한다. 본문의 style도 크게 두 가지로 분류할 수 있다. 하나는 문단(paragraph)의 구별을 분명하게 하려고 각 문단의 최초 행의 좌단을 5~10자 우측으로 띄어서 시작하는 indented form과 제1행 및 제2행 이하의 내용을 왼쪽 끝 선에 맞춘 block form이 있다. 능률적인 타이핑을 위해서는 block style이 효과적이지만 읽기는 indented style이 쉽다. 각 paragraph 사이는 두 칸을 띄우고, 각 행 사이는 한 칸을 띄우는 것이 보통이다. 단어가 행 말에 끊이질 때는 짧은 단음절의 단어는 반드시 다음 행(行)으로 돌리고, 도중에 끊기지 않도록 해야 한다. 한 단어가 몇 개의 음절로 되어 있는 것은 끊어야 한다. 서신은 한 장으로 끝나는 것이 좋으나 두 장 이상이 될 때는 다음과 같이 표시해야 한다. 마지막 장에 결미사나 서명만 남지 않도록 본문의 끝 절을 2~3행 쓰고 끝맺도록 하는 것이 좋다.

The Ace Trading Co., Ltd.	-2-	April 25, 2017

(6) 결미사(complimentary close)

서신의 마지막의 인사말로 결미어 또는 설문 인사로 "Good-bye"에 해당하다. 관습적인 인사말로 본문의 마지막 행의 2행 아래의 중앙에서부터 쓰기 시작한다. 결미 어귀의 다양한 용어 중 선택방식은 상대방과의 교부 및 친밀도의 정도에 따라 다음 중에서 적절히 선정하여 사용한다.

(가) 미국식

Yours truly,
Truly yours,
Yours very truly,
Very truly yours,

(나) 영국식

Yours faithfully,

(다) 경의를 표할 때

Yours respectfully,
Respectfully yours,

(라) 친근감을 표할 때

Yours cordially,
Cordially yours,
Yours sincerely,
Sincerely yours,

첫 글자는 대문자로 시작하며 끝에 콤마(,)를 붙인다.

(7) 서명(signature)

서신의 책임소재와 법적 효력을 분명히 하기 위해 책임 있는 당사자의 친필을 서명하는 부분이다. 서명란의 구성은 보통 다음과 같이 이루어지지만 경우에 따라서는 행을 줄일 수 있다.

The Ace Trading Co., Ltd. (회사명) --- 대문자로 기재
Sang Gil Kim (서명) ---------------- 책임자의 친필 펜명
Sang Gil, Kim(타자된 서명) --------- 펜서명이 난해할 경우에 대비
Exporter Manager (직책명) ----------- 서명자의 직책명

서한 상의 위치 및 기재방법은 결미어 밑에 보통 2행의 간격을 두고, 결미어를 쓰기 시작한 위치에 맞추어서 자기 회사명을 쓰고 다음 행에 이름을 서명하고 그 다음 행에 직책명을 타이핑한다. 이 경우 회사명은 모두 대문자로 타자하는 것이 일반적이다. 서명란의 서식 배열도 block style 방식 또는

indented style 방식 그리고 구두점도 open punctuation방식 또는 close punctuation 방식으로 작성할 수 있다.

회사에서 권한이 부여되지 않은 제삼자가 대신 서명을 할 때는 서명 앞에 by 또는 per, 회사 앞에는 for, 또는 p.p.(per procurationem 또는 소문자 p.p.)를 쓰게 된다.

For Korea Trading Co., Ltd.
Soodong Park
Soodong Park

또는

Korea Trading Co., Ltd.
By Soodong Park
Soodong Park

서명은 항상 같은 서명을 해야 하며 타인이 쉽게 모방할 수 없는 서명이 바람직하다.

〈표 14-3〉 회사 직위의 칭호(title)

이사회회장	chairman of the board
사장	president
부사장	vice president
대표이사	representative director
전무이사	managing director
상무이사	standing(executive) director
감사	director
수출(수입)부장	auditor
부장	export(import) manager
경리(회계)부장	finance(accounting) manager
총무부장	administration(general affairs) manager

인사(노무)부장	personnel(labor) manager
영업(업무)부장	sales manager or business manager
공장장	factory(or plant) manager
지점장	branch manager
부(部)	department(dept. or division)
과(課)	section
과장(課長)	section chief, manager
차장(次長)	assistant directorvice-chief manager
부장대리	acting manager
대리	assistant manager
계장	supervisor
사원	staff

〈표 14-4〉 회사의 부서명

사장실	President's Office
비서실	Secretarial Department
총무부	General Affairs Department
영업부	Sales Department
광고부	Public Relations Department
마케팅부	Marketing Department
수출부	Export Department
해외부	Overseas Department
경리부	Accounting Department
고객서비스부	Customer Service Department
정보시스템부	Information System Department
구매부	Purchasing Department
법무팀	Legal Affairs Department
본점	Head Office
지점	Branch Office

부서는 Department 또는 Division을 같이 써도 되며, 줄임말은 각각 Dept, Div. 이다.

(8) 관련자 약호(identification marks)

서신 작성의 책임소재를 명확히 하기 위해 서신 기안자의 initial(머릿글자)를 쓰고 사선(/), 콜론(:) 또는 하이펀(-)으로 표기한 후 타이피스트의 initial을 기입한다. 대문자나 소문자를 쓰는 것은 관계없으며 initial의 약호에 마침표를 붙이지 아니한다.

SD/YH	SD:YH	SD-YH
SD/yh	SD:yh	SD-yh

(9) 우편물 지정(mailing directions)

우편물의 종류를 명확히 하며 본문의 서신 참조와 우편요금의 계산에 도움을 준다. 통상 봉투에도 표시한다. 서신상의 위치는 enclosure notations 아래에 두며 동봉물 표시란이 없을 경우에는 identification marks 아래에 둔다.

Air Mail (항공우편)
Registered (등기우편)
Special Delivery(속달우편)

(10) 동봉물 지시(enclosure notations)

서신과 함께 선하증권(B/L), 송장(Invoice), 포장명세서 등의 선적서류가 동봉되면 Identification Marks 바로 밑에 내역을 표시한다. 표시하는 방법은 동봉물이 하나이면 enclosure(enc.)로 두 개 이상이면 enclosures(encls.)를 기입한다.

enc. 1	price list
encls. 2	price list catalog

(11) 사본 배부처(carbon copy notation)

서신 기안자가 수신인외의 제3자에게 서신 내용을 참고로 알리거나 또는 송부할 경우 identification marks와 enclosure notations 아래에 기재한다.

C.C. - Mr. James Parker, Ace Company, New York
Copy to: Mr. John Brown
Copies sent to: our oversea branches

(12) 추신(postscript)

서신을 쓰고 난 후 빠진 내용이나 특별히 강조해야 할 것 또는 서신을 보내려는 순간에 특별한 용건이 발생하여 덧붙이고자 할 때 본문의 끝줄에서 5~6행 아래 P.S.로 표기하고 내용을 기재하거나, identification marks의 밑 또는 동봉물 표시가 있는 경우에는 그 밑에 쓰고 또 사본배부처(carbon copy notation)가 있을 경우는 그다음에 기록하는 등 다양한 형태가 있다.

P.S. Just received your L/C advice through our banker. We will ship your goods by available vessel as soon as possible.

(13) 참조번호(reference no.)

서신의 왕래가 잦은 문서는 참조, 보관, 그리고 필요한 때에 빨리 찾기 위해서 참조번호를 붙이는 것이 문서관리자에게는 필요하다. 시일이 지난 후 관련된 서신을 알기 위해서도 상대방의 참조번호를 함께 적어 두는 것도 좋다. 서신 상의 기재 위치는 Letterhead의 Heading 또는 Inside Address 상부에 Ref. No., Your Ref., Our Ref. 등으로 인쇄되어 있기도 하다. 또 Date란 바로 밑 혹은 Inside Address 바로 위에 기재할 수 있다. 참조번호는 지역별,

부문별, 거래처별, 품종별 등 여러 가지를 고안하여 회사의 실정에 맞도록 사용할 수 있다.

(14) 참조인(attention)

큰 회사나 부서가 많은 곳은 서신을 보내면 해당 부서나 담당자 앞으로 서신이 전달되기까지 시간과 노력이 낭비되기 때문에 미리 해당 부서나 담당자를 확실히 명시해 두는 것이 좋다.

Attention: Export Department

Attention of Mr. Todd Johnson, Accounting Manager

(15) 표제건명(subject)

많은 서신, fax 등을 받는 사람에게 전체 서신을 읽기 전에 본문의 요점을 명시해 줌으로써 서신내용을 단번에 알도록 한다. 표시 방법으로는 건명에 under line을 긋거나 Subject:나 Re:라고 기재한 후 표제건명을 적는다.

Subject: Request for offer
Re: Your inquiry on July 20

2. 무역서신의 스타일

1) 무역서신의 배열방식과 구두점

서신의 배열방식은 다양하게 많지만 다음 4가지로 보통 분류된다.

① full block style

② indented style

③ block style

④ semi block style(modified block style)이 있다.

서신의 행말(行末)에 구두점을 붙이느냐 붙이지 않느냐에 따라서 close punctuation과 open punctuation으로 구분되고 다음과 같이 예시된다.

2) 무역서신의 스타일

무역서신의 형식	구두점
① full block style (완전수직형)	open punctuation (개방식 구두점)
③ block style (수직형)	mixed punctuation (절충식 구두점)
④ semi block style (반 수직형)	mixed punctuation (절충식 구두점)
② indented style (사선형)	closed punctuation (폐쇄식 구두점)

(1) full block style,
open punctuation

(2) indented style,
closed punctuation

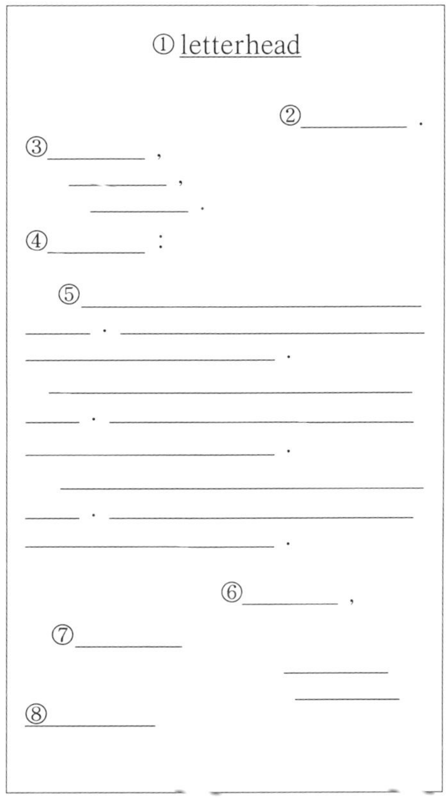

① letterhead　② date　③ inside address
④ salutation　⑤ body　⑥ complimentary close
⑦ signature　⑧ identification mark
⑨ enclosure directions

full block style은 행두(行頭)가 모두 왼쪽의 끝에서 수직으로 배열하는 양식이다.

indented style은 heading, inside address, signature는 2행째부터 각 행의 머리글자보다 5-8자씩 오른쪽으로 배열하고 body는 각 paragraph의 제1행째를 다른 행 보다 역시 5-8자씩 오른쪽으로 들여쓰기 시작하는 양식이다.

(3) block style,

ixed punctuation

(4) semi block style,

mixed punctuation

① letterhead ② date ③ inside address
④ salutation ⑤ body ⑥ complimentary close
⑦ signature ⑧ identification mark ⑨ enclosure directions

semi block style은 준수직형으로 block style과 indented style의 장점만을 모아 만든 style로 body는 indented style로 하고 기타 구성요소는 block style로 배열한 형태로 널리 이용되고 있다.

무역서신의 구성요소는 전체적으로 균형이 맞도록 배치하는 것이 바람직하며 아래와 같이 구성하는 것이 일반적이다.

3) 무역서신의 배열

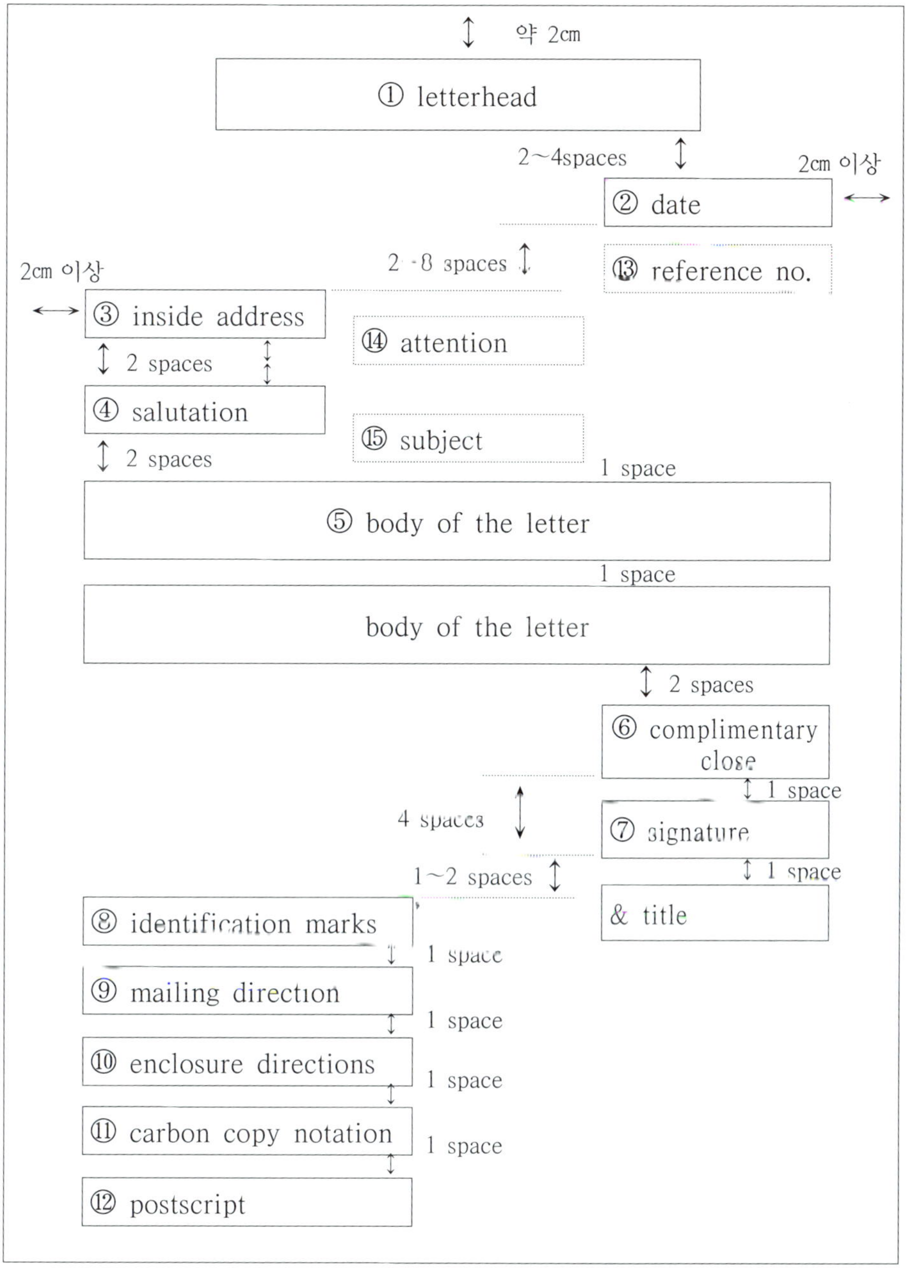
약 2cm
① letterhead
2~4spaces
2cm 이상
② date
2~8 spaces
⑬ reference no.
2cm 이상
③ inside address
⑭ attention
2 spaces
④ salutation
⑮ subject
2 spaces
1 space
⑤ body of the letter
1 space
body of the letter
2 spaces
⑥ complimentary close
1 space
4 spaces
⑦ signature
1~2 spaces
1 space
& title
⑧ identification marks
1 space
⑨ mailing direction
1 space
⑩ enclosure directions
1 space
⑪ carbon copy notation
1 space
⑫ postscript

3. 국제우편 봉투

비즈니스 메일을 보낼 때 우편 봉투는 서신용지와 같은 재질과 색상을 사용하며, 봉투 크기는 business size(소형 : 16.5cm × 9.2cm 정도)와 official size(대형 : 24.0cm × 10.5cm)를 사용하는 곳이 많으나 일정하지는 않다.

봉투는 백색으로 주위에 무늬를 둘러 항공전용으로 사용한다. 서신용지의 크기는 21.6cm × 27.9cm며 봉투와 용지의 질은 강하고 가벼운 것이 주로 쓰인다. 봉투와 용지 상단에는 회사명이 인쇄되어 있는 것이 보통이다

1) 겉봉투의 내용

(1) 발신자 주소(Return address)

발신자 주소는 봉투의 왼쪽 상단에 위치하며 single-space로 쓴다.

(2) 수신자 주소(Mail address)

가로 중심선에서 1-2행 아래에 위치한다. 발신자 주소와 쓰는 방식은 동일하다.

(3) 수신인 지정(Attention LIne)

봉투 왼쪽의 중간 부분에 대문자로 표기한다. 서신을 전달하는 사람이 주의해야 할 내용을 나타낸다.

(4) 우편 취급방식(Postal direction)

수신자 주소의 상단, 봉투의 중간 부분에 위치한다.

그림 14-1 국제우편 봉투 쓰는 법

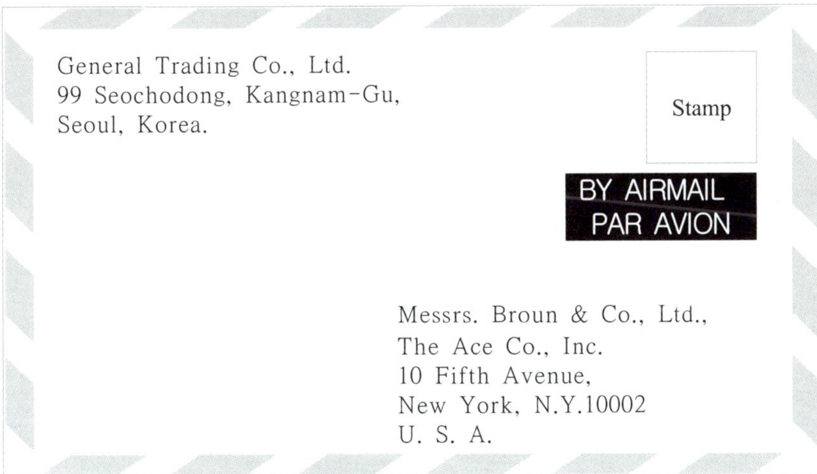

2) 서신 용지의 접는 법

대형봉투(크기 16.5cm × 9.2cm)에 넣을 때는 용지(American size의 타이프 용지 24.0cm × 10.5cm)의 밑으로부터 약 ⅓을 위쪽으로 접고 다음 위로부터 약 ⅓을 아래쪽으로 접는다. 소형봉투(크기 $3\frac{1}{2}$" × $6\frac{1}{2}$")에 넣는 용지도 아래 [그림 14-2]와 같이 접는다.

그림 14-2 서신 용지 접는 법

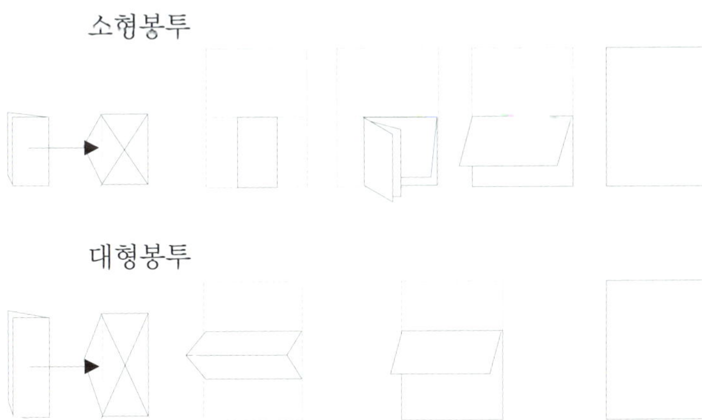

참고문헌

강우진, Business English Letteer, 형설출판사, 2016.
실용영어 연구편 팀, 오피스 영문레터 매뉴얼, 종합출판 ENG, 2014.

찾아보기

ㄱ

각 국가별 명함 매너 203
각 나라별 인사방법 186
각 나라의 음주 매너 283
각 코스별 매너 250
각국의 통화 매너 356
개량한복 149
개별면접 371
객실 124
거수경례 185
건물 출입 매너 340
검역 90, 93
겉봉투의 내용 434
Guest Charge 123
게시판 및 대화방 매너 362
결미사(complimentary close) 423
결혼 축하봉투의 문안 300
결혼식 299
경조문구 306
경조사 298
고속도로 339
고속도로 지정차로 통행요령 339
고속도로 차종별 주행차로 339
고-쇼우 120
고정공주 275
공개자료실 이용 매너 362
공공장소에서의 생활 매너 340, 343
공공장소에서의 휴대전화 이용 매너 358
공수의 기본동작 186
공수의 방법 186
공원 및 놀이터 347
공중목욕탕 345
공중화장실 344
관계(꽌시)문화 31
관람 매너 348
관람 시의 에티켓 350
관련자 약호(identification marks) 427
광둥요리 231
교사상(交子床) 217
구두 167
구성요소별 작성방법 419
국가별 보디랭귀지 401, 411
국가별 테이블 매너 256
국제우편 봉투 434
국화와 칼 35
궁금한 상가에서의 예절 304
귀빈층 객실 118
규모에 의한 분류 387
금기시 되는 꽃 선물 314
기내 서비스 104
기내 쇼핑 106
기내 식사 104
기내 유료 105
기모노 150
기모노 입는 방법 153
기모노의 유래 151
기모노의 재질 152
기모노의 종류 152
기본요소(basic parts) 417
기업 370
기타 액세서리 169

ㄴ

나라별 악수 법 207
나마스테 190
나이프와 포크 245
냅킨 243
냅킨 및 테이블 세팅 기물의 사용 243

네티켓 360
넥타이 161
넥타이 매듭의 종류 164
넥타이의 기원 162
노-쇼우 120
노스코트 파킨슨 16
노주특곡 275
뉴질랜드 301

ㄷ

다차원면접 373
단일민족 26
대작문화(對酌文化) 282
대중교통수단 이용 매너 334
댄스파티와 무도회 매너 321
더블 크로스 노트 164
Double Selling 122
도서관 347
도어 맨 117
독일 285
독일의 명함 매너 204
동기부여형 387
동년배와의 술자리 278
동방예의지국 52
동봉물 지시(enclosure notations) 427
동양(東洋) 17
동양문화의 특징 20
동주 275
드레스 셔츠 160
디너파티 매너 316
디디카드 119

ㄹ

러시아 287
럼(rum) 269
레드와인 270
레이아웃 계획 390
룸 메이드 120
룸 서비스 122, 128, 134
리셉션파티(Reception) 매너 320

ㅁ

마스터 키 119
마오타이 274
말레이시아의 명함 매너 204
매너 53
매너와 에티켓이 비즈니스에서 필요한 이유 60
매너의 어원 52
매러비안의 법칙 399
메소포타미아 문명 19
메이크업 서비스 120
메터비안의 법칙 398
면상(麪床) 216
면세허용량 96
면접 매너 370
면접 시 주의사항 381
면접 시의 복장관리 378
면접 시의 표정 및 복장관리 377
면접 시의 표정관리 377
면접의 종류 및 내용 374
면접의 종류 및 면접방법 371
명칭의 종류 421
명함 197
명함 매너 197
명함을 주고받는 요령 200
명함의 관리 방법 201
명함의 용도 202
명함의 유래 및 역사 198
모닝 콜 서비스 129
모닝코트(Morning Coat) 322
모닝콜 118
목례 183
목적에 의한 분류 386
무로마치 시대 151
무사증 가능 국가 78
무역서신의 구성요소 416
무역서신의 배열 433
무역서신의 배열방식과 구두점 429
무역서신의 스타일 430
문자계획 391
문화 23

문화의 특징 24
미국 283
미국비자면제협정 76
미국의 명함 매너 204
미국의 화장실 매너 344
미니바 125
미주지역 296

ㅂ

바른 자세 182
바지 166
박수 치는 시기 350
반상(飯床) 216
반출・입 금지물품(통관불가) 96
발레 파킹 서비스 120
발신 일자(date) 419
발신자 주소(Return address) 434
방문 매너 294
방문 시 에티켓 297
방문시간 294
베기지 테그 121
벨 서비스 128
벨맨 117
벨트 168
병문안 302
병문안 할 때 알아두어야 할 사항 302
병역신고 90
보디랭귀지(Body Language)의 어원 400
보안검색(Security check) 88
보우 타이 165
보조요소(additional parts) 417
보증예약 118
복장 일반 143
복장문화 142
본문(body of letter) 422
本音와 建前 35
볼룸 118
봉사료 131
봉사료 지불 매너 132
부모나 윗사람과의 술자리 277
북경요리 230
분주 274
뷔페 파티(Buffet Party) 매너 318
Brava 351
브랜디(brandy) 272
블라인드 폴드 노트 165
블라인드(무자료) 면접 373
block style 432
비즈니스 상의 방문 297
비즈니스 상의 선물 매너 310
빵(bread) 246, 252

ㅅ

사교용 명함 199
4대 문명 19
사본 배부처(carbon copy notation) 428
4h 322
사전예약 241
사전예약과 복장 241
사증(Visa) 75
사증면제제도 76
사천요리 230
상차림 예절 217
상해요리 231
상황별 봉사료 133
상황별 여러 가지 기내 매너 98
새우요리 253
색상의 상징성 390
색채계획 390
샐러드(salad) 252
생선요리 246, 253
생일 300
서두 인사(salutation) 421
서두(letterhead) 419
서명(signature) 424
서비스 엘리베이터 119
서비어트(serviette) 256
서신 용지 접는 법 435
서양(西洋) 18
서양문화의 특징 21

서양인들의 조문 307
선물 매너 308
선배 직원면접 373
설명형 387
성격에 의한 분류 387
세계의 대표적인 술 268
세관신고(Customs) 89
세관의 휴대품 검사 95
semi block style 432
세이프티 박스 서비스 130
세탁 서비스 129
셔벗(Sherbet) 253
소개 매너 195
소개 방법 195
소스 254
손님의 금기 228
숄더백 171
수신자 주소(Mail address) 434
수신자명 및 주소(inside address) 420
수작문화(酬酌文化) 281
수프(Soup, consommé: 콩소메) 248, 252
수하물 위탁 86
수하물 찾기 94
술 따르기 280
술에 대한 이해 266
술을 청하는 예 279
술의 기원 267
술자리에서의 대화 280
술자리의 좌석 277
술잔 돌리기 281
술잔 받기 279
술잔을 권할 때 279
솅겐협약(조약) 80
슈트 157
슈트의 단추관리 매너 159
스테이크 247
스포츠 352
슬립 아웃 124
승용차 336
시간 맞추기 391
식사 시의 금기사항 228
식사 전 리셉션 320
식사 전 예절 218
식사 중의 대화 249
식사 중의 상대방의 실수 250
식사 할 때의 예절 218
식사 후 매너 250
식사 후 예절 219
식사매너 246
식사복장 241
식사속도 249
식사속도 및 대화 249
식사예절 225
식전 기본 매너 241
식전주(Aperitif: 에프리티프) 251
신생아 탄생 299
쌕 코트(Sack Coat) 323
CIQ 89

ㅇ

아르 까르떼 121
아메리카 405
아메리카 블랙퍼스트 123
아시아 402
아시아지역 295
wai 189
악수 184
악수 매너 205
악수 순서 205
악수의 3단계 205
악수의 시기 205
악수할 때 유의사항 206
앙트레(entrée) 253
애프터 눈 드레스 323
액세서리 172
야간 예복 323
약례 183
양말 168
양복 및 드레스셔츠 378
양하대곡 275
어메니티 117

얼굴 형태별 드레스 셔츠 161
업 그레이딩 122
업무 시뮬레이션 면접(롤-플레이 면접) 374
업무용 명함 200
업체 방문 298
에도 시대 151
SNS 360
에스컬레이터 342
에스컬레이터의 안전수칙 342
에티켓 55, 56
에티켓(Etiquette)의 어원 55
에티켓의 기본사상 59
에티켓의 기본요소 58
엔터테인먼트형 프레젠테이션 387
엘리베이터 340
엘리베이터의 상석위치(번호는 상석 순위) 341
엘리베이터의 안전수칙 341
여권(Passport) 74
여성 정장 매너 169
연극, 오페라, 음악회 등 348
연미복(Tail Coat) 323
연하인 사람과의 술자리 278
열차 335
영화관 348
예절 62
예절의 기능 62
오랑액 274
오리엔트 19
오버 부킹 122
오버 차지 122
오찬과 소찬 매너 317
와인 매너 254
와인(wine) 254
와인의 라벨읽기 271
욕실 127
우리나라 입국 시 신고 대상물품 95
우리나라와 서양의 파티 문화 315
우리나라의 음주 매너 275
우리나라의 조문 303
우편 취급방식(Postal direction) 434
우편물 지정(mailing directions) 427
워크-인 게스트 120
위스키(whiskey) 272
유럽 406
유럽지역 295
6禮 276
음식주문 242
음주문화 281
e-mail 이용 매너 361
이브닝 드레스 325
이브닝백 172
이슬람 288
EOB전략 376
이집트 문명 20
인더스 문명 19
indented style 431
인도 287
인도 문화의 특성 37
인도문화의 에티켓 39
인도의 터부 46
인사 매너의 중요성 180
인사의 5가지 포인트 181
인사의 시기 182
인사의 유래 181
인포메이션 서비스(Information Service) 123, 129
일본 286
일본 문화의 에티켓 35
일본 문화의 특성 34
일본 요리의 종류별 특징 222
일본식 테이블 매너 222
일본의 명함 매너 203
일본인의 터부 45
1분 자기소개 376
일식 219
일자의 표시 419
입국서류 92
입국심사(Immigration) 93
입국절차 92

ㅈ

자기소개 196
자기소개서 작성하기 381
자기준거기준 52
자신의 테이블 세팅 기물 244
자작문화(自酌文化) 282
저녁 시간에 입는 약식 325
전시관과 박물관 351
전자여권 74
전채요리(Appetizer, hors-d'œuvres) 251
전통적 한복 146
전화면접 373
전화통화 356
전화통화의 일반적 에티켓 356
정장 매너 156
제안형 387
조끼 169
조문 303
조문 시의 옷차림 308
조문시의 복장 305
조미료나 소스의 사용 249
좌석 배치 217, 221, 225, 241
좌석벨트 103
주 요리(main dish) 253
주간 예복 322
주안상(酒案床) 216
주요 국가별 선물 매너 311
주인의 금기 229
죽엽청주 275
중간기착 98
중국 285, 301
중국 문화의 에티켓 33
중국 문화의 특성 28
중국식 테이블 매너 226
중국음식의 금기문화 228
중국의 8대 명주 274
중국의 명함 매너 203
중국의 지역별 음식의 특징 230
중국의 차 문화 227
중국인의 터부 44
중산복 154
중산복(中山服) 156
중식 225
중화사상 30
지하철·버스 등 대중교통 매너 334
진(gin) 268
질의응답 392
집단면접 372
집단토론식 면접 372

ㅊ

차 문화 32
참조번호(reference no.) 428
참조인(attention) 429
체크아웃 115, 121
체크인 115, 121
체형별 턱시도 스타일 325
초대의 매너 308
초대장 매너 316
추신(postscript) 428
출국심사(Immigration) 90
출국절차 85
출입국 절차 84
출입문 340

ㅋ

치파오 154, 155
카스트제도 37
Carte de visite 198
칵테일(cocktail) 273
칵테일파티 매너 319
캐쉬 바 121
캔슬레이션 121
캔슬레이션 차지 121
캡틴 121
커넥팅 룸 118
커퍼링크스 169
컨시어지 130
컨티넨탈 블랙퍼스트 123

컴플레인 122
크라바트 162
큰 경례 184
클로크 룸 118

ㅌ

탈무드 267
탑승수속(Boarding) 91
탑승수속(Check-In) 85
택시 337
택시 탑승 매너 338
턱시도 324
턴다운 서비스 119
테이블 매너 일반 238
테이블 위에 준비된 빵과 물의 위치 244
테킬라(tequila) 273
토드백 171
통신 매너 355
특별 기내식 104
티파티 매너 319
팁: Tip 132, 133

ㅍ

파티 매너 314
파티 종류별 매너 316
파티용 복장 매너 322
파티의 기원 314
파티의 종류 321
페이징 서비스 121
평경례 183
포도주(wine) 269
포인트 핸드 노트 164
포켓 칩(Pocket chief) 166
표제건명(subject) 429
폿말 58
풀 리셉션 320
full block style 431
프랑스 284
프랑스의 명함 매너 204
프레젠테이션 383
프레젠테이션 면접 372
프레젠테이션 시의 복장 392
프레젠테이션 컨셉 정하기 388
프레젠테이션의 개념 383
프레젠테이션의 계획 388
프레젠테이션의 구성 389
프레젠테이션의 목적 384
프레젠테이션의 어원 384
프레젠테이션의 정의 384
프레젠테이션의 종류 386
프레젠티이션의 준비 388

ㅎ

하우스 키핑 120
하이 시즌 122
하프 윈저 노트 164
한국 문화의 에티켓 27
한국인이 자주 가는 국가별 선호도 402
한복 144
한복의 종류 146
한복의 특징 144
항공권(Air Ticket) 83
해외여행의 3대 필수요건 74
해음현상 41
향수사용법 172
향음주례 275, 276
헤어스타일 379
현대적 한복 149
Hors-doeuvres 251
호텔 112
호텔 선정 113
호텔 예약 114
호텔시설 이용 매너 124
호텔용어 117
호텔의 기원 112
화이트와인 270
하장 173
환승 97
황하 문명 20

회사 직위의 칭호(title) 425
회사의 경우 421
회사의 부서명 426
효과적인 면접의 유형 375
후식(dessert) 255
휘트니스 센터 130
휴대전화 사용 에티켓 358
휴대전화 사용제한 구역 359
흡연 매너 352

저자소개

강우진
동명대학교 경영대학 국제통상학과 교수

추선애
동명대학교 경영대학 국제통상학과 초빙교수

저자와의
협의하에
인지생략

글로벌 매너 [개정 제2판]

2016년 9월 5일 제1판 1쇄 발행
2018년 2월 20일 제2판 1쇄 인쇄
2018년 3월 2일 제2판 1쇄 발행

서 사 강 우 진 · 추 선 애
발행인 김 광 시
조 판 아 람 기 획

07285
발행처 서울특별시 영등포구 선유로3길 10, 617호
도서출판 탑 북 스
등 록 2009.12.21 제 2016-000101 호
전 화 02)365-2223 팩스 02)365-2224

정가 22,000원
ISBN 979-11-87343-60-8-93320